江西财经大学财税与公共管理学院

财税文库

国家社科基金重点项目（项目批准号：17AJY026）

"营改增"后
我国增值税税率简并与优化

万 莹 著

中国财经出版传媒集团

经济科学出版社

Economic Science Press

图书在版编目（CIP）数据

"营改增"后我国增值税税率简并与优化／万莹著.
—北京：经济科学出版社，2021.5
ISBN 978－7－5218－2571－8

Ⅰ.①营… Ⅱ.①万… Ⅲ.①增值税－税收管理－研究－中国 Ⅳ.①F812.424

中国版本图书馆 CIP 数据核字（2021）第 096050 号

责任编辑：顾瑞兰
责任校对：王肖楠
责任印制：王世伟

"营改增"后我国增值税税率简并与优化

万 莹 著

经济科学出版社出版、发行 新华书店经销
社址：北京市海淀区阜成路甲 28 号 邮编：100142
总编部电话：010-88191217 发行部电话：010-88191522
网址：www.esp.com.cn
电子邮件：esp@esp.com.cn
天猫网店：经济科学出版社旗舰店
网址：http://jjkxcbs.tmall.com
固安华明印业有限公司印装
710×1000 16 开 22 印张 350000 字
2021 年 6 月第 1 版 2021 年 6 月第 1 次印刷
ISBN 978－7－5218－2571－8 定价：87.00 元
（图书出现印装问题，本社负责调换。电话：010－88191510）
（版权所有 侵权必究 打击盗版 举报热线：010－88191661
QQ：2242791300 营销中心电话：010－88191537
电子邮箱：dbts@esp.com.cn）

总　序

习近平总书记在哲学社会科学工作座谈会上指出，一个国家的发展水平，既取决于自然科学发展水平，也取决于哲学社会科学发展水平。坚持和发展中国特色社会主义，需要不断在理论和实践上进行探索，用发展着的理论指导发展着的实践。在这个过程中，哲学社会科学具有不可替代的重要地位，哲学社会科学工作者具有不可替代的重要作用。

习近平新时代中国特色社会主义思想，为我国哲学社会科学的发展提供了理论指南。党的十九大宣告："经过长期努力，中国特色社会主义进入了新时代，这是我国发展新的历史方位。"中国特色社会主义进入新时代，意味着近代以来久经磨难的中华民族迎来了从站起来、富起来到强起来的伟大飞跃。新时代是中国特色社会主义承前启后、继往开来的时代，是全面建成小康社会、进而全面建设社会主义现代化强国的时代，是中国人民过上更加美好生活、实现共同富裕的时代。

江西财经大学历来重视哲学社会科学研究，尤其是在经济学和管理学领域投入了大量的研究力量，取得了丰硕的研究成果。财税与公共管理学院是江西财经大学办学历史较为悠久的学院，学院最早可追溯至江西省立商业学校（1923 年）财政信贷科，历经近百年的积淀和传承，现已形成应用经济和公共管理比翼齐飞的学科发展格局。教师是办学之基、学院之本。近年来，该学院科研成果丰硕，学科优势突显，已培育出一支创新能力强、学术水平高的教学科研队伍。正因为有了一支敬业勤业精业、求真求实求新的教师队伍，在教育与学术研究领域勤于耕耘、勇于探索，形成了一批高质量、经受得住历史检验的成果，学院的事业发展才有了强大的根基。

为增进学术交流，财税与公共管理学院推出面向应用经济学科的"财税文库"和面向公共管理学科的"尚公文库"，遴选了一批高质量成果收录进两大文库。本次出版的财政学、公共管理两类专著中，既有资深教授的成果，也有年轻骨干教师的新作；既有视野开阔的理论研究，也有对策精准的应用研究。这反映了学院强劲的创新能力，体现着教研队伍老中青的衔接与共进。

繁荣发展哲学社会科学，要激发哲学社会科学工作者的热情与智慧，推进学科体系、学术观点、科研方法创新。我相信，本次"财税文库"和"尚公文库"的出版，必将进一步推动财税与公共管理相关领域的学术交流和深入探讨，为我国应用经济、公共管理学科的发展做出积极贡献。展望未来，期待财税与公共管理学院教师，以更加昂扬的斗志，在实现中华民族伟大复兴的历史征程中，在实现"百年名校"江财梦的孜孜追求中，有更大的作为，为学校事业振兴做出新的更大贡献。

江西财经大学党委书记

2019 年 9 月

前　言

为解决增值税和营业税两税并存带来的大量重复征税问题，促进产业分工与融合，自 2012 年 1 月 1 日开始，我国在上海市选择交通运输业和部分现代服务业进行"营改增"改革试点，此后试点地区和行业范围陆续扩大，至 2016 年 5 月 1 日在全国建筑业、房地产业、金融业和生活服务业四大行业全面推开"营改增"，营业税彻底告别历史舞台。

"营改增"以来，为了确保"营改增"相关行业的税负只减不增，我国没有简单将原增值税 17%、13% 的税率直接移植到"营改增"试点行业，而是对"营改增"试点行业采用 11% 和 6% 两档低税率，从而使增值税由原两档税率（17%、13%）变为四档税率（17%、13%、11%、6%）。由于多档税率并存，各行业增值税进、销项税率变动不一致，导致部分企业进项税额下降大于销项税额下降幅度，增值税税负不降反增，不能享受减税红利。2013 年党的十八届三中全会制定的《关于完善社会主义市场经济体制若干问题的决定》中明确提出，要"推进增值税改革，适当简化税率"。2017 年 7 月 1 日起，我国取消 13% 的增值税税率，将原 13% 税率下调至 11%，增值税税率由四档简并为三档，由此拉开了税率简并的序幕。2018 年、2019 年《政府工作报告》明确表示，要研究增值税税率档次由三档并为两档。因此，逐步简并和优化增值税税率成为后"营改增"时代我国完善增值税立法的重点任务。

本书基于我国税制完善和优化的内在要求和长期目标，在财政原则、公平原则和效率原则的框架下，从税负合理、收入公平、经济效率三个维度全方位构建增值税税率结构优化的理论体系，对我国增值税税率简并改革进行顶层设计和方案优选，有助于丰富我国增值税税制优化理论。特别是结合国际经验对增值税税率结构、税率模式、低税率、免税项目和小规模纳税人设置等基础理论问题的深入、系统研究,改善了以往相关研究比较零散、缺乏完整性等缺陷,丰富了增值税税率结构研究的理论框架和理论体系。同时,通过实证分析模型模拟代表性税率简并方案的税负效应、经济效应和收入分配效应,有助于全面认识增值税税率简并对财政收入、经济发展和社会公平可能产生的政策影响,更加慎重地选择税率简并方案,为建立科学、规范的增值税制度提供政策依据和决策参考。

本书以我国增值税制度的税率结构为研究对象,通过税率简并方案的设计和对不同税率简并方案政策效应的模拟测算,回答我国增值税税率模式选择、各档次税率水平及其适用范围设置、小规模纳税人征收率选择等一系列问题,探寻我国增值税税率简并和优化的最佳策略,具体内容如下。

首先,增值税税率结构优化的理论分析。增值税税率简并和优化涉及税率模式选择、基本税率和非基本税率水平设定、低税率、零税率、免税项目设置以及小微企业征收率设置等一系列问题,是一个内在联系的有机整体,必须通盘考虑,统筹兼顾。针对上述问题,第2章从税收公平和效率两个方面归纳梳理单一税率模式和复合税率模式的优缺点;对基本税率和非基本税率的适用范围和税率差异进行比较分析;总结概括低税率、免税项目的常见设置范围,特别是结合国际经验,对设置低税率、免税项目的利弊两面性进行深入剖析;梳理起征点、简易计税、征收率等小微企业的税率设置相关问题以及小微企业分类征管的优缺点。为后面探讨我国增值税税率简并模式选择、简并方案设计和税率优化路径提供理论基础。

其次,我国增值税税率简并的必要性和方案设计。第3章在回顾我国增值税制度演变历史和增值税税率结构现状的基础上,分别从顺应增值税发展的国际趋势和解决多档税率并存的现实困境两个角度阐述我国增值税税率简并的背景和必要性。从增值税发展的国际趋势看,各国(地区)已在简化税率、实现税制中性方面达成共识,所有国家(地区)的平均税率档次渐趋减少;20世纪80年代以后,新开征增值税的亚太地区、中东地区和非洲、美洲国家,几乎都选择了单一税率模式;在亚太地区,现代型单一税率模式更是占据绝对优势。从税制改革的现实困境看,税率档次过多导致"高征低扣"和"低征高扣"，扭曲了增值税抵扣运行链条；导致行业税负不公和征纳成本上升；带来税收政策的复杂性、不确定性和风险性，诱发逃避税行为；部分行业在减税后税负不降反升；部分行业留抵税款大幅增加。在达成增值税税率简并共识后，遵循"简"和"减"两大基本原则，在我国 2019 年 13%、9% 和 6% 三档税率增值税的基础上，本书设计了单一税率和两档税率共六大类 42 种具有代表性的增值税税率简并方案。

再次，不同增值税税率简并方案政策效应的模拟测算。投入产出模型和 CGE 模型是测算政策效应较为常用的两种方法。其中，投入产出模型是基于投入产出表，利用各部门投入产出系数之间的关联关系，测算增值税税率变动的政策效应，是一种局部均衡方法。CGE 模型则是基于 SAM 表，利用商品替代弹性、要素替代弹性以及进出口替代弹性等测算增值税税率变动的政策效应，是一种一般均衡方法。本书分别采用这两种方法，在财政原则、公平原则和效率原则的框架下，从税负合理、收入公平、经济效率三个维度模拟测算不同增值税税率简并方案的政策效应。其中，第 4 章模拟测算不同增值税税率简并方案对各行业税负、国家税收收入带来的影响；第 5 章分别结合国家统计局、CHIP2013、CFPS2016、CFPS2018 四种不同来源的微观家庭收支调查数据，选取 Gini 系数、MT 指数及其各项分解指标和 Suits 指数，测算不同增值税税率简并方案对居民收入分配的政策效应；第 6 章结合家庭收支调查数据，选取消费、就业、投资、CPI、GDP 以及城乡居民税收福利损失 CV、EV、EB，测算不同增值税税率简并方案对经济增长和社会福利的政策效应。

最后，我国增值税税率简并和优化的对策建议。通过对增值税税率设置理论的梳理回顾和不同增值税税率简并方案政策效应的测算比较，第 7 章对我国增值税税率简并进行顶层设计和方案优选，以实现税率结构的全面优化。第一，基于测算结果，立足我国增值税的功能定位、历史传统和税制改革的现实可行性，短期内，两档税率模式是我国增值税税率简并的最优选择；长期来看，未来随着直接税体系的完善、直接税比重的提高，增值税可以考虑转向单一税率模式，回归税收中性。第二，顺应对内减税降费大环境、对外提升国际税收竞争力的要求，我国增值税基本税率宜设定在 10% 左右。现行 6% 的低税率总体适中，可以适度下调，但不宜低于 5%。第三，增值税低税率项目原则上以非生产性终端消费为主，慎重选择和严格控制增值税低税率的优惠范围，尽量以拓宽税基的方式来换取增值税基本税率的更大下调空间。第四，大量小规模纳税人占据纳税主体的客观事实，把我国增值税撕裂成两个高度分化的板块，成为事实上的"一税两制"，建议下调我国增值税的起征点和小规模纳税人认定标准，将小规模纳税人占比逐步降至50%左右。

本书的主要观点和结论：第一，税率结构的优化必须兼顾国际趋势、历史传统与现实国情，既注重理论论证的逻辑严密性，又注重其现实可行性。第二，增值税的收入公平效果有限且存在不确定性，是否有效取决于课税商品的价格变化和消费模式。对生活必需品实施低税率在降低低收入阶层税收负担的同时，也不可避免地给税收公平和征管效率带来负面影响，且优惠税率自带政治扩散性，会不断侵蚀税基，应谨慎选择，严格限定在非生产性终端消费领域，并尽量用转移支付代替。第三，第一、第二产业是增值税税率简并和下调的最大受益对象，第三产业税负变化存在较大行业分化，纾解第三产业税负上升的关键是降低增值税基本税率。第四，由于增值税难逃累退性的宿命，故降低税率是改善增值税收入分配效应的不二之选。第五，增值税的经济效率与税率高低成反比，下调增值税税率能有效减少税收对经济的扭曲，提升社会福利和经济效率。第六，降低增值税税率水平是改进增值税收入分配效应和经济效率的最有效方式。与其在增值税优惠税率项目设置上犹豫不决，不如普遍降低增值税基本税率。第七，判断增值税小规模纳税人征收率是否适当的标准，不是看小规模纳税人税负是否显著低于一般纳税人，而应着眼于保证两者之间的税负平衡。

本书的创新之处：第一，研究视角的创新。现有增值税税率简并的研究大多基于保持企业税负稳定的短期视角，对税率简并可能带来的经济效应关注不够，特别是对收入分配效应关注甚少，而本书基于税制完善和优化的内在要求和长期目标，在财政原则、公平原则和效率原则的框架下，从税负合理、收入公平、经济效率三个维度全方位构建税率结构的理论评价体系，对我国增值税税率简并进行顶层设计和方案优选，以实现税率结构的优化。第二，研究内容的创新。增值税税率简并不是现有税率的简单合并，而应该是包含税率模式选择、税率范围划分、税率水平设置等一系列内容的税率结构优化过程。现有对增值税税率的研究侧重于基本（标准）税率水平的设置，而对低税率的设置和小规模纳税人的研究较少。本书对增值税税率结构、税率模式、低税率、免税项目和小规模纳税人设置等基础理论问题的深入、系统研究，改善了以往相关研究比较零散、缺乏完整性等缺陷，丰富了增值税税率结构研究的理论框架和理论体系。第三，研究方法的创新。现有对增值税税率水平的研究主要采用投入产出法的局部均衡模拟，即假设社会总投入和总产出不变的情况下，单纯分析税率变化带来的政策效应，而忽略了税率变化对投入产出可能产生的双向交互影响，可能会影响研究结论的准确性和可靠性。而本书将局部均衡的投入产出模型和一般均衡的 CGE 模型相结合，对比分析不同税率简并方案的政策效应，能够更准确地刻画税率简并的整体经济影响。

万　莹

2021 年 2 月

目　录

第 1 章

导　论

1.1　研究背景与意义

增值税作为我国第一大税种，自 1984 年 10 月 1 日正式开征以来，先后经历了增值税转型、增值税扩围、增值税税率下调等一系列重要制度改革。现行增值税多档税率结构导致企业抵扣链条不畅，不利于经济效率，也不利于社会公平。在当前国际贸易保护主义加剧叠加新冠肺炎疫情的外部冲击下，为缓解我国经济下行压力，提高我国税收竞争力，研究进一步推进增值税税率简并改革，具有重大理论和实践意义。

1.1.1　研究背景

在 1994 年税制改革中，我国将增值税制度全面引入货物和加工修理修配劳务领域，由此增值税成为第一大税种，不仅在筹集财政收入方面发挥了不可替代的作用，而且有力地推动了货物生产流通领域专业化分工的发展。同时，增值税的出口退税制度也为出口货物以不含税价格参与国际竞争创造了有利条件。随着增值税制度的建立，我国以加工制造业为代表的第二产业得到了快速发展，并逐步成为全球制造业大国。受当时一些条件制约，1994 年基于经济体制转轨背景建立的中国增值税制度，与其他大多数国家实行的增值税相比，在改革的深度和广度上尚未完全到位。一方面，在深度上，增值税进项税额抵扣不彻底，固定资产没有纳入抵扣范围，对投资仍然重复征税，在税制类型上还属于生产型增值税，不利于鼓励企业设备投资和技术更新。另一方面，在广度上，增值税覆盖不全面，征税对象限于货物和加工修理修配劳务，对其他劳务、不动产、无形资产则实行营业税制度。据测算，我国增值税覆盖了国民经济60%强的领域，其余由营业税覆盖。① 这种两税并存的税制格局，不仅对服务业内部的专业化分工造成了重复征税，也导致制造业纳税人外购劳务所负担的营业税和服务业纳税人外购货物所负担的增值税均得不到抵扣，各产业之间深化分工协作存在税制障碍。

2009年1月1日，以应对国际金融危机为契机，在部分地区先行先试的基础上，我国全面推开了增值税转型改革，将机器设备类固定资产纳入进项税额抵扣范围，在推动增值税由生产型向消费型转变方面，迈出了重要一步，解决了增值税改革的深度问题。据统计，2009~2011年，因实施增值税转型改革，全国累计减税5000多亿元，明显减轻了企业税收负担。②

与解决增值税改革的深度问题相比，解决增值税改革的广度问题难度更大。由于对劳务、不动产和无形资产征收营业税，增值税的抵扣链条不完整，转型后的增值税制度在消除重复征税、促进产业分工方面的优势仍然难以充分发挥。税收是政府影响资源配置的重要手段，而增值税是与货物和劳务生产流通关系最为密切的税种，抓紧时机将增值税制度引入服务业领域，消除重复征税的弊端，不仅是完善税收制度的必然选择，也是促进现代服务业发展、推动第二和第三产业融合、培育经济增长新动能的迫切需要。2011年3月，国家发布的《国民经济和社会发展第十二个五年规划规划纲要》明确指出，我国改革和完善税收制度的任务之一是"扩大增值税征收范围，相应调减营业税等税收"。2011年11月16日，财政部、国家税务总局联合发布《关于印发〈营业税改征增值税试点方案〉的通知》和《关于在上海市开展交通运输业和部分现代服务业营业税改征增值税试点的通知》，对我国"营改增"改革作出全面部署和试点规划。按照这一部署，2012年1月1日，我国开始在上海市交通运输业和部分现代服务业进行"营改增"试点，

---

① 肖捷. 继续推进增值税制度改革 [N]. 经济日报，2012 – 3 – 30 (015).
② 国务院决定进一步扩大营业税改征增值税试点 [EB/OL]. http：//www.chinatax.gov.cn/，2013 – 4 – 10.

这是继 2009 年全面实施增值税转型改革后，我国税制改革进程中的又一个标志性事件，是推动经济结构调整、促进发展转型的一项重大改革，也是减税降费的重要内容。此后"营改增"试点的范围和行业不断扩大，直至 2016 年 5 月 1 日在建筑业、房地产业、金融业和生活服务业四大行业全面推开"营改增"，营业税彻底告别历史舞台。实施"营改增"带来了五大政策利好：一是消除重复征税，增强服务业竞争力，促进产业分工，推动三次产业融合；二是优化产业结构，推动技术创新，增强经济增长内生动力；三是降低资本品和消费品价格，增加生产者和消费者剩余，扩大有效供给和消费需求；四是实现出口退税由货物贸易向服务贸易领域延伸，形成出口退税宽化效应和深化效应，改善外贸出口；五是产业结构的优化和投资消费需求的扩大，拉动社会就业增长。据统计，2012～2017 年，因实施"营改增"改革，全国累计减税 2.1 万亿元。①

"营改增"之后，我国增值税制度改革的主要方向是税率下调和税率简并。继 2017 年、2018 年两次小幅下调增值税税率之后，2019 年 4 月 1 日，国务院再次对我国增值税部署更大规模、普惠性减税改革，其主要改革举措正是税率下调。将原 16% 的增值税税率下调至 13%；原 10% 的增值税税率下调至 9%，与此同时，放宽了进项税额抵扣条件和范围，并试行进项税额加计抵减和增量增值税留抵税款退税政策。2018 年，全国减税降费 1.3 万亿元，其中，增值税的贡献率超过 40%。② 2019 年，全国减税降费 2.36 万亿元，其中，制造业增值税减税 5928 亿元，减税幅度为 24.1%；建筑业和交通运输业增值税分别减税 257 亿元和 44 亿元，减税幅度为 5.2% 和 6.7%；现代服务业和生活服务业等其他行业增值税负担也实现不同程度降低。③

"营改增"以来，为了确保"营改增"后相关行业的税负只减不增，我国没有简单将原增值税 17%、13% 的税率直接移植到"营改增"试点行业，

---

① "营改增"已减税 2.1 万亿 实现增值税对货物服务全覆盖［EB/OL］. http：//www. chinanews. com/，2018 - 3 - 30.

② 关于 2018 年中央和地方预算执行情况与 2019 年中央和地方预算草案的报告［EB/OL］. http://www. xinhuanet. com/，2019 - 3 - 5.

③ 关于 2019 年中央和地方预算执行情况与 2020 年中央和地方预算草案的报告［EB/OL］. http://www. xinhuanet. com/，2020 - 5 - 22.

而是对"营改增"试点行业采用11%和6%两档低税率，从而使增值税由原两档税率（17%、13%）变为四档税率（17%、13%、11%、6%）。由于多档税率并存，各行业增值税进、销项税率变动不一致，导致部分企业进项税额下降大于销项税额下降幅度（典型代表行业如建筑业），增值税税负不降反增，不能享受减税红利。因此，逐步简并和优化增值税税率成为后"营改增"时代我国完善增值税立法的重点任务。早在2013年党的十八届三中全会制定的《关于完善社会主义市场经济体制若干问题的决定》中就明确提出，要"推进增值税改革，适当简化税率"。自2017年7月1日起，我国将原13%税率下调至11%，增值税税率由四档简并为三档，由此拉开了税率简并的序幕。2018年3月5日，李克强总理在《政府工作报告》中指出，2018年将"改革完善增值税，按照三档并两档方向调整税率水平"。2019年《政府工作报告》明确表示，要继续研究增值税税率档次由三档并为两档。2018年5月1日和2019年4月1日，我国先后两次下调增值税税率，将原增值税17%、11%、6%三档税率下调至13%、9%、6%，虽然仍维持三档税率格局，但税率的下调缩小了不同税率档次的差距，为下一步税率简并准备了有利条件。

2019年11月27日，财政部起草了《中华人民共和国增值税法（征求意见稿）》，向社会公开征求意见。征求到最多的意见之一就是：在现行增值税税率简并尚未完成之前，制定《增值税法》的时机尚不成熟，也不利于《增值税法》的稳定。所以，简并增值税税率已经成为我国增值税税制改革的第一大迫切任务。如何在现有税率结构的基础上进一步简并和优化税率结构，以实现在财政收入可持续的前提下，促进经济效率和社会公平的目标，是未来增值税立法需要关注的核心问题。

1.1.2 研究意义

本书对增值税税率简并问题的研究并不局限于税率简并模式的简单评价，而是尝试从理论和实证两个层面，探讨不同税率简并模式和方案对税收收入、税收负担、经济效率、社会公平的综合影响，内容既涉及不同税率模式的权衡取舍，也包含对不同税率水平和优惠税率的比较分析，具有积极的理论意义和实践意义。

1.1.2.1　理论意义

第一，丰富了增值税税制优化理论。区别于以往主要从保持行业税负不变或维持政府税收收入稳定的短期视角研究增值税税率简并问题，本书将从税制优化的内在要求和长期视角，在财政原则、公平原则和效率原则的框架下，从税负合理、收入公平、经济效率三个维度，全面分析增值税税率简并对行业税负、经济发展和收入分配的影响机制，有助于丰富我国增值税税制优化的理论基础。特别是结合国际经验对增值税税率结构、税率模式、低税率、免税项目和小规模纳税人设置等基础理论问题的深入、系统研究，改善了以往相关研究比较零散、缺乏完整性等缺陷，丰富了增值税税率结构研究的理论框架和理论体系。

第二，拓展了增值税功能作用的理论研究。传统税收理论中，增值税属于商品税，其功能定位为筹集财政收入，因此，单一增值税税率模式效果最佳。然而，对于大多数发展中国家而言，受制于税收征管水平或经济发展水平，增值税占比较大且是其最重要的税收收入来源，个人所得税等其他税种的经济调节和收入再分配功能则相对较弱。从改善收入分配、提升经济效率等多维度综合考虑增值税税率结构的构建，有利于拓展商品税调节功能和分配功能的理论研究。

1.1.2.2　实践意义

理想的增值税制应尽量减少税率档次，以最大限度地体现增值税的税收中性特点。我国在"营改增"之后，为了保障改革的平稳过渡，大大增加了增值税税率结构的复杂性。现行增值税过多的税率档次扭曲了税款抵扣运行链条，导致税制运行效果越来越背离中性税制的优势，并带来高额的遵从和管理成本，增值税税率简并是使增值税制回归中性税制本色的必然选择。第一，本书对国际社会增值税发展趋势的梳理，可以为我国增值税税率简并方案的设计提供经验借鉴。第二，通过对不同增值税税率简并方案综合政策效应进行定量分析和模拟测算，有助于全面认识税率简并可能产生的财政效应、经济效应和收入分配效应，更加慎重地选择税率简并方案，为建立科学、规范的增值税制度提供政策依据和决策参考。

1.2 国内外研究综述

1.2.1 国外研究综述

关于增值税的理论起源，依据已有文献的考察，存在不同的说法。一是1920年，一位德国商人构想了增值税（Lejeune, 2011）。二是一个美国学者和一个德国工业家同时分别写了类似相关税制改革建议的文章。增值税的最初设计并不是对营业税进行改革，而是用来作为替代企业所得税的可能税种（Feria & Krever, 2013）。三是第一次世界大战后不久，因为当时营业税重复征税的缺陷已经非常明显，德国率先提出了增值税的改革设想，以此作为营业税的替代品。然而，直到20世纪50年代初，法国人才开始认真考虑实施这一税制改革（Due, 1974）。四是比较公认的现代增值税的提出源于亚当斯（Adams, 1917）、西蒙斯（Siemens, 1921）的理论研究，而其实践则始于1954年的法国，早期对增值税的研究更多侧重于其与传统商品课税模式的比较以及要不要用它来替代传统课税模式（Due, 1968; Cnossen, 1975; Lindholm, 1981; Gillis, 1986），此后，随着越来越多国家开征增值税，增值税的具体税制设计问题日渐受到重视。

1.2.1.1 增值税相比其他流转税的优越性

迪尤（Due, 1974）指出，增值税相比其他税种的优点包括：效率高、促进出口、方便交叉审计。如果设置得当，它与零售税等其他形式的销售税相比更具优势，至少从操作的角度来看是如此。弗雷德琳达（Friedlaender, 1967）指出，对所有生产和流通环节普遍课征的增值税具有不扭曲商品价格的中性优点，增值税最有力的例证可能来自法国。希尔（Hill, 1977）指出，随着非洲法语区域经济的发展，销售税在为公共部门调动资源方面发挥了较大作用。但政策制定者面临的挑战是如何设计销售税体系，既能产生足够的收入，又能实现其他经济目标，同时又便于管理。经济政治周刊（Economic and Political Weekly, 1970）认为，流转税制度的选择在很大程度上取决于一个国家的发展阶段。从税收遵从和税收执行角度来看，经济发展初期引入低税率多阶段营业税比较合适。但在进行税率调整和扩大税基时，多阶段营业税会变得复杂，此时，经济效率考虑会超过其管理上的优势，最终的结果便是一些国家会采用增值税取代多阶段营业税。

1.2.1.2 增值税税率设置的理论探讨

简税率、宽税基、少减免是增值税发展的国际共识。

（1）税率档次的设置。国际货币基金组织著名增值税专家泰特（Tait，1988）在《增值税——国际实践与问题》（*Value Added Tax-international Practice and Problems*）一书中系统介绍了增值税税率结构设计的基本原理，并结合各国实践讨论了食品、医疗、住房、建筑业、金融业等特殊货物和劳务的税率选择问题，指出增值税的本质是中性的，实行单一税率、对出口实行零税率并限制免税项目是最优税率模式，实在不得已需要采取多档税率，宜尽可能减少税率档次。艾比、基恩、博丹和萨默斯（Ebrill，Keen，Bodin & Summers，2001）在《现代增值税》（*The Modern VAT*）一书中指出，政府可用的其他税收支出工具的限制越严格，增值税差别税率的公平理由就越充分。但基于多档税率税收征管和税收遵从的困难以及间接税实现分配的有限性，倾向于支持设定单一税率。哥本哈根经济学会（Copenhagen Economics，2007）指出，单一税率具有管理优势。理论上看，一个高效的税制体系应该能使征税成本最小化，为此应按照商品需求价格弹性的反比例来设置增值税税率，但这意味着税务局不仅要估计市场中每种商品的弹性，并且可能要根据偏好的变化重新估计这些商品的价格弹性以及新产品引入市场以后对产品价格弹性的影响。这种教条式的增值税制度执行起来非常困难，因此，最好的选择就是单一增值税税率。在难以具体掌握潜在价格弹性的情况下，实行差别增值税税率不太可能产生效率收益，并且可能导致对"错误"商品或服务实施低税率的巨大效率损失。捷克商会（Czech Chamber of Commerce，2011）指出，欧盟国家不同增值税低税率的设置导致了该体系的复杂性，因而建议每个成员国在基本增值税税率之外，最多设置一个增值税低税率。同时，还在欧盟层面定义哪些产品/服务可以被增值税低税率所覆盖。加斯塔尔迪等（Gastaldi et al.，2014）对意大利的研究发现，增值税的累退性主要表现在最低和最高收入阶层，降低增值税的累退性并不需要设置更多档次的低税率，设计合理的两档税率比现行三档税率更有利于改进收入分配效果。

（2）低税率项目的设置。克诺森（Cnossen，1992）指出，一个好的增值税制度的基本要求应该包括宽税基、简税率、少减免、易征管的特点。在税率结构设计方面，赞成欧共体委员会明确主张的双税率结构，即对食品、药品、家庭燃料、书籍、报纸和公共交通实施较低的税率，对所有其他商品和服务实施标准税率。伯德和金德伦（Bird & Gendron，2007）在《发展中国家和转型国家的增值税》（*The VAT in Developing and Transitional Countries*）一书中指出，忽略其他税收和（或）公共支出的抵消性变化来考察任何单一税收改革的影响，会给出错误的总体分配图景。从发展中国家的实证研究来看，虽然增值税相对于现期收入轻度累退，但相比其替代的关税和/或消费税而言，通常更具累进性。若对食品适用增值税低税率可以为穷人提供较大的利益，同样会给富人提供更大的绝对利益。

（3）增值税改革的要求。欧盟委员会（European Commission，2016）指出，增值税欺诈对不同欧盟国家的影响差异很大，事实上，增值税流失率从低于5%到超过40%不等。因此，增值税改革的要求让企业使用起来更简单、打击日益增长的欺诈风险、更有效率、以更大的信任为基础。

1.2.1.3 增值税税率设置的效应分析

（1）单一税率和复合税率的比较。相比复合税率，单一税率可以减少经济扭曲，增进社会福利，但不利于改善收入分配。巴拉德、肖尔茨和肖文（Ballard，Scholz & Shoven，1987）利用美国数据模拟测算的结果表明，引入单一税率增值税和多档税率增值税都可以改善福利水平，单一税率比多档税率的福利改善更显著，但单一税率的累退性比多档税率更强。阿特金森和斯蒂格利茨（Atkinson & Stiglitz，1971）指出，基于管理简便，可以用单一税（增值税）替代多档间接税。依据拉姆齐（Ramsey，1927）的逆弹性征税理论，不同商品按不同税率征税可以降低无谓损失。但对低收入弹性的商品征收重税会引发公平和效率的冲突。因此，单一税虽然不一定使得资源配置最公平，但是福利损失最小。利贝拉蒂（Liberati，2001）评估了意大利1995年和1997年增值税调整的收入分配效应和福利效应。其中，1995年为增值税税率结构保持四档不变，中间产品的两档税率由9%和13%分别上调至10%和16%。1997

年将增值税税率结构简化为三档，低税率保持不变，中间产品税率合并为
10%，基本税率由 19% 上调至 20%。研究发现，上述增值税调整没有重新分
配家庭购买力，但若依据欧洲增值税协调指令制定更简单的两档增值税结构，
取代现行多档税率结构，可以产生相同税收收入并增加福利。拜伊、斯特罗姆
和阿维茨兰（Bye，Strom & Avitsland，2003）以挪威 2001 年增值税改革为例，
证实在收入中性条件下，单一税率、涵盖所有产品和服务的增值税改革显著降
低了税收超额负担，改善了经济效率，提高了福利水平。莱杰恩（Lejeune，
2011）指出，低税率未必能缓解累退性，多税率结构会增加复杂性和企业经营
成本，创造经济扭曲，同时，容易造成与税务局在不同税率应用上的争议，因
此，单一税率是最好的选择。加斯塔尔迪等（Gastaldi et al.，2014）将家庭支
出和收入的信息整合到一个微观模拟模型中来衡量意大利增值税的收入分配效
应，发现双税率增值税可以产生更好的收入分配效应。

（2）税率调整对商品价格的影响。增值税是构成商品或服务价格的一部
分，因此，增值税税率水平高低与商品价格成正比。莫林（Morin，2005）从
税收归宿的角度研究增值税对消费价格的影响，发现绝大部分增值税都转嫁给
了消费者，所以如果降低食品等的增值税税率，有助于降低食品的价格。哥本
哈根经济学会（Copenhagen Economics，2007）指出，永久性降低某一商品
（或服务）的增值税迟早会降低商品的价格，下降程度等价于降低税率的货币
量。但对生产和就业的影响存在差异：如消费者对降低商品价格反应较弱
（消费无价格弹性），生产和就业不会有显著增长。例如，必需品——食品，
这时消费者倾向于保持他们的食品消费水平，并将节省下来的开支用于增加其
他类型的不那么基本的奢侈品支出。如消费者对降低商品价格反应较强（消
费富有价格弹性），生产和就业就会显著增长。例如，非必需、高价值商品。
同样的研究也揭示了一种不对称的价格反应，较高的增值税税率比较低的增值
税税率对价格有更强和更快的反应。如生产是劳动密集的，降低增值税税率对
生产和就业具有较强的影响。如果存在垄断且价格传导不充分，降低增值税税
率对生产和就业的影响会减弱。根据哥本哈根经济学增值税模型（Copenhagen
economics VAT model），统一增值税税率，将使消费者福利增加 0.03% 或约 13
亿欧元。奥津、尼珀和科兹林斯基（Auzins，Nipers & Kozlinskis，2008）构建

了一个分析增值税税率变化对市场均衡影响程度的理论模型，并运用这一模型，分析如果拉脱维亚降低食品增值税税率可能对食品价格、销量、国家税收收入和社会福利带来的影响。研究发现，在其他因素不变的情况下，税率上升（下降）会导致市场价格上升（下降）和销售量下降（上升）。具体来看：第一，将食品增值税税率从18%下调至9%，会使食品平均零售价格下降5.8%~6.1%；如果增值税税率下调至5%，会使得食品平均零售价格下降8.4%~8.9%。第二，增值税税率水平下调会使得食品通胀率下降。如果增值税税率下调至9%，食品的通胀率下降7.1%；如果增值税税率下调至5%，则食品通胀率下降10.2%。第三，销售量分别增加0.5%~1.5%和1.0%~2.1%。第四，增值税税率下调会造成预算收入下降。第五，消费者剩余和生产者剩余增加会超过增值税下降（福利改进）。维伦（Viren，2009）基于欧盟国家1970~2004年的面板数据，探讨了流转税特别是增值税对消费价格的影响，并利用21世纪初商品/出口水平的微观数据，对芬兰的增值税进行分析。所有分析的一个普遍结论是，超过一半的增值税会转嫁给消费者。相比之下，很少有证据表明增值税会转嫁给上游生产者。

（3）税率调整对经济的影响。税率下调可以降低企业的税负，进而降低生产成本，降低商品价格并刺激消费和生产，提升GDP。巴雷尔和威尔（Barrell & Weale，2009）研究了英国2008年底暂时性将增值税税率从17.5%下调到15%对消费和GDP的影响，发现居民消费增长了不到1个百分点，GDP提高了不到0.5%。希尔和雷格米（Seale & Regmi，2013）研究发现，增值税对居民消费的影响与国家经济发展水平密切相关。具体来说：第一，低收入国家将更多的额外收入用于食品。随着国家变得越来越富裕，越来越多的收入被分配到休闲等奢侈品上。例如，收入每增加1美元，刚果民主共和国的食品支出就会增加63美分，但在美国仅增加6美分；刚果民主共和国的娱乐支出根本不会增加，而美国的娱乐支出将增加13美分。第二，分配给住房的预算在预算总额中所占的比例在低收入国家最低，在中等收入和高收入国家大体相似；而在所有收入国家中，用于住房陈设的预算所占比例基本相似。第三，卫生支出随着收入的增加而显著增加，从占低收入国家平均家庭预算的4.5%增至高收入国家的8.9%。第四，各国对粮食需求的收入弹性差别很大，在低收入国家中最高，随着富裕程度的提高，分配给谷类和其他主食的粮食支出逐渐减少。例如，在刚果民主共和国，收入每增加 1 美元，粮食支出就会增加 31 美分，而美国的谷物支出实际上会减少 2 美分，这表明富裕国家的大多数消费者在这类食品上的消费较少。卡辛和纳亚玛（Cashin & Unayama，2016）研究了日本 2014 年增值税税率从 5% 提高到 8% 对居民消费的影响，发现在没有任何收入补偿的情况下，居民消费下降幅度与税率上调幅度基本一致。卡辛和村上隆（Cashin & Takashi，2016）使用日本 2014 年增值税的税率上调作为一个自然实验来检验生命周期/永久收入假设，发现假定名义收入预期不变，增值税税率上调会使价格上升，更高的价格水平会造成终身收入等比例下降，在没有相应补偿的情况下，增值税税率上调将引发家庭等比例降低其消费。

（4）税率调整对收入分配和社会福利的影响。绝大多数研究认为，低税率有利于改善收入分配和增进社会福利，反之，则恶化收入分配和降低社会福利。克劳福德和史密斯（Crawford & Smith，2010）从增值税税率差异化的收益和成本进行考量，指出增值税税率差异化的潜在福利收益在范围上是有限的，这些收益需要与税收管理和遵从成本进行权衡。他们认为，增值税税率差异化带来的福利收益太小，不足以补偿这些成本，因而是不可取的。荷兰经济政策分析局（Netherlands Bureau for Economic Policy Analysis，2012）研究发现，在欧盟 27 个成员国中，约有一半的国家通过降低税率加上免税，实现了减轻低收入家庭增值税负担的目标。取消零税率和低税率的效果在成员国之间有所不同，其中，在很少商品实施零税率和低税率的国家几乎没有变化。但如果将增值税支出视为总支出的一部分，那么取消零税率和低税率对低收入家庭的打击更大，然而在绝对值上，高收入家庭损失更多。即按绝对值计算，高收入家庭从现有零税率和低税率中获得的好处要比低收入家庭多得多。这表明，将增值税零税率和低税率作为再分配工具的潜力是有限的，并且当零税率和低税率提高至标准税率，并减少投资资本税收收入以保持总体税收收入不变时，GDP 出现了可观的增长。艾罗（Erero，2015）采用动态 CGE 模型模拟测算了南非增值税税率从 1% 增加到 5% 的效应。研究发现，如果上调税率增加的税收用于向低收入家庭提供社会服务，上调税率不会使低收入家庭更加贫穷，与此同时，中等收入家庭和高收入家庭的生活水平都随着 GDP 的增长而提高。

恩里克斯和埃切维里亚（Enríquez & Echevarría，2018）利用西班牙家庭预算调查数据，构建了一个两阶段的二次近乎理想需求系统（quadratic almost ideal demand system，QUAIDS），分析 2012 年西班牙增值税税率上调对家庭文化用品和服务需求的影响。研究发现，个人福利损失和增值税税额随着收入的增加而增加，但增幅小于收入增幅，因此，此项改革是累退的。戈德尔（Gaarder，2019）基于消费支出数据，采用断点回归研究了 2001 年挪威食品增值税改革的政策效应。该改革主要内容为其他非食品项目税率保持 24% 不变，仅将所有食品项目适用的增值税税率由 24% 下调至 12%。研究发现，这一改革减轻了消费者福利的不平等，原因在于挪威的食品零售业高度集中以及家庭根据价格变化调整了消费模式。但也有研究表明，税率调整对不同类别家庭的影响没有差异。贝道（Bedau，1996）研究德国增值税标准税率上调对不同收入类别家庭的影响情况。贝道将家庭样本分为三类：低收入家庭（二人一户收入较低的领取退休金者和社会福利受助人）、中等收入家庭（四口之家收入中等的蓝领和白领工人）、高收入家庭（四口之家收入较高的白领和公务员）。假定增值税低税率不变，将标准税率上调 2%，测算标准税率上调对上述各类家庭增值税负担的影响，发现各类家庭的增值税负担在很大程度上"平行"转移，增值税税率上调对不同收入类别的家庭产生的影响几乎相同。

（5）税率调整对税收收入和逃税的影响。米尔利斯（Mirrlees，2012）证明不同产品间的差别税率、征税范围的局限性等因素都会造成一定程度的效率损失。如果消除增值税税率差异，在保证维持所有英国家庭原有福利水平的基础上，政府可以额外增加 30 亿英镑税收。阿塔瓦尼斯（Artavanis，2015）在有限税收转嫁机会的条件下，以 2013 年 8 月希腊餐饮业增值税税率降低为研究对象，采用双重差分法研究增值税税率变动对逃税的影响，发现非酒精销售的增值税税率从 23% 降至 13%，使报告的投入产出比平均提高了 11.8%。

1.2.1.4　增值税累退性的探讨

增值税通常被认为是一种累退税，因为在某一特定时点，低收入家庭将其当前收入的较高份额用于增值税支付。然而，增值税是累退还是累进的结论很大程度上取决于收入还是支出的分配更能反映经济的不平等，衡量增值税负担率的分母是居民收入还是居民支出（Carrera，2010；Crossley et al.，2009；

IFS et al.，2011）。吉利斯（Gillis，1986）认为，即使在单一税率情况下，销售税也并非"本质"累退。当从永久收入而非年度收入角度来看时，销售税是累进的，而非累退的（Davies，1961；Davies，1980；Mayer，1974）。关于增值税累退性的研究，主要存在三种视角：年收入视角、终生收入视角和消费支出视角。

（1）年收入视角。年收入视角下，由于存在边际消费倾向递减规律，低收入者的消费支出占其收入比重通常远远高于高收入者，因此，增值税天然具有累退性。克诺森（Cnossen，1981）基于 1974～1975 年荷兰工薪家庭调查数据，研究发现，增值税占收入的比例从收入不超过 2.1 万元家庭的 8% 下降至收入超过 2.1 万元家庭的 7.5%，因此，增值税是累退的。克诺森（Cnossen，1998；1999）还指出，增值税通过对穷人消费的产品实施免税或低税率或零税率，难以消除税收本身的累退性，原因在于，富人和穷人消费形式大部分趋同。梅塞雷和内勒高（Messere & Norregard，1989）采用局部均衡估计增值税税负归宿，发现增值税平均税负随收入上升而下降，因而提出增值税累退结论。伯曼（Burman，2009）指出，增值税有两大主要弊端：第一，它是一个印钞机，推动政府规模增长。第二，它具有累退性，因为收入较低的家庭支出占其收入的比例要比收入较高的家庭高得多。戈等（Go et al.，2005）也表达了相似观点，认为增值税具有轻微的累退性，但在财政收入体系中却是一种有效的筹资工具。盖尔（Gale，1995）指出，增值税是对每一环节增值额征税，销售税是对最终消费环节的总增值额征税。增值税相对于销售税的优势在于具有环环抵扣的特征，但本质和销售税一样，具有相同的经济效应，因此，无论是单一增值税还是综合性增值税，同样具有累退性。

（2）终生收入视角。以年度收入进行定量分析，结论存在较大差异，原因在于，年度收入具有较强的波动性，终生收入则相对更为平稳。人们通常倾向于依据其终生收入，通过借贷行为平滑各期消费。因此，若从终生收入视角出发进行增值税收入分配效应研究，增值税实际上是比例的或略微累进。佩奇曼（Pechman，1985）指出，假设消费税前转并且由消费者依据支出比例负担，消费税是累退的。但消费税累退性是否会超过一年并不清楚。基于最低收入组的收入数据，消费税的累退性在长期来看有所缓解。波特巴（Poterba，

1989）指出，随机选择的个体中约41%的概率在两年内会保持在相同收入组别，然而，即使是轻度流动性也足以改变基本税负归宿结果，尤其是涉及消费税。汉纳（Hanna，1948）分析1929~1935年威斯康辛州的收入数据，发现这段时期内总收入分配的不平等明显小于年收入分配的不平等。利拉德（Lillard，1977）使用国家经济研究局桑代克/哈根数据集（该数据集以1943年4600名年龄在18~26岁的男性为样本，并报告了样本1955年和1969年的收入）的数据对基尼系数进行估计，发现年收入的基尼系数为0.28，显著大于用终生收入现值估计的基尼系数0.19。卡斯帕森和麦特卡尔夫（Caspersen & Metcalf，1993）采用收入动态追踪调查（panel study of income dynamics，PSID）的收入数据和消费者支出调查（consumer expenditure survey，CES）的消费数据测算增值税终生税负归宿，发现以年度收入作为测算经济福利手段，增值税看起来相对累退，当采用终生收入数据时，结果发生显著变化。从终生视角来看，美国实行增值税将表现为比例税负或轻微累进。因此，在整个生命周期，增值税不一定累退，事实上可能是轻度累进的。当对食物、住房和医疗支出征税率为零时，税收似乎明显累进。

（3）消费支出视角。部分学者指出，收入并不一定完全用于消费，而增值税等间接税以消费为税基，只有消费发生时才要承担相应税负。有些人收入高消费低，有些人收入低消费高，或者高收入者高消费、低收入者低消费，不同收入消费组合所承担的间接税的比例相差很大。单纯从收入视角来判断增值税的累进性或累退性，未必能将所有不同收入消费组合人群全部囊括在内，收入分配结果的准确性也有待考究。因此，从消费支出视角研究增值税的收入分配效应具有一定的重要意义。波特巴（Poterba，1989；1991）提出采用消费作为终生收入近似，由于家庭消费相较收入更平滑，总年度消费相比总年度收入可能是衡量家庭福利的更好测量方法。其采用消费者支出调查的总支出数据，发现酒精、烟草和汽油消费税在终生收入框架下比年度收入框架下累退性降低。麦特卡尔夫（Metcalf，1995）指出，在没有遗赠的情况下，终生收入等于消费的现值，从这一点来看，一个广税基的比例消费税对每一个人来说均占终生收入相同比例，增值税似乎是比例的而非累退的。芬伯格（Feenberg，1997）研究发现，将家庭按总消费支出排序，零售销售税要么是比例的，要么随着支出增加而增加。琼斯（Jones，2008）认为，等价性可支配收入（the equivalised income）是衡量生活水平的指标，将家庭按等价性可支配收入排序并计算基尼系数，发现从总收入和可支配收入视角来看，增值税累退。从支出视角来看，增值税累退性降低，倾向于平均分布。德科斯泰等（Decoster et al.，2010）指出，许多发达国家通过降低社会保障缴款，提高标准增值税税率，以保持政府收入的中性，从而将税收负担从劳动转移到消费上来，以使税收制度更具激励性。其采用欧盟数据库对这种政策变化进行模拟，发现可支配收入视角下，间接税呈累退，总支出视角下，间接税呈比例或累进。卡雷拉（Carrera，2010）认为，人一生收入不断变化，而支出更倾向于维持在较为固定的水平上，支出是衡量物质生活水平的合理测算指标。低收入群体通过借贷或动用储蓄来维持固定的支出水平，这些家庭只是暂时在收入分配底层。很多收入数据并不包括资产转让或者诸如遗产之类意外财产，这些恰恰可以从支出中得到反映。因此，卡雷拉分别按支出和可支配收入对家庭进行排序并测算各组别负担的间接税，发现支出视角下，间接税是累进的，可支配收入视角下，间接税则明显累退。戴维斯等（Davies et al.，1984）、富勒顿和罗杰斯（Fullerton & Rogers，1991；1993；1994；1997）、卡斯帕森和麦特卡尔夫（Caspersen & Mercalf，1993）的研究结果也与前述结论基本一致，即在终生框架下，以消费为税基的税收累退性有所降低。经合组织（OECD，2014）调查显示，增值税和一般销售税实际上可能是比例的或累进的。

（4）引进增值税对收入分配的影响。勃朗宁（Browning，1978）指出，当对转移支付（如社会保障）进行通胀指数化，在增值税完全转嫁给消费者的情况下，许多低收入家庭税负完全不受引进增值税的影响。勃朗宁（Browning，1985）更进一步论证，即使没有转移支付指数化假设，上述结论也成立。过去 25 年的世界经验清楚表明，政治和学术界对增值税的支持正在稳步扩大。根据这一经验，增值税是消费间接税的首选形式。消费间接税的改革越来越转向一种特定形式的零售税，即欧共体类型的增值税。

1.2.1.5 对增值税免税政策的分析

（1）是否免税。费里亚和克雷（Feria & Krever，2013）指出，免税项目设置与其说是基于明确的政策目标，不如说是基于务实的政治目标，还有一部分是基于技术原因，如金融免税（税基难以确定）。艾比、基恩、博丹和萨默斯（Ebrill, Keen, Bodin & Summers, 2001）指出，免税有可能会削弱增值税的中性。因此，在许多国家，防止免税范围扩大的努力已经持续多年。许多标准免税的理由正日益受到质疑。未来更多发达国家增值税改革议程上的一项主要内容可能是在一些领域从免税转向全额征税，如公共部门和金融服务。欧盟委员会（European Commission, 2012）指出，降低增值税税率在促进就业或优质品消费方面发挥的作用尚缺乏经验证据的支持，且降低税率和免税通常会带来巨大的预算成本，增加管理和遵从成本，并增加系统的复杂性，其在市场扭曲和碎片化方面产生的高额成本可能比之前认为的更高。因此，通过限制免税和逐步取消大多数的低税率，可以提高增值税系统的效率和潜在福利收益。梅里尔（Merrill, 2011）指出，虽然由于衡量隐性金融费用的实际困难，历史上大多数国家都对金融服务免征增值税，但考虑到金融服务的规模庞大（美国金融服务占增值税潜在税基的14%），税收公平和中性原则要求把金融服务尽可能完全地纳入税基。

（2）免税效应。克里迪（Creedy, 1998）研究发现，"免税"就再分配而言是一把"钝器"，免税和差异化税率意味着，在不同偏好、不同支出模式下，家庭可以拥有相同的支出总额但支付不同的间接税，这会引发一些"横向不公平"进而抵消掉"纵向再分配"。吉塞克和崔恩（Giesecke & Tran, 2010）构建了一个多重税率、多重豁免、多重可退税的增值税 CGE 模型，研究越南增值税税率简并方案对宏观经济、产业和分配的影响，该简并方案的特点是单一增值税税率，在取消免税的情况下保持收入中性。研究发现，简并方案可以带来约0.25%的消费增长，但会带来不利的分配后果，其中，农村低收入者承担最不利的分配后果，原因是大米在这些家庭的预算中所占比例很高。因此，若采取将水稻和大米排除在外的增值税简化制度，可以带来比较显著的消费增长，同时，对基尼系数不会产生不利影响。莱亚罗等（Leyaro et al., 2010）发现，坦桑尼亚的贫困人口，尤其是来自农村地区的贫困人口，最能感受到食品税收改革带来的不利福利后果。莱温和赛义德（Levin & Say-eed, 2014）研究孟加拉国允许免税的增值税制度和不允许免税的增值税制度对收入分配的影响，发现在没有免税的增值税制度下，贫困家庭的税负较高，而对地方市场食品行业免税则提高了城乡低收入群体的福利水平，建议对地方食品行业免税。麦特卡尔夫（Metcalf，1994）指出，对增值税的各种改进（如对必需品实施零税负或对低收入家庭实施一次性退税）将大大提高税收的累进性。但也有研究表明，对生活必需品免税，高收入群体也会享受到免税带来的红利，未必能实际上促进税负公平，反而使增值税税率体系复杂化，增加了效率损失，因此建议减少减免税。盖尔（Gale，1995）认为，欧洲增值税允许对诸如食品、医疗等必需品免税，高收入家庭同样享受免税。此外，免税会使得税制复杂化，增加管理成本，降低经济效率。雷法卡特和穆赫辛（Refaqat & Mohsin，2005）利用巴基斯坦 1990～1991 年、2001～2002 年家庭综合经济调查数据，采用传统税负归宿测算方法，研究发现，对蔬菜、酥油、糖和基本燃料等项目征税会损害穷人的利益。经合组织（OECD，2014）对成员国增值税减免税政策进行研究分析，发现对食品实施减免税，可以改善低收入群体的收入分配。对医疗、教育、金融服务、邮政服务等非食品项目实施减免税，高收入群体受益程度更高。

1.2.1.6 对增值税税率改革的经验总结

（1）增值税改革的总体经验。欧盟为促进统一市场的运行，在成员国增值税税率协调上发布了一系列指令和专题研究报告。欧盟（2007）关于低税率货物和劳务的专题报告中，从理论和欧盟国家实践经验两方面检验了设置低税率的各种利弊，以及设置低税率对物价、市场供求和就业等的宏观和微观经济效应。研究表明，没有确凿证据可以确定低税率对就业有积极影响，即使有限的积极就业影响也是不可持续的；低税率的代价是资源配置的扭曲和福利降低；低税率既不是实现预期的政策目标的唯一工具，也不是最好的工具。向更统一的增值税体系迈进、限制或简化使用低税率，可以降低增值税结构的复杂性，节省税收合规成本，增加社会福利。在欧盟（2012）关于增值税税率结构的经济效应专题报告中，分别运用静态分析和动态一般均衡分析，模拟测算了如果欧盟 27 国取消增值税、低税率和零税率三种方案下，各国价格、消费、就业、外贸、税收收入、收入分配等变化的经济效应，同样对增值税低税率的公平和效率效应提出质疑，如果取消增值税零税率和低税率，应能减少资源配置的扭曲。此外，国际货币基金组织（IMF，2002）、经合组织（OECD，

2012；2013）系列报告也质疑了对某些商品和服务实施零税率或低税率的公平性和合理性。

（2）增值税改革的具体经验。费里亚和克雷（Feria & Krever，2013）比较了传统欧洲增值税（多档税率模式）和以新西兰、澳大利亚及加拿大为代表的现代增值税（单一税率模式），指出现代增值税的缺点在于保存了对金融的免税，最终要向后现代化增值税（对金融征税）转变。巴格奇（Bagchi，2006）认为，在印度实行单一的全国性增值税是行不通的，因为这将要求各邦的销售税管理机构关闭或由中央接管。更重要的是，取消地方政府销售税的征税权不仅会损害他们的财政自主权，还会使支出机构仅仅负责他们花费的资金。美联储前主席艾伦·格林斯潘曾将增值税称为增加收入的"最不坏"方式。普雷维泰拉和博伊尔（Previtera & Boyle，2011）指出，为应对经济泡沫破裂导致的税收下降，1989年，日本引进了宽税基、单一税率、少免税的增值税制度，同时，特别降低了低收入纳税人的个人所得税税率，以防止增值税累退性伤害低收入群体，大大满足了政府收入需求。美国面临同样的情况，若实行增值税，再加上削减开支和改革税法，可能会消除国家预算赤字。

（3）其他方面。古鲁穆提（Gurumurthi，1999）指出，阿根廷、奥地利、德国和墨西哥的增值税大都是中央政府控制的，中央政府和省政府之间进行收入分成。施耐德（Schneider，2010）研究了税率与逃税和税收遵从之间的关系，发现增值税逃税在地下经济泛滥的发展中国家表现得更加明显。马杰罗娃（Majerová，2015）研究了欧盟国家增值税税款流失缺口对腐败感知指数、GDP增长率和增值税基本税率三个变量的相关关系，发现增值税缺口对腐败感知指数相关性最高，达到75%，对GDP增长率的相关性约为40%，对基本税率不存在明显的相关性。因此，认为增值税税率高低对税款流失的影响并不显著。莱杰恩（Lejeune，2011）指出，全球收入平衡正在从企业所得税转向增值税，增值税税率的提高通常与所得税税率的降低结合在一起。过去两年里，七个欧盟成员国（捷克共和国、希腊、匈牙利、卢森堡、斯洛文尼亚、瑞典和英国）降低了企业所得税税率，七个国家降低了个人所得税的法定税率（保加利亚、捷克共和国、匈牙利、立陶宛、罗马尼亚、斯洛文尼亚和斯洛伐克），增值税增加的收入也被一些政府用来减少由雇主或雇员应付的社会保险税（如保加利亚、匈牙利、德国和瑞典）。

1.2.2　国内研究综述

我国对增值税税率设置问题的关注始于 1994 年税制改革之后，早期的研究成果主要涉及在税制改革带来行业税负变化的背景下，如何选择增值税税率水平与档次，特别是针对一些税负变化较大的行业。2005 年之后，此类研究逐渐淡出人们的视野。而 2012 年"营改增"之后，伴随增值税税率结构的复杂化，国内再度掀起增值税税率问题的研究热潮。

1.2.2.1　"营改增"之前相关研究

2012 年"营改增"之前，增值税税率问题研究主要围绕以下两个方面展开。

关于增值税税率结构的理论探讨。陈波（1995）认为，实行单一税率还是多档税率的争论实际上是一种公平和效率问题的争论。若从公平的角度出发，偏向于设置多档税率。但当增值税税率档次增多时，征收成本和奉行成本都会急剧增加，而政府所获得的税款并不会因此而增加很多。从现行增值税制来看，造成没有进项税额或抵扣较少的主要原因是我国实行生产型增值税，而不是消费型增值税。因此，解决 1994 年税制改革加重某些行业税负问题的关键不在于增加几档低税率，而在于我国增值税的类型选择，从征管效率出发，应尽可能简化税率档次。王建平（1997，2005，2009）持续关注我国增值税税率结构设计问题，认为根据我国的现实情况，宜采用较为简化的多档税率。该结论是基于以下三点考虑：（1）任何体制性问题，都不是纯粹的经济学问题，无不与政治制度相关联，税收政策要体现政府的政治意图。（2）增值税具有一定的累退性，实施多个税率档次的税率结构，有利于缓解乃至消除增值税的累退性。（3）经济运行中的一些特殊问题往往需要通过低税率的运用来加以解决。按照宽税基、低税率、便利税收征管的原则，我国增值税税率改革的目标应是：从低设计基本税率，确定 1 档基本税率与 2～3 档低税率相结合的税率结构，同时，大幅度降低小规模纳税人的征收率。彭鹏翔（1997a）比较了一般纳税人和小规模纳税人的税负，发现我国工业增值税纳税人的流转税税负重于交通运输业、建筑业等行业营业税纳税人的流转税税负，而商业纳税人流转税税负又轻于交通运输业、建筑业等行业；在增值税内部，小规模纳税人的税负重于一般纳税人。因此，应优化调整增值税税率及小规模纳税人的征收率。经测算，工业和商业的增值税理论税率分别为11.3%和22%左右，小规模纳税人的征收率为3%左右，建议在理论税率的基础上优化调整实际税率。彭鹏翔（1997b）指出，在现行6%征收率的条件下，不论一般纳税人适用的是17%的基本税率还是13%的低税率，小规模纳税人的增值税税负均明显重于一般纳税人。为贯彻公平税负原则，使两种纳税人的增值税税负基本一致，须将工业和商业小规模纳税人的征收率分别调整为3.4%～4.33%（工业）和1.95%～2.48%（商业）。曹燕萍（2000）认为，增值税税率的设计应抛开其累退性，从充分发挥增值税的优良特性（中性、效率）出发。因此，所有商品（出口商品例外）应一律按统一的税率征收增值税。至于税率的设置，从世界税制改革的经验来看，增值税的税率一般不能低于10%，因为如果低于10%，那么它所取得的收入相对于征管成本来说则太低，但一般也不宜高于15%。因此，合适的增值税税率宜在10%～15%。郁东敏（2001）指出，税率是增值税课税要素的重要组成部分，是增值税中性的重要体现，税率的形式、税率的结构直接决定着增值税中性作用的发挥，从而对经济主体产生不同的影响。税收的征多征少会对企业行为、价格、产出决策、投资决策等产生直接明显的影响。统一税率的增值税有利于最大限度地减少对市场配置资源的干预，促进企业生产效率的提高；而差别税率的增值税则有利于实现企业税负的纵向公平，扶持处于自然劣势的企业。因此，应尽量简化税率结构的同时，设计少数的差别税率，以符合"效率优先，兼顾公平"的发展原则。其中，宜对基本或必需的生活用品和基础公共服务免税，对其他商品和劳务征收统一的增值税税率。这些是我国较早对增值税税率结构的研究。

关于特定行业增值税税率优化。赵恒（1994）指出，法国在建设增值税的过程中，始终注意两条原则：一是保证国家财政收入的需要；二是尽量避免物价的波动。我国构建增值税也应坚持以下原则：（1）从中国国情出发；（2）发展生产力的标准；（3）不使物价水平有大的涨幅；（4）充分考虑产业政策的问题。因此，在现行增值税税率档次上，可以增加一档优惠税率，即标准税率为17%、低税率为13%、优惠税率为7%。其中，对于原税负较低且属于国家支持的产业或部门宜适用优惠税率。同时，还可对农业生产资料和应予鼓励的新产品等，在一定时期内予以减税或免税照顾。董庆铮（1994）对税法规定允许购进免税农产品的企业按10%的扣除率计算抵扣进项税额进行了计算分析，发现购进农产品的工业企业，因农产品免税将增加17元税负，即便按10%扣除率扣税也增加负担7元，故企业宁愿农产品不免税。因此，确需减免税的，可采取先征后退的办法，以避免税款抵扣链条的中断和税负转移造成的影响。王根贤（2005）认为，对基本生活用品和其他弹性系数小的商品所设置的低档税率虽然可以照顾消费者对基本生活用品的消费，使增值税发挥了分配功能，但却是以整个社会付出更大的超额负担为代价。所以，增值税制中低税率的商品不宜过多、税率不宜太低。王楠（2009）比较了我国与欧盟国家的增值税税率设置，指出我国增值税基本税率相对欧盟国家来说，总体处于较低水平，增值税优惠税率相对欧盟国家来说，处于相对偏高水平。此外，就图书、报纸、期刊的增值税税率设置来看，我国的图书、报纸、期刊承担着比欧盟国家更高的税负。较高的增值税税负直接影响我国新闻出版企业的盈利水平和积累速度，进而会影响其发展能力和在国际上的竞争能力。建议进一步降低相关税率，对不同类型的书、报、刊设立多档次增值税税率，对公益性出版单位实行零税率或免税。

1.2.2.2　"营改增"之后相关研究

全面"营改增"之后，增值税的税率简并成为我国税制改革必须解决的关键问题，已有研究都支持减少税率档次，争论主要表现在税率简并的模式和基本税率水平的设置。

关于税率结构简并模式的选择。主要有两种观点：一是单一税率的现代增值税模式。谭郁森和朱为群（2013）基于148个国家增值税税率的统计分析以及增值税税率选择的国际经验和教训，认为12%的单一税率是我国增值税税率选择的理想目标。理由如下：（1）2011年底，全世界实行增值税的国家有148个，其中，实行单一税率的国家占54%，实行多档税率的国家占46%。（2）亚太地区增值税税率的平均水平是中国增值税税率选择的重要参考。较高的增值税率导致我国出口企业在收到出口退税款之前，需要代垫较多的进项税额，资金的利息成本较高。作为亚太区大国，采用接近亚太区平均税率水平的税率，有利于增强中国在亚太区的经济竞争力。而亚太地区的增值税平均税率水平为11.15%。朱为群和陆施予（2016）基于"营改增"后税率简并研究文献的评述，对我国增值税的税率档次、税率水平以及税率简并改革路径进行了研究。在充分考虑现实税负水平和财政收入影响的基础上，认为税基的扩大为降低税率提供了有利条件，现行17%的基本税率随着"营改增"的全面实施而显得过高，此外，已有文献大多建议将增值税税率控制在11%～13%。综合考虑之下，为了减轻普通消费者的税收负担，应当在适当降低最高税率的同时逐步提高低档税率，并将统一税率水平确定为12%左右。王朝才等（2012）运用CGE模型测算了四种"营改增"方案（部分扩围，差别税率；全部扩围，差别税率；全部扩围，统一服务业税率；全部扩围，统一全行业税率）下的平均有效税率以及对经济效率的影响，发现从促进经济效率的角度，最大范围地扩大增值税征收范围，同时各行业实行统一税率课税方案最优；最大范围扩围，但是对服务业实行统一的低税率方案次优；实行全行业扩围，但保持原有的差别税率课税方案最差。姜明耀（2011）利用投入产出表，借鉴国际上估算增值税税基的成熟方法，模拟测算了增值税"扩围"改革在不同税率下对工业和服务业各行业理论税负的影响。发现增值税扩围改革所导致的服务业税负波动幅度要大于工业，服务业行业增值率较高且行业间差距明显是服务业税负波动较大的重要原因。为避免不同行业税负过度变动，建议"营改增"应采用10%的单一税率。陈晓光（2013）利用Hsieh－Klenow模型以及企业层面数据，测算由增值税有效税率差别导致的全要素生产率损失，发现2000～2007年，全要素生产率损失年均高达7.9%。该测算结果论证了"税率差异导致效率损失"这一基本经济法则，即"营改增"后多档增值税率会造成较高的效率损失。因此，在推行"营改增"改革过程中，应当尽可能减少增值税率的档次。二是复合税率的传统增值税模式。梁季（2014）认为，增值税多档税率存在诸多问题：（1）难以充分发挥增值税中性特点，阻碍市场机制配置资源作用的发挥。（2）多档税率会导致同业不同策，扭曲市场竞争，如电信业（销售商品17%、信息服务6%、基础电信业务11%、其他增值服务6%）。（3）多档税率（征收率）增加征管成本和难度，为设租和寻租提供空间。（4）延滞"营改增"扩围进程，行业税率攀比心理下，不支持改革。

因而，建议我国应采取"1 基本税率 + 1 低税率 + 出口零税率 + 1 征收率"模式，且仅对生活必需品、与农业生产相关的产品或服务适用低税率。蔡昌（2011）认为，尽管理论上单一税率是保持增值税中性特点的最理想状态，但基于历史传统、政治压力或者降低增值税累退性的考虑，我国增值税税率的理想模式宜采用"1 档基本税率 + 1 档优惠税率"。史明霞和王宁（2016）设计了四种增值税税率简并方案，运用投入产出表法模拟测算不同方案对全国各行业税负的影响。通过对四种模拟方案的财政收入效应、企业分工效应和产业结构优化效应的综合分析与比较，发现"工业 17% + 服务业 6%"的增值税税率组合，最有利于产业分工细化和现代服务业的快速发展，促进产业结构优化。王建平（2018，2020）认为，对粮食、手工艺品、数字经济、金融和生活服务等设置一档低税率是完全必要的，基本税率与低税率相结合的税率结构是我国较优的选择，同时，应大幅度减少免税项目、差额征税项目和简易计税项目，以拓宽税基。平新乔等（2010）研究了我国现行增值税和营业税的税负结构，发现中国 1994 年的增值税改革设计上遗留的对服务业和中小企业实施按全部产值或营业额为税基征收营业税或增值税（即不实行"进项抵扣"）的办法，在实施过程中导致了对服务业和广大中小企业的税收歧视，认为应对服务业不同产品和服务设定相应的增值税率。汪冲（2011）通过 CGE 模型模拟分析增值税类型、法定征收范围与税率框架的经济效率，发现在现有增值税转型基础上，将某些中间使用较多的"关键行业"纳入增值税征收范围，会比直接归并、取代营业税产生更合意的经济影响，而且在收入中性条件下的单一税率设计，由于存在税收效率损失和负面经济影响，不具备现实意义。

关于基本税率水平的设置。大部分观点赞成降低增值税基本税率，但也有少部分观点持不同意见。如龚辉文（2013）基于国际间税率比较、增值税税率发展的国际趋势、财政承受能力三点考虑，认为增值税标准税率不宜下调。理由如下：（1）虽然中国 17% 的增值税标准税率与亚太周边不少国家比较相对较高，但与世界实行增值税的主要国家和地区相比并不算高。截至 2011 年底，大约有 166 个国家和地区实行增值税，标准税率的平均值约为 15.72%；经合组织（OECD）34 个成员，除美国没有实施增值税以外，其余 33 个国家增值税标准税率的平均值为 18.58%；欧盟 27 个成员国增值税标准税率的平均值为20.76%。（2）从世界范围看，增值税标准税率存在逐步提高的趋势。（3）减税必须考虑财政承受能力。刘柏惠（2016）认为，税率档次过多会增加纳税人税收遵从成本、逃避税的动机与可能性以及税务机关征管成本。因此，在具体的税率设计中应尽量注意以下几点：（1）税率设计要简明易行，尽量缩减税率档次。（2）归并优惠税率，并注意在优惠税率和标准税率之间拉开合理的距离，以保证其发挥预期作用。（3）优惠税率的对象集中于民生福祉行业。（4）限制免税项目种类和规模，并将其向最终环节聚集，避免干扰增值税链条的完整性。史明霞和王宁（2016）在"营改增"已全面实施的基础上，运用投入产出表法模拟测算不同的增值税税率简并方案对北京市各行业税负和产业结构的影响。发现工业增值税率统一为17%、服务业增值税税率统一为6%是最优方案，它在确保北京市财政收入稳定、涉及改革行业较少的情况下，最大限度地促进了工业的分工细化和现代服务业的快速发展，实现了优化产业结构的目的。崔军和胡彬（2015）认为，我国增值税自1984年开征以来，经历了1994年的价内税改价外税改革、2004～2009年转型改革以及2012年至今的"营改增"改革，得到了不断完善，对经济健康发展发挥了重要推动作用，但也依然存在不足之处。其对我国增值税今后改革的方向和路径进行了展望和分析，提出税率简并可以先行，但为了保证政府财力，降低基本税率还应从长计议。李学林（2013）运用CGE模型评估营业税改征增值税之后不同税率的选择对宏观经济和产业结构的影响。发现目前正在实施的营业税改征增值税的试点方案权衡了对财政收入和经济增长以及经济结构的影响，是对经济运行影响较小的稳健选择。该试点方案的税率安排如果在全国推开，GDP规模将增加0.20%，而税收规模则会下降1.92%。而且对住宿和餐饮业、房产业、租赁和商务服务业、金融业的发展有一定的激励作用；而对建筑业，交通运输、仓储和邮政业，信息传输、计算机服务和软件业有一定的抑制作用。因此，基本税率的选择需要在经济增长和税收规模之间进行适度权衡。

关于基本税率的下调幅度。税率下调幅度直接关系到我国减税降费政策目标能否真正实现。李青和方建潮（2014）利用2007年投入产出表数据进行模拟测算，指出增值税全面"扩围"的标准税率取值应当在9%～13%。梁季（2014）从增值税税率简化是保证其"中性"思路出发，建议我国应采用"1档

基本税率 +1 档优惠税率、辅以零税负（免税）和 1 档征收率"的税率模式，基本税率调整为 11% ~ 13%，优惠税率调整为 5% ~ 6%。朱为群和陆施予（2016）通过对"营改增"后税率简并研究文献的梳理和评述，提出统一比例税率应成为我国增值税税率简并的终极改革目标，在充分考虑现实税负水平和财政收入影响的基础上，12% 左右的统一税率最优。杨志勇（2016）考虑到中国所在的亚太地区增值税税率相对较低，增值税税率未来并为两档之后，基本税率为 10% 左右、低税率为 5% 左右更符合中国构建有国际竞争力的税制要求，也符合大国轻税的理念。万莹（2018）设计了两档税率模式和单一税率模式共四种增值税税率简并方案，并利用投入产出税收价格模型，测算、比较了不同税率简并方案下的收入分配效应。发现若考虑税率简并带来的税负变化和收入分配效应，那么保留低税率、实行"15% +6%"两档税率为我国增值税税率简并改革的最优选择；若要实现全行业单一税率，并配合减税降负的国际大环境和我国税收政策调整的大方向，单一税率的设定不宜超过 10%。为降低税制的累退性，还应对生活必需品给予必要的减免税优惠。刘成龙和牛晓艳（2018）运用投入产出价格模型和 MT 指数，对我国"营改增"后增值税税率简并的价格效应和收入分配效应进行了分析。发现增值税税率简并能够降低所有行业的价格水平和城乡居民的税收负担，增值税税率简并能够起到缩小居民收入分配差距的作用，但不能改变增值税累退性的特征。结合我国实际，参考国际经验，权衡税收公平与效率的目标，"15% +6%"的税率组合是我国增值税税率简并的最佳选择。田志伟等（2018）指出，从财政收入视角出发，若我国增值税税率改革的短期目标是两档税率，可以考虑将 10% 税率与6% 税率合并成为 7%，形成 16% 和 7% 两档增值税税率结构；而在长期，可以考虑将三档增值税税率合并为 10%，形成单一的增值税税率结构。姜明耀（2011）运用投入产出表法模拟测算"营改增"对工业和服务业理论税负的影响，提出采用 10% 的单一税率对不同行业带来的税负变动最小。李星（2012）运用间接税对价格的转移模型，从动态层面研究了"营改增"的税率选择对居民福利变动的影响。发现适用 17% 的税率恶化了城镇居民家庭的福利水平，且给中低收入者造成更大的福利损失；在 13% 税率下，各收入户的福利水平则有一定的改善，且高收入者的福利改进更加明显。因而建议适用 13% 的增值税税率。

为减轻增值税的累退性，龚辉文（2013）、梁发苇（2014）、梁季（2014）、杨志勇（2016）等均建议大幅降低生活必需品的增值税税率，甚至给予免税政策。此外，在全面"营改增"试点方案出台前，不少学者对各试点行业的增值税税率选择进行了测算，如杨抚生和邹昱（2011）、王金霞和彭泽（2014）、禹奎和陈小芳（2014）等。

关于实现增值税税率简并的改革路径。朱为群（2016）、梁季（2014）、崔军（2015）、刘建徽和周志波（2016）、社科院（2015）均赞成应设置5～10年的过渡期，以最大限度地消除"营改增"所造成的不利影响。王建平（2020）认为，降低增值税税负水平、规范增值税制度比单纯追求增值税税率简并更重要，如果税率简并需依靠差额征税、加计抵减等大量特殊措施的配套，还不如分步实施，等待恰当的时机。

关于增值税税率国际比较与借鉴。龚辉文（2011）梳理了世界各国增值税税率的特点，指出受国际金融危机特别是欧洲主权债务危机的影响，增值税税率呈逐步提高的趋势。彭雪（2013）介绍了OECD国家增值税税率的现状及其发展趋势，特别是低税率、零税率和免税项目的设置情况、设置原因和利弊分析，提出我国增值税改革税率设计应尽可能简单化，简化增值税税率结构更有助于实现再分配目标，应当增强直接税的收入调节功能。胡怡建（2014）在国际经验比较的基础上，讨论了多档税率的潜在收益和潜在成本。寇恩惠等（2016）、何杨和王文静（2016）通过增值税税率结构的国际比较，分析我国税率结构的优缺点，并提出简化税率、缩小减免税范围的改革建议。

1.2.3　研究述评

总体来说，国内外对增值税的研究文献相对于所得税而言数量偏少，其中，国外的研究起步较早，研究内容更加细化（不仅划分行业，还涉及各种商品大类和项目细分），研究视野也更加宽广（不仅研究税负效应，还涉及收入效应、经济效应、福利效应以及税收征管），这些国外研究成果为我国"营改增"后增值税税率结构的简并和优化提供了良好的理论基础和经验借鉴，而国内现有研究成果在研究目标、理论基础、研究对象和研究内容等方面还有待进一步深入。

（1）研究目标应从维持税负稳定的过渡期目标上升到税制优化的长期目标。现有对增值税税率水平的研究大多围绕"营改增"前后营业税与增值税税负的比较来展开，税率简并的目标主要基于保持行业税负不变或维持国家税收收入稳定，以推动"营改增"改革的顺利完成，具有明显的过渡期色彩，属权宜之计，而非基于我国税制完善和优化的内在要求和长期税制建设目标。

（2）研究的理论基础有所欠缺。现有研究更多关注"营改增"前后总体增值税税率水平的调整和测算，而缺少对增值税税率结构、税率模式等理论基础的系统研究。

（3）研究对象有所局限。现有对增值税税率水平的研究侧重于基本（标准）税率水平的设置，而对低税率、零税率设置的研究比较零散，缺乏完整性。

（4）研究视角存在缺失。现有对增值税税率水平的研究主要关注税制改革对经济效率的影响，而忽略了税制改革可能对收入分配和社会福利带来的影响。

（5）研究方法存在局限。现有对增值税税率水平的研究主要采用投入产出的静态模拟，即假设社会总投入和总产出不变的情况下，单纯分析税率变化带来的政策效应，而忽略了税率变化对投入产出可能产生的双向动态影响，可能会影响研究结论的准确性和可靠性。

1.3 研究内容与方法

本书以我国增值税制的税率结构为研究对象，通过税率简并方案的设计和各种简并方案政策效应的模拟测算，回答我国增值税税率模式选择、各档次税率水平及其适用范围、起征点和小规模纳税人以及免税项目选择等一系列问题，探寻我国增值税税率简并的最优策略。

1.3.1 研究内容

本书在财政原则、公平原则和效率原则的框架下，从税负合理、收入公平、经济效率三个维度，全方位构建理论体系，对我国增值税税率简并进行顶层设计和方案优选，以实现税率结构的优化，完善增值税立法。具体研究内容沿着理论和实证两条线索展开。理论层面，从收入分配、经济效率和税收征管等方面对不同增值税税率模式选择和设置增值税低税率、减免税的利与弊进行系统理论分析，以期为我国增值税改革提供理论支撑。实证层面，利用投入产出模型和 CGE 模型对不同税率简并方案的税负效应、分配效应、福利效应和经济效应进行模拟测算，以期为我国增值税改革提供客观依据。

除导论外，本书总体框架分为以下六个部分。

第一部分：增值税税率设置的理论分析。增值税税率简并和优化涉及税率模式选择、基本税率和非基本税率水平设定，以及低税率、零税率、免税项目设置和小微企业征收率设置等一系列问题，是一个内在联系的有机整体，必须通盘考虑、统筹兼顾。（1）从税收公平和效率两个方面归纳梳理单一税率模式和复合税率模式的优缺点。（2）对基本税率和非基本税率的适用范围和税率差异进行比较分析。（3）总结概括低税率、免税项目的常见设置范围，特别是结合国际经验，对设置低税率、免税项目的利弊进行深入剖析。（4）梳理起征点、简易计税、征收率等小微企业的税率设置相关问题以及小微企业分类征管的优缺点，为后面探讨我国增值税税率简并模式选择、简并方案设计和税率优化路径提供理论基础。

第二部分：我国增值税税率简并的必要性和方案设计。（1）回顾我国增值税制度演变历史和增值税税率结构现状。现行多档税率结构是我国税制变革的历史产物，是企业税负、经济增长、税制改革各方利益综合平衡的权宜之计，有其存在的合理性渊源，同时，又具有明显的税制改革过渡色彩。（2）分别从顺应增值税发展的国际趋势和解决多档税率并存的现实困境两个角度，阐述我国增值税税率简并的背景和必要性。（3）在达成增值税税率简并共识后，遵循"简"和"减"两大基本原则，在我国 2019 年 13%、9% 和

6%三档税率增值税的基础上，设计了单一税率和两档税率共六大类42种具有代表性的增值税税率简并方案，作为后面比较分析的研究对象。

第三部分：各增值税税率简并方案税负效应的测算。从各行业税负和国家税收收入两个角度，对所拟订不同税率简并方案的税负效应进行比较。（1）运用投入产出模型和2017年149部门投入产出表，测算不同税率简并方案的行业税负效应和税收收入效应。（2）运用CGE模型测算不同税率简并方案的行业税负效应和税收收入效应。（3）对不同简并方案的税负效应进行比较和评价。

第四部分：各增值税税率简并方案收入分配效应的测算。分别结合国家统计局、CHIP2013、CFPS2016、CFPS2018四种不同来源的微观家庭收支调查数据，选取Gini系数、MT指数及其分解、Suits指数和城乡居民收入指标，测算不同增值税税率简并方案对居民收入分配的政策效应。（1）运用投入产出模型和2017年149部门投入产出表，测算不同税率简并方案的收入分配效应。（2）运用CGE模型测算不同税率简并方案的收入分配效应。（3）对不同简并方案的收入分配效应进行比较和评价。

第五部分：各增值税税率简并方案经济效应的测算。结合家庭收支调查数据，选取消费、就业、投资、CPI、GDP以及城乡居民税收福利损失CV、EV、EB，测算不同增值税税率简并方案对经济增长和社会福利的政策效应。（1）运用投入产出模型和2017年149部门投入产出表，测算不同税率简并方案的经济效应和社会福利效应。（2）运用CGE模型测算不同税率简并方案的经济效应和社会福利效应。（3）对不同简并方案的经济效应和福利效应进行比较和评价。

第六部分：我国增值税税率简并和优化的对策建议。在税负合理、收入公平和经济效率三大维度比较分析的基础上，结合国际社会增值税税率的最新发展趋势，提出我国增值税税率简并和优化的政策选择。（1）我国增值税税率简并的模式选择和实现路径。（2）我国增值税基本税率的设置。（3）我国增值税非基本税率（低税率）的适用范围和税率水平。（4）我国增值税起征点、小规模纳税人认定标准和征收率的设置。

本书的具体研究思路如图1-1所示。

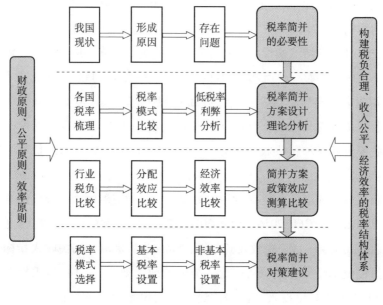

图1-1 本书的研究思路

1.3.2 研究方法

本书主要采取以下四种研究方法。

（1）文献研究法。通过对各种文献资料、网络数据库资料的收集、梳理、归纳，全面了解"营改增"后多档税率并存带来的具体纳税和征管问题，详细掌握世界增值税改革的发展趋势，以及增值税税率设置的相关理论基础。

（2）比较分析法。通过对比不同增值税税率模式的优缺点、不同背景国家的税率模式选择、不同税率简并方案的政策效应，为我国增值税税率结构优化指明方向。

（3）实证分析法。分别采用投入产出法、多部门价格均衡模型、可计算一般均衡法（CGE），分析不同增值税税率简并方案对行业税负、居民收入分配、社会福利的影响，以及对投资、消费、物价等经济发展指标的影响。

（4）规范分析法。在实证分析的基础上，结合国际经验和我国国情，规范分析并提出我国增值税税率简并和优化的顶层布局和具体方案设计，并对低税率、减免税、征收率等相关制度安排提出全面改革建议。

1.4 研究创新

本书的创新点主要体现在以下三方面。

（1）研究视角的创新。现有增值税税率简并的研究大多基于保持企业税负稳定的短期视角，对税率简并可能带来的经济效应关注不够，特别是对收入分配效应关注甚少。本书基于税制完善和优化的内在要求和长期目标，在财政原则、公平原则和效率原则的框架下，从税负合理、收入公平、经济效率三个维度全方位构建税率结构的理论评价体系，对我国增值税税率简并进行顶层设计和方案优选，以实现税率结构的优化。

（2）研究内容的创新。增值税税率简并不是现有税率的简单合并，而应该是包含税率模式选择、税率范围划分、税率水平设置等一系列内容的税率结构优化过程。现有对增值税税率水平的研究侧重于基本（标准）税率水平的设置，对低税率的设置和小规模纳税人的研究较少。本书对增值税税率结构、税率模式、低税率、免税项目和小规模纳税人设置等基础理论问题的深入、系统研究，改善了以往相关研究比较零散、缺乏完整性等缺陷，丰富了增值税税率结构研究的理论框架和理论体系。

（3）研究方法的创新。一是将 149 部门投入产出模型和微观家庭收支调查数据相结合，分析增值税税率简并对居民收入分配和社会福利的影响。二是构建反映增值税抵扣机制的 42 部门 CGE 模型，分析不同税率简并方案的税负效应、收入分配效应和福利效应。现有对增值税税率水平的研究主要采用投入产出法的局部均衡模拟，即假设社会总投入和总产出不变的情况下，单纯分析税率变化带来的政策效应，而忽略了税率变化对投入产出可能产生的双向交互影响。本书将局部均衡的投入产出模型和一般均衡的 CGE 模型相结合，对比分析不同税率简并方案的政策效应，能够更准确地刻画税率简并的整体经济和社会影响。

第 2 章

增值税税率设置的理论分析

增值税税率简并和优化涉及税率模式选择、基本税率和非基本税率水平设定，以及低税率、零税率、免税项目选择和小微企业征收率设置等一系列问题，是一个内在联系的有机整体，必须统筹兼顾。本章就上述问题，结合国际经验，对不同制度安排和选择从利弊两面性、现实可行性等方面展开理论分析，为后面探讨我国增值税税率简并模式选择、简并方案设计和税率优化路径提供理论基础。

2.1 单一税率模式和复合税率模式

增值税的税率模式分为两种类型：一是以增值税的诞生地、有着悠久课税历史的欧洲国家为代表的传统复合税率模式，即"1 档基本税率 + N 档非基本税率"，其中，基本税率（也称"标准税率"）对绝大多数货物和服务大范围普遍适用，非基本税率（也称"非标准税率"）在少数需特殊调节和照顾的领域小范围适用；二是以 20 世纪 80 年代以后新开征增值税的亚太地区和非洲、美洲国家为代表的现代单一税率模式，对所有的货物和服务都适用统一的增值税税率。

应该选择单一税率模式还是复合税率模式，争论的焦点在于效率和公平两大目标的权衡取舍。通过对相关文献的梳理，增值税单一税率模式和复合税率模式的优缺点比较见表 2 - 1。

表 2 – 1   单一税率模式和复合税率模式优缺点比较

类型	优点	缺点
单一税率模式	·有利于税收中性，效率损失最小化 ·具有管理优势，征管成本最小化 ·税制设计简单	·税负具有累退性，税收公平性较差
复合税率模式	·可以兼顾公平，缓解增值税的累退性	·扭曲生产、消费决策，引发较大效率损失 ·容易引发税务局和纳税人的争议 ·增加税制的复杂性和征管成本 ·诱发更大的税收流失

2.1.1 单一税率模式

首先，单一税率模式在税收效率方面全面优于复合税率模式。一方面，从税收经济效率来看，单一税率模式一视同仁地对待所有课税对象，有利于保证税收中性，减少税收对投资和消费行为的扭曲，使得效率损失最小化。另一方面，从税收行政效率来看，在单一税率模式下，所有行业、所有环节和所有商品均按统一税率缴纳增值税，有利于降低税收的征管成本，具有较显著的管理优势。

其次，单一税率模式在税收公平方面不及复合税率模式。在单一税率模式下，无论是对生活必需品还是奢侈品都按相同税率征收增值税，无法对不同收入群体的税负水平进行差异化调节，再加上边际消费倾向递减规律的作用，往往使低收入群体承担的增值税税款占其收入的比重高于高收入群体，因此，税负具有累退性，增值税的公平性相对较差。

增值税具有累退性的根本原因在于边际消费倾向递减规律，即随着居民收入的增加，收入总量中用于消费部分的比例越来越低，高收入群体消费支出占其收入的比重大大低于低收入群体。例如：依据微观经济学理论，假定消费者的消费由两部分组成：一部分为必要消费支出，可以看作一个常数；另一部分为引致消费支出，取决于消费者的边际消费倾向和个人可支配收入。消费者的消费支出因此可以表达为 $C = a + b \times I$，其中，C 为消费支出，a 为必要消费支出（$a>0$，是生活所需的刚性消费支出），b 为边际消费倾向（$b>0$），I 为消费者的可支配收入。由于增值税是以消费为税基的比例税，消费者消费越多，承担的增值税税负则越重。假设 t 为统一的增值税税率，此时，消费者承担的增值税税款 $T = t \times C = t \times (a + b \times I)$，相应地，可以得出平均税率 $t_a = T/I = t \times (a + b \times I) /I = bt + at/I$。从平均税率表达式中可以看出，随着收入 I 的增加，平均税率 t_a 相应下降，并逐渐趋近于 bt。对于单一税率模式增值税而言，在只有一个统一税率 t 的情况下，由于高收入者的边际消费倾向 b 远远低于低收入者，所以导致收入越高，增值税平均税负越低，税收负担具有累退性。

最后，从税制设计层面来看，单一税率模式简洁明了，立法成本显著小于复合税率模式。在实践中，即使人们对于实施复合税率模式存在一定的利益诉求，但却始终无法确定一个最优的复合税率组合，如究竟应该设置几档税率、税率之间的差异如何把握等。所以，对于单一税率在现实世界中的优越性，人们有着强烈的共识，这种共识既是基于单一税率本身的理论优势，更是基于规避因无法确定最优复合税率组合而产生无穷无尽的政治博弈。

2.1.2 复合税率模式

首先，复合税率模式在税收公平方面优于单一税率模式。复合税率模式通过对不同商品设置不同的税率，如对生活必需品设定低税率或对奢侈品设置高税率，能有效缓解增值税税负的累退性，促进税收公平。

其次，复合税率在税收效率方面全面劣于单一税率。第一，在复合税率模式下，多档税率一定程度扭曲了消费者和投资者的行为决策，引发较大的效率损失。第二，多档税率会增加税制的复杂性，提升税务机关的征管成本。第三，多档税率还会给纳税人创造逃、避税空间，增大税收流失风险。第四，多档税率并存容易导致部分商品适用税率的模糊性问题，从而引发税务机关和纳税人之间的纷争。例如：在法国，一块巧克力依据其成分不同，可能适用基本税率（19.6%），也可能适用低税率（5.5%）。[①] 爱尔兰定义了 2500 个商品和服务分类，以便实施标准税率（21.5%）、低税率（13.5%）和零税率的三档

---

① Ine Lejeune. The EU VAT Experience: What Are the Lessons? [J]. Tax Analysis, 2011: 257 – 282.

复合增值税体系，其中，单是食品就定义了 89 种不同的子类，如健康食品坚果适用零税率、不健康食品烤坚果适用标准税率，冷披萨适用零税率、而热披萨在外卖时适用低税率。[①] 在英国，普通食品适用零税率，奢侈性食品（如炸薯片、薯条等）适用基本税率，这就使税法不得不精细区分不同类型食物，以便明确税率适用边界，如普通肉鸡适用零税率、观赏鸡适用基本税率，涂巧克力的糕饼适用零税率、巧克力饼干适用基本税率。[②] 但即使如此，总会遇到很多灰色地带，从而产生征纳双方的意见分歧，如经典的英国海关税务总署诉宝洁英国公司案。该诉讼案涉及宝洁英国公司生产的一款食品——经典品客，它由土豆粉、玉米粉、小麦淀粉和米粉，加入食用油、乳化剂、食盐和调味品制成。一审法院认为它属于炸薯片的同类食品，从而适用标准税率；上诉法庭认为其土豆粉含量只有 42%，没有达到 100%，因而适用零税率；而二次上诉法庭认为土豆粉是其占比最多的配料（比占比第二的配料要高出 9 个百分点，比配料内的其他配料总和还要多 3 倍以上），所以不能因其土豆粉含量达不到 100% 而否定其是土豆粉制成的，最终判定其适用标准税率。[③] 同样地，在我国，对初级农产品适用标准税率，而对深加工农产品适用低税率，也存在类似的问题。

虽然综合来看，单一税率模式的优点似乎更多，复合税率模式的缺点远远多过其优点，但在实践中，依然有不少国家采用复合税率模式。究其原因，可能是因为任何税收制度问题，都不是纯粹的经济学问题，无不与政治选择紧密相关。一是税收政策必然要受政治程序的影响，是各种利益团体政治博弈的结果。各种利益团体博弈的结果，导致低税率等非基本税率被塞入增值税制度中。二是体现政府的收入再分配目标。增值税具有一定的累退性，实施多个税率档次的复合税率结构，特别是对食品、住房、公共运输等生活必需品实施低税率，有利于缓解乃至消除增值税的累退性。三是体现政府的宏观经济调控目标，如对医疗卫生、教育文化、污水处理等鼓励性行业和餐饮等劳动密集型行

①　European Commission. Study on Reduced VAT Applied to Goods and Services in the Member States of the European Union ［R］. 2007.

②　爱伦·A. 泰特. 增值税——国际实践和问题 ［M］. 北京：中国财政经济出版社，1992：56.

③　艾伦·申克等. 增值税比较研究 ［M］. 北京：商务印书馆，2018：298 - 304.

业实施低税率等。增值税作为普遍课征的流转税，必然要体现政府的各项政治意图，这就存在一个将贯彻税收中性原则与实施税收的宏观调控有机结合起来的问题。①

2.2 基本税率、非基本税率设置

基本税率，又称"标准税率"，是指不带有税收歧视性质或税收照顾性质的税率。非基本税率，又称"非标准税率"，是指带有税收歧视性质或税收照顾性质的税率。依据与基本税率孰高孰低，非基本税率可以进一步分为高税率（高于基本税率）和低税率（低于基本税率）两种情况。关于基本税率和非基本税率的设置，主要涉及两部分内容：一是基本税率和非基本税率适用范围的选择；二是基本税率水平和非基本税率水平的设置。

2.2.1 适用范围的选择

一般来说，基本税率是在大多数情况下普遍适用的税率，而非基本税率则在少数特定情况下小范围适用。基本税率的适用范围遵循排除法，即只要不是适用非基本税率的商品和服务，就适用基本税率。非基本税率的适用范围遵循列举法，即只有列举到的商品和服务，才适用非基本税率。

非基本税率设置的目的在于进行税收调节，以解决经济运行过程中的某些特殊问题，达到特定的宏观调控目标。非基本税率又分为两类：高于基本税率的高税率和低于基本税率的低税率。

高税率具有税收歧视性质，设置的国家（地区）并不多（见表2－2）。设置高税率的主要目的是调节高档消费或不合理消费行为，例如，对高档汽车、飞机、游艇等奢侈品和酒吧、夜总会等奢侈服务适用高税率（苏里南、委内瑞拉、印度）；对语音、数据和短信的移动服务适用高税率（巴巴多斯、白俄罗斯）；对酒精饮料、香烟适用高税率（巴拿马、洪都拉斯、库拉索岛）；对博彩业适用高税率（库拉索岛、委内瑞拉、印度）。

---

① 王建平．设计合理的增值税税率结构 [J]．税务研究，1997 (6)：32－35．

表 2－2　　　　　　　　　　2020 年设置增值税高税率的国家（地区）

序号	国家或（地区）	高税率*	适用范围
1	阿根廷	27% （21%）	·非住宅专用通信服务 ·非住宅专用的汽油和水电服务 ·污水处理和排水服务
2	巴巴多斯	22% （17.5%）	·语音、数据和短信的移动服务
3	巴基斯坦	19.5% （17%）	·电信服务
4	巴拿马	10%、15% （7%）	·酒类饮料，旅馆和其他住宿服务（10%） ·香烟、雪茄和其他烟草制品（15%）
5	白俄罗斯	25% （20%）	·经营通信服务（例如，电话服务、数据传输和远程信息处理、电视广播）
6	洪都拉斯	18% （15%）	·酒精饮料 ·香烟 ·某些电视服务 ·某些互联网服务
7	库拉索岛	9%、7% （6%）	7%税率适用范围： ·保险服务（保险公司和经纪人提供的人寿保险、丧葬保险、健康保险、再保险服务免税） ·酒店住宿 9%税率适用范围： ·销售机动车 ·快餐饮食 ·除果汁外的软饮 ·酒精饮料 ·烟草制品 ·存储电影、游戏和类似数据的数字设备 ·移动电话和其他通信服务 ·武器和弹药 ·烟火 ·圣诞树（合成圣诞树除外） ·汽车租赁 ·休闲娱乐 ·潜水器潜水 ·电影院、展览会、成人永久性娱乐设施的进入许可 ·电影和电脑游戏租赁 ·为酒店、酒吧、餐厅和相关场所提供食物、饮料和酒水消费 ·彩票游戏

序号	国家或（地区）	高税率*	适用范围
8	苏里南	25% （10%）	·摄像机 ·摩托车 ·汽车和其他客运机动车辆 ·大于31英寸的电视机 ·快艇、水上摩托车和游艇 ·武器和弹药 ·烟花
9	委内瑞拉	31% （16%）	·高档餐饮、夜总会和酒吧的会员费 ·第三方短信或其他技术手段提供的通信服务 ·进口价值等于或高于40000美元的汽车 ·进口价值等于或高于20000美元的摩托车 ·用于展览、广告、娱乐或体育用途的飞机 ·供娱乐及运动用途的游艇 ·使用硬币或卡片的游戏机 ·鱼子酱
10	印度	28% （18%）	·汽车 ·空调 ·碳酸饮料 ·比赛俱乐部和赌场

注：高税率下面括号里的比例表示该国的基本税率。
资料来源：Worldwide VAT，GST and Sales Tax Guide（2020）.

低税率具有税收优惠性质，又称优惠税率，主要目的在于支持有益消费或鼓励合理消费，通常情况下，低税率主要适用于生活必需品、公益性产品或服务（关于低税率项目的讨论见2.3节）。

2.2.2 税率水平的选择

在确定了税率模式、税率档次之后，另一个关键性问题就是各档次增值税税率水平的设置。基本税率和非基本税率水平的高低，不仅会直接影响微观主体的税收负担，还会对一国投资环境、经济增长产生重大影响。

首先，关于基本税率水平的设置。从国际上来看，基本税率设置存在显著地域差异。整体而言，欧洲国家的税率水平大大高于其他国家。2020年，全球131个国家和地区增值税基本税率平均为15.57%。分地区来看，非洲地区的平均税率为15.68%，亚太地区的平均税率为10.06%，中美洲和加勒比地区的平均税率为 11.75%，中亚和东欧地区的平均税率为 18.50%，欧洲地区的平均税率为 20.69%，中东地区的平均税率为 8.40%，北美地区的平均税率为 10.50%，南美地区的平均税率为 15.60%。[①] 2008 年金融危机之后，为了应对政府债务负担，很多国家提高了增值税的基本税率（如希腊、英国、爱尔兰、意大利、西班牙、荷兰、芬兰、卢森堡、捷克、拉脱维亚、新西兰、墨西哥等），但 2015 年以来，世界各国增值税税率保持相对稳定。[②]

其次，关于基本税率和非基本税率的税率差异。[③] 本部分以实施两档增值税税率的国家为例，对基本税率和非基本税率的税率落差进行国际比较（见表 2 – 3）。2020 年，实施两档增值税税率的国家中，基本税率的设定相对较高（尤其是和单一税率模式国家相比），平均值为 18%；低税率的设定以 5% ~ 9% 居多，平均值为 7%；基本税率和低税率的绝对差距平均为 11 个百分点，低税率占基本税率的相对比重平均为 41%。可见，在实施多档税率的国家，通常低税率都大大低于基本税率，降低幅度平均接近 60%。

表 2 – 3　　　　　　　增值税基本税率与低税率的差异

国家（地区）	基本税率（%）	低税率（%）	基本税率 – 低税率（%）	低税率/基本税率
阿尔巴尼亚	20	6	14	30
阿尔及利亚	19	9	10	47
保加利亚	20	9	11	45
哥伦比亚	19	5	14	26
埃及	14	5	9	36
爱沙尼亚	20	9	11	45
格鲁吉亚	18	0.54	17	3
德国	19	7	12	37
加纳	12.5	3	10	24
冰岛	24	11	13	46

[①]　根据 Worldwide VAT，GST and Sales Tax Guide（2020）计算。

[②]　OECD. Tax Policy Reforms 2020：OECD and Selected Partner Economies［EB/OL］. https://www. oecd – ilibrary. org/sites/da56c295 – en/index. html? itemId = /content/publication/da56c295 – en.

[③]　鉴于实施增值税高税率的国家和地区很少，以下对增值税非基本税率的讨论只考虑增值税低税率。

国家（地区）	基本税率（%）	低税率（%）	基本税率－低税率（%）	低税率/基本税率
曼岛	20	5	15	25
肯尼亚	16	8	8	50
科索沃	18	8	10	44
马其顿	18	5	13	28
荷兰	21	9	12	43
巴拉圭	10	5	5	50
圣卢西亚	12.5	10	3	80
塞尔维亚	20	10	10	50
斯洛伐克	20	10	10	50
斯洛文尼亚	22	9.5	13	43
乌克兰	20	7	13	35
英国	20	5	15	25
乌拉圭	22	10	12	45
越南	10	5	5	50
日本	10	8	2	80
平均值	18	7	11	41

资料来源：Worldwide VAT, GST and Sales Tax Guide（2020）.

综合来看，一方面，实行税收歧视（高税率）的国家或地区很少；另一方面，总体上，存在四种基本税率和非基本税率（低税率）的组合模式，即高基本税率＋低非基本税率（如英国）、低基本税率＋高非基本税率（如日本）、高基本税率＋高非基本税率（如冰岛）、低基本税率＋低非基本税率（如越南）。

2.3 低税率、零税率、免税的设置

国际上，增值税的税收优惠分为低税率、零税率、免税三种情况。

（1）低税率是指对某些需要鼓励和扶持的特定商品或特定服务，适用低于增值税基本税率的低税率。

（2）零税率是指对某些特定商品或特定服务，计算销项税额时适用零税

率，同时，还允许抵扣为了生产该商品而使用投入品在以前所有纳税环节已经缴纳的进项税额。所以，零税率不仅意味着本环节不用缴纳增值税，而且还可以获得一笔净退税，购买这种商品支付的价款是完全不含增值税金的。在各税种中，唯有增值税设置了零税率，这是增值税的一大特色。零税率按适用对象不同，可以分为出口货物零税率和国内销售货物零税率两种情况。其中，最为常见的是出口货物零税率，即出口退税，几乎所有实施增值税的国家都会给予出口货物零税率的税收优惠政策，目的是避免出口国和进口国对同一件进出口商品的双重征税，提高本国产品的国际竞争力。而对国内销售货物适用零税率的情况则相对较少，主要在少数欧洲国家实行，如英国、爱尔兰等国均对国内销售的食品、报刊适用零税率。考虑到出口货物零税率是取决于货物销售去向，而非货物类别本身①，不属于本书增值税税率设置所要探讨的问题，故以下对增值税优惠税率的探讨只涉及国内销售零税率政策。

（3）免税是指对某些特定商品或特定服务，不征收增值税销项税额，但同时相应的增值税进项税额也不允许抵扣。因此，免税并非真正意义上的零税负，免税只是免除了该商品当前纳税环节的纳税义务，实际上该商品仍要负担其投入品已经缴纳的增值税进项税额，并且该部分进项税额进入产品的生产成本，通过流转最后转嫁给最终消费者。通常情况下，免税又被称为"进项税"或"输入课税"。免税情况下，产品实际税率通常高于零税率，但低于增值税名义税率。

实践中，各国（地区）实施增值税低税率、零税率和免税等优惠税率的理由往往非常相似，具体对象和范围往往存在大量交叉，高度重合。例如，对于作为生活必需品的食品，法国、德国、奥地利、比利时等国家实行低税率政策，爱尔兰、英国、意大利、墨西哥等国家实行零税率政策，澳大利亚、韩国、泰国等国家实行免税政策。因此，以下把适用低税率、零税率和免税的项目放在一起进行梳理。

2.3.1　适用范围的选择

通过对世界各国（地区）低税率、零税率和免税政策适用范围的梳理统

---

① 例如，同样是销售电视机，出口到国外可以享受零税率，而在国内销售则需要正常计税。

计，依据相关项目在各国（地区）低税率、零税率和免税政策适用对象中出现的频率由高到低进行排序，归纳见表2－4。

表2－4　　　　　　增值税低税率、零税率、免税的高频项目

序号	低税率项目	免税项目	零税率项目
1	食品、药品、农产品等生活必需品	食品、药品、农产品等生活必需品	食品、家用燃料、日用品等必需品
2	热力、水、电、燃气燃料	农业、农业用品、农业器具	出口（商品和/或服务）
3	教育、医疗和社会保障	水、电、气及燃料供应	境外提供动产、不动产、无形资产和/或服务
4	食宿、餐饮服务	图书、报刊和杂志	国际运输
5	书籍、杂志、报刊	医药、医疗服务	国际运输交通工具燃料供应、物品和服务供应
6	交通运输	交通运输	船舶、飞机及有关的用品及服务
7	文体类活动、服务及门票	土地和建筑物的供应、不动产销售和租赁	提供、租赁和修理海上运输工具、飞机及相关服务
8	道路维护、清洁、日常修理	教育	进口（商品和/或服务）
9	残疾人用品或服务	金融保险	医疗用品、设备和服务
10	艺术创作相关服务	邮政文体	药品
11	儿童产品	社会保障服务	金融保险
12	健康服务及相关保险	赌博和彩票	服务于外交的商品或服务

总体来看，增值税低税率、零税率和免税政策通常适用于以下几类货物和服务。

第一类，支持低收入者的特定消费项目，如食品、农产品、水、电、气、热力、燃料、残疾人专用品、药品及医疗服务、丧葬服务等生活必需品，这些往往是各国（地区）实施优惠税率的首选项目。部分国家（地区）还对婴幼儿、儿童产品、女性卫生用品给予税收优惠，如英国和爱尔兰对儿童服装和鞋子适用零税率，英国和捷克对儿童安全座椅适用低税率，克罗地亚和马尔代夫对婴儿纸尿裤适用低税率。还有一些国家（地区）对居民住房租售给予税收优惠，如英国对新建住房适用零税率、对二手住房转让适用免税政策，法国对

新建低租公寓适用免税政策，墨西哥对新建低价住房适用低税率，爱尔兰对新建住房适用低税率、奥地利对公寓出租适用低税率。

第二类，支持具有社会合意性的优质品、值得褒奖的文化、艺术、体育活动，如书刊、报刊、杂志、教育、培训、卫生、博物馆、艺术馆、歌剧院、音乐会等艺术、文化活动和体育活动的门票、手工艺品、安全头盔。

第三类，支持有利于环境保护、具有正外部性的商品和服务，如公共交通、节能家电、电动车、充电桩和充电站、环保产品、有机食品等。

第四类，支持就业的劳动密集型服务，如酒店、住宿、餐饮、旅游服务和本地提供的清洁、洗涤、园艺、擦窗、家政、美发、日用品维修和保养等低技能服务。

第五类，其他项目。具体包括：一是基于征管原因，各国（地区）普遍对难以确定增值额的金融、保险、博彩、邮政、通信服务以及交易分散、征管成本较高的二手货交易免征增值税；二是基于社会或政治原因，大多数国家（地区）对政府和社会团体提供的公共服务和非营利性服务（如水、电等公用事业，道路维护、环卫、污水处理等公共服务，社会保障和养老服务）免税，对农业生产资料和服务（如种子、肥料、饲料、农机、灌溉和农业技术服务）免税或实行低税率。

从增值税税收优惠政策适用范围来看，增值税低税率政策的适用范围最广，其次是增值税免税政策，而零税率政策的适用范围最小。通常，各国（地区）政府对需要支持和鼓励的项目，首选优惠方式是低税率；但在实行单一税率模式的国家和地区，由于没有设置低税率，则选择免税；而实施零税率由于涉及退税操作，所以采用的国家（地区）非常少。

2.3.2 利弊分析

关于增值税应不应该设置低税率、零税率、免税，理论界和实践部门存在广泛的争议，而争议的焦点在于公平与效率的权衡取舍。

2.3.2.1 赞成的理由

赞成实行增值税低税率、零税率、免税的理由主要有以下五点。

第一，优化资源配置，提高劳动生产效率。在实践中，各国政府只能对市场交易活动征税，而对不通过市场交易的商品和服务（自己为自己服务，即DIY）无法征税，如自己种菜而不是去市场买菜、自己做饭而不是去餐馆吃饭。因此，对消费者而言，更有吸引力的选择是 DIY，而不是在市场上购买同等的商品或服务。通过降低易于 DIY 的产品和服务的增值税，可以减少因为差异化课税带来的劳动力市场资源配置的扭曲，促使人们在低效率的 DIY 上花更少的时间，更多地从事高效率的市场劳动，从而增加有效劳动力供给，提高劳动生产率和整体经济效率。

第二，减少低技能群体的结构性失业，扩大社会就业。对劳动密集型部门征收较低税率的一个重要原因，是通过促进低技能工人提供的产品和服务来促进就业。由于劳动力市场法规、最低工资制和失业福利制度的共同作用，使得低技能群体的结构性失业率往往显著高于高技能群体。通过降低主要雇用低技能雇工的部门的增值税，会增加对低技能雇工的需求，提高他们的工资，并使他们摆脱结构性失业，同时，又不损害高技能雇工在更灵活劳动力市场上的就业机会。减少结构性失业的观点在低技能就业比例较高的部门尤其突出①，特别是如果目标商品或服务属于非贸易商品或服务，不太容易受到来自国外商品竞争压力的情况下②。因此，仔细选择并有针对性地降低本地提供的、低技能雇工比例较高的劳动密集型服务的增值税税率（如家政服务、小型维修服务、餐饮服务等），对于减少低技能群体的结构性失业、缩小收入差距具有积极作用。

第三，有益于低收入家庭，缩小税后收入差距。通过对低收入者消费比例更高的生活必需品实施优惠税率，有助于减轻低收入者的生活成本。在欧盟27 国的约半数成员国中，低税率与免税相结合，确实减轻了低收入家庭的增值税负担，创造更平等的收入分配。③ 大多数为支持穷人而实行的增值税低税

---

① 但经验研究表明，不同部门之间低技能雇工就业份额的差异实际上相当小，这意味着通过降低增值税税率以改善低技能雇工就业前景的效果可能并不明朗。参见 European Commission. Study on Reduced VAT Applied to Goods and Services in the Member States of the European Union [R]. 2007.

② 如果目标商品或服务属于可贸易商品或服务，则对该部门实施低税率的结果可能只是刺激了进口需求，而不会或很少带来本地就业的增加。

③ European Union. A Study on the Economic Effects of the Current VAT Rates Structure [R]. 2013.

率，如食品、水和能源产品的低税率，确实取得了预期的累进效果。[①] 而对我国的居民消费数据的分析也表明，适当保留低税率，特别是保留对生活必需品的低税率，有助于缓解增值税的累退性，更好地体现税收公平。[②]

第四，降低相关商品和服务的价格，促进优质品的消费。优质品指对更广泛的社会产生正的生产和/或消费外部性，从而导致其效用被低估、存在消费不足的商品。通过对优质品的税率优惠，有助于降低其价格，扩大消费者对其的需求，矫正需求不足的正外部性。例如，推广教育服务、文化服务可以提高公民素养，推广有机食品可以降低健康成本，推广节能环保产品可以减少二氧化碳的排放。

第五，降低税收征管成本，提高征管效率。部分商品和服务免税并非基于支持或鼓励的原因，而是因为增值额难以确定或太难征管。典型的如金融服务，利息是一个比较复杂的价格，其中不仅包含了服务费用，还包含风险溢价、通货膨胀因素，再加上金融媒介的提供方式多种多样，对其征税会导致隐性收费或海外交易，大多数国家都选择对其免税。另外，还有一些商品或服务，征税难度较大，或者征税成本可能会超过其税收收入，故不如对它免税为好，如博彩业和二手货交易。

综上所述，在增值税制度中引入低税率、零税率和免税，可以在一定程度上起到调节资源配置、缓解税负的累退性、促进收入公平、引导居民消费以及降低税收征管成本的作用。

2.3.2.2　反对的理由

上述赞成增值税低税率、零税率、免税的观点经常遭受理论界的质疑和诟病，反对的理由主要有以下七点。

第一，扭曲经济行为，降低社会福利。税收的存在本身会带来超额负担（即效率损失），降低社会福利。研究显示，增值税体系内的税率差异越大，经济扭曲就越大，福利损失也越大。一方面，多档税率并存在正常课税商品与

①　OECD. The Distributional Effects of Consumption Taxes in OECD Countries ［M］. OECD Publishing, 2014.

②　万莹. "营改增"后增值税税率简并方案设计——基于收入分配的视角 ［J］. 税务研究, 2018（3）：37 - 43.

优惠税率商品之间造成人为干预，改变了生产者和消费者的行为选择；另一方面，因为对特定商品实施优惠税率，为了获得同样多的税收，必须提高对其他正常课税商品的税率，进一步放大了税收对资源配置的扭曲效应。一项对欧盟25个成员国的研究比较了在各国现有增值税税制的基础上，在维持预算中立的条件下（即取消低税率之后，相应降低增值税基本税率，以维持税收收入总额不变），模拟统一增值税税率、扩大低税率范围和缩小低税率范围三种情形下的社会福利变化，结果发现，扩大低税率范围会使社会福利下降0.02%或7亿欧元，缩小低税率范围会使社会福利增加0.01%或5亿欧元，而统一增值税税率则会使社会福利增加0.03%或13亿欧元。① 因此，取消零税率、低税率，统一增值税税率，能减少扭曲的部门资源分配，促使资源在不同生产部门更有效地分配。

第二，复杂的税率结构带来高额的合规成本。各种优惠税率常常引发企业和税务当局之间因边界模糊问题而发生冲突和不满，产生较高的征税成本和纳税成本。如果对享受低增值税税率的商品定义过窄、划分太细，一定会提高税收合规成本；如果定义过宽，可能会降低合规成本，但会降低税收调控的针对性，同时牺牲太多的税收收入。在实践中，很难对优惠税率的适用对象进行精准定义。例如，对食品适用低税率，如果新鲜蔬菜可以享受低税率，那么冷冻蔬菜为什么就不能呢？如果冷冻蔬菜可以享受低税率，那么罐头蔬菜呢？如此这般，永无止境。如果所有食品都适用低税率，但食品中也有奢侈品，如果不加区分适用低税率，可能实施的结果就事与愿违、南辕北辙。研究表明，实行增值税低税率、零税率、免税不可避免地会使增值税体系和市场运作复杂化，合规成本绝不是一个无足轻重的小问题，在设计增值税低税率时需要认真考虑。而通过削减增值税的优惠税率，可以节省合规成本，提高税收征管效率。

第三，收入公平效果有限或存在不确定性。理论上，优惠税率能不能改进增值税的公平性，取决于课税商品的价格变化和消费模式。一方面，实行优惠税率未必降低相关商品和服务的价格，特别是在优惠对象为中间产品的情况下。在实践中，生产者是按照市场承受能力来制定价格，所以低税率的好处可

---

① European Commission. Study on Reduced VAT Applied to Goods and Services in the Member States of the European Union ［R］. 2007.

能很大部分会被生产者获取，而不能顺利传导到消费者手中。另一方面，即使优惠税率可以使消费者受益，不只低收入者从优惠税率中获益，高收入者也同样获益，其收入分配效果最终取决于不同收入群体相关商品消费模式的差异。实行增值税优惠税率并不排除高收入者同样享受政策利好，优惠税率在减轻贫困家庭税收负担的同时，富裕家庭从中获取的利益往往更大，因为富裕家庭通常比贫困家庭在生活必需品和优质品上花费的支出更多。所以，优惠税率能缓解增值税累退性的前提条件是，低收入者拥有与高收入者显著不同的消费模式。如果相关商品仅由低收入者消费（如劣质品），或者低收入者消费比例显著高于高收入者，那么降低税率会产生累进效应，因为低收入者的相对减税幅度大于高收入者。但如果低收入者和高收入者消费相关商品的份额大体相同，则降低税率不会对收入分配产生任何显著的改变。而如果高收入者相关商品消费比例高于低收入者，那么降低税率实际上会产生累退效应。按五分位数划分的欧盟 15 国不同收入家庭的平均消费份额的研究表明，除了食品和电力、供暖等公用事业，大多数商品的消费模式非常相似。[①] 特别是对诸如教育、文化活动等优质品实行低税率，使在优质品上消费比例更高的高收入者获得了更多的补助，导致社会收入逆向流动，两极分化更加严重。所以，低税率带来的收入效应取决于不同收入家庭消费模式的差异。不同人群的消费模式越相似，税收优惠的成本越高，收入分配的效果越差。

　　实施增值税优惠税率的收入分配效果还与收入分配的初始水平有关。已有研究发现，随着收入分配平等程度的增加，人们的消费模式会渐趋一致。而消费模式越相似，对特定消费品的补贴就越不适合用于改善收入分配。例如，瑞典最富裕 20% 人口的食品消费份额只比最贫穷 20% 人口的食品消费份额高 5 个百分点，这意味着增值税低税率形式的食品补贴，对富人和穷人几乎同样有利。而在葡萄牙，同样食品消费份额的差异达到 16 个百分点。事实证明，增值税的收入分配效应在各国之间存在很大差异，因而具有类似标准增值税税率的国家，增值税制度的总体分配效应可能会大不相同。例如，比利时和法国的增值税标准税率几乎相同（分别为 21% 和 19.6%），但将增值税纳入可支配收

---

　　① European Commission. Study on Reduced VAT Applied to Goods and Services in the Member States of the European Union［R］. 2007.

入不平等的评估时，比利时的基尼系数几乎没有变化（增长不到 0.25 个百分点），而法国的基尼系数上升超过 3.3 个百分点。究其原因，在于两国居民低税率或免税商品和服务消费份额的差异，以及整体收入的边际消费倾向差异。①

实施增值税优惠税率的收入分配效果，还取决于我们考察减税的绝对值还是相对值。从减税的绝对值来看，由于消费支出随收入的增加而增加，因此，高收入者从增值税免税和低税率中获得的好处肯定更多，相应如果取消免税和低税率，高收入者损失的绝对值肯定也是最大的，增值税优惠税率的收入分配效果是累退的，其作为再分配工具的潜力是有限的。但从减税占收入总额的相对比值来看，由于边际消费倾向递减规律，高收入者消费支出占收入总额的比率更低，相应享受增值税免税和低税率前后税负下降的比率更小，则增值税优惠税率的收入分配效果是累进的。所以，从相对值角度来看，取消免税和低税率对低收入家庭的打击更大。

增值税的收入分配效应是累退或累进，还取决于考察是基于收入视角还是支出视角，即我们认为收入还是支出（年度收入还是终生收入）更能表明经济不平等（Metcalf，1994；Creedy，1998；IFS，2011）。② 当分析基于以年度收入表示的增值税税负时，增值税是累退的。然而，当考虑增值税税负与总支出之间的关系时，这一结论不再成立。费加里和保卢斯（Figari & Paulus，2012）在考察增值税税额占总消费支出的百分比后，发现在比利时、希腊、爱尔兰、匈牙利和英国五个欧洲国家，增值税制度似乎并没有累退。事实上，可支配收入最高 10% 家庭比收入最低 10% 家庭支付的增值税比例更高（因为他们在高税率的商品和服务上的支出比例更高）。③ 平均而言，低收入和高收入

① O'Donoghue, C., M. Baldini and D. Mantovani. Modelling the Redistributive Impact of Indirect Taxes in Europe: An Application of EUROMOD [R]. Euromod Working Paper No. EM7/01, 2004.

② Metcalf, G. Lifecycle vs. Annual Perspectives on the Incidence of a Value Added Tax, Tax Policy and the Economy [J]. 1994 (8): 45 – 64. Creedy, J. Are Consumption Taxes Regressive? [J]. Australian Economic Review, 1998, 31 (2): 107 – 116. IFS. Quantitative Analysis of VAT Rate Structures in IFS et al., A Retrospective Evaluation of Elements of the EU VAT System [R]. 2011.

③ Figari, F. and A. Paulus, 2012, The Redistributive Impact of Indirect Taxes and Imputed Rent on Inequality: A Comparison with Cash Transfers and Direct Taxes in Five EU Countries, GINI Discussion [R]. Paper No. 28. 2012.

家庭支付的增值税占其支出的比例大致相同。

OECD 用微观模型模拟了 17 个成员国实行低税率、超低税率或零税率（合称"低税率"）的收入分配效果。① 模型首先假设将目前实行低税率的所有项目改为按标准税率征收增值税，其次计算每个具体消费支出项目的模拟增值税收入与实际向每个家庭征收的增值税之间的货币差额，这一差额被称为因特定低税率而产生的"税式支出"，即增值税低税率给纳税人带来的减税金额。然后，把这一"税式支出"绝对值分别除以十等分收入组的收入和支出总额，得到减税的相对值。最后，分别从绝对值和相对值、收入比和支出比两个角度考察增值税低税率的收入分配效应。

首先，考虑全部增值税低税率项目税式支出的总体情况（如图 2 - 1 所示）。从减税的绝对值来看，越高的收入/支出十分位数的家庭，从低税率中受益越多（见图 2 - 1 中向上爬升的柱体）。在所有 17 个国家，最高十分位数家庭的减税幅度远远大于最低十分位数家庭。这种差异在支出十分位上（右图）往往比收入十分位（左图）更加明显。几乎在所有国家，收入（支出）最高十分位数家庭得到的税式支出是最低十分位数家庭的 2 倍（3 倍）以上。尽管这些差异很大，但从减税相对家庭收入（支出）的相对值来看，越高的收入/支出十分位数的家庭，减税比例越低（见图 2 - 1 中向下倾斜的虚线），最低十分位数家庭获得的减税比例显著高于最高十分位数家庭。这完美地证实了我们之前的结论，即低税率从绝对值来看是累退的，从相对值来看是累进的。

其次，对不同商品实施低税率的收入分配效果是不同的，取决于不同收入组家庭对不同商品的消费模式。其中，对食品、天然气、电力和水供给实施低税率的收入分配效果是累进的。为支持低收入者而实行的增值税低税率确实取得了预期的累进效果。图 2 - 2 列示了对食品实施低税率的税式支出情况，结论与图 2 - 1 相似，且食品低税率的累进程度高于平均水平。

为解决社会、文化和其他非分配目标而实行的增值税低税率，如对图书、

---

① OECD. The Distributional Effects of Consumption Taxes in OECD Countries [M]. OECD Publishing, 2014. 17 个国家包括奥地利、比利时、捷克、德国、西班牙、爱沙尼亚、英国、希腊、匈牙利、爱尔兰、意大利、卢森堡、荷兰、波兰、斯洛伐克、斯洛文尼亚、土耳其。

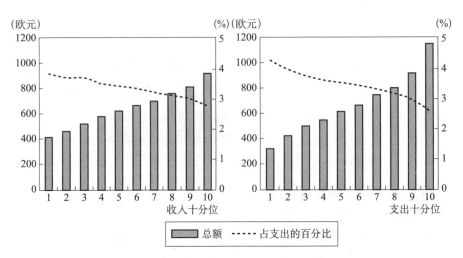

图2-1　十等分组家庭所有增值税低税率项目的税式支出

注：图中左轴的柱体表示税式支出的绝对值，右轴的虚线表示税式支出的相对值。

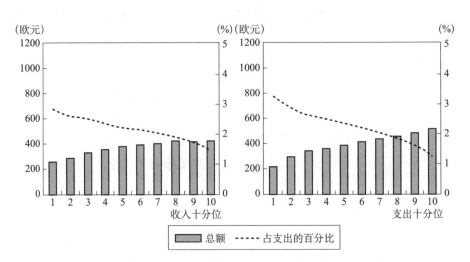

图2-2　十等分组家庭食品低税率的税收支出

注：图中左轴的柱体表示税式支出的绝对值，右轴的虚线表示税式支出的相对值。

电影院、剧院、音乐会、博物馆、动物园、餐饮、住宿和酒店、航空运输的低税率，由于这些消费的收入弹性较大，即高收入者消费比例更大，往往会给富裕家庭带来更多的好处，以至于实际收入分配效果是累退的。对于这些低税率项目，无论从减税的绝对值还是从减税占支出的相对值来看，富人都受益更多。以对图书实施低税率的税式支出为例（如图2-3所示），其在支出中所占比例也更加有利于高收入/高支出家庭。

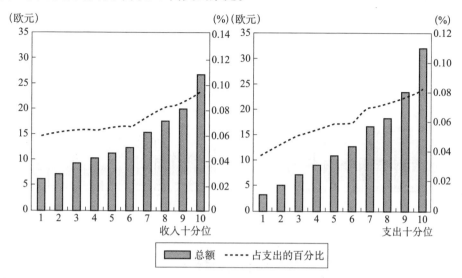

图 2-3 十等分组家庭图书低税率的税式支出

注：图中左轴的柱体表示税式支出的绝对值，右轴的虚线表示税式支出的相对值。

对药品、报刊、咖啡馆、酒吧等的低税率的收入分配影响呈现略微的倒"U"型。图 2-4 列示了对药品实施低税率的税式支出情况，其收入分配效果呈现先累退后累进的特点，中间收入组的受益比例最高，说明中间收入组药品需求的收入弹性最大。

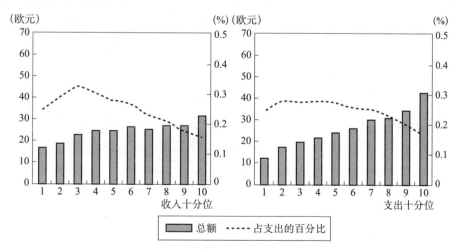

图 2-4 十等分组家庭药品低税率的税式支出

注：图中左轴的柱体表示税式支出的绝对值，右轴的虚线表示税式支出的相对值。

对儿童服饰实施低税率的收入分配效果近似于比例性（如2-5所示）。

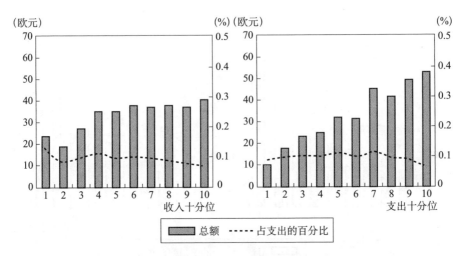

图2-5 十等分组家庭儿童服饰低税率的税式支出

注：图中左轴的柱体表示税式支出的绝对值，右轴的虚线表示税式支出的相对值。

综上，增值税低税率的收入分配效果是不确定的。考虑到收入再分配是实行增值税低税率的最主要理由之一，上述结果也为简并增值税税率、逐步转向单一税率增值税制度提供了客观依据。

第四，低税率会带来无效的体制性税收收入损失。降低增值税税率的目的是刺激新的消费，或促使需求在不同部门之间转移，以优化消费结构（如从劣质品转向优质品、从高能耗商品转向低能耗商品），而不是补贴已有的消费活动。在推出增值税优惠税率之前，本来就已经存在的相关消费活动越多，为实现预期消费转变而放弃增值税收入的成本就越高。这种因为对原本已经存在的消费活动给予税收优惠而白白损失的税收收入，称为体制性收入损失。如果低税率的目的是补贴特定群体所青睐的特定商品，且该群体对该商品的消费比例相对更高，体制性收入损失就更低，该低税率政策就更具针对性。相反，如果其他非特定群体也有同样高的消费偏好，或者不同群体之间的消费模式越相似，则为了达到预期公平目标而放弃的增值税收入就越多，体制性收入损失也越大。

第五，即使增值税低税率可以一定程度地实现预期政策目标，但它并非实现预期目标的唯一工具，也不一定是最好的工具。对增值税低税率关注的焦点不应只是考察它是否达成了预期目标，还应进行成本—收益比较分析，看是否有可供选择的其他政策工具，能够以更少的成本实现相同的目标。例如，降低增值税税率以减少结构性失业比直接补贴特定低技能劳动密集型活动更好吗？鼓励节能环保是采用污染者付费原则直接对污染物征税效果好，还是降低节能产品的增值税税率效果好？特别是基于收入公平考量，直接补贴计划可能比增值税低税率政策更有针对性，并且更加透明，减少合规成本，避免体制性收入损失。实证研究显示，通过所得税重新分配收入在效率方面成本更低，因为它不会扭曲个人消费。[1] OECD 和欧盟对增值税低税率政策效应的长期追踪和系统研究也一致认为，尽管增值税低税率对缩小收入差距有一定的效果，但操作成本太高，效率不如直接财政支出。通过采用有针对性的个人所得税减免政策和（或）财政补贴政策，可以更好地实现收入分配的既定目标。更为有效的政策组合应该是，取消增值税低税率，提高个人所得免征额和直接给贫困家庭提供财政补贴。而增值税强有力的筹资功能刚好可以为直接财政补贴提供资金支持。

第六，优惠税率自带政治扩散性，会不断侵蚀税基。优惠税率越多，人们就越想通过政治博弈为自己要求更多优惠税率，结果低税率的范围无限扩大，不可避免地带来税基侵蚀。这种政治扩散性通常表现在两个层面：一是在一国内部，对一个部门实行了低税率，其他部门就会极力游说将其纳入低税率的适用范围；二是在国际范围，当一个国家对某个部门实行了低税率，另一些国家的这个部门就会给本国政府施压，要求本国政府也对其实行低税率。欧盟近年来对劳动密集型服务实行低税率的范围不断扩大就是一个明证，饭店等行业正在极力游说政府将其纳入低税率的范围。[2] 而取消低税率可以终止这种政治扩散的"跟风现象"。此外，由于税收征管的局限性，任何一项增值税低税率政策都可能演变成一个避税的漏洞。例如，印度尼西亚在实行增值税一年后规定，对用于出租车行业的汽车予以免税，结果使得作为出租车的机动车数量激增。[3]

---

①　Mankiw, N. G., Weinzierl, M. C., Yagan, D. F.. Optimal Taxation in Theory and Practice [J]. Journal of Economic Perspectives, 2009, 23 (4): 147 – 174.

②　解学智，张智勇. 世界税制现状与趋势（2014）[M]. 北京：中国税务出版社，2014：174 – 175.

③　爱伦·A. 泰特. 增值税——国际实践和问题 [M]. 国家税务局税收科学研究所译，北京：中国财政经济出版社，1992：52.

第七，优惠税率破坏了增值税的抵扣链条，造成税负不公。只要税率结构复杂化，实际税率就会背离名义税率，增值税的整体结构就会支离破碎。据测算，在英国，食品的增值税实际税率为－24%，皮毛制品为37%，当然，这种实际税率像关税的实际保护税率一样，对买卖双方是不透明的。例如，餐饮服务的增值税税率为10%，如果购入食材占餐饮服务价值的40%，由于购入食材属于免税项目，餐饮服务的实际税率就达到16%以上。[①] 增值税采取环环相扣的税款抵扣机制，任何一个中间环节降低税率并不会影响整体产业链的税负，只会改变其在产业链上下游之间的分布情况。所以，对中间产品降低税率是没有实际意义的。特别是对于免税而言，除最终销售环节外，任何其他的环节免税都中断了增值税的抵扣链条，造成重复征税。

除此以外，也有观点提出，实行增值税低税率、零税率、免税在一定程度上会削减政府税收收入，不利于发挥增值税筹集财政收入的功能。鉴于以上设置优惠税率的利弊分析，欧盟力荐成员国尽量采用"1档基本税率＋1档低税率"和减少免税的增值税征收制度，以兼顾经济效率和税负公平。

综上所述，增值税低税率、零税率、免税政策在调节消费和收入分配方面的作用极其有限，不应过度放大。限制增值税的低税率、零税率和免税优惠在理论上具有压倒性的优势，即使实在不得已需要采取多档税率，税率档次也应该尽可能简化。

2.4　小微企业税率的设置

世界各国增值税实践中，通常根据销售收入规模的大小，将增值税纳税人划分为两类，实行分类管理。其中，对销售规模较大的企业，实行规范增值税计征方法；对销售规模较小的小微企业，则实行免税或简易增值税计征方法。本章前面探讨的增值税税率设置问题均针对规模较大、实行规范计征方法的大中企业，以下专门讨论针对小微企业的税率设置问题。

---

① 爱伦·A. 泰特. 增值税——国际实践和问题［M］. 国家税务局税收科学研究所译，北京：中国财政经济出版社，1992：46.

2.4.1　小微企业计征方式的选择

小微企业指经营规模小、营业收入低、雇工人员少的小型企业和个体经营者。一方面，由于增值税征管相对复杂，而小微企业纳税额有限，对小微企业课税产生的单位税款成本较高，征管效率较低。另一方面，由于增值税计征复杂，对纳税义务人的财务管理水平要求较高，小微企业纳税的遵从成本相对于其营业收入来说比例更高，而且大多数小微企业缺少专职或兼职的会计人员，会计核算普遍不健全，账目模糊不清，无法或很难按税法规定准确核算企业的进项税额、销项税额。因此，从提高税收征管效率和减轻小微企业税收负担出发，大部分开征增值税的国家对增值税纳税人实施分类管理，对小微企业采取特殊的、简化的计征方法。当然，也有部分国家不实行分类管理，即不对增值税纳税人进行分类，不对小微企业制定特殊的税收政策，而是对所有纳税人实行统一的增值税制度，如土耳其、墨西哥、智利等国。①

设计增值税纳税人分类管理制度的目的，是为适应纳税人经营规模差距、财务核算水平差距的实际情况，简化小微企业税款的计算，减轻小微企业的税收负担和会计核算成本，同时，提高税务机关的征管效率。

2.4.1.1　小微企业的认定

增值税纳税人的分类有多种不同的认定标准。一是销售额标准，大多数国家直接按销售额大小来划分增值税纳税人。通常，先设定某一销售额作为分类门槛，计征期限内（通常为一年或连续 12 个月）销售额低于规定门槛的企业认定为小规模纳税人，高于规定门槛的企业则认定为一般纳税人。二是会计核算标准，即将财务账簿管理制度不健全，不能准确核算进项税额、销项税额的企业认定为小规模纳税人，反之则认定为一般纳税人。三是企业规模标准，如注册资本、股本低于规定额度的企业认定为小规模纳税人，高于规定额度的企业认定为一般纳税人。四是经营范围、企业性质等。如韩国规定，法人和矿业、制造业、批发业、房地产业的经营者，不论规模大小，一律不能成为小规

---

① 李晖. 增值税纳税人分类制度探讨［J］. 税务研究，2019（2）：37-40.

模纳税人。① 还有的国家同时采取两种或两种以上的标准作为划分增值税纳税人的依据，其中，部分国家规定符合其中一个条件的即认定为一般纳税人，部分国家规定需各条件均符合才可作为一般纳税人。如我国增值税分类管理制度就同时采用销售额标准和会计核算标准。

按照上述标准将纳税人划分为一般纳税人和小规模纳税人之后，两者适用的计税方式和税收征管制度完全不同。其中，满足认定标准的一般纳税人适用规范的增值税一般计税方法，可以抵扣进项税额和开具增值税专用发票。具体计税流程为：先以纳税人在计征期限内的销售额为依据，乘以增值税税率计算销项税额，再根据计征期内购进货物劳务中可以抵扣的部分乘以相应的税率计算进项税额，销项税额减去进项税额的差额作为应纳税额。不满足认定标准的小规模纳税人则适用特殊的、简易的计征方法，多数情况下不能抵扣进项税额和开具增值税专用发票。

2.4.1.2 小微企业简易计征方式

小微企业的简易计征方式分为以下两种类型。

(1) 销售额低于增值税起征点的直接免征增值税。有相当部分国家对增值税设置了起征点。起征点，又称"征税起点"，是指税法规定对课税对象开始征税的数量界限。如果纳税人的销售额达不到起征点，则自动排除在增值税的征税范围之外，此时，销售主体不具备纳税主体资格，不需缴纳增值税，同时，也不能抵扣进项税额和开具增值税发票。只有当纳税人的销售额高于起征点时，才构成增值税的纳税人，需要就全部销售收入缴纳增值税。根据销售额未达到起征点的小微企业是否需要办理税务登记，又分为以下两种情况。

一是未达起征点的小微企业不需要办理税务登记，不缴纳税款，如英国、法国、丹麦、日本、加拿大等国。例如，英国规定，2019～2020年度连续12个月累进销售额85000欧元以下的小微企业，不需要办理增值税税务登记，也不需要缴纳增值税。②

二是未达起征点的小微企业仍需要办理税务登记，但不缴纳税款。例如，

---

① 伦玉君，张立球，靳东升. 韩国增值税制度及借鉴 [J]. 涉外税务，2012（1）：46－50.

② 对这种小微企业虽然不强制税务登记和缴纳税款，但如果纳税人愿意，可以选择自愿登记为增值税纳税人，以便获得抵扣进项税额和开具增值税发票的好处。

比利时、德国、葡萄牙等国规定，所有企业都需要办理增值税税务登记，但未达到起征点的不需要缴纳税款。

（2）达到起征点但销售额偏低的纳税人简易征税。对销售额达到或超过起征点，但依然偏低、不满足增值税一般纳税人认定标准的小微企业，需要缴纳增值税，但实行更为简化的征税方法。这种情况与前者（未达到起征点）的区别在于，前者完全被排除在增值税体系之外，而后者只是被排除在规范的增值税体系之外。

具体简易征税方法又可以分为以下两种情况。

一是正常计算应纳税款，但简化小规模纳税人的会计核算或纳税申报。具体分为收付实现制和按年申报制两种方式。收付实现制允许小规模纳税人按收付实现制核算收支，将确认销售收入的时间推迟至收到货款，给纳税人以纳税递延。按年申报制将小规模纳税人的纳税申报期限由按月（季）申报延长至按年申报，以降低申报频次，减轻申报负担。大部分欧洲国家采纳这类简易征税模式。这种简易征税方法的优点是：制度设计简单，没有小规模纳税人和一般纳税人之间税款计算规则的双轨制，不会形成不同纳税人之间税负不公，不会破坏增值税抵扣链条；国家损失的只是税款的货币时间价值，对税收收入的不利影响较小。这种简易征税方法的缺点是：对纳税人会计核算水平要求较高，税收优惠的力度相对较小。

二是简化小规模纳税人的税款计算方法。对小规模纳税人单独设计一套简化的税款计算规则，直接将其销售额按一个固定征收率计算应纳增值税，同时不允许抵扣进项税额。中国、英国、印度、加拿大等国家采纳这类简易征税模式。这种简易征税方法的优点是：大大简化了小规模纳税人的税款计算，对会计核算水平要求较低，降低了遵循成本；同时由于征收率的设计往往偏低，有利于降低小规模纳税人的税收负担。这种简易征税方法的缺点是：制度设计较复杂，破坏了增值税抵扣链条，有违税收中性；易于形成小规模纳税人和一般纳税人之间的税负差异，诱发避税动机，有违税收公平。

也有个别国家允许小微企业在简易计税情况下抵扣进项税额。在这种简易计税情况下，由于小规模纳税人也可以抵扣部分进项税额，所以通常不需要单独设置适用于小规模纳税人的简易征收率，韩国、日本是采取这种简易计税方法的典型代表。例如，日本规定，小规模纳税人可以申请按应税销售额、进货估值率与税率三者之间的乘积作为进项税额计算抵扣进项税额，其中，进货估值率按行业不同分为 90%、80%、70%、60%、50% 五种情况（此处进货估值率与税率的乘积相当于我国的征收率）。这样既避免了小规模纳税人进行有关进项税额的复杂会计处理，又使其进项税额基本上获得抵扣，解决了重复征税难题。[1] 又如，韩国规定，小规模纳税人允许抵扣的进项税额为取得购货凭证的进项税额乘以行业增值率，应纳增值税为销售额乘以行业增值率以及增值税税率，再减去可抵扣的进项税额，用公式表示为：应纳税额 = 申报期内销售额 × 行业平均增值率 × 增值税税率 − 进项税额 × 行业平均增值率，其中，行业平均增值率由政府统一测算公布。[2] 这样做的目的是鼓励小规模纳税人购买投入品时索取增值税进项税额抵扣凭证，堵塞了上游企业的逃税漏洞，强化了增值税的税收征管。

2.4.1.3 小微企业简易计税的优缺点

我国对小微企业采取的是按固定征收率计税，同时不允许抵扣进项税额的简易计税方法，以下对这种简易计税方法的优缺点加以分析。

（1）简易计税的优点。

一是简化了税收征管，降低了税务机关的征税成本。一般纳税人本身会计核算较为健全，方便税务机关稽核，比小规模纳税人容易管理，不会使税务机关产生较大征管压力。小规模纳税人数量较多且情况较为复杂，大多数小规模纳税人缺少健全的账簿核算，按照一般计税方法，需要税务机关花费较大的人力物力核查企业经营情况，将产生较大的征管成本。采取简易计税方法无需核算进项税额，确定了销售额后乘以征收率即可计算应纳增值税，在避免流失税款的情况下大大降低了税务机关的征管成本。

二是降低了小微企业的会计核算成本，减轻了小微企业的税收负担。大多采用简易计税办法的小规模纳税人只需要确定其销售额即可计算应纳增值税，

---

① 金子宏. 日本税法 [M]. 战宪斌，郑林根，等译. 北京：法律出版社，2004：347 – 348.

② 庞凤喜. 中韩小型企业纳税人税制安排及效应比较分析 [J]. 税收经济研究，2013，18（5）：1 – 6.

无须与一般纳税人一样核算购进项目、填写相对复杂的增值税申报表。大部分小规模纳税人缺乏健全的会计核算，要想按照一般计征法计征增值税往往需要中介机构协助，这将产生不小的代理费用，增加其运营成本，而运用简易计税方法则可以避免繁杂的会计核算问题，降低小微企业的税收遵从成本。再加上简易征收率的设置通常考虑了照顾小微企业的因素，总体税负偏低，也在一定程度上减轻了小微企业的税收负担。

（2）简易计税的缺点。

一是中断税款抵扣链条，造成重复征税，违背了税收中性原则。增值税的最大优势是通过层层抵扣，实现仅对各环节的增值额课税，避免重复征税，税负更加公平，最好地体现税收中性原则。在规范增值税计税方法下，卖方的销项税额就是买方可以抵扣的进项税额，环环相扣，将各环节的交易方紧紧联系在一起，其征收过程构成一条完整的链条，其中任何一个环节出现问题，都将影响抵扣机制的有效发挥。但小规模纳税人的简易计税方法破坏了增值税环环相扣的抵扣链条，导致重复征税，违背了税收中性原则。尤其是在我国，小规模纳税人队伍过于庞大（占全部增值税纳税人户数的80%～90%），严重影响了规范增值税课税机制的正常运转及其积极作用的有效发挥。[1] 简易计税带给小微企业的减负利益是否能够抵消它破坏税收中性带来的经济效率扭曲，这一问题的答案仍是不确定的。[2]

二是两套计税方式并存，造成一般纳税人与小规模纳税人之间税负不公，违背了横向税收公平原则。在分类管理制度下，一般纳税人实行规范计税方法，小规模纳税人实行简易计税方法，两套计税方式平行运作，容易造成发生相同应税行为的纳税人，仅仅因为纳税身份的不同而税负迥异。以我国实际情况来看，增值税一般纳税人和小规模纳税人的税负差异不仅显著存在，而且在"营改增"之后不同身份纳税人之间的税负差异呈现扩大趋势，严重影响了交

---

[1]　国内有学者认为，增值税的简易计税方法不过是变相的或异化的营业税，在很大程度上把增值税撕扯为两个高度分化的版块，制造了大量经济扭曲和社会福利损失，以致增值税的理论优势在实践中完全无法兑现。甚至基于小规模纳税人占比过高的现象，推断增值税并不适合中国国情和中国经济的特性。

[2]　Chen, D., F. Lee and J. Mintz. Taxation, SMES and Entrepreneurship [J]. OECD Science, Technology and Industry Working Papers, 2002 (9).

易公平。大多数情况下，小规模纳税人的税负相对更轻，基层税务机关普遍反映，许多小规模纳税人不愿意升格为增值税一般纳税人，想方设法逃避登记为一般纳税人，致使社会上小规模纳税人数量比一般纳税人多得多。例如，对重庆市垫江县超过小规模纳税人标准的 109 个企业的调查结果显示，其中主动申请认定为一般纳税人的只有 7 家，比例不到一成。① 纳税人逃避一般纳税人身份的手段包括：机构拆分、"注销—登记—再注销"反复登记、"化整为零"冒用他人的姓名到税务部门代开发票等。当然，由于行业间利润率的差异、企业间购销渠道的差异，也不排除在少数情况下，小规模纳税人税负可能更重。

三是刺激逃、避税行为，造成税款流失。由于小规模纳税人会计账簿的不健全和税款核定征收的常态化，给小规模纳税人提供了更大的逃、避税空间。再加上小规模纳税人之间的交易，因对方不需要抵扣进项税额，大多不开具销售发票，从而隐瞒销售收入，进一步助长了偷逃税行为。一些企业甚至利用一般纳税人和小规模纳税人的税负差异进行身份选择来避税，如注册多家公司，"多套班子一套人马"，依据交易方是否索要增值税专用发票选择以何种纳税身份进行交易，加剧了税款流失。

四是小规模纳税人的身份往往使其处于市场竞争的弱势地位。一方面，不能开具增值税专用发票使其交易机会减少。为了获得进项税额抵扣，一般纳税人出于自身利益考虑，会尽量规避与小规模纳税人进行交易，或者压低小规模纳税人的售价，导致小规模纳税人与一般纳税人在市场交易中处于事实上不平等的地位。另一方面，进项税额不得抵扣使小规模纳税人进货成本"虚高"，挤占其利润空间。

基于上述简易计税制度的缺陷，有学者认为，我国应取消小规模纳税人制度或推动小规模纳税人向一般纳税人身份转化。② 也有学者指出，现阶段，随着我国信息管税和税源专业化管理的不断发展完善，加上越来越多小微企业有能力健全会计核算，且部分小规模纳税人因纳税身份面临的种种弊端使其有意

① 范伟红，刘丹. 增值税纳税人分类管理制度弊端与重构建议 [J]. 会计之友，2015 (9)：110 – 114.

② 李晖. 增值税纳税人分类制度探讨 [J]. 税务研究，2019 (2)：37 – 40.

愿转换成为一般纳税人，因此，我国已具备取消小规模纳税人制度的条件。①

2.4.2 简易征收率的选择

在简易计税制度下，小规模纳税人采用简易征收率计算增值税销项税额，同时，其进项税额不予抵扣，因此，增值税征收率的高低决定了小微企业的税收负担和市场竞争力。简易征收率的设置分为以下两种情况。

第一，全行业统一征收率。即增值税征收率的设置不区分具体行业，所有行业适用相同的征收率，大多数国家属于这种情况。全行业统一征收率的优点是，税制设计简单，避免利益集团寻租和政治博弈，降低税收遵循成本，提高税收征管效率。全行业统一征收率的缺点是，没有考虑不同行业之间的资本有机构成差异和增值率差异，可能导致行业税负失衡。如在统一征收率的情况下，资本有机构成比较高、可抵扣进项税额较多的加工制造业，实际税负就会偏重；资本有机构成比较低、可抵扣进项税额较少的现代服务业如咨询、广告、代理业等，实际税负就会偏轻。

第二，行业差异化征收率。即根据各行业增值率的不同情况，分行业设置增值税的征收率。例如，英国增值税的征收率按照各行业可抵扣进项税额比例的大小进行区分，波动范围为4%～16.5%（英国一般纳税人的标准税率为20%），对食品、报刊零售业等可抵扣进项税额较多的行业采取4%的征收率，对法律、会计咨询服务等购进税额较少的服务行业采取14.5%的征收率，对没有购进项目或者购进项目特别少的行业实行16.5%的征收率（见第7章表7-5）。又如，在韩国，决定其税负高低的行业增值率（行业增值率和增值税税率的乘积相当于我国的征收率）也是按行业设置的。其具体行业增值率：电、天然气、蒸汽、自来水行业为5%；小卖部、食品店、再生用材料收集及销售业为10%；制造业、农业、林业、渔业、旅店业、运输以及通信业为20%；建筑业、固定资产租赁业、其他服务业为30%。②

① 闫晴. 增值税小规模纳税人身份转换的现实困境与制度创新［J］. 税务与经济，2018（1）：74-80.

② 庞凤喜. 中韩小型企业纳税人税制安排及效应比较分析［J］. 税收经济研究，2013，18（5）：1-6.

行业差异化征收率的优点是，可以照顾到行业间的增值率差异情况，因而税负更加公平，最大限度地缩小一般纳税人和小规模纳税人之间的税负差。行业差异化征收率的缺点是，行业细分使税制设计复杂化，立法成本较高，而且存在寻租的机会和风险。

当然，还有的国家征收率的设置介于统一和差异化两者之间，即既不是统一的征收率，也没有按具体行业分得太细。如在 1998 年 1 月 1 日到 2009 年 1 月 1 日期间，我国对小规模纳税人适用的增值税征收率曾区分工业企业和商业企业，工业企业征收率为 6%，商业企业征收率为 4%。① 2009 年 1 月 1 日之后，我国简并和统一增值税征收率，不再区分工业企业和商业企业，将 6% 和 4% 的增值税征收率统一调整为 3%。

关于征收率是否需要统一，核心问题是税负公平和征管效率之间的权衡。如果有一个合理、清晰的标准进行行业划分，税收征管效率较高，并且可以杜绝设租和寻租的空间，则可以考虑实行差异化征收率。

---

① 《国家税务总局关于贯彻国务院有关完善小规模商业企业增值税政策的决定的通知》（财税字 [1998] 113 号）。

第 3 章

我国增值税税率简并的必要性和方案设计

2016 年 5 月 1 日，伴随我国全面完成"营改增"，增值税由原两档税率变为四档税率，税率档次增加主要是为了确保"营改增"后相关行业的税负只减不增，具有鲜明的政策过渡特征，因此，逐步简并增值税税率成为我国下一步完善增值税立法的重点任务。本章从历史和现实的角度分析了增值税税率简并的必要性，并在国际比较的基础上，设计了六大类具有代表性的增值税税率简并方案。

3.1 我国增值税制度的演变

在我国，增值税自改革开放以来，历经试点、试行、正式开征、转型改革和扩围改革，不断发展壮大，逐步成长为我国的第一大税种。

3.1.1 我国增值税的发展历史

1978 年改革开放之初，我国开始研究开征增值税的可行性。为了解决工商税重复征税的问题，财政部于 1979 年初提出了试行增值税的设想，并从同年 7 月起，首先在湖北省襄樊市进行增值税试点，随后，相继在上海、柳州、长沙、株洲、青岛、沈阳和西安等地对机器机械、农业机具两个行业以及电视机、缝纫机和电扇三种产品进行试点，按增值额计征工商税。1981 年 7 月，财政部制定了《增值税暂行办法》，将由从事机器机械、农业机具、日用机械产品生产的单位组建的工业公司和总厂在工业环节缴纳的工商税改为增值税，这是我国增值税制度诞生的标志。尽管此时增值税应税产品种类很少、纳税环节单一、纳税人仅限于特定组织形式的企业，但从此开启了我国流转税制度由"传统型"走向"现代化"的进程。

我国增值税制度自建立以来，随着经济环境的变化和政府治税理念的转变，历经多次调整、改革，得以稳步发展。其演变历程大致经历了以下几个重大转变。

3.1.1.1 计税方式由"扣额法"转向"扣税法"

我国增值税在初创时期采取了价内税形式，运用"扣额法"计算应纳税额。在实践中发现，在多档税率的情况下，采用"扣额法"计算应纳增值税额存在比较明显的缺陷，1982 年，财政部对《增值税暂行办法》进行了两次修订，决定从当年 4 月起对日用机械产品改用"扣税法"计税。

在 1984 年以国营企业第二步利改税为核心的税制改革中，我国将原工商税一分为四，分拆为产品税、增值税、营业税和盐税四个税种。国务院于 1984 年 9 月发布了《中华人民共和国增值税条例（草案）》，从同年 10 月 1 日起正式开征增值税。经过此次改革，增值税的征收范围扩展至 12 个税目，分为甲、乙两类产品，分别采取"扣额法"与"扣税法"计算应纳税额。

经过几年的尝试和比较，我国从 1987 年 1 月起放弃了增值税"扣额法"计税，统一采用更适合多档税率的"扣税法"计税。这一举措不仅对规范税收制度、平衡税收负担具有积极意义，而且为我国增值税计算方法的进一步改革奠定了基础。同时，在实际操作中，设置了"购进扣税"和"实耗扣税"两种方法供纳税人根据自身特点加以选择。

1994 年，我国推行了工商税制全面改革，此次改革将增值税由价内税改为价外税。在此基础上，将增值税纳税人划分为一般纳税人和小规模纳税人，对前者采用国际通行的"发票扣税法"计算应纳税额，对后者采用简易计税方法。由于"发票扣税法"是被国外税收实践广泛证明了的最能"及时计算应纳增值税额并允许增值税使用多档税率"的计税方法，因而，此次计税方法改革使我国增值税制度的运行更为便利、高效。

3.1.1.2 征收范围由部分货物转向所有货物

1979 年我国在部分城市进行增值税试点和 1983 年在全国范围内进行增值

税试行的范围，只涉及机器机械、农业机具制造两大行业和电风扇、缝纫机、自行车三种产品。1984 年，在总结经验的基础上，国务院正式发布了《中华人民共和国增值税条例草案》，将机器机械、钢材钢坯、自行车、缝纫机、电风扇及其零配件等 12 类商品纳入增值税征税范围，对其他商品则征收产品税。自 1986 年起，国家决定把原征收产品税的部分工业产品陆续改征增值税。截至 1991 年 4 月，产品税原 260 个工业品税目中，有 174 个税目被划入增值税，只保留卷烟、酒等 86 个税目继续征收产品税。从 1989 年 1 月起，又对已经实行增值税的工业企业从事工业性加工、修理和修配业务，由征收营业税改为征收增值税，突破了此前我国增值税仅以货物为征税对象的局限。

为适应社会主义市场经济发展需要，1994 年我国推行了工商税制全面改革，自 1994 年 1 月 1 日起实施新的《中华人民共和国增值税暂行条例》，增值税制度得到长足发展。此次改革将增值税的征税范围拓展至所有货物的销售、进口和加工、修理、修配劳务，涵盖了商品流通的全部环节，而且废除工商统一税，外商投资企业和外国企业销售货物与内资企业一样缴纳增值税。至此，增值税成为我国第一大税种。

3.1.1.3　由生产型增值税转向消费型增值税

1994 年税改时，基于对当时政府财政状况、劳动就业压力以及固定资产投资"过热"等因素的综合考量，我国选择了生产型增值税。进入 21 世纪之后，生产型增值税已经难以适应实现"十五"计划确定的"用高新技术和先进适用技术改造提升传统产业"的经济结构调整目标。其一，生产型增值税不准许扣除外购固定资产的进项税金，因而会对企业设备更新改造和固定资产投资产生消极影响，并可能使资本有机构成相对较高的基础产业和高新技术产业的税收负担重于其他行业。这显然有悖于经济发展战略和产业政策。其二，消费型增值税模式已成为开征增值税国家和地区的普遍选择，如果继续实行生产型增值税，势必降低我国企业的国际竞争力。其三，与增值税初创时相比，国民经济持续高速增长使我国政府的财政状况不断改善，对增值税转型产生的减收效应具备了一定的承受力。这些无疑为我国增值税转型提供了有利的条件。

从 2004 年 7 月 1 日起，配合实施东北地区等老工业基地振兴战略，我国率先在东北三省的装备制造等八个行业启动增值税转型改革试点。"十一五"规划时期,增值税转型试点范围配合"中部崛起"等发展战略的实施逐步拓展。2008 年 11 月,我国对《增值税暂行条例》进行了修订,增值税转型作为应对 2008 年国际金融危机的措施之一,从 2009 年 1 月 1 日起打破行业和地域限制,在全国普遍推开。

3.1.1.4 增值税扩围改革(即"营改增")

1994 年税制改革中对原营业税的一部分商品流通服务改征了增值税,但并未改变增值税与营业税并存的格局。实践表明,两税并存的格局存在严重缺陷:第一,营业税重复征税的痼疾削弱了流转税制度的公平性,并且给服务贸易出口退税造成不便,成为影响第三产业发展的负面因素;第二,营业税的存在破坏了增值税税款抵扣链条的完整性,并导致"混合销售"和"兼营"行为普遍存在,加大了征纳双方的涉税风险,降低了税制运行效率。在制定"十二五"规划时,作为落实"深化专业化分工,加快服务产品和服务模式创新,促进生产性服务业与先进制造业融合,推动生产性服务业加速发展"战略目标的保障措施,我国明确提出了"扩大增值税征收范围,相应调减营业税"的税制改革任务。

"营改增"作为一项重大税制改革,为稳妥起见,采取了循序渐进的改革路径。自 2012 年 1 月 1 日起,首先选择与制造业密切相关的交通运输业(不含铁路运输)和创新能力较强的部分现代服务业为营业税改征增值税的试点行业,在上海市率先进行试点。在增值税原税率基础上对"营改增"纳税人增设了 11% 和 6% 两档税率。原营业税的优惠政策在改征增值税后原则上加以延续,但优惠方式有所调整。对于改征增值税后税负增加较多的行业,制定了相应的过渡性优惠措施。为尽量避免在试点地区与非试点地区之间产生税负失衡的矛盾,在总结上海试点经验的基础上,上述行业"营改增"的试点区域从 2012 年 8 月 1 日起迅速扩展至 12 个城市,2013 年 8 月 1 日起在全国推开。

此后,"营改增"本着"先易后难"的原则分步向其他行业推进。2014年 1 月 1 日,"营改增"试点行业扩展到铁路运输和邮政业;同年 6 月 1 日,扩展至电信业。此后,"营改增"进入了攻坚阶段,经过将近两年的酝酿和准备,从 2016 年 5 月 1 日起,将试点范围扩大到建筑业、房地产业、金融业和生活服务业，实现了全面"营改增"，其中的建筑业、房地产业和金融业均属国际公认的难征收增值税的特殊行业。自此，增值税的征税范围囊括了所有货物、劳务和服务，我国流通领域实现了增值税的全行业覆盖。

3.1.1.5　增值税税率减并改革

1984 年正式开征增值税之初，由于我国的增值税脱胎于原产品税①，所以税率档次较多，总共 12 个税目分别适用 6 档税率。此后，随着增值税征税范围的不断扩大，税率档次进一步增加，到 1994 年税制改革之前，税率波动幅度为 8%～45%，共有 12 档之多。1994 年税制改革中，我国借鉴了国际社会规范增值税的做法，采纳"基本税率＋低税率"的两档税率模式，将税率简化为 17% 和 13%。

2012 年"营改增"之后，为了保持改革前后相关行业税负只减不增，使改革平稳过渡，对原实行营业税的行业量身定制了 11% 和 6% 两档低税率，增值税由两档税率变为四档税率。2017 年 7 月 1 日起，我国取消 13% 的增值税税率，将原 13% 税率下调至 11%，增值税税率由四档简并为三档，至此拉开了新时代税率减并改革的序幕。2018 年 3 月 5 日，李克强总理在《政府工作报告》中指出，将"改革完善增值税，按照三档并两档方向调整税率水平"。2019 年的《政府工作报告》也明确表示，要继续研究增值税税率档次由三档并为两档。

2018 年以来，为了应对经济下行压力，国务院两次对我国增值税制度部署大规模、实质性、普惠性减税改革。一是自 2018 年 5 月 1 日起，将 17% 税率下调至 16%，将 11% 税率下调至 10%；二是自 2019 年 4 月 1 日起，进一步将 16% 税率下调至 13%，将 10% 税率下调至 9%。虽然这两次税率下调后仍维持三档税率格局（13%、9%、6%），但缩小了税率间的落差，为今后的税率简并创造了有利条件。

综上可见，"营改增"以来，我国增值税改革的主题围绕"减""简"二字展开。一方面，不断下调增值税的税率水平，减轻企业和居民的税收负担；另一方面，简并增值税税率档次，消化"营改增"的过渡因素，回归规范化

---

① 原产品税实行差别比例税率，最低税率 3%、最高税率 60%，税率多达几十档。

增值税道路。未来我国将继续围绕"减""简"二字，进一步调整优化增值税税率结构，以更好地体现增值税的税收中性原则，并兼顾经济、社会调控目标。

3.1.2 我国增值税税率结构现状

我国现行增值税的征税范围包括在中华人民共和国境内销售货物或者加工、修理修配劳务，销售服务、无形资产、不动产以及进口货物，税率结构为包含13%、9%和6%三档税率的复合税率结构，其中，13%为基本税率，9%和6%为低税率。

3.1.2.1 基本税率13%

基本税率13%适用于除适用9%和6%低税率的货物和服务之外的所有其他货物、劳务和服务，包括销售各类货物，提供加工、修理、修配劳务和有形动产租赁服务。

3.1.2.2 低税率9%

低税率9%的适用范围分为两大类。第一大类，"营改增"之前部分原征收增值税的货物，包括：（1）粮食等农产品、食用植物油、食用盐；（2）自来水、暖气、冷气、热水、煤气、石油液化气、天然气、二甲醚、沼气、居民用煤炭制品；（3）图书、报纸、杂志、音像制品、电子出版物；（4）饲料、化肥、农药、农机、农膜；（5）国务院规定的其他货物（如初级农业产品等）。第二大类，"营改增"之后征收增值税的部分服务，包括：提供交通运输、邮政、基础电信、建筑、不动产租赁服务、销售不动产、转让土地使用权。

3.1.2.3 低税率6%

低税率6%适用于除适用9%税率的服务之外的所有其他服务和无形资产，包括提供金融服务、增值电信服务、现代服务（租赁服务除外）、生活服务、转让土地使用权以外的其他无形资产。其中，现代服务包括研发和技术服务、信息技术服务、文化创意服务、物流辅助服务、租赁服务、鉴证咨询服务、广播影视服务、商务辅助服务，生活服务包括文化体育服务、教育医疗服务、旅游娱乐服务、餐饮住宿服务、居民日常服务。居民日常服务，是指主要为满足居民个人及其家庭日常生活需求提供的服务，包括市容市政管理、家政、婚庆、养老、殡葬、照料和护理、救助救济、美容美发、按摩、桑拿、氧吧、足疗、沐浴、洗染、摄影扩印等服务。

3.1.2.4 零税率

在我国，增值税零税率的适用范围仅限于货物与服务出口，即出口退税，目的是避免出口货物与服务的重复征税，提高我国出口货物与服务的国际竞争力。在"营改增"之前，生产企业一般纳税人和外贸企业出口国家非限制出口的货物均可以享受零税率；"营改增"之后，尽管销售各种服务也要征收增值税，但只有少数列名的服务出口可以享受增值税零税率，对其他大部分服务出口仅享受增值税免税政策。享受增值税零税率的服务出口包括：（1）国际运输服务；（2）航天运输服务；（3）向境外单位提供的完全在境外消费的研发服务、合同能源管理服务、设计服务、广播影视节目（作品）的制作和发行服务、软件服务、电路设计及测试服务、信息系统服务、业务流程管理服务、离岸服务外包业务；（4）向境外转让完全在境外消费的技术。

3.1.2.5 免税

考虑到国际上增值税的低税率项目和免税项目具有高度重合性，对于需要鼓励或照顾的项目，每个国家根据自身的税收文化和课税传统分别选择不同的优惠方式。例如，对增值税的首选优惠对象——基本食品，日本、法国、德国、奥地利、比利时等国采取低税率优惠方式，而韩国、泰国、菲律宾、印度、阿根廷、澳大利亚等国采取免税优惠方式，但给予优惠的政策目标完全一致，故本书对税率结构优化的探讨将免税项目与低税率项目放在一起进行比较。我国增值税的法定免税项目很少，包括：（1）农业生产者销售的自产农产品；（2）避孕药品和用具；（3）古旧图书；（4）直接用于科学研究，科学试验和教学的进口仪器、设备；（5）外国政府、国际组织无偿援助的进口物资和设备；（6）由残疾人的组织直接进口供残疾人专用的物品；（7）销售自己使用过的物品。但在实际征收过程中，国务院财税部门根据调控需要，补充了大量政策性免税优惠，优惠对象包括销售蔬菜、鲜活肉禽蛋产品、向居民个人供热、个人出售持有两年以上的住房等。"营改增"之后，为保证试点行业税负只减不增，我国增值税平移了原营业税的所有优惠政策，使免税范围进一步扩大。"营改增"过渡政策中的免税项目包括：托儿所和幼儿园提供的保育及教育服务、养老机构提供的养老服务、残疾人福利机构提供的育养服务、婚姻介绍服务、殡葬服务、残疾人员本人为社会提供的服务、医疗服务、学历教育服务、学生勤工俭学提供的服务、农业技术服务、文化场馆的门票收入等40余项内容，具体规定见财税〔2016〕36号文附件3《营业税改征增值税试点过渡政策的规定》。

3.1.2.6 征收率

按照财务核算健全与否以及经营规模的大小，我国增值税纳税人划分为一般纳税人和小规模纳税人。上述税率只适用于增值税一般纳税人，而增值税小规模纳税人则适用征收率。1994年分税制改革之初，小规模纳税人的征收率统一设定为6%。后因在执行过程中反映商业企业税负过高，自1998年7月1日起，将商业企业小规模纳税人的征收率调减为4%。自2009年1月1日起，按照修订的《增值税暂行条例》，不再区分工业和商业企业，将征收率统一降至3%。2012年"营改增"之后，对"营改增"的绝大多数应税行为适用3%征收率的同时，又增加了一档5%的征收率，适用于销售不动产、不动产租赁等少数情形。此外，2020年3月1日至12月31日，为支持广大个体工商户和小微企业在做好新冠肺炎疫情防控同时加快复工复业，我国对湖北省增值税小规模纳税人暂免征增值税；对除湖北省外其他省、自治区、直辖市的增值税小规模纳税人，暂减按1%征收率征收增值税。

3.2 我国增值税税率简并的必要性

现行增值税多档税率结构是我国税制变革发展的历史阶段性产物，是企业税负、经济增长、税制改革各方利益综合平衡的权宜之计，有其存在的合理性渊源，同时又具有明显的税制改革过渡色彩。随着"营改增"的全面完成，为减少税制扭曲，必须适时简并税率。以下分别从国际趋势和现实困境两方面论述我国增值税税率简并的必要性。

3.2.1　顺应增值税发展的国际趋势

在过去半个多世纪里，增值税的推广和普及无疑是全球税收领域最重要的发展变化之一。20 世纪 60 年代末，只有不到 10 个欧洲国家实施了增值税，而截至 2020 年底，增值税已被全球 170 多个国家（地区）所采纳，并成为这些国家和地区的重要税收收入来源。通过对国际社会增值税主要特点和演变趋势进行比较分析，可以为完善我国增值税制度提供经验借鉴。

增值税的税率模式可以分为单一税率和复合税率两大类。目前，开征增值税的国家（地区）中，实行单一税率模式的大约占 40%，实行复合税率模式的大约占 60%，但单一税率模式的比重仍在不断上升。其中，复合税率模式以两档至三档税率结构居多。

3.2.1.1　单一税率

依据 Worldwide VAT, GST and Sales Tax Guide（2020）[1] 最新统计资料，对 120 个资料完整国家（地区）的增值税税率进行归纳梳理。在不考虑零税率和免税的情况下，依照税率档次的多少，将 120 个国家（地区）的增值税分为单一税率和复合税率两大类。[2] 共有 49 个国家（地区）实施单一税率，占比达到 40.83%，总体来看，实行单一税率的国家（地区）集中于大洋洲、亚洲、非洲和北美地区。具体见表 3 - 1。

表 3 - 1　　　　　　　　　　实施单一税率的国家（地区）

税率	国家（地区）数量	国家（地区）
25%	1	丹麦
20%	2	亚美尼亚、马达加斯加
19%	1	智利
18%	5	阿塞拜疆、秘鲁、卢旺达、坦桑尼亚、乌干达
17%	1	以色列
16%	2	墨西哥、赞比亚
15%	7	毛里求斯、纳米比亚、新西兰、尼加拉瓜、塞舌尔、南非、津巴布韦

---

①　https：//www.ey.com/gl/en/services/tax/global - tax - guide - archive.

②　本书定义的单一税率，是指在不考虑增值税零税率和免税的情况下，对所有增值税征收范围均实施统一税率。

续表

税率	国家（地区）数量	国家（地区）
14%	1	安哥拉
13%	2	玻利维亚、萨尔瓦多
12.5%	1	特立尼达和多巴哥
12%	5	博茨瓦纳、厄瓜多尔、危地马拉、哈萨克斯坦、菲律宾
11%	1	黎巴嫩
10%	6	澳大利亚、印度尼西亚、韩国、蒙古国、巴布亚新几内亚
7.5%	1	巴哈马群岛
7%	2	新加坡、泰国
5%	11	巴林、阿曼、加拿大、泽西岛、尼日利亚、阿曼、卡塔尔、沙特阿拉伯、圣马丁、阿拉伯联合酋长国、中国台湾
3%	1	阿鲁巴岛

由表 3-1 可知，49 个实施单一税率国家（地区）的增值税平均税率为 11.86%，但各国的单一税率水平差异巨大。单一税率最高的是丹麦，税率为 25%；单一税率最低的是阿鲁巴岛，税率为 3%。

从税率分部结构来看，首先，采取 5% 税率的国家（地区）最多，有巴林、阿曼、加拿大、泽西岛、尼日利亚、阿曼、卡塔尔、沙特阿拉伯、圣马丁、阿拉伯联合酋长国、中国台湾地区 11 个，大多分布于中东地区。其次为采取 15% 税率的国家（地区），有毛里求斯、纳米比亚、新西兰、尼加拉瓜、塞舌尔、南非、津巴布韦 7 个，属于环太平洋国家。最后为采取 18%、12% 和 10% 税率的国家（地区），均为 5 个，主要分布于拉美、亚洲和大洋洲地区。

3.2.1.2 复合税率

复合税率是指在不考虑增值税零税率和免税的情况下，对增值税征收范围实施两档或两档以上的不同税率。依据 Worldwide VAT, GST and Sales Tax Guide（2020）[①] 最新统计资料，实施增值税复合税率国家（地区）的具体情况见表 3-2。

---

① https://www.ey.com/gl/en/services/tax/global-tax-guide-archive.

表 3 - 2 实施复合税率的国家（地区）

税率档次	国家（地区）
两档税率	阿尔巴尼亚、阿尔及利亚、保加利亚、哥伦比亚、多米尼加共和国、埃及、爱沙尼亚、格鲁吉亚、德国、加纳、洪都拉斯、冰岛、曼岛、肯尼亚、科索沃、马其顿、马尔代夫、荷兰、巴拉圭、圣卢西亚、塞尔维亚、斯洛伐克、斯洛文尼亚、乌克兰、英国、乌拉圭、越南、委内瑞拉、日本
三档税率	奥地利、巴巴多斯、白俄罗斯、比利时、中国、克罗地亚、库拉索岛、塞浦路斯、捷克、芬兰、希腊、匈牙利、爱尔兰、拉脱维亚、立陶宛、马来西亚、马耳他、摩尔多瓦、挪威、巴拿马、波兰、波多黎各、葡萄牙、罗马尼亚、俄罗斯、西班牙、苏里南、瑞典、瑞士、突尼斯、土耳其
四档税率	阿根廷、哥斯达黎加、法国、意大利、约旦、卢森堡、摩洛哥、缅甸
四档以上	巴西、印度、巴基斯坦

由表 3 - 2 可知，实施两档税率的国家（地区）有 29 个，占比 24.17%；实施三档税率的国家（地区）有 31 个，占比 25.83%；实施四档税率的国家（地区）有 8 个，占比 6.67%；实施四档以上税率的国家（地区）有 3 个，占比仅 2.5%。

3.2.1.3　发展趋势

通过对 120 个国家（地区）增值税税率档次的梳理，可以得到以下三点结论。

首先，设置三档以内税率是各国增值税税率模式的主流选择。其中，单一税率的比重最高，然后是三档税率和两档税率，实施一档至三档税率的国家（地区）合计占比达到 90.83%。这一数据表明，增值税税率设置一档至三档是比较合适的。

其次，从增值税发展的国际趋势看，各国已在简化税率、实现税制中性方面达成共识，所有国家的平均税率档次渐趋减少。从纵向时间维度上来看，世界各国增值税制度演变的大方向是朝着"简税率、宽税基"迈进，即简化税率结构，同时缩小免税范围、拓宽税基是未来增值税改革的大势所趋。一方面，从 1965～2015 年引进增值税的国家（地区）实践来看，选择单一税率的国家（地区）比例总体呈上升趋势。特别是 20 世纪 80 年代以后，新开征增值税的亚太地区、中东地区和非洲、美洲国家，几乎都选择了单一税率模式。在 21 个亚太经济合作组织成员中，除 3 个成员（中国香港、美国、文莱）没有开征增值税外，其他 18 个成员中有 15 个采用了单一税率。因此，单一税率在亚太地区占据绝对主流地位，如澳大利亚、新西兰、日本①、新加坡、韩国和中国台湾等。② 1990~1999 年间开征增值税的 21 个非洲国家中，有 14 个国家实行单一税率，占比 67%；而自 2000 年以来开征增值税的非洲国家中，89%的国家采用单一税率。另一方面，课税历史悠久的欧盟成员国（如法国、希腊、挪威、波兰、葡萄牙和捷克）也逐渐减少税率档次，取消或者缩小低税率的适用范围。③

最后，分地区来看，在亚太地区，现代型单一税率模式占据绝对优势，占比达到 83%，如澳大利亚、新西兰、韩国、新加坡、蒙古国、泰国、菲律宾、印度尼西亚、马来西亚和我国台湾地区等都采用单一税率。非洲（占比79%）、美洲（占比 61%）、中东地区（占比 83%）单一税率也占据显著优势，如南非、加拿大和海湾合作国家。但在欧洲地区，由于历史原因，"一档基本税率 + 一档至两档低税率"传统型复合税率模式仍占据绝对优势，占比达到 90%以上，如英国、德国、法国、意大利、西班牙等。

通过国内外税制比较，可以对我国增值税税率结构和水平做出如下客观评判。首先，税率档次偏多。2020 年，世界各国增值税税率档次平均值为两档，实行单一税率和两档税率的国家合计占比达到 65%，我国所处亚太地区实行单一税率的占比高达 83%。比较而言，我国现行三档税率确实存在简并的必要。通过税率简并有利于规范税制，降低征纳成本，提高经济效率。其次，关于税率水平。虽然与世界平均水平 15.57%相比，我国 13%的标准税率属于中等偏低水平，且大大低于欧洲国家和其他金砖国家。但与亚太地区平均水平10.06%相比，我国 13%的标准税率略显偏高，有一定下调空间。

3.2.2 解决多档税率并存的现实困境

2012 年启动"营改增"改革试点以来，为了保证试点行业的税负只减不

---

① 日本自 1989 年引入增值税以来一直实行单一税率，但自 2019 年 10 月 1 日日本将增值税税率从 8%提高到 10%以后，对食品和报纸继续按 8%征税，从而由单一税率变成两档税率。

② 朱为群，陆施予. 我国增值税税率简并改革的目标与路径选择 [J]. 地方财政研究，2016（9）：9-14.

③ 何杨，王文静. 增值税税率结构的国际比较与优化 [J]. 税务研究，2016（3）：90-94.

增，我国并没有将原已实行 18 年之久的增值税 17% 和 13% 两档税率直接移植到新试点行业，而是在税负测算的基础上，为试点行业量身定制了 11% 和 6% 两档低税率①，从而形成"17% + 13% + 11% + 6%"四档税率并存的局面。2017 年 7 月 1 日起，我国将 13% 税率与 11% 税率合并，增值税税率由四档简并为三档。尽管如此，仍难以彻底解决"营改增"后因税率档次增多带来的各种税负不公和征管难题。

3.2.2.1　导致税负不公和征纳成本上升

首先，多档税率并存，且低税率适用范围过大，直接导致相关行业税负不公。虽然"营改增"之前我国增值税也设有 17% 和 13% 两档税率，但 13% 低税率的适用面很窄，且大多属于基本生活必需品，在绝大多数情况下，增值税都适用 17% 的单一税率。而"营改增"之后，除有形动产租赁适用基本税率，其他所有服务都适用低税率，使得低税率的适用范围大大拓宽，内容涵盖从金融保险业到邮政电信业、从交通运输业到建筑业、从商务服务到居民日常服务，几乎第三产业大半壁江山，占国民经济的比重接近 40%②，其中不乏附加值高、利润大的房地产行业、文化创意服务、信息技术服务等。由此，造成第二产业和第三产业之间的税负严重不平衡，形成对传统制造业和商品流通企业的税收歧视。国际社会，即使是实施增值税复合税率的国家，基本税率与低税率的适用范围也有着显著的主辅之分，基本税率的适用范围居于显著主导地位，而非基本税率的适用范围通常很受限制。我国目前低税率的适用范围大大超出了一般复合税率模式的定义，特别是对各种现代服务业不加区分地实施低税率的做法，更是绝无仅有。大量差别税率的设计，原本旨在平衡各行业税负和解决部分行业"进项抵扣难"的问题，但实际上却带来广泛和巨大的行业税负不平衡。

---

① 在推出"营改增"试点方案之前，国家税务总局在北京、上海、湖南 3 个地区进行了典型调查，根据调查数据测算，为维持相关试点行业税收负担和"营改增"前大体平衡，交通运输等行业的增值税税率应设置在 11% ~15% 之间，现代服务业的增值税税率应设置在 6% ~10% 之间。最终出台的"营改增"方案均取了调查测算结果的下限，为兑现国务院保证相关行业税负只减不增的承诺打下坚实基础。

② 资料来源：《全国税务统计（2017）》，2017 年全国税务机关征收的国内增值税当中，因"营改增"而改征的增值税占比 38%。

其次，多档税率导致"高征低扣"和"低征高扣"，扭曲了增值税抵扣链条。"营改增"之前，我国增值税13%低税率的适用对象除了涉农产品外，基本都属于终端消费产品，税率差异对增值税抵扣链条的负面影响很小。但"营改增"之后，适用低税率的现代服务中，大部分都涉及生产性服务，如交通运输、建筑安装、金融保险、研发和信息技术、咨询鉴证、商务会展、广告设计、中介代理服务等。这些生产性服务活动与其他企业的生产活动相互交织，并作为整个产业价值链的中间一环，当某个环节的投入和产出适用税率不一致时，增值税的税率差异就会导致各种"高征低扣"和"低征高扣"现象。"高征低扣"指企业的投入品税率较低而产出品税率较高，如制造业企业购入研发、设计、广告服务，投入品的税率为6%，而产出品的税率为13%。相反，"低征高扣"指企业的投入品税率较高而产出品税率较低，如房地产企业购买建筑材料，投入品的税率为13%，而产出品的税率为9%。"高征低扣"会加重企业的税收负担，压缩企业的利润空间；而"低征高扣"则会导致留抵税款退税难问题，甚至可能诱发虚开增值税专用发票，产生税收漏洞。因此，多档税率并存会扭曲增值税抵扣链条，破坏增值税的中性原则。

最后，多档税率会带来税收政策的复杂性、不确定性和风险性，诱发逃避税动机和行为。一方面，多档税率可能导致同业不同策，扭曲市场竞争。随着市场经济的发展，经济主体行为呈现结构复杂、业务多元、行业边界划分模糊的趋势，产业跨界与融合不断催生新业态、新模式，而将不同商品或服务划归不同行业适用不同增值税税率，使处于"中间灰色地带"的商品或服务的税率难以区分。典型案例如电信服务，基础电信适用9%的税率，而增值电信适用6%的税率，在电信服务日益套餐化的情况下，很难把两者的价款截然分开。又如邮政快递业，同时涉及邮政服务、交通运输服务和仓储、派送等物流辅助服务，几乎不可能把全部价款按照单一客观标准进行准确划分。与此同时，多档税率还易于诱发各种避税甚至逃税行为。各种差别化税率制造出大量的税收筹划和避税空间，进一步扭曲了投资、生产、交易决策。另一方面，税率适用上的复杂性和不确定性还易于引发征纳税双方的意见分歧，增加税收遵循和征管成本。典型代表如多档税率并存在实践中导致大量的混合销售行为和兼营行为，前者根据主营业务类型的不同，全部按照货物或服务的税率征收增值税，而后者分别按照货物和服务的税率征收增值税。划分混合销售和兼营行为的标准是看货物销售与服务提供之间是否有从属关系，而从属关系的认定本身就带有主观性。不同的认定结果可能导致同业不同率，带来税负不公。

3.2.2.2 部分行业在减税后税负不降反升

在全面推广"营改增"后，配合推行大规模、实质性和普惠性减税降费行动，2018 年 5 月 1 日和 2019 年 4 月 1 日，我国先后两次下调了部分行业的增值税税率。其中，基本税率由 17% 降至 13%，11% 的低税率降至 9%，而考虑到 6% 的低税率已经较低，所以保持不变。一般情况下，对纳税人而言，本来降低税率应该是一件大好事，至少也不是一件坏事，但由于增值税多档税率并存，各档次税率的下调并不同步，下调幅度存在差异，结果导致部分行业增值税税负在下调税率之后，非但没有下降反而上升。这些减税后税负反而上升行业的共同特点是，销项适用低税率而进项主要适用基本税率，由于低税率的下调幅度小于基本税率，甚至没有下调（如 6% 的低税率），所以税负在减税后有所上升，如建筑业、电信业、物流业和餐饮业等。

以建筑业为例，2019 年 4 月 1 日减税之前，建筑劳务的销项税率为 10%，购进建筑材料和租赁建筑施工设备的进项税率为 16%；减税之后，销项税率降为 9%，降低了 1 个百分点，而进项税率降为 13%，降低了 3 个百分点，销项税额的下降幅度远远小于进项税额，企业的增值税税负在降税后不降反升。以下以某大型建筑企业（W 公司）的实际业务数据为例，进一步说明减税后建筑企业的税负变化情况。

W 公司是中国交通建设集团旗下的专业化桥梁加固工程公司，属于建筑施工企业。公司主营业务有桥梁维修加固、桥梁检测与养护、桥梁拆除、索安装、软地基处理施工及相关施工技术、设备、材料研发，公司业务遍及国内 20 多个省区、市和东南亚地区，在中国桥梁加固企业中占有重要的市场地位，具有较好的代表性。

2019 年 4 ~ 5 月，W 公司共开具建筑劳务增值税发票金额（不含税）240.99 亿元，取得适用 13% 税率可抵扣进项税额发票金额（不含税）118.85 亿元。减税前后，该公司增值税税负对比情况见表 3 - 3。由表 3 - 3 可知，在 2019 年 4 月降税之后，该企业销项税额下降 2.41 亿元，进项税额下降 3.57 亿元，应纳增值税税额反而增加了 1.16 亿元。

表 3 – 3　　　　　　　2019 年减税后企业增值税变动情况　　　　　　单位：亿元

2019 年 4 ~ 5 月	按新税率计算税额	按旧税率计算税额	新旧差额
销售收入：240.99	21.69	24.10	− 2.41
购货金额：118.85	15.45	19.02	− 3.57
应纳增值税税额	6.24	5.08	1.16

　　理论上，减税后增值税税负的变化趋势，取决于建筑业销售收入中可抵扣材料费的比重，可抵扣材料费比重越高，进项税额减少的负面影响就越大，税负越可能趋于上升；反之，可抵扣材料费比重越低，则税负越趋于下降。接下来，我们对保持企业增值税税负不变的税负平衡点进行测算。测算结果见表 3 – 4。

表 3 – 4　　　　　　　　减税后增值税税负平衡点测算

分析要素	销售收入				可抵扣材料费					缴纳增值税及附加			实际税负(%)	变化幅度(%)
	收入	销项税		合计	占收入比例(%)	材料成本	进项税		合计	增值税	附加	合计		
		税率(%)	税额				税率(%)	税额						
减税前	100	10	10	110	60	56.90	16	9.10	66.00	0.90	0.09	0.99	0.99	—
					50	47.41		7.59	55.00	2.41	0.24	2.65	2.65	—
					40	37.93	16	6.07	44.00	3.93	0.39	4.32	4.32	—
					30	28.44		4.56	33.00	5.44	0.54	5.98	5.98	—
					20	18.97		3.03	22.00	6.97	0.70	7.67	7.67	—
减税后	100	9	9	109	60	57.88	13	7.52	65.40	1.48	0.15	1.63	1.63	64.0
					50	48.23		6.27	54.50	2.73	0.27	3.00	3.00	13.3
					40.5	44.15	13	5.08	49.23	3.92	0.39	4.31	4.31	0
					40	38.58		5.01	43.59	3.99	0.40	4.39	4.39	1.5
					30	28.94		3.76	32.70	5.24	0.52	5.76	5.76	-3.7
					20	19.29		2.51	21.80	6.49	0.65	7.14	7.14	-6.9

　　由表 3 – 4 可知，保持减税前后企业增值税及附加的税负水平不变的临界值为 40.5%。当可抵扣材料费的占比高于临界值时，企业税负会上升；当可

抵扣材料费的占比低于临界值时，企业税负会下降。W 公司可抵扣材料费的实际占比为 49.32%（118.85/240.99），大于使税负平衡的临界值 40.5%，企业增值税税负的上升也就不足为怪了。所以，导致国家大规模减税降费之后企业税负不降反升、企业没有获得感的罪魁祸首，正是增值税的多档税率。唯有通过增值税税率简并、尽可能缩小增值税低税率的适用范围，才能破解减税之后企业税负不降反升的谜题。

3.2.2.3　部分行业留抵税款大幅增加

"营改增"后多档税率并存带来大量"低征高扣"现象，导致相关企业长期销项税额小于进项税额而无税可交，留抵税款问题日益严重。

留抵税款是当期销项税额小于当期进项税额的差额，即当期抵扣不完的进项税额。在我国，对当期抵扣不完的进项税额一般不予以退税，而是留待下期继续抵扣，故称为留抵税款。留抵税款相当于国家对企业应抵扣增值税税款的资金占用，减少了企业的现金流，加重了企业的融资成本和实际税收负担，不利于创新创业和企业竞争力的提升。虽然造成增值税留抵税款问题的原因有很多，政策性因素如价格管制引起的价格倒挂、国家储备、公用事业企业政府限价导致销项偏低，非政策性因素如行业季节性波动导致购销不均衡、市场波动导致短期内集中采购而销量不佳，以及处于生命周期特殊阶段（如筹办初期）或生产经营周期特殊阶段（如大规模技术更新改造）而大量采购机器设备等，但由于购销税率不统一带来的"低征高扣"一定是其中最重要的一个原因。而且，由于其他非政策性原因导致的留抵税款，一般随着时间的推移，严重情况会逐步缓解，但由于"低征高扣"带来的留抵税款却不会自动消失，甚至可能随着时间的推移而不断累积，形成滚雪球效应。

客观来说，"低征高扣"现象在"营改增"之前就存在。如农机生产企业销售农机产品适用 13% 低税率，而生产农机外购原材料适用 17% 基本税率，造成许多农机生产企业长期不用缴纳增值税。[1] 但"营改增"之后，多档税率并存大大加剧了"低征高扣"现象，学术界对留抵税款问题的关注也主要开始于"营改增"之后。此后伴随着"营改增"的逐步推开，对这一问题进行研究

---

① 樊勇等. 增值税制度效应的经济学分析［M］. 北京：清华大学出版社，2018：17.

的文献开始增多,国家层面也开始重视这一问题,并相应出台一些改善措施。

"营改增"从两个方面加剧了留抵税款问题。一方面,"营改增"带来增值税的税款抵扣范围显著扩大,购入各种服务和不动产均纳入抵扣范围,可抵扣税款陡然上升,使得原本就存在留抵税款问题的第二产业企业留抵税款大幅增加。如清华紫光在长江存储项目上投资1000多亿元,留抵税款达上百亿元。① 另一方面,"营改增"后增值税税率档次增多,税率差异性大大扩大,使得原征收营业税的第三产业企业因"低征高扣"出现大量留抵税款,典型例子有建筑业、电信业和餐饮业等。如一项对建筑行业重点企业的调查表明,"营改增"后多数建筑企业都存在增值税进项留抵过大、长期留抵的实际情况,构成建筑企业面临的严峻问题。② 又如"营改增"后,电信行业适用11%税率的基础电信业务不断萎缩,适用6%税率的增值电信业务不断扩大,基础电信业务与增值电信业务收入之比由"营改增"之前的50:50变化到20:80,"低征高扣"现象随着行业收入结构的变化越来越严重。再加上近年来网络改造和新建项目的大量投入,更加剧了电信行业增值税进、销项之间的不平衡,使得所有电信企业的增值税税负极低,甚至出现大量留抵税额。③ 再如,餐饮服务税率为6%,而其外购原材料税率为13%或9%,餐馆装饰服务支出的税率为9%,销项税率与进项税率倒挂并相差较大,致使大多数餐饮企业一般纳税人增值税税负极低或产生较大留抵税款。

目前,我国的宏观统计数据并没有披露留抵税额的规模。刘怡等(2018)首次运用2010年和2011年企业微观税务调查数据,对全国的留抵税额规模进行估算,发现全国留抵税额大约相当于当年国内增值税收入总额的25%。同时,该研究还分析了留抵税额的分布结构,发现东部地区留抵规模最大,约占全国总体留抵的60%;留抵对资本密集型行业和初创企业的影响较大,铁路、船舶、航空航天和其他运输设备制造业等行业因留抵导致的额外增值税税负达到近8%(见表3-5)。

① 许善达. 中国亟待提高企业税制竞争力 [EB/OL]. http://nsd.pku.edu.cn/sylm/gd/511667.htm 2021-1-19.

② 重庆市税务学会课题组. 增值税税率下降对建筑行业税负的影响分析——以中铁二十一局集团第五工程有限公司为例 [J]. 税务研究, 2019(12): 35-40.

③ 王建平. 继续优化增值税的税率结构 [J]. 中国税务, 2018(9): 50-51.

表 3 – 5　　　　　　2011 年末留抵税额排名前 10 位的行业及其留抵情况

行业	全行业年末留抵税额（亿元）	年末有留抵的企业占比（%）	行业年末留抵税额/当年增加值（%）
电力、热力生产和供应业	533.30	27.38	4.32
化学原料和化学制品制造业	392.36	26.27	7.07
黑色金属冶炼和压延加工业	357.08	27.07	6.58
计算机、通信和电子设备制造业	334.81	39.83	5.13
石油加工、炼焦和核燃料加工业	253.86	39.33	5.32
电气机械和器材制造业	224.24	28.97	6.52
有色金属冶炼和压延加工业	215.94	33.24	7.02
汽车制造业	182.80	24.52	2.27
铁路、船舶、航空航天和其他运输设备制造业	166.61	26.25	7.98
专用设备制造业	158.36	26.97	5.42

资料来源：刘怡，耿纯．增值税留抵规模、分布及成本估算 ［J］．税务研究，2018（3）：28 – 36.

卢雄标等（2018）利用某省 2011 ~ 2015 年的制造业企业税收调查数据，分析了留抵税额在 31 个制造业之间的分布情况，以及其对企业成本、利润和现金流的影响，发现制造业留抵税额增量与增值税额的比值始终在 30% 左右波动，并且留抵税额对计算机、通信和其他电子设备制造业、铁路、船舶、航空航天和其他运输设备制造业、文教、工美、体育和娱乐用品制造业、纺织业和家具制造业的影响最大。[①] 樊勇等（2018）同样基于税收调查数据，计算出 2015 年我国制造业留抵税款占增值税税收收入的比例高达 27.46%。其中，从留抵税款绝对数来看，影响最大的行业有铁路等运输设备制造业、石油等原料加工业、计算机等电子设备制造业和农副食品加工业等；从留抵税款占缴纳增值税的相对数来看，影响最大的行业有农副食品加工业、黑色金属冶炼及压延加工业、通信设备等电子设备制造业、化学纤维制造业、非金属矿物制品业。[②] 中国财政科学研究院在 2017 年的降成本调研中发现，在当前增值税税率多档并存的情况下，增值税留抵税款在"高进、低销"行业（如农机行业、

① 卢雄标，童锦治，苏国灿．制造业增值税留抵税额的分布、影响及政策建议——基于 A 省制造业企业调查数据的分析 ［J］．税务研究 2018（11）：53 – 59.

② 樊勇，等．增值税制度效应的经济学分析 ［M］．北京：清华大学出版社，2018：186 – 190.

生产性服务业)和初创期企业普遍存在,且数额较大。另据中国经济 2018 年 50 人论坛会议估计,我国增值税留抵税款已经高达上万亿元。①

正是看到了留抵税款对企业资金占用的负面影响,为激发企业活力,我国开始在一些特定行业和领域试点留抵税额退税政策。如自 2011 年 11 月 1 日起,对符合条件的集成电路重大项目增值税留抵税额进行退税②;自 2015 年 1 月 1 日至 2018 年 12 月 31 日,对纳税人从事大型客机、大型客机发动机研制项目、生产销售新支线飞机而形成的增值税期末留抵税额予以退还③;自 2018 年起,对装备制造等先进制造业、研发等现代服务业和电网企业试点留抵税款退税政策④;自 2019 年 4 月 1 日起,在全国范围内试行增值税期末留抵税额增量退税制度,将留抵退税的做法扩大到所有企业⑤;自 2019 年 6 月 1 日起,又进一步放宽部分先进制造业申请退还增量留抵税额的条件⑥。但总的来说,基于财政收入的压力,我国现阶段留抵税款退税的门槛还很高,退税比例还很低,特别是只针对增量留抵税款,完全不涉及存量留抵税款。要彻底解决部分行业无税可征、长期大量留抵税额问题,必须简并增值税的税率,从源头上消灭"低征高扣"现象。

3.3 我国增值税税率简并方案设计

"营改增"之后,我国增值税税率档次增多,其主要原因是为了确保"营改增"后相关行业的税负只减不增,具有鲜明的政策过渡特征。当前,理论界已经就增值税税率简并改革方向达成共识,改革的关键在于简并方案的设计如何兼顾税收公平、国家税收、企业减负和经济增长。短期来看,2018 年以来,国务院已经明确我国税制改革的战略部署,将实现增值税税率三档并两档

① 何杨,邓栖元,朱云轩. 增值税留抵退税政策对企业价值的影响研究——基于我国上市公司的实证分析 [J]. 财政研究,2019 (5):104 - 117.

② 《关于退还集成电路企业采购设备增值税期末留抵税额的通知》(财税 [2011] 107 号)。

③ 《关于大型客机和新支线飞机增值税政策的通知》(财税 [2016] 141 号)。

④ 《关于 2018 年退还部分行业增值税留抵税额有关税收政策的通知》(财税 [2018] 70 号)。

⑤ 《关于深化增值税改革有关政策的公告》(财政部 税务总局 海关总署公告 2019 年第 39 号)。

⑥ 《关于明确部分先进制造业增值税期末留抵退税政策的公告》(财政部 税务总局公告 2019 年第 84 号)。

的改革目标；长期来看，鉴于简化税率的国际趋势，也可考虑取消低税率、将所有税率合并为单一税率的可行性。因此，本节从我国增值税税率结构的现状出发，结合减税降费的国内经济宏观调控需要和增值税税率结构改革的国际趋势，分别设计了单一税率和两档税率六大类税率简并方案。

本书对我国增值税税率简并方案的设计遵循两个关键字："简"和"减"。"简"指税率简并，"减"指进一步降低基本税率水平。虽然我国现行增值税13%的基本税率与世界平均水平比较处于中等偏下水平，但与周边国家相比，仍相对偏高。2020 年，世界各国增值税基本税率平均值为 15.57%，但亚太地区国家增值税基本税率平均值为 10.06%。[①] 其中，新加坡和泰国实行 7% 的单一税率，印度尼西亚、韩国、蒙古国实行 10% 的单一税率，菲律宾实行 12%的单一税率，中国台湾实行 5% 的单一税率，日本实行 10% 和 8% 的两档税率，马来西亚、越南实行 10% 和 5% 的两档税率。因此，在应对新冠肺炎疫情冲击和经济下行压力增大的背景下，借着简并税率的契机进一步降低我国增值税率水平，既符合区域增值税的发展趋势，也是供给侧结构性改革和实施更大规模减税降费的必然要求。

综合"简"和"减"两大税率简并基本原则，在我国 2019 年 13%、9%和 6% 三档税率增值税的基础上，本书设计了单一税率和两档税率共六大类 42种具有代表性的增值税税率简并方案，具体方案见表 3 - 6。

表 3 - 6　　　　　　　　　　增值税税率简并方案设计　　　　　　　　单位:%

简并类别		方案 1	方案 2	方案 3	方案 4	方案 5	方案 6	方案 7
单一税率		13	12	11	10	9	8	—
两档税率	两档就低	13, 6	12, 6	11, 6	10, 6	10, 5	9, 5	8, 5
	两档就高	13, 6	12, 6	11, 6	10, 6	10, 5	9, 5	8, 5
	两档拆分 I	13, 6	12, 6	11, 6	10, 6	10, 5	9, 5	8, 5
	两档拆分 II	13, 6	12, 6	11, 6	10, 6	10, 5	9, 5	8, 5
	两档拆分 III	13, 6	12, 6	11, 6	10, 6	10, 5	9, 5	8, 5

注：除表中列举的 41 种税率简并方案之外，在下文的 CGE 模型测算过程中，本书还增加了"9% + 6%"这一税率简并方案，故总共为 42 种简并方案。

[①] Worldwide VAT, GST and Sales Tax Guide（2020），https：//www.ey.com/gl/en/services/tax/global - tax - guide - archive.

3.3.1 单一税率简并方案

首先，简并税率为一档。从增值税制度发展的国际趋势及国内外学者对增值税税率档次的研究来看，大多数学者支持采取一档增值税税率，以保持税收中性，最大限度发挥增值税的理论优势。因此，第一类（单一税率模式）增值税税率简并方案只设置一档税率，即对所有行业实施统一的增值税税率。

其次，减降税率水平。为了体现减税降费的调控目标，在单一税率模式下，按照税率由高到低，共设计了6种具体方案。

方案1，单一税率设定为13%。在此方案下，虽然实现了税率的统一，但由于直接取消两档低税率，整体税负必然显著上升。

方案2，单一税率设定为12%。在此方案下，税率统一的同时，整体税负仍有较显著上升。

方案3，单一税率设定为11%。在此方案下，税率统一的同时，整体税负仍有一定幅度上升。

方案4，单一税率设定为10%。在此方案下，税率统一的同时，整体税负略有上升。

方案5，单一税率设定为9%。在此方案下，税率统一的同时，整体基本持平，相差不大。

方案6，单一税率设定为8%。在此方案下，税率统一的同时，整体税负明显下降。

考虑到税率下调到8%以下的概率很小，且通过前述6个简并方案已经可以非常清楚地展现税率下调政策效应的变化趋势，故不再设计税率更低的简并方案。

3.3.2 两档税率简并方案

从增值税制度的各国实践来看，出于社会公平原因，大部分国家对食品、药品、医疗、教育等涉及民生领域的生活必需品，通常会设置一档低税率，即采取"一档基本税率＋一档低税率"的两档税率模式。考虑到我国自1994年税制改革以来直到2012年"营改增"之前，一直是实行两档税率制，因此，基于税制的连续性，以下增值税税率简并方案依然沿用两档税率模式，设计了五大类共 35 种具体方案。

3.3.2.1 两档就低模式

增值税税率三档并两档的关键是如何处理中间税率 9%。

两档就低模式是将两档低税率合并，将现行适用 9% 税率的项目全部并入 6% 税率，从而使税率结构简化为 13% 和 6% 两档税率，此为方案 1。方案 2 至方案 4 保持 6% 低税率不变，依次将基本税率下调 1 个百分点，使基本税率从 13% 下调至 10%；方案 5 至方案 7 均将 6% 的低税率下调至 5%，再将基本税率从 10% 依次下调至 8%。

3.3.2.2 两档就高模式

两档就高模式与两档就低模式税率简并思路刚好相反，将现行适用 9% 税率的项目全部并入 13% 税率，从而达到简化税率结构的目的。各方案税率设置同上，不再赘述。

3.3.2.3 两档拆分模式 I（原增值税项目从低，"营改增"项目从高）

现行适用 9% 增值税税率的项目可以分为两大部分：一是"营改增"之前原增值税低税率项目（以下简称"原增值税项目"）；二是"营改增"之后新增低税率项目（以下简称"'营改增'项目"）。原增值税项目包括粮食、初级农产品、水、煤、气、热力等生活必需品和图书、报刊、农药、农机、农膜、化肥等货物，这些货物在"营改增"之前一直适用增值税低税率。"营改增"项目指原征收营业税的部分服务业，包括建筑业、交通运输业、邮政业、房地产业、不动产租赁和基础电信服务。

考虑到原增值税项目大多属于生活必需品，也是世界各国增值税低税率的首选项目，在本税率简并模式下将 9% 项目进行拆分，原增值税项目并入较低一档的增值税税率，"营改增"项目并入较高一档的税率。各方案税率设置同上。

两档拆分模式 I 与两档就高模式的区别在于，是否对生活必需品和图书、报刊、农药、农机、农膜、化肥等原适用增值税低税率的货物实施低税率。

3.3.2.4 两档拆分模式 II（房地产、电信业从高，其他从低）

在本税率简并模式下依然将 9% 项目进行拆分，并在两档拆分模式 I 的基础上进一步扩大低档税率的适用范围。考虑到房地产和电信业在我国具有一定的垄断性质且利润率相对较高，本模式将"营改增"项目中的房地产业和基础电信业并入较高一档增值税税率，将其余适用9%的服务业（交通运输、建筑、邮政、不动产租赁服务）均并入较低一档增值税税率。各方案税率设置同上。

两档拆分模式Ⅱ与两档拆分模式Ⅰ的区别在于，是否对除房地产、基础电信业外的其他"营改增"项目（交通运输、建筑、邮政、不动产租赁服务）实施低税率。

3.3.2.5　两档拆分模式Ⅲ（房地产从高，其他从低）

在本税率简并模式下依然将9%项目进行拆分，并在两档拆分模式Ⅱ的基础上继续扩大低档税率的适用范围。考虑到电信服务已成为居民日常生活的基本需求，且国际社会也存在对通信服务实施低税率的先例，而房地产业仍属于我国政府宏观调控的重点行业，本简并模式进一步将基础电信业纳入较低一档增值税税率，仅将房地产业并入较高一档增值税税率，即除房地产业以外，所有现行适用9%的服务业均并入较低一档增值税税率。各方案税率设置同上。

两档拆分模式Ⅲ与两档拆分模式Ⅱ的区别在于，是否对基础电信服务实施低税率，两档拆分模式Ⅲ与两档就低模式的区别在于，是否对房地产业实施低税率。通过不同税率简并模式政策效应的对比，可以观察到对相应行业实施低税率的税负影响、收入分配和经济影响。

第 4 章

各增值税税率简并方案税负效应的测算

投入产出模型和 CGE 模型是测算税收政策效应较为常用的两种方法。其中，投入产出模型是基于投入产出表，利用各部门投入产出系数之间的关联关系，测算增值税税率变动的政策效应，是一种局部均衡方法。CGE 模型则是基于 SAM 表，利用商品替代弹性、要素替代弹性以及进出口替代弹性等测算增值税税率变动的政策效应，是一种一般均衡方法。本章分别采用两种方法测算各增值税税率简并方案对各行业税负的影响，进而分析其对整体国家税收收入带来的影响。

4.1 税负效应测算——基于投入产出模型

投入产出表是反映一定时期内国民经济各部门之间相互联系和比例关系的一种平衡表，它从投入和产出两个维度，综合反映中间产品与最终产品、中间投入与增加值之间的价值联系，较全面地描述了生产、消费等各领域及各部门之间的经济技术关系。因此，投入产出模型可以模拟分析增值税对商品价格的影响，进而为分析不同增值税税率简并方案对各行业实际税负的政策效应提供客观依据。

4.1.1 模型假设与构建

4.1.1.1 模型假设

（1）完全竞争市场假设。市场上存在众多买方与卖方，且都是价格的接受方，信息完全对称，要素可自由进出市场，且各部门生产技术规模报酬不变。

（2）阿明顿（Armington）假设。即国内消费者消费的商品都是阿明顿商品①，生产要素价格变动可以传递给国内商品。

（3）直接消耗系数矩阵保持不变。任何政策改变对经济带来的冲击都以固定的消耗系数传递，即要素价格变化不会引致替代效应，生产的投入系数不变。

（4）消费者的消费支出不因增值税税率变动导致的价格变动而变动。

（5）税收对价格的影响完全向前传导。根据投入产出价格模型的基本原理，这里税收的成本完全传递到产品价格上，不考虑各种生产要素之间的替代效应和税收成本转嫁因素。这种假设本质上与税收负担（归宿）研究中间接税最终完全转嫁给消费者的假设是一致的。

（6）同一行业的产品按同一税率缴纳增值税。在实际经济系统中，每个行业中的产品都不是唯一的，各类产品的销项税率有可能不同、进项结构也不同，因而其增值税负担也是不同的。但投入产出表中一般是纯产品假定，即每个行业只生产单一产品。因此，本书假设投入产出模型中各个行业都按同一税率缴纳增值税来建立模型。

4.1.1.2　模型构建

假设经济中有 m 个部门，生产 m 种商品，在上述模型假设条件下，当不存在税收时，第 j 部门产品的总价值可以用如下等式表示：

$$P_j X_j = \sum_{i=1}^{m} P_i X_{ij} + V_j \qquad (4-1)$$

其中 i，$j = 1$，2，…，m，P_j 为第 j 部门单位产品价格，X_j 为第 j 部门产品产量，P_i 为第 i 部门单位产品的价格，X_{ij} 为第 j 部门耗用第 i 部门产品的数量，V_j 为第 j 部门增加值。即在没有税收的情况下，第 j 部门产品总价值等于所有中间投入品价值与增加值之和。

将式（4-1）两边同除该部门的总产出，得到价格方程组如下：

---

① 阿明顿商品即国内消费者消费的来自国内和来自其他不同国家或地区的进口品是不完全替代品。

$$P_j = \sum_{i=1}^{m} a_{ij} P_i v_j \qquad (4-2)$$

其中，a_{ij} 为第 j 部门利用第 i 部门产出的中间投入系数，v_j 为第 j 部门增加值比例。按以往类似文献的做法，将各部门不含税价格标准化为 1。

按税负归宿理论，假设税收向前转嫁，结合拉杰米森等（Rajemison et al.）的研究方法[①]，将增值税处理成对增加值课税。由于本书的研究目标为增值税税率简并改革的政策效应，故本书重点研究增值税对商品价格的影响，对其他流转税不予考虑。基于模型假设，企业处于完全竞争市场，且要素价格变动不影响企业投入决策，生产函数不变。因此，当市场处于均衡且存在税收时，有如下均衡方程：

$$P_j = \sum_{i=1}^{m} a_{ij} P_i + (1 + t_j) v_j \qquad (4-3)$$

其中，t_j 为第 j 部门增值税实际税率。等式右边第一项表示中间投入价值，第二项为增加值及实际课征的增值税，等式的含义是，各部门单位产品价格等于中间投入价格与增加值价值及各项税费之和。

用向量表示为：

$$P = (I - A')^{-1}(1 + T)V \qquad (4-4)$$

其中，$P = (P_1, P_2, \cdots, P_m)$ 为价格向量的转置矩阵，$V = (V_1, V_2, \cdots, V_m)$ 为各部门增加值比例向量的转置矩阵，I 为 m 维单位矩阵，A 为 $m \times m$ 直接消耗系数矩阵，T 为对角矩阵，对角线上的元素为各部门增值税的实际税率，若该部门不征收增值税，则相应数值为 0。

（1）确定各部门的税后价格。利用投入产出价格模型测算价格变化，需要知道式（4-4）中 A、T 和 V。假设在没有税收的情况下各产品部门的价格为 1（即 $P_i = 1$，$i = 1, 2, 3, \cdots, m$）[②]，A 为投入产出表中的直接消耗系数矩阵。要素报酬占产出的比率 V 为投入产出表中劳动报酬、固定资产折旧和营业

① Rajemison, Harivelo, Haggblade, Steven and Younger, Stephen D. Younger. Indirect Tax Incidence in Madagascar: Updated Estimates Using the Input-output Table [R]. CFNPP Working Paper, No. 147, 2003.

② 这种方法在可计算一般均衡模型中校准模型参数时被广泛应用。一般假设价格为 1。这种方法本质上是变换计量单位。例如，假设购买 1 个面包需要花费 2 元，若以 1 个面包为实物计量单位，则面包的价格为 2 元，但是若以 1/2 个面包为实物计量单位，这时的价格就为 1 元。

盈余三项之和占对应产出的比重。

增值税实际税率 T 的确定。考虑到税收征管能力的局限性和税收优惠政策的影响，现实生活中增值税不可能做到应收尽收，增值税的名义税率和实际税率并不相等，因此，本书采用的增值税税率为实际税率。各部门实际税率＝各部门名义增值税税率×征收率，其中，征收率＝各部门实际增值税税收收入／（各部门增加值×各部门名义税率），"各部门增加值×各部门名义税率" 表示如果应收尽收的话各部门的理论增值税收入。[①] 为了保证不同税率简并方案之间具有可比性，我们统一采用 2017 年的实际征收率，即假设在所有税率简并方案下，增值税的实际征收率（税收征管水平）与 2017 年保持一致。这样假设的原因，一方面，是为了和投入产出表的数据年份相匹配，因为截至目前我们可以获得的最新投入产出表就是 2017 年投入产出表；另一方面，在假定征收率不变的情况下，模拟得到的价格差异就可以完全归因于税率的变化，可以得到税率简并的净效应。

增值税税率简并的价格效应。通过校准方法获得投入产出价格模型中的各项数值之后，按照第 3 章设计的税率简并方案下的各种假定增值税税率代入投入产出价格模型，得到税率简并后的各产品价格，将之与不征收增值税时的基准产品价格进行比较，得到税率简并后的相对价格变化，即增值税税率简并的价格效应。

（2）利用价格变化计算有效税率。在研究间接税的税收负担时，现有文献中大部分是用名义税率进行衡量，不能全面反映税收政策变化引起的从中间产品到最终消费品之间一系列的价格和税负变化。因此，本书利用有效税率的方法，估算增值税税率简并对中间产品及最终产品的价格影响，进而分析消费者承担的税负变化及对居民收入分配和社会福利的影响。

有效税率指因征税引起的相关产品价格变化，即在其他条件不变的情况下，分别计算相关产品增值税税率为零时的价格和在不同税率简并方案下的价

---

① 测算理论增值税收入的另一种常见算法，是根据投入产出法计算的销项税额与进项税额之差，即总产出×税率 − $\sum$ 各项投入×税率。之所以使用各部门增加值来测算理论增值税收入，原因在于，利用投入产出法计算的结果，有少部分行业出现销项税额小于进项税额的情况，即留抵税款过大导致理论增值税收入小于零，进而使得征收率为负数，这一情况使得后续的计算无法进行下去。

格，价格变化的比例即为有效税率。

各部门增值税有效税率的计算过程如下。在除增值税之外的其他税收不变的情况下，当增值税实际税率为 0 时，价格向量为：

$$P_0 = (I - A')^{-1} V \tag{4-5}$$

当增值税实际税率为 T 时，价格向量为：

$$P_1 = (I - A')^{-1} (I + T) V \tag{4-6}$$

因此，各部门增值税的有效税率为：

$$Z = \frac{P_1 - P_0}{P_0} \tag{4-7}$$

例如，假设当不征收增值税时产品价格水平为 1，而当按某种方案征收增值税时产品价格水平为 1.1，则该税率方案的有效税率为 10%，即征税后使产品价格上升 10%。本书以有效税率来表示增值税的实际税收负担水平。

4.1.2　数据来源与处理

中间投入系数矩阵和增加值系数矩阵来自 2017 年《中国投入产出表》149 部门的"直接消耗系数表"。各部门增值税数据来自 2018 年《中国税务年鉴》中的"全国税收收入分税种分产业收入情况表"及 2018 年《全国税务统计》中的增值税、营业税分行业的统计数据。根据《中国 2017 年投入产出表编制方法》部门划分和《税收会计统计工作手册》行业分类以及税务部门的文件说明，将各产业实际征收的增值税和营业税对应到投入产出表的相应部门。

2017 年"全国税收收入分税种分产业收入情况表"中的行业分类与 2017 年投入产出表中的 149 部门分类大部分能一一对应，但有小部分部门不完全对应，需要按一定方法分摊到相应的投入产出部门。本书的分摊原则是按照各部门增加值的比例分摊。例如，全国税收收入分税种分产业收入情况表中"食品制造业"对应投入产出表中的"方便食品""乳制品""调味品、发酵制品""其他食品"四个部门，本书按四部门增加值占整体食品制造业增加值的比例，将税收分摊到相应的四个部门。具体各产业税收与投入产出表 149 部门的对应关系见表 4-1。

表 4 - 1　　　　　　　　税收产业与投入产出部门的对应关系

税收产业	投入产出部门
一. 第一产业	农产品
	林产品
	畜牧产品
	渔产品
	农、林、牧、渔服务产品
二. 第二产业	
（一）采矿业	
1. 煤炭开采和洗选业	煤炭开采和洗选产品
2. 石油和天然气开采业	石油和天然气开采产品
3. 黑色金属矿采选业	黑色金属矿采选产品
4. 有色金属矿采选业	有色金属矿采选产品
5. 非金属矿采选业	非金属矿采选产品
6. 开采辅助活动	开采辅助活动和其他采矿产品
7. 其他采矿业	
（二）制造业	
1. 农副食品加工业	谷物磨制品
	饲料加工品
	植物油加工品
	糖及糖制品
	屠宰及肉类加工品
	水产加工品
	蔬菜、水果、坚果和其他农副食品加工品
2. 食品制造业	方便食品
	乳制品
	调味品、发酵制品
	其他食品
3. 酒、饮料和精制茶制造业	
①酒的制造	酒精和酒
②饮料制造	饮料

续表

税收产业	投入产出部门
③精制茶制造	精制茶
4. 烟草制品业	烟草制品
5. 纺织业	棉、化纤纺织及印染精加工品
	毛纺织及染整精加工品
	麻、丝绢纺织及加工品
	针织或钩针编织及其制品
	纺织制成品
6. 纺织服装、服饰业	纺织服装服饰
7. 皮革、毛皮、羽毛及其制品和制鞋业	皮革、毛皮、羽毛及其制品
	鞋
8. 木材加工和木、竹、藤、棕、草制品业	木材加工和木、竹、藤、棕、草制品
9. 家具制造业	家具
10. 造纸和纸制品业	造纸和纸制品
11. 印刷和记录媒介复制业	印刷和记录媒介复制品
12. 文教、工美、体育和娱乐用品制造业	工艺美术品
	文教、体育和娱乐用品
13. 石油加工、炼焦和核燃料加工业	精炼石油和核燃料加工品
	煤炭加工品
14. 化学原料和化学制品制造业	基础化学原料
	肥料
	农药
	涂料、油墨、颜料及类似产品
	合成材料
	专用化学产品和炸药、火工、焰火产品
	日用化学产品
15. 医药制造业	医药制品
16. 化学纤维制造业	化学纤维制品
17. 橡胶和塑料制品业	橡胶制品
	塑料制品

续表

税收产业	投入产出部门
18. 非金属矿物制品业	水泥、石灰和石膏
	石膏、水泥制品及类似制品
	砖瓦、石材等建筑材料
	玻璃和玻璃制品
	陶瓷制品
	耐火材料制品
	石墨及其他非金属矿物制品
19. 黑色金属冶炼和压延加工业	钢
	钢压延产品
	铁及铁合金产品
20. 有色金属冶炼和压延加工业	有色金属及其合金
	有色金属压延加工品
21. 金属制品业	金属制品
22. 通用设备制造业	锅炉及原动设备
	金属加工机械
	物料搬运设备
	泵、阀门、压缩机及类似机械
	文化、办公用机械
	其他通用设备
23. 专用设备制造业	采矿、冶金、建筑专用设备
	化工、木材、非金属加工专用设备
	农、林、牧、渔专用机械
	其他专用设备
24. 汽车制造业	汽车整车
	汽车零部件及配件
25. 铁路、船舶、航空航天和其他运输设备制造业	
①铁路运输设备制造	铁路运输和城市轨道交通设备
②船舶及相关装置制造	船舶及相关装置
③航空、航天及设备制造	其他交通运输设备（25－①－②）

续表

税收产业	投入产出部门
④摩托车制造	
26. 电气机械和器材制造业	电机
	输配电及控制设备
	电线、电缆、光缆及电工器材
	电池
	家用器具
	其他电气机械和器材
27. 计算机、通信和其他电子设备制造业	计算机
	通信设备
	广播电视设备和雷达及配套设备
	视听设备
	电子元器件
	其他电子设备
28. 仪器仪表制造业	仪器仪表
29. 其他制造业	其他制造产品
30. 废弃资源综合利用业	废弃资源和废旧材料回收加工品
31. 金属制品、机械和设备修理业	金属制品、机械和设备修理服务
（三）电力、热力、燃气及水的生产和供应业	
1. 电力、热力生产和供应业	电力、热力生产和供应
2. 燃气生产和供应业	燃气生产和供应
3. 水的生产和供应业	水的生产和供应
（四）建筑业	
1. 房屋建筑业	房屋建筑
2. 土木工程建筑业	土木工程建筑
3. 建筑安装业	建筑安装
4. 建筑装饰和其他建筑业	建筑装饰、装修和其他建筑服务
三.第三产业	
（一）批发和零售业	
1. 批发业	批发

续表

税收产业	投入产出部门
2. 零售业	零售
（二）交通运输、仓储和邮政业	
1. 铁路运输业	铁路旅客运输
	铁路货物运输和运输辅助活动
2. 道路运输业	城市公共交通及公路客运
	道路货物运输和运输辅助活动
3. 水上运输业	水上旅客运输
	水上货物运输和运输辅助活动
4. 航空运输业	航空旅客运输
	航空货物运输和运输辅助活动
5. 管道运输业	管道运输
6. 装卸搬运和运输代理业	多式联运和运输代理
7. 仓储业	装卸搬运和仓储
8. 邮政业	邮政
（三）住宿和餐饮业	
1. 住宿业	住宿
2. 餐饮业	餐饮
（四）信息传输、软件和信息技术服务业	
1. 电信、广播电视和卫星传输服务业	电信
	广播电视及卫星传输服务
2. 互联网和相关服务	互联网和相关服务
3. 软件和信息技术服务业	软件服务
	信息技术服务
（五）金融业	
1. 货币金融服务	货币金融和其他金融服务（1＋4）
2. 其他金融业	
3. 资本市场服务	资本市场服务
4. 保险业	保险
（六）房地产业	房地产

续表

税收产业	投入产出部门
（七）租赁和商务服务业	
1. 租赁业	租赁
2. 商务服务业	商务服务
（八）科学研究和技术服务业	研究和试验发展
	专业技术服务
	科技推广和应用服务
（九）水利、环境和公共设施管理业	水利管理
	生态保护和环境治理
	公共设施及土地管理
（十）居民服务、修理和其他服务业	居民服务
	其他服务
（十一）教育	教育
（十二）卫生和社会工作	卫生
	社会工作
（十三）文化、体育和娱乐业	
1. 新闻和出版业	新闻和出版
2. 广播、电视、电影和影视录音制作业	广播、电视、电影和影视录音制作
3. 体育	体育
4. 娱乐业	娱乐
5. 文化艺术	文化艺术
（十四）公共管理、社会保障和社会组织	社会保障
	公共管理和社会组织

注：增值税按照各部门增加值占该大类权重进行分摊。
①第一产业税收对应149部门的农产品、林产品、牧产品、渔产品、农林牧渔服务产品五个部门。
②开采辅助活动、其他采矿业的税收对应149部门的开采辅助活动和其他采矿产品。
③农副食品加工业税收对应149部门的谷物磨制品、饲料加工品、植物油加工品、糖及糖制品、屠宰及肉类加工品、水产加工品、蔬菜、水果、坚果和其他农副食品加工品。
④食品制造业税收对应149部门的方便食品、乳制品、调味品、发酵制品、其他食品。
⑤纺织业税收对应149部门的棉、化纤纺织及印染精加工品、毛纺织及染整精加工品、麻、丝绢纺织及加工品、针织或钩针编织及其制品、纺织制成品。
⑥皮革、毛皮、羽毛及其制品和制鞋业税收对应149部门的皮革、毛皮、羽毛及其制品、鞋。
⑦文教、工美、体育和娱乐用品制造业税收对应149部门的工艺美术品、文教、体育和娱乐用品。
⑧石油加工、炼焦和核燃料加工业税收对应149部门的精炼石油和核燃料加工品、煤炭加工品。

⑨化学原料和化学制品制造业税收对应 149 部门的基础化学原料、肥料、农药、涂料、油墨、颜料及类似产品、合成材料、专用化学产品和炸药、火工、焰火产品、日用化学产品。

⑩橡胶和塑料制品业的税收对应 149 部门的橡胶制品、塑料制品。

⑪非金属矿物制品业税收对应 149 部门的水泥、石灰和石膏、石膏、水泥制品及类似制品、砖瓦、石材等建筑材料、玻璃和玻璃制品、陶瓷制品、耐火材料制品、石墨及其他非金属矿物制品。

⑫黑色金属冶炼和压延加工业税收对应 149 部门的铜、钢压延产品、铁及铁合金产品。

⑬通用设备制造业税收对应 149 部门的锅炉及原动设备、金属加工机械、物料搬运设备、泵、阀门、压缩机及类似机械、文化、办公用机械、其他通用设备。

⑭专用设备制造业税收对应 149 部门的采矿、冶金、建筑专用设备、化工、木材、非金属加工专用设备、农、林、牧、渔专用机械、其他专用设备。

⑮汽车制造业税收对应 149 部门的汽车整车、汽车零部件及配件。

⑯铁路、船舶、航空航天和其他运输设备制造业税收中除去铁路运输设备制造、船舶及相关装置制造的部分,对应 149 部门的其他交通运输设备。

⑰电气机械和器材制造业税收对应 149 部门的电机、输配电及控制设备、电线、电缆、光缆及电工器材、电池、家用器具、其他电气机械和器材。

⑱计算机、通信和其他电子设备制造业税收对应 149 部门的计算机、通信设备、广播电视设备和雷达及配套设备、视听设备、电子元器件、其他电子设备。

⑲铁路运输业税收对应 149 部门的铁路旅客运输、铁路货物运输和运输辅助活动。

⑳道路运输业税收对应 149 部门的城市公共交通及公路客运、道路货物运输和运输辅助活动。

㉑水上运输业税收对应 149 部门的水上旅客运输、水上货物运输和运输辅助活动。

㉒航空运输业税收对应 149 部门的航空旅客运输、航空货物运输和运输辅助活动。

㉓电信、广播电视和卫星传输服务业税收对应 149 部门的电信、广播电视及卫星传输服务。

㉔软件和信息技术服务业税收对应 149 部门的软件服务、信息技术服务。

㉕货币金融服务、其他金融业税收对应 149 部门的货币金融和其他金融服务。

㉖科学研究和技术服务业税收对应 149 部门的研究和试验发展、专业技术服务、科技推广和应用服务。

㉗水利、环境和公共设施管理业税收对应 149 部门的水利管理、生态保护和环境治理、公共设施及土地管理。

㉘居民服务、修理和其他服务业税收对应 149 部门的居民服务、其他服务。

㉙公共管理、社会保障和社会组织的税收对应 149 部门的社会保障、公共管理和社会组织。

在利用投入产出表计算各税率简并方案下的应纳增值税时,有少数部门出现销项税额小于进项税额,即应纳税额为负数的情况。出现这种与实际征税结果不符的反常现象,原因有多种可能,如现实生活中不可能所有投入品都能获得进项税额抵扣,部分企业的留抵税款税务局是不退税的等。对于这种情形,本书直接把投入产出表中该部门的增值税实际税率设为 0。

我们对这些增值税销项税额小于进项税额的行业进行逐一梳理和分析,对其行业特征归纳如下。第一,这些部门均属于增值税低税率部门,但其投入品部门多为标准税率或更高税率,由于进销项税率差导致销项税额小于进项税额,如肥料、农药、农林牧渔业专用机械、装卸搬运和仓储、餐饮、新闻和出版等行业。对于这种情况形成的进销差额,在 2019 年税率下调、缩小了各档次税率之间的落差后，部分得到缓解。第二，在多档税率并存情况下，由于不同增值税税率档次调整幅度不一致，导致一些部门销项税额下降幅度超过进项税额下降幅度，如燃气生产和供应、房屋建筑、建筑装饰、装修和其他建筑服务等。与之形成鲜明对比的是，在模拟的所有单一税率模式简并方案下，均未出现销项税额小于进项税额的情况，这从另一个侧面反映了增值税税率简并的必要性和优势。

4.1.3　实证结果

考虑到"营改增"之后，2017 年、2018 年与 2019 年我国增值税税率变动频繁，为了将拟定的税率简并方案与这些已经实施过的增值税税率结构进行比较，我们还计算了 2017 年、2018 年和 2019 年各行业的税负水平和税收收入。下文中"2017 年方案"是指 2017 年 7 月 1 日开始实施的 17%、11%、6% 三档税率，"2018 年方案"是指 2018 年 5 月 1 日开始实施的 16%、10%、6% 三档税率，"2019 年方案"是指 2019 年 4 月 1 日开始实施的 13%、9%、6% 三档税率。

按照现行规定，所有方案下购进的贷款服务、餐饮服务、居民日常服务和娱乐服务进项税额均不允许抵扣；对于购进的旅客运输服务的进项税额，2017 年方案与 2018 年方案不允许抵扣，而 2019 年方案及本书所拟定的各税率简并方案下均允许抵扣[①]；对于生产、生活性服务业加计 10% 或 15%（居民日常服务）抵减应纳税额的优惠政策，考虑到有效期截止到 2021 年 12 月 31 日，政策有效期限较短，属于过渡性措施，故在 2019 年方案及本书所拟定的各税率简并方案下均不予考虑（我们也对加计抵减政策的效应进行了测算，总体影响较小，且不是本书税率简并关注的焦点问题，限于篇幅结果不予列出）。

4.1.3.1　单一税率模式的税负效应

（1）行业税负效应。在单一税率模式下，从税率简并方案 1 到方案 6 的各部门行业税负见表 4 - 2。为方便比较，2017 年方案、2018 年方案、2019 年方

---

① 根据《财政部 税务总局 海关总署关于深化增值税改革有关政策的公告》第六条，纳税人购进国内旅客运输服务，其进项税额允许从销项税额中抵扣。

案下的行业税负也列示其中。

表4-2　　　　　　　单一税率模式下各简并方案的行业税负　　　　单位:%

序号	部门	2017年方案	2018年方案	2019年方案	单一税率模式简并方案					
					方案1	方案2	方案3	方案4	方案5	方案6
1	农产品	2.01	1.91	1.66	2.57	2.37	2.17	1.98	1.78	1.58
2	林产品	1.66	1.57	1.38	2.21	2.04	1.87	1.70	1.53	1.36
3	畜牧产品	1.96	1.85	1.57	2.30	2.13	1.95	1.77	1.59	1.42
4	渔产品	1.93	1.83	1.56	2.47	2.28	2.09	1.90	1.71	1.52
5	农、林、牧、渔服务产品	2.67	2.53	2.12	3.01	2.78	2.55	2.32	2.09	1.85
6	煤炭开采和洗选产品	13.43	12.66	10.31	11.29	10.42	9.56	8.69	7.82	6.95
7	石油和天然气开采产品	7.49	7.07	5.77	6.47	5.97	5.47	4.97	4.48	3.98
8	黑色金属矿采选产品	7.00	6.61	5.40	6.23	5.75	5.27	4.79	4.31	3.83
9	有色金属矿采选产品	8.13	7.68	6.30	7.48	6.91	6.33	5.76	5.18	4.60
10	非金属矿采选产品	6.67	6.31	5.18	6.34	5.85	5.36	4.88	4.39	3.90
11	开采辅助活动和其他采矿产品	8.45	7.98	6.50	7.44	6.86	6.29	5.72	5.15	4.58
12	谷物磨制品	2.73	2.57	2.19	3.32	3.06	2.81	2.55	2.30	2.04
13	饲料加工品	3.06	2.88	2.45	3.63	3.35	3.07	2.79	2.51	2.23
14	植物油加工品	2.97	2.79	2.38	3.55	3.28	3.00	2.73	2.46	2.19
15	糖及糖制品	3.47	3.31	2.73	3.57	3.30	3.02	2.75	2.47	2.20
16	屠宰及肉类加工品	3.24	3.04	2.57	3.61	3.33	3.05	2.78	2.50	2.22
17	水产加工品	3.35	3.15	2.67	3.87	3.57	3.28	2.98	2.68	2.38
18	蔬菜、水果、坚果和其他农副食品加工品	3.28	3.08	2.63	4.11	3.80	3.48	3.16	2.85	2.53
19	方便食品	7.58	7.24	5.67	5.69	5.25	4.82	4.38	3.94	3.50
20	乳制品	7.74	7.37	5.81	5.95	5.50	5.04	4.58	4.12	3.66
21	调味品、发酵制品	7.59	7.24	5.71	5.81	5.36	4.91	4.47	4.02	3.57
22	其他食品	7.55	7.20	5.65	5.84	5.39	4.94	4.49	4.04	3.59
23	酒精和酒	6.13	5.82	4.68	5.38	4.97	4.55	4.14	3.73	3.31
24	饮料	7.84	7.42	5.95	7.14	6.60	6.05	5.50	4.95	4.40
25	精制茶	3.90	3.70	3.06	5.14	4.75	4.35	3.95	3.56	3.16
26	烟草制品	16.25	15.33	12.34	12.25	11.3	10.36	9.42	8.48	7.54

续表

序号	部门	2017 年方案	2018 年方案	2019 年方案	单一税率模式简并方案					
					方案 1	方案 2	方案 3	方案 4	方案 5	方案 6
27	棉、化纤纺织及印染精加工品	7.63	7.26	5.80	6.14	5.67	5.20	4.72	4.25	3.78
28	毛纺织及染整精加工品	7.30	6.96	5.52	5.65	5.21	4.78	4.34	3.91	3.48
29	麻、丝绢纺织及加工品	7.18	6.85	5.44	5.61	5.18	4.75	4.31	3.88	3.45
30	针织或钩针编织及其制品	8.50	8.05	6.51	7.27	6.71	6.15	5.59	5.03	4.47
31	纺织制成品	8.29	7.85	6.33	7.01	6.47	5.94	5.40	4.86	4.32
32	纺织服装服饰	9.38	8.88	7.10	7.7	7.12	6.52	5.93	5.34	4.74
33	皮革、毛皮、羽毛及其制品	8.14	7.74	6.16	6.53	6.03	5.53	5.03	4.52	4.02
34	鞋	8.84	8.35	6.74	7.55	6.97	6.39	5.81	5.23	4.65
35	木材加工和木、竹、藤、棕、草制品	6.52	6.19	5.01	5.83	5.38	4.93	4.48	4.03	3.58
36	家具	7.79	7.37	5.97	6.79	6.27	5.75	5.23	4.70	4.18
37	造纸和纸制品	8.06	7.63	6.19	7.02	6.48	5.94	5.40	4.86	4.32
38	印刷和记录媒介复制品	5.87	5.55	4.80	8.33	7.69	7.05	6.40	5.76	5.12
39	工艺美术品	7.56	7.15	5.80	6.74	6.22	5.71	5.19	4.67	4.15
40	文教、体育和娱乐用品	8.14	7.69	6.25	7.39	6.82	6.25	5.68	5.11	4.55
41	精炼石油和核燃料加工品	9.96	9.40	7.64	8.24	7.61	6.98	6.34	5.71	5.07
42	煤炭加工品	13.45	12.69	10.30	11.09	10.23	9.38	8.53	7.68	6.82
43	基础化学原料	9.30	8.79	7.17	8.16	7.53	6.91	6.28	5.65	5.00
44	肥料	6.72	6.36	5.49	9.02	8.32	7.63	6.94	6.24	5.55
45	农药	6.79	6.43	5.28	8.64	7.98	7.31	6.65	5.98	5.32
46	涂料、油墨、颜料及类似产品	8.68	8.20	6.67	7.6	7.08	6.49	5.90	5.31	4.72
47	合成材料	8.95	8.46	6.90	7.85	7.25	6.64	6.04	5.44	4.83
48	专用化学产品和炸药、火工、焰火产品	8.61	8.15	6.60	7.56	6.98	6.40	5.82	5.23	4.65
49	日用化学产品	8.06	7.63	6.14	7.18	6.62	6.07	5.52	4.97	4.40
50	医药制品	10.67	10.10	7.95	8.61	7.94	7.28	6.62	5.96	5.30
51	化学纤维制品	8.95	8.46	6.90	7.84	7.23	6.63	6.03	5.43	4.82
52	橡胶制品	9.05	8.56	6.92	7.74	7.14	6.55	5.95	5.36	4.76
53	塑料制品	9.46	8.93	7.26	8.24	7.60	6.97	6.34	5.70	5.07

续表

序号	部门	2017 年方案	2018 年方案	2019 年方案	单一税率模式简并方案					
					方案1	方案2	方案3	方案4	方案5	方案6
54	水泥、石灰和石膏	8.60	8.13	6.67	7.92	7.31	6.70	6.09	5.48	4.80
55	石膏、水泥制品及类似制品	8.36	7.90	6.45	7.53	6.95	6.37	5.79	5.21	4.63
56	砖瓦、石材等建筑材料	8.60	8.13	6.63	7.64	7.05	6.47	5.88	5.29	4.70
57	玻璃和玻璃制品	8.27	7.81	6.39	7.57	6.98	6.40	5.82	5.24	4.66
58	陶瓷制品	8.21	7.70	6.30	7.62	7.03	6.45	5.86	5.27	4.69
59	耐火材料制品	7.78	7.35	6.00	6.96	6.42	5.89	5.35	4.82	4.28
60	石墨及其他非金属矿物制品	8.47	8.00	6.52	7.42	6.85	6.28	5.71	5.14	4.56
61	钢	7.99	7.55	6.18	7.12	6.58	6.03	5.48	4.93	4.38
62	钢压延产品	8.33	7.87	6.46	7.50	6.95	6.37	5.79	5.21	4.63
63	铁及铁合金产品	7.91	7.48	6.12	7.01	6.47	5.93	5.39	4.85	4.30
64	有色金属及其合金	8.17	7.73	6.36	7.55	6.97	6.39	5.81	5.23	4.65
65	有色金属压延加工品	8.09	7.65	6.28	7.37	6.80	6.23	5.67	5.10	4.53
66	金属制品	9.02	8.52	6.95	7.99	7.38	6.76	6.15	5.53	4.92
67	锅炉及原动设备	11.00	10.38	8.41	9.39	8.67	7.94	7.22	6.50	5.78
68	金属加工机械	11.02	10.40	8.44	9.34	8.62	7.90	7.19	6.47	5.75
69	物料搬运设备	10.96	10.34	8.35	9.30	8.58	7.87	7.15	6.44	5.72
70	泵、阀门、压缩机及类似机械	10.72	10.12	8.20	9.17	8.47	7.76	7.06	6.35	5.65
71	文化、办公用机械	10.70	10.10	8.18	9.14	8.44	7.73	7.03	6.33	5.63
72	其他通用设备	10.91	10.30	8.35	9.36	8.64	7.92	7.20	6.48	5.76
73	采矿、冶金、建筑专用设备	10.91	10.30	8.36	9.46	8.73	8.00	7.27	6.55	5.82
74	化工、木材、非金属加工专用设备	10.66	10.06	8.17	9.22	8.51	7.80	7.09	6.38	5.67
75	农、林、牧、渔专用机械	7.38	6.98	5.71	10.22	9.43	8.65	7.86	7.08	6.29
76	其他专用设备	10.77	10.16	8.19	9.31	8.59	7.87	7.16	6.44	5.73
77	汽车整车	10.92	10.29	8.32	9.24	8.53	7.82	7.11	6.39	5.68
78	汽车零部件及配件	10.65	10.05	8.15	9.20	8.49	7.78	7.07	6.37	5.66
79	铁路运输和城市轨道交通设备	13.05	12.30	9.90	10.58	9.77	8.95	8.14	7.32	6.51
80	船舶及相关装置	9.75	9.22	7.52	8.68	8.01	7.34	6.68	6.01	5.34

续表

序号	部门	2017 年方案	2018 年方案	2019 年方案	单一税率模式简并方案					
					方案 1	方案 2	方案 3	方案 4	方案 5	方案 6
81	其他交通运输设备	8.82	8.33	6.78	7.89	7.28	6.67	6.07	5.46	4.85
82	电机	10.45	9.87	8.02	9.13	8.43	7.73	7.03	6.32	5.62
83	输配电及控制设备	10.39	9.81	7.97	9.02	8.32	7.63	6.94	6.24	5.55
84	电线、电缆、光缆及电工器材	9.64	9.10	7.40	8.35	7.71	7.07	6.42	5.78	5.14
85	电池	9.92	9.37	7.62	8.60	7.94	7.27	6.61	5.95	5.29
86	家用器具	10.42	9.84	7.97	9.09	8.39	7.69	6.99	6.29	5.59
87	其他电气机械和器材	10.29	9.71	7.88	9.00	8.31	7.62	6.93	6.23	5.54
88	计算机	10.27	9.71	7.91	9.21	8.50	7.79	7.08	6.37	5.67
89	通信设备	10.15	9.58	7.77	9.04	8.34	7.65	6.95	6.26	5.56
90	广播电视设备和雷达及配套设备	10.24	9.67	7.86	9.12	8.42	7.72	7.02	6.31	5.61
91	视听设备	10.21	9.64	7.85	9.14	8.44	7.03	7.03	6.33	5.63
92	电子元器件	10.05	9.50	7.74	8.94	8.26	7.57	6.88	6.19	5.50
93	其他电子设备	10.19	9.64	7.88	9.21	8.5	7.79	7.09	6.38	5.67
94	仪器仪表	9.78	9.23	7.48	8.54	7.89	7.23	6.57	5.91	5.26
95	其他制造产品	27.34	25.85	20.51	19.49	17.99	16.49	14.99	13.49	12.00
96	废弃资源和废旧材料回收加工品	2.31	2.17	1.78	1.93	1.78	1.63	1.48	1.34	1.19
97	金属制品、机械和设备修理服务	11.86	11.19	9.05	10.00	9.23	8.46	7.69	6.92	6.15
98	电力、热力生产和供应	11.95	11.29	9.22	10.33	9.53	8.74	7.94	7.15	6.35
99	燃气生产和供应	5.83	5.46	4.88	8.24	7.61	6.98	6.34	5.71	5.07
100	水的生产和供应	7.72	7.05	6.39	10.20	9.42	8.63	7.85	7.06	6.28
101	房屋建筑	6.23	5.90	5.07	7.90	7.29	6.68	6.08	5.47	4.86
102	土木工程建筑	6.55	5.99	5.43	9.43	8.70	7.98	7.25	6.53	5.80
103	建筑安装	10.11	7.93	8.97	21.27	19.64	18.00	16.36	14.73	13.09
104	建筑装饰、装修和其他建筑服务	5.90	5.43	5.37	12.53	11.57	10.60	9.64	8.67	7.71

续表

序号	部门	2017年方案	2018年方案	2019年方案	单一税率模式简并方案					
					方案1	方案2	方案3	方案4	方案5	方案6
105	批发	16.28	15.33	12.30	13.26	12.24	11.22	10.20	9.18	8.16
106	零售	7.85	7.39	6.06	7.69	7.10	6.51	5.92	5.33	4.73
107	铁路旅客运输	6.09	5.69	5.11	8.38	7.73	7.09	6.44	5.80	5.16
108	铁路货物运输和运输辅助活动	6.07	5.68	5.11	8.45	7.80	7.15	6.50	5.85	5.20
109	城市公共交通及公路客运	5.67	5.30	4.60	7.06	6.52	5.98	5.43	4.89	4.35
110	道路货物运输和运输辅助活动	5.43	5.12	4.57	7.67	7.08	6.49	5.90	5.31	4.72
111	水上旅客运输	6.32	5.83	5.14	8.34	7.70	7.06	6.42	5.77	5.13
112	水上货物运输和运输辅助活动	6.51	6.02	5.33	8.73	8.06	7.38	6.71	6.04	5.37
113	航空旅客运输	6.56	6.03	5.34	8.64	7.97	7.31	6.64	5.98	5.31
114	航空货物运输和运输辅助活动	6.69	6.16	5.48	8.93	8.25	7.56	6.87	6.19	5.50
115	管道运输	6.01	5.58	4.89	7.62	7.04	6.45	5.86	5.28	4.69
116	多式联运和运输代理	3.55	3.54	3.43	7.66	7.07	6.48	5.89	5.30	4.71
117	装卸搬运和仓储	5.56	5.27	4.48	11.70	10.80	9.90	9.00	8.10	7.20
118	邮政	4.06	3.79	3.29	5.44	5.02	4.60	4.18	3.76	3.34
119	住宿	4.72	4.44	3.85	8.68	8.01	7.35	6.68	6.01	5.34
120	餐饮	3.49	3.29	2.74	4.86	4.48	4.11	3.73	3.36	2.99
121	电信	4.07	3.79	3.29	5.41	4.99	4.58	4.16	3.74	3.33
122	广播电视及卫星传输服务	3.89	3.80	3.49	6.97	6.43	5.90	5.36	4.83	4.29
123	互联网和相关服务	3.52	3.37	2.99	5.77	5.33	4.88	4.44	4.00	3.55
124	软件服务	4.57	4.60	4.56	11.16	10.30	9.44	8.58	7.72	6.86
125	信息技术服务	4.25	4.32	4.28	11.20	10.33	9.47	8.61	7.75	6.89
126	货币金融和其他金融服务	6.63	6.73	6.73	16.85	15.55	14.26	12.96	11.67	10.37
127	资本市场服务	4.91	4.90	4.78	11.00	10.15	9.31	8.46	7.62	6.77
128	保险	8.39	8.47	8.41	20.02	18.48	16.94	15.40	13.86	12.32
129	房地产	11.06	10.12	9.12	14.39	13.29	12.18	11.07	9.96	8.86
130	租赁	12.64	11.96	9.76	11.47	10.59	9.70	8.82	7.94	7.06
131	商务服务	5.20	4.92	4.26	15.50	14.31	13.11	11.92	10.73	9.54
132	研究和试验发展	4.42	4.18	3.78	10.06	9.29	8.51	7.74	6.97	6.19

续表

序号	部门	2017年方案	2018年方案	2019年方案	单一税率模式简并方案					
					方案1	方案2	方案3	方案4	方案5	方案6
133	专业技术服务	4.54	4.30	4.05	10.55	9.74	8.93	8.12	7.31	6.50
134	科技推广和应用服务	5.00	4.99	4.61	11.69	10.79	9.89	8.99	8.09	7.19
135	水利管理	4.23	4.06	3.68	7.36	6.79	6.22	5.66	5.09	4.53
136	生态保护和环境治理	4.21	4.00	3.47	6.72	6.20	5.69	5.17	4.65	4.14
137	公共设施及土地管理	3.98	3.79	3.39	6.87	6.34	5.81	5.28	4.75	4.22
138	居民服务	4.31	4.32	4.21	9.81	9.06	8.30	7.55	6.79	6.04
139	其他服务	7.24	6.83	5.58	6.66	6.15	5.64	5.12	4.61	4.10
140	教育	2.16	2.06	1.81	3.11	2.87	2.63	2.39	2.16	1.92
141	卫生	5.85	5.53	4.44	5.29	4.88	4.48	4.07	3.66	3.25
142	社会工作	2.08	1.98	1.70	2.66	2.45	2.25	2.04	1.84	1.63
143	新闻和出版	4.75	4.50	3.78	10.34	9.54	8.75	7.95	7.16	6.36
144	广播、电视、电影和影视录音制作	4.18	4.15	3.88	9.13	8.43	7.73	7.03	6.32	5.62
145	文化艺术	3.33	3.21	2.86	5.29	4.88	4.48	4.07	3.66	3.26
146	体育	3.46	3.34	2.99	5.85	5.40	4.95	4.50	4.05	3.60
147	娱乐	3.83	3.74	3.45	6.99	6.45	5.92	5.38	4.84	4.30
148	社会保障	1.80	1.75	1.63	3.30	3.04	2.79	2.54	2.28	2.03
149	公共管理和社会组织	2.74	2.62	2.30	4.27	3.94	3.61	3.28	2.95	2.63

由表4-2可知，一方面，2018年、2019年增值税改革均降低了各行业的实际税负水平，特别是2019年税制改革，减税效应非常显著。另一方面，如果直接取消所有低税率，各行业税负在方案1下均显著上升。此后，随着税率的下调，行业税负由方案1至方案6逐渐下降，方案3至方案5（视行业不同）大部分行业税负与2019年渐趋持平。但即使在方案6（单一税率8%）下，原适用最低税率的部分服务行业税负依然超过2019年，如建筑安装、互联网、软件、信息技术服务、金融保险、研究和实验发展、商务服务、居民服务、文化、体育、娱乐、新闻出版业等。

（2）税收收入效应。在单一税率模式下，各税率简并方案的全国增值税税收收入总额见表4-3。

表 4 - 3　单一税率模式下各简并方案税收收入总额

项目		2017年方案	2018年方案	2019年方案	单一税率模式简并方案					
					方案 1	方案 2	方案 3	方案 4	方案 5	方案 6
税收收入（万元）		548766397	518093658	464630323	692544975	639272284	585999594	532726904	479454213	426181523
与2017年比较	增长额（万元）		-30672739	-84136074	143778578	90505888	37233197	-16039493	-69312183	-122584874
	增长率（%）		-5.59	-15.33	26.20	16.49	6.78	-2.92	-12.63	-22.34
与2019年比较	增长额（万元）				227914652	174641962	121369271	68096581	14823890	-38448800
	增长率（%）				49.05	37.59	26.12	14.66	3.19	-8.28

由表 4 - 3 可知，一方面，2018 年、2019 年的增值税改革均整体上显著减轻了纳税人的增值税负担；另一方面，在 2019 年税改的基础上，如果直接取消所有低税率，税收收入会有较大幅度上升，不利于减税降费宏观调控目标的实现，故在税率统一的同时，必须显著下调增值税的税率水平。当税率下调至 10%（即方案 4）时，税收收入与 2017 年相比基本持平；当税率下调至 9%（即方案 5）时，税收收入与 2019 年相比基本持平。即单一税率模式下，必须将税率降至 10% 或 10% 以下，才能保证总体上不增加纳税人的税收负担。[1]

4.1.3.2　两档就低模式的税负效应

（1）行业税负效应。在两档就低模式下，各增值税税率简并方案的行业税负见表 4 - 4。

表 4 - 4　　　　　　　　两档就低模式下各简并方案行业税负　　　　　单位:%

序号	部门	2017 年方案	2018 年方案	2019 年方案	两档就低模式简并方案						
					方案 1	方案 2	方案 3	方案 4	方案 5	方案 6	方案 7
1	农产品	2.01	1.91	1.63	1.60	1.51	1.43	1.34	1.26	1.18	1.09
2	林产品	1.66	1.57	1.35	1.33	1.27	1.21	1.15	1.06	1.00	0.94
3	畜牧产品	1.96	1.85	1.57	1.52	1.45	1.37	1.30	1.21	1.13	1.06
4	渔产品	1.93	1.83	1.56	1.54	1.47	1.41	1.35	1.23	1.17	1.10
5	农、林、牧、渔服务产品	2.67	2.53	2.12	2.11	2.00	1.89	1.78	1.67	1.55	1.44
6	煤炭开采和洗选产品	13.43	12.66	10.31	10.46	9.71	8.95	8.20	8.09	7.34	6.58
7	石油和天然气开采产品	7.49	7.07	5.77	5.84	5.43	5.02	4.61	4.53	4.12	3.71
8	黑色金属矿采选产品	7.00	6.61	5.40	5.49	5.12	4.74	4.36	4.26	3.89	3.51
9	有色金属矿采选产品	8.13	7.68	6.30	6.42	5.99	5.56	5.14	4.99	4.57	4.14
10	非金属矿采选产品	6.67	6.31	5.28	5.28	4.94	4.60	4.26	4.12	3.78	3.44
11	开采辅助活动和其他采矿产品	8.45	7.98	6.50	6.63	6.17	5.71	5.25	5.14	4.68	4.22
12	谷物磨制品	2.73	2.57	2.19	2.06	1.96	1.87	1.78	1.64	1.54	1.45

---

[1]　当然，以上测算是基于静态局部均衡，即假定税率变化不会影响投入和产出的规模，而事实上，税率变化会对各部门投入产出产生重大影响，所以，若考虑减税和统一税率带来的经济刺激效果，实际的税收收入平衡点应该会更高一些。

续表

序号	部门	2017年方案	2018年方案	2019年方案	两档就低模式简并方案						
					方案1	方案2	方案3	方案4	方案5	方案6	方案7
13	饲料加工品	3.06	2.88	2.45	2.30	2.19	2.09	1.98	1.83	1.72	1.62
14	植物油加工品	2.97	2.79	2.38	2.22	2.12	2.02	1.92	1.76	1.66	1.57
15	糖及糖制品	3.47	3.31	2.73	2.88	2.69	2.50	2.31	2.24	2.05	1.86
16	屠宰及肉类加工品	3.24	3.04	2.57	2.41	2.30	2.19	2.07	1.92	1.80	1.69
17	水产加工品	3.35	3.15	2.67	2.51	2.40	2.29	2.19	2.00	1.89	1.78
18	蔬菜、水果、坚果和其他农副食品加工品	3.28	3.08	2.63	2.47	2.37	2.27	2.18	1.98	1.88	1.78
19	方便食品	7.58	7.24	5.67	6.51	5.94	5.38	4.81	4.95	4.39	3.82
20	乳制品	7.74	7.37	5.81	6.51	5.97	5.42	4.88	4.97	4.43	3.89
21	调味品、发酵制品	7.59	7.24	5.71	6.48	5.92	5.37	4.81	4.93	4.38	3.83
22	其他食品	7.55	7.20	5.65	6.46	5.91	5.36	4.81	4.92	4.38	3.83
23	酒精和酒	6.13	5.82	4.68	5.07	4.69	4.31	3.93	3.91	3.53	3.15
24	饮料	7.84	7.42	5.95	6.36	5.91	5.47	5.02	4.93	4.48	4.04
25	精制茶	3.90	3.70	3.06	3.28	3.13	2.99	2.85	2.61	2.47	2.33
26	烟草制品	16.25	15.33	12.34	12.72	11.70	10.69	9.68	9.75	8.74	7.73
27	棉、化纤纺织及印染精加工品	7.63	7.26	5.80	6.33	5.82	5.31	4.81	4.85	4.34	3.84
28	毛纺织及染整精加工品	7.30	6.96	5.52	6.17	5.66	5.14	4.63	4.71	4.20	3.68
29	麻、丝绢纺织及加工品	7.18	6.85	5.44	6.08	5.57	5.07	4.56	4.64	4.14	3.63
30	针织或钩针编织及其制品	8.50	8.05	6.51	6.85	6.34	5.84	5.33	5.28	4.78	4.28
31	纺织制成品	8.29	7.85	6.33	6.69	6.19	5.69	5.19	5.16	4.66	4.16
32	纺织服装服饰	9.38	8.88	7.10	7.52	6.94	6.37	5.80	5.79	5.21	4.64
33	皮革、毛皮、羽毛及其制品	8.14	7.74	6.16	6.72	6.18	5.65	5.12	5.15	4.62	4.09
34	鞋	8.84	8.35	6.74	7.01	6.50	6.00	5.49	5.42	4.91	4.40
35	木材加工和木、竹、藤、棕、草制品	6.52	6.19	5.01	5.28	4.90	4.52	4.15	4.08	3.71	3.33
36	家具	7.79	7.37	5.97	6.20	5.76	5.31	4.87	4.80	4.35	3.91

续表

序号	部门	2017 年方案	2018 年方案	2019 年方案	两档就低模式简并方案						
					方案 1	方案 2	方案 3	方案 4	方案 5	方案 6	方案 7
37	造纸和纸制品	8.06	7.63	6.19	6.47	6.00	5.54	5.07	5.00	4.54	4.07
38	印刷和记录媒介复制品	5.87	5.55	4.80	4.69	4.38	4.07	3.77	3.65	3.34	3.04
39	工艺美术品	7.56	7.15	5.80	6.05	5.62	5.20	4.77	4.68	4.26	3.84
40	文教、体育和娱乐用品	8.14	7.69	6.25	6.45	6.00	5.57	5.13	5.00	4.57	4.13
41	精炼石油和核燃料加工品	9.96	9.40	7.64	7.76	7.19	6.62	6.06	5.99	5.43	4.86
42	煤炭加工品	13.45	12.69	10.31	10.49	9.72	8.95	8.18	8.10	7.33	6.56
43	基础化学原料	9.30	8.79	7.17	7.32	6.81	6.30	5.78	5.67	5.16	4.65
44	肥料	6.72	6.36	5.49	5.32	4.99	4.65	4.32	4.15	3.82	3.49
45	农药	6.79	6.43	5.28	5.38	5.04	4.69	4.35	4.20	3.86	3.51
46	涂料、油墨、颜料及类似产品	8.68	8.20	6.67	6.85	6.37	5.90	5.42	5.31	4.83	4.36
47	合成材料	8.95	8.46	6.90	7.04	6.55	6.06	5.57	5.46	4.96	4.47
48	专用化学产品和炸药、火工、焰火产品	8.61	8.15	6.62	6.86	6.37	5.89	5.40	5.31	4.82	4.34
49	日用化学产品	8.06	7.63	6.14	6.46	6.00	5.55	5.09	5.00	4.55	4.09
50	医药制品	10.67	10.10	7.95	8.54	7.88	7.22	6.56	6.57	5.91	5.25
51	化学纤维制品	8.95	8.46	6.90	7.04	6.55	6.05	5.56	5.46	4.96	4.47
52	橡胶制品	9.05	8.56	6.92	7.24	6.71	6.18	5.65	5.59	5.06	4.53
53	塑料制品	9.46	8.93	7.26	7.41	6.89	6.37	5.86	5.74	5.23	4.71
54	水泥、石灰和石膏	8.60	8.13	6.67	6.81	6.35	5.90	5.45	5.29	4.84	4.39
55	石膏、水泥制品及类似制品	8.36	7.90	6.45	6.59	6.14	5.69	5.24	5.11	4.67	4.22
56	砖瓦、石材等建筑材料	8.60	8.13	6.63	6.75	6.28	5.82	5.36	5.24	4.77	4.31
57	玻璃和玻璃制品	8.27	7.81	6.39	6.52	6.08	5.64	5.21	5.07	4.63	4.20
58	陶瓷制品	8.21	7.76	6.33	6.47	6.04	5.62	5.19	5.04	4.61	4.19
59	耐火材料制品	7.78	7.35	6.00	6.11	5.69	5.27	4.86	4.74	4.32	3.91
60	石墨及其他非金属矿物制品	8.47	8.00	6.52	6.63	6.17	5.71	5.25	5.14	4.68	4.22

序号	部门	2017 年方案	2018 年方案	2019 年方案	两档就低模式简并方案						
					方案 1	方案 2	方案 3	方案 4	方案 5	方案 6	方案 7
61	钢	7.99	7.55	6.18	6.29	5.86	5.43	5.00	4.88	4.45	4.02
62	钢压延产品	8.33	7.87	6.46	6.57	6.13	5.68	5.24	5.11	4.66	4.22
63	铁及铁合金产品	7.91	7.48	6.12	6.22	5.79	5.36	4.93	4.82	4.40	3.97
64	有色金属及其合金	8.17	7.73	6.36	6.47	6.04	5.61	5.18	5.03	4.61	4.18
65	有色金属压延加工品	8.09	7.65	6.28	6.39	5.96	5.53	5.10	4.97	4.54	4.11
66	金属制品	9.02	8.52	6.95	7.09	6.60	6.11	5.62	5.50	5.01	4.52
67	锅炉及原动设备	11.00	10.38	8.41	8.59	7.98	7.37	6.76	6.65	6.04	5.43
68	金属加工机械	11.02	10.40	8.44	8.60	7.99	7.37	6.76	6.66	6.04	5.42
69	物料搬运设备	10.96	10.34	8.35	8.56	7.94	7.33	6.72	6.62	6.01	5.39
70	泵、阀门、压缩机及类似机械	10.72	10.12	8.20	8.39	7.79	7.19	6.60	6.49	5.89	5.30
71	文化、办公用机械	10.70	10.10	8.18	8.37	7.77	7.18	6.58	6.48	5.88	5.28
72	其他通用设备	10.91	10.30	8.35	8.53	7.93	7.32	6.72	6.60	6.00	5.40
73	采矿、冶金、建筑专用设备	10.91	10.30	8.36	8.55	7.95	7.35	6.75	6.62	6.02	5.42
74	化工、木材、非金属加工专用设备	10.66	10.06	8.17	8.34	7.76	7.17	6.58	6.46	5.88	5.29
75	农、林、牧、渔专用机械	7.38	6.98	5.71	5.82	5.44	5.06	4.69	4.54	4.16	3.78
76	其他专用设备	10.77	10.16	8.19	8.38	7.79	7.21	6.62	6.49	5.91	5.32
77	汽车整车	10.92	10.29	8.32	8.50	7.89	7.29	6.68	6.58	5.97	5.36
78	汽车零部件及配件	10.65	10.05	8.15	8.33	7.74	7.15	6.57	6.45	5.86	5.28
79	铁路运输和城市轨道交通设备	13.05	12.30	9.90	10.13	9.38	8.62	7.87	7.81	7.06	6.31
80	船舶及相关装置	9.75	9.22	7.52	7.67	7.15	6.62	6.09	5.95	5.43	4.90
81	其他交通运输设备	8.82	8.33	6.78	6.93	6.46	5.98	5.51	5.38	4.91	4.43
82	电机	10.45	9.87	8.02	8.21	7.63	7.06	6.49	6.36	5.79	5.21
83	输配电及控制设备	10.39	9.81	7.97	8.14	7.57	7.00	6.43	6.31	5.74	5.17
84	电线、电缆、光缆及电工器材	9.64	9.10	7.40	7.56	7.02	6.49	5.96	5.85	5.32	4.79

续表

序号	部门	2017 年方案	2018 年方案	2019 年方案	两档就低模式简并方案						
					方案 1	方案 2	方案 3	方案 4	方案 5	方案 6	方案 7
85	电池	9.92	9.37	7.62	7.78	7.23	6.68	6.13	6.02	5.48	4.93
86	家用器具	10.42	9.84	7.97	8.17	7.60	7.03	6.46	6.33	5.76	5.19
87	其他电气机械和器材	10.29	9.71	7.88	8.07	7.51	6.94	6.38	6.25	5.69	5.13
88	计算机	10.27	9.71	7.91	8.09	7.53	6.98	6.43	6.28	5.73	5.17
89	通信设备	10.15	9.58	7.77	7.94	7.40	6.86	6.31	6.17	5.62	5.08
90	广播电视设备和雷达及配套设备	10.24	9.67	7.86	8.04	7.49	6.94	6.39	6.24	5.69	5.14
91	视听设备	10.21	9.64	7.85	8.03	7.48	6.93	6.38	6.23	5.68	5.14
92	电子元器件	10.05	9.50	7.74	7.90	7.36	6.81	6.27	6.13	5.59	5.05
93	其他电子设备	10.19	9.64	7.88	8.04	7.49	6.95	6.40	6.24	5.70	5.16
94	仪器仪表	9.78	9.23	7.48	7.64	7.10	6.57	6.04	5.92	5.39	4.86
95	其他制造产品	27.34	25.85	20.51	21.71	19.89	18.07	16.25	16.58	14.75	12.93
96	废弃资源和废旧材料回收加工品	2.31	2.17	1.78	1.78	1.66	1.53	1.40	1.38	1.25	1.12
97	金属制品、机械和设备修理服务	11.86	11.19	9.05	9.26	8.59	7.92	7.26	7.16	6.49	5.82
98	电力、热力生产和供应	11.95	11.29	9.22	9.37	8.70	8.04	7.38	7.25	6.59	5.93
99	燃气生产和供应	5.83	5.46	4.88	4.58	4.29	4.01	3.73	3.58	3.30	3.01
100	水的生产和供应	7.72	7.05	6.39	4.38	4.42	4.47	4.51	3.69	3.73	3.77
101	房屋建筑	6.23	5.90	5.07	4.99	4.69	4.39	4.10	3.91	3.61	3.32
102	土木工程建筑	6.55	5.99	5.43	4.90	4.66	4.43	4.19	3.89	3.65	3.41
103	建筑安装	10.11	7.93	8.97	5.01	4.75	4.50	4.24	3.96	3.71	3.45
104	建筑装饰、装修和其他建筑服务	5.90	5.43	5.37	4.56	4.27	3.98	3.69	3.56	3.27	2.98
105	批发	16.28	15.33	12.30	12.57	11.64	10.71	9.79	9.70	8.77	7.85
106	零售	7.85	7.39	6.06	6.08	5.71	5.34	4.98	4.76	4.39	4.03
107	铁路旅客运输	6.09	5.69	5.11	4.21	4.15	4.10	4.05	3.46	3.41	3.36
108	铁路货物运输和运输辅助活动	6.07	5.68	5.11	4.20	4.15	4.10	4.05	3.46	3.41	3.36

续表

序号	部门	2017 年方案	2018 年方案	2019 年方案	两档就低模式简并方案						
					方案1	方案2	方案3	方案4	方案5	方案6	方案7
109	城市公共交通及公路客运	5.67	5.30	4.60	4.10	3.95	3.81	3.66	3.29	3.15	3.00
110	道路货物运输和运输辅助活动	5.43	5.12	4.57	4.06	3.98	3.90	3.82	3.31	3.24	3.16
111	水上旅客运输	6.32	5.83	5.14	4.02	3.98	3.95	3.93	3.31	3.29	3.27
112	水上货物运输和运输辅助活动	6.51	6.02	5.33	4.20	4.14	4.12	4.10	3.45	3.43	3.41
113	航空旅客运输	6.56	6.03	5.34	4.21	4.05	4.04	4.02	3.38	3.36	3.35
114	航空货物运输和运输辅助活动	6.69	6.16	5.48	4.19	4.17	4.16	4.14	3.48	3.46	3.45
115	管道运输	6.01	5.58	4.89	3.99	3.92	3.85	3.78	3.27	3.19	3.12
116	多式联运和运输代理	3.55	3.54	3.43	3.60	3.58	3.57	3.56	2.98	2.97	2.96
117	装卸搬运和仓储	5.56	5.27	4.48	4.40	4.27	4.45	4.64	3.56	3.74	3.93
118	邮政	4.06	3.79	3.29	2.94	2.86	2.79	2.72	2.39	2.32	2.25
119	住宿	4.72	4.44	3.85	3.95	3.95	3.95	3.95	3.29	3.29	3.29
120	餐饮	3.49	3.29	2.74	2.87	2.77	2.67	2.58	2.31	2.21	2.12
121	电信	4.07	3.79	3.29	2.84	2.79	2.73	2.68	2.32	2.27	2.21
122	广播电视及卫星传输服务	3.89	3.80	3.49	3.56	3.51	3.45	3.40	2.92	2.87	2.81
123	互联网和相关服务	3.52	3.37	2.99	2.98	2.93	2.88	2.83	2.44	2.39	2.34
124	软件服务	4.57	4.60	4.56	4.82	4.85	4.89	4.93	4.04	4.08	4.12
125	信息技术服务	4.25	4.32	4.28	4.69	4.74	4.80	4.86	3.95	4.01	4.07
126	货币金融和其他金融服务	6.63	6.73	6.73	7.16	7.24	7.32	7.40	6.03	6.12	6.20
127	资本市场服务	4.91	4.90	4.78	4.88	4.90	4.92	4.95	4.08	4.11	4.13
128	保险	8.39	8.47	8.41	8.80	8.86	8.92	8.97	7.38	7.44	7.50
129	房地产	11.06	10.12	9.12	6.39	6.42	6.45	6.48	5.35	5.38	5.41
130	租赁	12.64	11.96	9.76	9.94	9.27	8.60	7.93	7.72	7.05	6.38
131	商务服务	5.20	4.92	4.26	5.05	5.34	5.63	5.92	4.45	4.74	5.03
132	研究和试验发展	4.42	4.18	3.78	4.03	4.11	4.20	4.28	3.43	3.51	3.59
133	专业技术服务	4.54	4.30	4.05	4.25	4.34	4.42	4.51	3.61	3.70	3.78
134	科技推广和应用服务	5.00	4.99	4.61	4.93	4.98	5.04	5.10	4.15	4.21	4.27

续表

序号	部门	2017 年方案	2018 年方案	2019 年方案	两档就低模式简并方案						
					方案 1	方案 2	方案 3	方案 4	方案 5	方案 6	方案 7
135	水利管理	4.23	4.06	3.68	3.79	3.72	3.65	3.58	3.10	3.03	2.96
136	生态保护和环境治理	4.21	4.00	3.47	3.60	3.52	3.44	3.36	2.93	2.86	2.78
137	公共设施及土地管理	3.98	3.79	3.39	3.60	3.52	3.45	3.38	2.94	2.86	2.79
138	居民服务	4.31	4.32	4.21	4.31	4.33	4.36	4.38	3.61	3.64	3.66
139	其他服务	7.24	6.83	5.58	5.58	5.21	4.85	4.49	4.34	3.98	3.62
140	教育	2.16	2.06	1.81	1.75	1.70	1.65	1.60	1.42	1.37	1.32
141	卫生	5.85	5.53	4.44	4.63	4.31	3.99	3.67	3.59	3.27	2.96
142	社会工作	2.08	1.98	1.70	1.60	1.53	1.46	1.34	1.26	1.19
143	新闻和出版	4.75	4.50	3.78	3.99	4.06	4.14	4.22	3.38	3.46	3.54
144	广播、电视、电影和影视录音制作	4.18	4.15	3.88	4.06	4.07	4.09	4.10	3.39	3.41	3.42
145	文化艺术	3.33	3.21	2.86	2.89	2.81	2.74	2.67	2.34	2.27	2.20
146	体育	3.46	3.34	2.99	3.00	2.95	2.90	2.85	2.46	2.41	2.36
147	娱乐	3.83	3.74	3.45	3.48	3.44	3.40	3.36	2.87	2.82	2.78
148	社会保障	1.80	1.75	1.63	1.63	1.61	1.59	1.57	1.34	1.32	1.30
149	公共管理和社会组织	2.74	2.62	2.30	2.29	2.24	2.18	2.12	1.86	1.81	1.75

由表 4 - 4 可知，两档就低模式下，方案 1 原适用中间税率的行业税负显著下降，如交通运输、邮政、房地产等行业，其他行业因为进项税额减少而税负略有上升，但影响不大。此后，随着税率的下调，行业税负从方案 1 至方案 4、从方案 5 至方案 7 均渐次下降。大部分行业（如各类制造行业）税负从方案 2 开始即低于 2019 年，少部分行业税负（主要是金融保险、研发技术等各类轻资产服务行业）从方案 5 开始才低于 2019 年。但个别行业税负在方案 4（10% + 6%）至方案 5（10% + 5%）之间有一定程度的反弹（如食品、烟草、纺织加工业），原因是这些行业对应的销项税率不变，而进项税率下降，导致实际税负上升。

（2）税收收入效应。在两档就低模式下，各税率简并方案的全国增值税税收收入总额见表 4 - 5。

表4-5　两档就低模式下各简并方案税收收入总额

项目		2017年方案	2018年方案	2019年方案	方案1	方案2	方案3	方案4	方案5	方案6	方案7
					两档就低模式简并方案						
税收收入（万元）		548766397	518093658	464630323	399403230	388007932	376612633	365217335	323339943	311944645	300549347
与2017年比较	增长额（万元）		-30672739	-84136074	-149363167	-160758465	-172153763	-183549061	-225426454	-236821752	-248217050
	增长率（%）		-5.59	-15.33	-27.22	-29.29	-31.37	-33.45	-41.08	-43.16	-45.23
与2019年比较	增长额（万元）				-65227093	-76622391	-88017689	-99412988	-141290380	-152685678	-164080976
	增长率（%）				-14.04	-16.49	-18.94	-21.40	-30.41	-32.86	-35.31

由表 4 - 5 可知，两档就低模式下，若不考虑减税对经济的刺激效应，从方案 1 至方案 7，所有简并方案的税收收入均显著小于 2017 年、2018 年和 2019 年方案，表明两档就低方案可以有效降低增值税税负，但对国家财政收入会构成较大压力，需要量力而为。

4.1.3.3　两档就高模式的税负效应

（1）行业税负效应。在两档就高模式下，各增值税税率简并方案的行业税负见表 4 - 6。

表 4 - 6　　　　　　　　两档就高模式下各简并方案行业税负　　　　单位:%

序号	部门	2017 年方案	2018 年方案	2019 年方案	两档就高模式简并方案						
					方案 1	方案 2	方案 3	方案 4	方案 5	方案 6	方案 7
1	农产品	2.01	1.91	1.63	2.03	1.90	1.77	1.65	1.58	1.45	1.34
2	林产品	1.66	1.57	1.35	1.61	1.51	1.42	1.34	1.26	1.17	1.09
3	畜牧产品	1.96	1.85	1.57	1.76	1.65	1.54	1.44	1.37	1.27	1.17
4	渔产品	1.93	1.83	1.56	1.72	1.62	1.53	1.45	1.35	1.26	1.18
5	农、林、牧、渔服务产品	2.67	2.53	2.12	2.28	2.14	2.00	1.87	1.78	1.65	1.52
6	煤炭开采和洗选产品	13.43	12.66	10.31	10.22	9.46	8.73	8.03	7.88	7.16	6.45
7	石油和天然气开采产品	7.49	7.07	5.77	5.74	5.33	4.92	4.53	4.44	4.04	3.65
8	黑色金属矿采选产品	7.00	6.61	5.40	5.37	4.98	4.61	4.26	4.15	3.79	3.44
9	有色金属矿采选产品	8.13	7.68	6.30	6.24	5.80	5.39	5.00	4.83	4.43	4.04
10	非金属矿采选产品	6.67	6.31	5.18	5.14	4.79	4.46	4.15	3.99	3.66	3.35
11	开采辅助活动和其他采矿产品	8.45	7.98	6.50	6.43	5.96	5.52	5.10	4.97	4.53	4.11
12	谷物磨制品	2.73	2.57	2.19	2.66	2.47	2.31	2.15	2.06	1.90	1.74
13	饲料加工品	3.06	2.88	2.45	2.89	2.69	2.51	2.34	2.24	2.06	1.89
14	植物油加工品	2.97	2.79	2.38	2.86	2.66	2.48	2.31	2.22	2.04	1.87
15	糖及糖制品	3.47	3.31	2.73	2.75	2.57	2.41	2.25	2.14	1.98	1.83
16	屠宰及肉类加工品	3.24	3.04	2.57	2.90	2.70	2.51	2.34	2.25	2.06	1.89
17	水产加工品	3.35	3.15	2.67	3.00	2.80	2.61	2.44	2.33	2.15	1.98
18	蔬菜、水果、坚果和其他农副食品加工品	3.28	3.08	2.63	3.11	2.89	2.71	2.54	2.41	2.23	2.06

序号	部门	2017 年方案	2018 年方案	2019 年方案	两档就高模式简并方案						
					方案 1	方案 2	方案 3	方案 4	方案 5	方案 6	方案 7
19	方便食品	7.58	7.24	5.67	4.77	4.42	4.10	3.80	3.69	3.37	3.07
20	乳制品	7.74	7.37	5.81	5.03	4.66	4.31	4.00	3.88	3.54	3.23
21	调味品、发酵制品	7.59	7.24	5.71	4.91	4.55	4.22	3.91	3.79	3.46	3.15
22	其他食品	7.55	7.20	5.65	4.82	4.47	4.14	3.85	3.72	3.40	3.11
23	酒精和酒	6.13	5.82	4.68	4.37	4.06	3.77	3.51	3.38	3.10	2.84
24	饮料	7.84	7.42	5.95	5.67	5.25	4.88	4.56	4.37	4.01	3.69
25	精制茶	3.90	3.70	3.06	3.14	2.93	2.79	2.70	2.44	2.31	2.22
26	烟草制品	16.25	15.33	12.34	11.94	11.02	10.12	9.22	9.18	8.28	7.39
27	棉、化纤纺织及印染精加工品	7.63	7.26	5.80	5.26	4.88	4.53	4.19	4.07	3.72	3.37
28	毛纺织及染整精加工品	7.30	6.96	5.52	4.78	4.44	4.12	3.82	3.70	3.38	3.08
29	麻、丝绢纺织及加工品	7.18	6.85	5.44	4.75	4.41	4.09	3.79	3.68	3.36	3.06
30	针织或钩针编织及其制品	8.50	8.05	6.51	6.19	5.75	5.33	4.93	4.79	4.37	3.98
31	纺织制成品	8.29	7.85	6.33	5.99	5.56	5.15	4.77	4.63	4.23	3.84
32	纺织服装服饰	9.38	8.88	7.10	6.71	6.21	5.75	5.30	5.18	4.71	4.27
33	皮革、毛皮、羽毛及其制品	8.14	7.74	6.16	5.56	5.15	4.77	4.42	4.29	3.92	3.57
34	鞋	8.84	8.35	6.74	6.51	6.03	5.58	5.16	5.02	4.58	4.16
35	木材加工和木、竹、藤、棕、草制品	6.52	6.19	5.01	4.80	4.46	4.15	3.85	3.72	3.40	3.11
36	家具	7.79	7.37	5.97	5.79	5.37	4.98	4.60	4.47	4.08	3.71
37	造纸和纸制品	8.06	7.63	6.19	5.95	5.53	5.13	4.75	4.61	4.21	3.83
38	印刷和记录媒介复制品	5.87	5.55	4.80	7.35	6.81	6.29	5.80	5.67	5.16	4.67
39	工艺美术品	7.56	7.15	5.80	5.62	5.22	4.84	4.49	4.35	3.98	3.63
40	文教、体育和娱乐用品	8.14	7.69	6.25	6.13	5.69	5.28	4.90	4.74	4.34	3.96
41	精炼石油和核燃料加工品	9.96	9.40	7.64	7.56	6.99	6.45	5.92	5.83	5.29	4.76

续表

序号	部门	2017 年方案	2018 年方案	2019 年方案	两档就高模式简并方案						
					方案 1	方案 2	方案 3	方案 4	方案 5	方案 6	方案 7
42	煤炭加工品	13.45	12.69	10.31	10.16	9.41	8.68	7.96	7.84	7.11	6.40
43	基础化学原料	9.30	8.79	7.17	7.09	6.58	6.09	5.62	5.48	5.00	4.53
44	肥料	6.72	6.36	5.49	7.88	7.31	6.76	6.24	6.09	5.55	5.02
45	农药	6.79	6.43	5.28	7.58	7.03	6.50	5.99	5.85	5.33	4.83
46	涂料、油墨、颜料及类似产品	8.68	8.20	6.67	6.54	6.07	5.63	5.21	5.06	4.62	4.20
47	合成材料	8.95	8.46	6.90	6.82	6.33	5.86	5.41	5.27	4.81	4.36
48	专用化学产品和炸药、火工、焰火产品	8.61	8.15	6.62	6.44	5.98	5.54	5.13	4.98	4.55	4.14
49	日用化学产品	8.06	7.63	6.14	5.91	5.47	5.08	4.72	4.56	4.17	3.82
50	医药制品	10.67	10.10	7.95	7.39	6.83	6.32	5.84	5.69	5.19	4.71
51	化学纤维制品	8.95	8.46	6.90	6.80	6.31	5.85	5.40	5.26	4.80	4.35
52	橡胶制品	9.05	8.56	6.92	6.63	6.15	5.70	5.27	5.12	4.67	4.25
53	塑料制品	9.46	8.93	7.26	7.17	6.64	6.14	5.67	5.53	5.04	4.57
54	水泥、石灰和石膏	8.60	8.13	6.67	6.60	6.14	5.71	5.29	5.12	4.69	4.27
55	石膏、水泥制品及类似制品	8.36	7.90	6.45	6.38	5.92	5.49	5.08	4.93	4.51	4.10
56	砖瓦、石材等建筑材料	8.60	8.13	6.63	6.56	6.09	5.64	5.21	5.07	4.63	4.20
57	玻璃和玻璃制品	8.27	7.81	6.39	6.33	5.89	5.47	5.07	4.91	4.49	4.09
58	陶瓷制品	8.21	7.76	6.33	6.28	5.83	5.42	5.04	4.86	4.45	4.07
59	耐火材料制品	7.78	7.35	6.00	5.95	5.53	5.12	4.74	4.60	4.20	3.82
60	石墨及其他非金属矿物制品	8.47	8.00	6.52	6.47	6.00	5.55	5.12	5.00	4.55	4.13
61	钢	7.99	7.55	6.18	6.12	5.68	5.27	4.87	4.74	4.32	3.93
62	钢压延产品	8.33	7.87	6.46	6.39	5.94	5.51	5.10	4.95	4.53	4.12
63	铁及铁合金产品	7.91	7.48	6.12	6.06	5.63	5.21	4.82	4.69	4.28	3.88
64	有色金属及其合金	8.17	7.73	6.36	6.29	5.86	5.45	5.05	4.88	4.47	4.08

续表

序号	部门	2017 年方案	2018 年方案	2019 年方案	两档就高模式简并方案						
					方案 1	方案 2	方案 3	方案 4	方案 5	方案 6	方案 7
65	有色金属压延加工品	8.09	7.65	6.28	6.21	5.78	5.36	4.97	4.81	4.40	4.01
66	金属制品	9.02	8.52	6.95	6.87	6.37	5.91	5.46	5.31	4.85	4.40
67	锅炉及原动设备	11.00	10.38	8.41	8.28	7.67	7.09	6.53	6.39	5.81	5.26
68	金属加工机械	11.02	10.40	8.44	8.33	7.71	7.12	6.56	6.43	5.84	5.28
69	物料搬运设备	10.96	10.34	8.35	8.21	7.60	7.02	6.47	6.33	5.76	5.21
70	泵、阀门、压缩机及类似机械	10.72	10.12	8.20	8.07	7.48	6.91	6.37	6.23	5.67	5.13
71	文化、办公用机械	10.70	10.10	8.18	8.05	7.46	6.89	6.36	6.21	5.66	5.12
72	其他通用设备	10.91	10.30	8.35	8.22	7.62	7.04	6.50	6.35	5.78	5.23
73	采矿、冶金、建筑专用设备	10.91	10.30	8.36	8.23	7.63	7.06	6.52	6.36	5.79	5.25
74	化工、木材、非金属加工专用设备	10.66	10.06	8.17	8.05	7.46	6.90	6.37	6.22	5.66	5.13
75	农、林、牧、渔专用机械	7.38	6.98	5.71	9.30	8.60	7.93	7.28	7.17	6.50	5.86
76	其他专用设备	10.77	10.16	8.19	8.07	7.47	6.91	6.39	6.23	5.67	5.15
77	汽车整车	10.92	10.29	8.32	8.21	7.59	7.01	6.45	6.33	5.75	5.20
78	汽车零部件及配件	10.65	10.05	8.15	8.04	7.44	6.88	6.35	6.20	5.65	5.12
79	铁路运输和城市轨道交通设备	13.05	12.30	9.90	9.71	8.98	8.27	7.59	7.48	6.78	6.10
80	船舶及相关装置	9.75	9.22	7.52	7.42	6.89	6.39	5.91	5.74	5.24	4.76
81	其他交通运输设备	8.82	8.33	6.78	6.70	6.22	5.77	5.34	5.18	4.73	4.31
82	电机	10.45	9.87	8.02	7.90	7.33	6.79	6.27	6.11	5.57	5.05
83	输配电及控制设备	10.39	9.81	7.97	7.84	7.27	6.73	6.21	6.06	5.52	5.01
84	电线、电缆、光缆及电工器材	9.64	9.10	7.40	7.29	6.76	6.26	5.77	5.63	5.13	4.65
85	电池	9.92	9.37	7.62	7.51	6.96	6.44	5.94	5.80	5.28	4.79
86	家用器具	10.42	9.84	7.97	7.84	7.27	6.73	6.21	6.05	5.52	5.01

续表

序号	部门	2017年方案	2018年方案	2019年方案	两档就高模式简并方案						
					方案1	方案2	方案3	方案4	方案5	方案6	方案7
87	其他电气机械和器材	10.29	9.71	7.88	7.76	7.19	6.66	6.15	5.99	5.47	4.96
88	计算机	10.27	9.71	7.91	7.81	7.25	6.73	6.23	6.05	5.52	5.03
89	通信设备	10.15	9.58	7.77	7.69	7.13	6.60	6.11	5.94	5.42	4.93
90	广播电视设备和雷达及配套设备	10.24	9.67	7.86	7.76	7.20	6.67	6.18	6.00	5.48	4.98
91	视听设备	10.21	9.64	7.85	7.76	7.20	6.68	6.18	6.00	5.48	4.99
92	电子元器件	10.05	9.50	7.74	7.64	7.09	6.58	6.08	5.91	5.40	4.91
93	其他电子设备	10.19	9.64	7.88	7.78	7.24	6.72	6.22	6.03	5.51	5.02
94	仪器仪表	9.78	9.23	7.48	7.40	6.86	6.35	5.87	5.72	5.21	4.73
95	其他制造产品	27.34	25.85	20.51	19.04	17.56	16.11	14.69	14.64	13.19	11.76
96	废弃资源和废旧材料回收加工品	2.31	2.17	1.78	1.78	1.65	1.52	1.39	1.37	1.25	1.12
97	金属制品、机械和设备修理服务	11.86	11.19	9.05	8.91	8.25	7.62	7.01	6.87	6.25	5.64
98	电力、热力生产和供应	11.95	11.29	9.22	9.13	8.48	7.84	7.22	7.06	6.43	5.82
99	燃气生产和供应	5.83	5.46	4.88	7.19	6.67	6.18	5.70	5.56	5.07	4.59
100	水的生产和供应	7.72	7.05	6.39	9.16	8.49	7.85	7.22	7.08	6.43	5.80
101	房屋建筑	6.23	5.90	5.07	6.56	6.11	5.68	5.27	5.09	4.66	4.25
102	土木工程建筑	6.55	5.99	5.43	7.77	7.24	6.74	6.26	6.03	5.53	5.05
103	建筑安装	10.11	7.93	8.97	24.39	22.27	20.17	18.10	18.56	16.46	14.39
104	建筑装饰、装修和其他建筑服务	5.90	5.43	5.37	11.78	10.88	10.01	9.16	9.07	8.20	7.35
105	批发	16.28	15.33	12.30	12.13	11.19	10.31	9.47	9.33	8.45	7.61
106	零售	7.85	7.39	6.06	6.23	5.77	5.36	4.99	4.81	4.41	4.04
107	铁路旅客运输	6.09	5.69	5.11	6.41	6.02	5.65	5.29	5.02	4.64	4.29
108	铁路货物运输和运输辅助活动	6.07	5.68	5.11	6.44	6.05	5.67	5.31	5.04	4.67	4.31
109	城市公共交通及公路客运	5.67	5.30	4.60	5.61	5.23	4.88	4.54	4.36	4.01	3.68

续表

序号	部门	2017年方案	2018年方案	2019年方案	两档就高模式简并方案						
					方案1	方案2	方案3	方案4	方案5	方案6	方案7
110	道路货物运输和运输辅助活动	5.43	5.12	4.57	5.34	5.04	4.77	4.51	4.20	3.93	3.68
111	水上旅客运输	6.32	5.83	5.14	6.74	6.26	5.80	5.39	5.21	4.77	4.36
112	水上货物运输和运输辅助活动	6.51	6.02	5.33	6.93	6.45	5.99	5.55	5.38	4.92	4.50
113	航空旅客运输	6.56	6.03	5.34	7.19	6.68	6.20	5.75	5.56	5.09	4.64
114	航空货物运输和运输辅助活动	6.69	6.16	5.48	7.37	6.85	6.37	5.91	5.71	5.23	4.78
115	管道运输	6.01	5.58	4.89	6.21	5.79	5.39	5.01	4.82	4.43	4.05
116	多式联运和运输代理	3.55	3.54	3.43	3.29	3.29	3.31	3.34	2.74	2.76	2.80
117	装卸搬运和仓储	5.56	5.27	4.48	4.72	4.43	4.18	4.04	3.69	3.44	3.48
118	邮政	4.06	3.79	3.29	3.97	3.70	3.47	3.27	3.08	2.86	2.66
119	住宿	4.72	4.44	3.85	4.24	3.96	3.87	3.90	3.30	3.23	3.26
120	餐饮	3.49	3.29	2.74	2.91	2.71	2.53	2.36	2.26	2.08	1.91
121	电信	4.07	3.79	3.29	4.06	3.78	3.53	3.32	3.15	2.91	2.70
122	广播电视及卫星传输服务	3.89	3.80	3.49	3.54	3.45	3.39	3.35	2.88	2.82	2.78
123	互联网和相关服务	3.52	3.37	2.99	3.17	3.03	2.93	2.88	2.52	2.43	2.38
124	软件服务	4.57	4.60	4.56	4.44	4.48	4.56	4.68	3.73	3.82	3.94
125	信息技术服务	4.25	4.32	4.28	4.05	4.12	4.25	4.43	3.43	3.57	3.75
126	货币金融和其他金融服务	6.63	6.73	6.73	6.40	6.51	6.68	6.90	5.43	5.60	5.82
127	资本市场服务	4.91	4.90	4.78	4.79	4.78	4.80	4.86	3.98	4.01	4.06
128	保险	8.39	8.47	8.41	8.09	8.18	8.31	8.49	6.81	6.96	7.14
129	房地产	11.06	10.12	9.12	12.93	11.98	11.07	10.18	9.99	9.08	8.19
130	租赁	12.64	11.96	9.76	9.70	9.02	8.37	7.75	7.52	6.87	6.26
131	商务服务	5.20	4.92	4.26	4.55	4.26	4.43	4.97	3.55	3.78	4.32
132	研究和试验发展	4.42	4.18	3.78	3.60	3.70	3.83	3.98	3.08	3.22	3.37
133	专业技术服务	4.54	4.30	4.05	3.91	3.99	4.11	4.26	3.33	3.45	3.60
134	科技推广和应用服务	5.00	4.99	4.61	4.45	4.50	4.61	4.76	3.75	3.86	4.02

续表

序号	部门	2017 年方案	2018 年方案	2019 年方案	两档就高模式简并方案						
					方案 1	方案 2	方案 3	方案 4	方案 5	方案 6	方案 7
135	水利管理	4.23	4.06	3.68	3.77	3.68	3.61	3.56	3.06	3.00	2.95
136	生态保护和环境治理	4.21	4.00	3.47	3.45	3.37	3.31	3.27	2.81	2.75	2.71
137	公共设施及土地管理	3.98	3.79	3.39	3.39	3.26	3.22	3.21	2.72	2.68	2.67
138	居民服务	4.31	4.32	4.21	4.21	4.22	4.25	4.30	3.52	3.55	3.61
139	其他服务	7.24	6.83	5.58	5.70	5.29	4.90	4.53	4.41	4.02	3.65
140	教育	2.16	2.06	1.81	1.99	1.89	1.80	1.73	1.58	1.49	1.41
141	卫生	5.85	5.53	4.44	4.33	4.01	3.73	3.46	3.34	3.06	2.80
142	社会工作	2.08	1.98	1.70	1.87	1.76	1.67	1.58	1.47	1.37	1.28
143	新闻和出版	4.75	4.50	3.78	4.25	3.97	3.71	3.69	3.31	3.05	3.16
144	广播、电视、电影和影视录音制作	4.18	4.15	3.88	3.86	3.85	3.87	3.94	3.21	3.24	3.30
145	文化艺术	3.33	3.21	2.86	2.97	2.86	2.77	2.70	2.38	2.29	2.23
146	体育	3.46	3.34	2.99	3.12	3.01	2.94	2.88	2.51	2.44	2.39
147	娱乐	3.83	3.74	3.45	3.55	3.46	3.40	3.36	2.88	2.83	2.79
148	社会保障	1.80	1.75	1.63	1.72	1.67	1.63	1.61	1.39	1.36	1.33
149	公共管理和社会组织	2.74	2.62	2.30	2.50	2.38	2.29	2.22	1.98	1.89	1.83

由表 4-6 可知，两档就高模式方案 1 下，除原适用中间档税率行业（如农业初级产品、交通运输、燃气和水供应、房地产等，尤其是建筑安装行业）的税负显著上升外，其余大部分行业的税负均因进项税额增加而不同程度下降。此后，随着税率的下调，行业税负从方案 1 至方案 7 渐次下降。比较而言，由于不同行业税收征收率的差异，原增值税低税率行业税负上升幅度小于"营改增"后的低税率行业。两档就高模式下，虽然税负上升的行业数量不多，但受到的负面影响普遍较深，不少行业的税负直至税率降到方案 5 才与 2019 年持平，个别行业税负（如建筑安装行业）在税率降至最低的方案 7 时仍然高于 2019 年。

（2）税收收入效应。在两档就高模式下，各税率简并方案的全国增值税税收收入总额见表 4-7。

表 4-7 两档就高模式下各简并方案税收收入总额

项目		2017年方案	2018年方案	2019年方案	两档就高模式简并方案						
					方案1	方案2	方案3	方案4	方案5	方案6	方案7
税收收入（万元）		548766397	518093658	464630323	525718079	496277803	466837526	437397249.1	413564835.5	384124558.7	354684282
与2017年比较	增长额（万元）		-30672739	-84136074	-23048317	-52488594	-81928871	-111369148	-135201561	-164641838	-194082115
	增长率（%）		-5.59	-15.33	-4.20	-9.56	-14.93	-20.29	-24.64	-30.00	-35.37
与2019年比较	增长额（万元）				61087756	31647480	2207203	-27233074	-51065487	-80505764	-109946041
	增长率（%）				13.15	6.81	0.48	-5.86	-10.99	-17.33	-23.66

由表 4 - 7 可知，两档就高模式下，方案 1 和方案 2 的增值税收入高于
2019 年，方案 3（11% + 6%）的增值税收入与 2019 年基本持平，方案 4 到方
案 7 的增值税收入均低于 2019 年。相较于两档就低模式，两档就高模式下税
收收入下降幅度较为温和。

4.1.3.4　两档拆分模式 I

　　（1）行业税负效应。在两档拆分模式 I 下，原增值税项目税率从低，"营
改增"项目税率从高，各增值税税率简并方案的行业税负见表 4 - 8。

表 4 - 8　　　　　　两档拆分模式 I 下各简并方案行业税负　　　　单位:%

序号	部门	2017 年方案	2018 年方案	2019 年方案	两档拆分模式 I 简并方案						
					方案 1	方案 2	方案 3	方案 4	方案 5	方案 6	方案 7
1	农产品	2.01	1.91	1.63	1.62	1.52	1.43	1.35	1.27	1.18	1.10
2	林产品	1.66	1.57	1.35	1.36	1.29	1.23	1.17	1.08	1.01	0.95
3	畜牧产品	1.96	1.85	1.57	1.55	1.47	1.39	1.31	1.22	1.15	1.07
4	渔产品	1.93	1.83	1.56	1.56	1.48	1.42	1.36	1.24	1.17	1.11
5	农、林、牧、渔服务产品	2.67	2.53	2.12	2.16	2.03	1.91	1.79	1.69	1.57	1.46
6	煤炭开采和洗选产品	13.43	12.66	10.31	10.26	9.51	8.79	8.07	7.93	7.21	6.49
7	石油和天然气开采产品	7.49	7.07	5.77	5.77	5.35	4.96	4.56	4.46	4.06	3.67
8	黑色金属矿采选产品	7.00	6.61	5.40	5.40	5.02	4.66	4.30	4.18	3.82	3.46
9	有色金属矿采选产品	8.13	7.68	6.30	6.30	5.85	5.45	4.88	4.47	4.07	
10	非金属矿采选产品	6.67	6.31	5.18	5.19	4.84	4.51	4.19	4.03	3.71	3.39
11	开采辅助活动和其他采矿产品	8.45	7.98	6.50	6.49	6.03	5.59	5.15	5.02	4.59	4.15
12	谷物磨制品	2.73	2.57	2.19	2.07	1.96	1.87	1.78	1.64	1.54	1.45
13	饲料加工品	3.06	2.88	2.45	2.31	2.19	2.09	1.98	1.83	1.72	1.62
14	植物油加工品	2.97	2.79	2.38	2.23	2.11	2.01	1.91	1.76	1.66	1.56
15	糖及糖制品	3.47	3.31	2.73	2.89	2.68	2.49	2.30	2.23	2.04	1.86
16	屠宰及肉类加工品	3.24	3.04	2.57	2.44	2.29	2.18	2.07	1.91	1.80	1.69
17	水产加工品	3.35	3.15	2.67	2.52	2.39	2.28	2.18	1.99	1.88	1.78
18	蔬菜、水果、坚果和其他农副食品加工品	3.28	3.08	2.63	2.46	2.34	2.25	2.16	1.95	1.86	1.77

续表

序号	部门	2017年方案	2018年方案	2019年方案	两档拆分模式Ⅰ简并方案						
					方案1	方案2	方案3	方案4	方案5	方案6	方案7
19	方便食品	7.58	7.24	5.67	6.42	5.83	5.29	4.74	4.86	4.31	3.77
20	乳制品	7.74	7.37	5.81	6.37	5.81	5.29	4.78	4.84	4.33	3.81
21	调味品、发酵制品	7.59	7.24	5.71	6.38	5.82	5.28	4.74	4.85	4.31	3.77
22	其他食品	7.55	7.20	5.65	6.36	5.79	5.26	4.73	4.82	4.29	3.77
23	酒精和酒	6.13	5.82	4.68	5.01	4.61	4.24	3.88	3.84	3.47	3.11
24	饮料	7.84	7.42	5.95	6.21	5.73	5.32	4.90	4.78	4.36	3.94
25	精制茶	3.90	3.70	3.06	3.21	3.02	2.89	2.77	2.51	2.39	2.27
26	烟草制品	16.25	15.33	12.34	12.59	11.58	10.59	9.59	9.65	8.66	7.66
27	棉、化纤纺织及印染精加工品	7.63	7.26	5.80	6.21	5.70	5.21	4.72	4.75	4.26	3.77
28	毛纺织及染整精加工品	7.30	6.96	5.52	6.06	5.54	5.04	4.55	4.62	4.12	3.63
29	麻、丝绢纺织及加工品	7.18	6.85	5.44	5.98	5.47	4.98	4.49	4.56	4.07	3.58
30	针织或钩针编织及其制品	8.50	8.05	6.51	6.68	6.17	5.70	5.22	5.14	4.67	4.19
31	纺织制成品	8.29	7.85	6.33	6.53	6.03	5.56	5.08	5.02	4.55	4.08
32	纺织服装服饰	9.38	8.88	7.10	7.28	6.71	6.18	5.64	5.59	5.06	4.53
33	皮革、毛皮、羽毛及其制品	8.14	7.74	6.16	6.58	6.03	5.52	5.01	5.03	4.52	4.01
34	鞋	8.84	8.35	6.74	6.84	6.33	5.85	5.37	5.27	4.79	4.31
35	木材加工和木、竹、藤、棕、草制品	6.52	6.19	5.01	5.21	4.82	4.46	4.10	4.02	3.66	3.29
36	家具	7.79	7.37	5.97	6.09	5.64	5.21	4.79	4.70	4.28	3.85
37	造纸和纸制品	8.06	7.63	6.19	6.34	5.87	5.42	4.98	4.89	4.44	4.00
38	印刷和记录媒介复制品	5.87	5.55	4.80	4.65	4.32	4.02	3.73	3.60	3.30	3.01
39	工艺美术品	7.56	7.15	5.80	5.92	5.49	5.08	4.68	4.57	4.17	3.77
40	文教、体育和娱乐用品	8.14	7.69	6.25	6.31	5.85	5.44	5.03	4.88	4.46	4.05
41	精炼石油和核燃料加工品	9.96	9.40	7.64	7.59	7.03	6.49	5.95	5.86	5.32	4.78
42	煤炭加工品	13.45	12.69	10.31	10.21	9.46	8.73	8.00	7.88	7.15	6.43

续表

序号	部门	2017 年方案	2018 年方案	2019 年方案	两档拆分模式Ⅰ简并方案						
					方案1	方案2	方案3	方案4	方案5	方案6	方案7
43	基础化学原料	9.30	8.79	7.17	7.16	6.65	6.16	5.68	5.54	5.05	4.57
44	肥料	6.72	6.36	5.49	5.28	4.92	4.60	4.28	4.10	3.78	3.46
45	农药	6.79	6.43	5.28	5.34	4.97	4.64	4.31	4.14	3.81	3.48
46	涂料、油墨、颜料及类似产品	8.68	8.20	6.67	6.69	6.20	5.75	5.30	5.17	4.72	4.27
47	合成材料	8.95	8.46	6.90	6.88	6.39	5.92	5.46	5.32	4.86	4.40
48	专用化学产品和炸药、火工、焰火产品	8.61	8.15	6.62	6.70	6.21	5.75	5.29	5.18	4.72	4.26
49	日用化学产品	8.06	7.63	6.14	6.33	5.84	5.41	4.98	4.87	4.44	4.01
50	医药制品	10.67	10.10	7.95	8.28	7.61	7.00	6.38	6.34	5.73	5.11
51	化学纤维制品	8.95	8.46	6.90	6.88	6.39	5.92	5.46	5.32	4.86	4.39
52	橡胶制品	9.05	8.56	6.92	7.07	6.54	6.04	5.54	5.45	4.95	4.45
53	塑料制品	9.46	8.93	7.26	7.23	6.71	6.22	5.73	5.59	5.10	4.61
54	水泥、石灰和石膏	8.60	8.13	6.67	6.65	6.20	5.77	5.34	5.16	4.74	4.31
55	石膏、水泥制品及类似制品	8.36	7.90	6.45	6.42	5.98	5.55	5.13	4.98	4.56	4.14
56	砖瓦、石材等建筑材料	8.60	8.13	6.63	6.61	6.14	5.70	5.26	5.12	4.68	4.24
57	玻璃和玻璃制品	8.27	7.81	6.39	6.38	5.94	5.53	5.12	4.95	4.54	4.13
58	陶瓷制品	8.21	7.76	6.33	6.33	5.89	5.49	5.09	4.91	4.51	4.11
59	耐火材料制品	7.78	7.35	6.00	5.99	5.57	5.17	4.78	4.64	4.24	3.85
60	石墨及其他非金属矿物制品	8.47	8.00	6.52	6.50	6.04	5.60	5.16	5.03	4.59	4.16
61	钢	7.99	7.55	6.18	6.15	5.72	5.31	4.90	4.77	4.36	3.95
62	钢压延产品	8.33	7.87	6.46	6.42	5.98	5.56	5.14	4.98	4.56	4.14
63	铁及铁合金产品	7.91	7.48	6.12	6.09	5.66	5.26	4.85	4.72	4.31	3.91
64	有色金属及其合金	8.17	7.73	6.36	6.33	5.90	5.50	5.09	4.92	4.51	4.11
65	有色金属压延加工品	8.09	7.65	6.28	6.25	5.82	5.41	5.01	4.85	4.44	4.04
66	金属制品	9.02	8.52	6.95	6.91	6.43	5.97	5.51	5.36	4.90	4.44

续表

序号	部门	2017年方案	2018年方案	2019年方案	两档拆分模式Ⅰ简并方案						
					方案1	方案2	方案3	方案4	方案5	方案6	方案7
67	锅炉及原动设备	11.00	10.38	8.41	8.33	7.72	7.15	6.59	6.44	5.87	5.30
68	金属加工机械	11.02	10.40	8.44	8.37	7.76	7.18	6.61	6.47	5.89	5.31
69	物料搬运设备	10.96	10.34	8.35	8.27	7.67	7.10	6.53	6.39	5.82	5.26
70	泵、阀门、压缩机及类似机械	10.72	10.12	8.20	8.12	7.53	6.98	6.43	6.28	5.72	5.17
71	文化、办公用机械	10.70	10.10	8.18	8.14	7.55	6.99	6.43	6.29	5.73	5.17
72	其他通用设备	10.91	10.30	8.35	8.28	7.68	7.12	6.55	6.40	5.84	5.27
73	采矿、冶金、建筑专用设备	10.91	10.30	8.36	8.28	7.69	7.13	6.57	6.41	5.85	5.29
74	化工、木材、非金属加工专用设备	10.66	10.06	8.17	8.10	7.52	6.97	6.42	6.26	5.72	5.17
75	农、林、牧、渔专用机械	7.38	6.98	5.71	5.73	5.34	4.98	4.61	4.45	4.09	3.73
76	其他专用设备	10.77	10.16	8.19	8.13	7.54	6.99	6.45	6.28	5.74	5.19
77	汽车整车	10.92	10.29	8.32	8.27	7.66	7.09	6.52	6.38	5.81	5.24
78	汽车零部件及配件	10.65	10.05	8.15	8.09	7.51	6.96	6.41	6.25	5.71	5.16
79	铁路运输和城市轨道交通设备	13.05	12.30	9.90	9.79	9.06	8.36	7.66	7.55	6.85	6.15
80	船舶及相关装置	9.75	9.22	7.52	7.47	6.95	6.45	5.96	5.79	5.30	4.80
81	其他交通运输设备	8.82	8.33	6.78	6.77	6.29	5.85	5.40	5.24	4.80	4.35
82	电机	10.45	9.87	8.02	7.95	7.38	6.85	6.32	6.15	5.62	5.09
83	输配电及控制设备	10.39	9.81	7.97	7.89	7.33	6.80	6.27	6.11	5.58	5.05
84	电线、电缆、光缆及电工器材	9.64	9.10	7.40	7.34	6.82	6.32	5.82	5.68	5.18	4.69
85	电池	9.92	9.37	7.62	7.57	7.02	6.51	5.99	5.85	5.34	4.83
86	家用器具	10.42	9.84	7.97	7.91	7.34	6.81	6.28	6.11	5.58	5.06
87	其他电气机械和器材	10.29	9.71	7.88	7.83	7.27	6.75	6.22	6.06	5.54	5.01
88	计算机	10.27	9.71	7.91	7.87	7.32	6.81	6.29	6.10	5.58	5.07
89	通信设备	10.15	9.58	7.77	7.74	7.19	6.68	6.18	5.99	5.48	4.98

续表

序号	部门	2017 年方案	2018 年方案	2019 年方案	两档拆分模式 I 简并方案						
					方案 1	方案 2	方案 3	方案 4	方案 5	方案 6	方案 7
90	广播电视设备和雷达及配套设备	10.24	9.67	7.86	7.82	7.27	6.75	6.24	6.06	5.54	5.03
91	视听设备	10.21	9.64	7.85	7.82	7.27	6.76	6.24	6.06	5.55	5.03
92	电子元器件	10.05	9.50	7.74	7.70	7.16	6.65	6.14	5.97	5.46	4.95
93	其他电子设备	10.19	9.64	7.88	7.84	7.30	6.79	6.28	6.08	5.57	5.06
94	仪器仪表	9.78	9.23	7.48	7.45	6.92	6.42	5.92	5.77	5.27	4.77
95	其他制造产品	27.34	25.85	20.51	20.92	19.19	17.48	15.78	15.99	14.29	12.58
96	废弃资源和废旧材料回收加工品	2.31	2.17	1.78	1.78	1.65	1.52	1.40	1.38	1.25	1.12
97	金属制品、机械和设备修理服务	11.86	11.19	9.05	8.98	8.33	7.70	7.08	6.94	6.31	5.69
98	电力、热力生产和供应	11.95	11.29	9.22	9.18	8.53	7.90	7.27	7.10	6.47	5.85
99	燃气生产和供应	5.83	5.46	4.88	4.54	4.24	3.97	3.70	3.54	3.26	2.99
100	水的生产和供应	7.72	7.05	6.39	4.25	4.29	4.36	4.43	3.58	3.64	3.71
101	房屋建筑	6.23	5.90	5.07	6.64	6.19	5.76	5.33	5.15	4.73	4.30
102	土木工程建筑	6.55	5.99	5.43	7.83	7.31	6.81	6.32	6.09	5.59	5.10
103	建筑安装	10.11	7.93	8.97	24.49	22.37	20.27	18.18	18.64	16.54	14.45
104	建筑装饰、装修和其他建筑服务	5.90	5.43	5.37	11.96	11.05	10.17	9.29	9.21	8.33	7.45
105	批发	16.28	15.33	12.30	12.17	11.25	10.39	9.53	9.37	8.51	7.65
106	零售	7.85	7.39	6.06	6.24	5.80	5.42	5.04	4.85	4.45	4.07
107	铁路旅客运输	6.09	5.69	5.11	6.45	6.07	5.70	5.33	5.05	4.68	4.32
108	铁路货物运输和运输辅助活动	6.07	5.68	5.11	6.48	6.09	5.72	5.35	5.07	4.70	4.34
109	城市公共交通及公路客运	5.67	5.30	4.60	5.49	5.12	4.77	4.43	4.27	3.92	3.58
110	道路货物运输和运输辅助活动	5.43	5.12	4.57	5.38	5.09	4.82	4.55	4.24	3.97	3.71
111	水上旅客运输	6.32	5.83	5.14	6.77	6.30	5.86	5.43	5.25	4.81	4.39

续表

序号	部门	2017年方案	2018年方案	2019年方案	两档拆分模式 I 简并方案						
					方案1	方案2	方案3	方案4	方案5	方案6	方案7
112	水上货物运输和运输辅助活动	6.51	6.02	5.33	6.96	6.49	6.03	5.59	5.41	4.95	4.53
113	航空旅客运输	6.56	6.03	5.34	7.27	6.76	6.29	5.83	5.63	5.17	4.70
114	航空货物运输和运输辅助活动	6.69	6.16	5.48	7.43	6.92	6.45	5.98	5.77	5.30	4.83
115	管道运输	6.01	5.58	4.89	6.26	5.84	5.45	5.06	4.87	4.48	4.09
116	多式联运和运输代理	3.55	3.54	3.43	3.32	3.32	3.35	3.38	2.77	2.79	2.83
117	装卸搬运和仓储	5.56	5.27	4.48	4.76	4.48	4.24	4.10	3.73	3.49	3.52
118	邮政	4.06	3.79	3.29	3.95	3.69	3.48	3.27	3.08	2.87	2.66
119	住宿	4.72	4.44	3.85	4.28	4.08	4.06	4.04	3.40	3.38	3.36
120	餐饮	3.49	3.29	2.74	2.92	2.80	2.70	2.59	2.33	2.23	2.13
121	电信	4.07	3.79	3.29	4.08	3.81	3.59	3.36	3.17	2.95	2.73
122	广播电视及卫星传输服务	3.89	3.80	3.49	3.57	3.49	3.44	3.39	2.91	2.86	2.81
123	互联网和相关服务	3.52	3.37	2.99	3.20	3.07	3.00	2.93	2.56	2.49	2.42
124	软件服务	4.57	4.60	4.56	4.57	4.61	4.69	4.77	3.84	3.92	4.00
125	信息技术服务	4.25	4.32	4.28	4.21	4.28	4.41	4.55	3.57	3.70	3.84
126	货币金融和其他金融服务	6.63	6.73	6.73	6.51	6.63	6.82	7.00	5.53	5.71	5.90
127	资本市场服务	4.91	4.90	4.78	4.83	4.83	4.87	4.91	4.03	4.06	4.10
128	保险	8.39	8.47	8.41	8.19	8.29	8.44	8.60	6.91	7.06	7.21
129	房地产	11.06	10.12	9.12	12.97	12.03	11.13	10.23	10.03	9.13	8.22
130	租赁	12.64	11.96	9.76	9.79	9.11	8.46	7.82	7.59	6.94	6.30
131	商务服务	5.20	4.92	4.26	4.51	4.46	4.89	5.33	3.71	4.15	4.59
132	研究和试验发展	4.42	4.18	3.78	3.79	3.88	4.00	4.12	3.23	3.35	3.48
133	专业技术服务	4.54	4.30	4.05	3.98	4.08	4.20	4.33	3.40	3.52	3.65
134	科技推广和应用服务	5.00	4.99	4.61	4.59	4.65	4.76	4.88	3.87	3.99	4.11
135	水利管理	4.23	4.06	3.68	3.81	3.73	3.67	3.61	3.10	3.04	2.98
136	生态保护和环境治理	4.21	4.00	3.47	3.58	3.49	3.42	3.35	2.91	2.84	2.77

续表

序号	部门	2017 年方案	2018 年方案	2019 年方案	两档拆分模式 I 简并方案						
					方案 1	方案 2	方案 3	方案 4	方案 5	方案 6	方案 7
137	公共设施及土地管理	3.98	3.79	3.39	3.59	3.50	3.43	3.37	2.91	2.85	2.79
138	居民服务	4.31	4.32	4.21	4.38	4.38	4.40	4.42	3.65	3.67	3.69
139	其他服务	7.24	6.83	5.58	5.77	5.36	4.97	4.59	4.47	4.08	3.70
140	教育	2.16	2.06	1.81	2.01	1.91	1.83	1.74	1.59	1.51	1.43
141	卫生	5.85	5.53	4.44	4.66	4.31	3.99	3.67	3.59	3.27	2.96
142	社会工作	2.08	1.98	1.70	1.88	1.77	1.68	1.58	1.47	1.38	1.29
143	新闻和出版	4.75	4.50	3.78	3.94	3.75	3.88	4.01	3.12	3.26	3.39
144	广播、电视、电影和影视录音制作	4.18	4.15	3.88	3.95	3.94	3.98	4.02	3.29	3.32	3.36
145	文化艺术	3.33	3.21	2.86	3.04	2.93	2.84	2.76	2.44	2.35	2.27
146	体育	3.46	3.34	2.99	3.17	3.07	3.00	2.94	2.56	2.49	2.43
147	娱乐	3.83	3.74	3.45	3.69	3.59	3.53	3.46	2.99	2.93	2.86
148	社会保障	1.80	1.75	1.63	1.72	1.67	1.65	1.62	1.40	1.37	1.34
149	公共管理和社会组织	2.74	2.62	2.30	2.52	2.41	2.33	2.26	2.01	1.93	1.85

由表 4-8 可知，在两档拆分模式 I 下，原增值税低税率项目的行业税负有所下降，其他行业的税负与两档就高模式相比略有上升（因为进项税额减少），但变化不大。从方案 1 至方案 7，随着税率的下调，各行业税负逐步下降，降幅基本一致。个别行业税负在方案 4 至方案 5 之间有一定程度的反弹（如粮食、烟草、纺织加工行业），原因是这些行业对应的销项税率不变，而原材料（主要是农业初级产品）进项税率下降，导致实际税负上升。在两档拆分模式 I 下，税负比 2019 年基期上升的行业不多，且其中大部分行业的税负从方案 2 开始就与 2019 年持平，受影响较大的交通运输、邮政、住宿、居民服务、广播、电视、电影和影视录音制作、房地产业，税负直至税率降到方案 5 至方案 6 才与 2019 年持平，个别行业税负（如建筑安装行业）在税率降至最低的方案 7 时仍然高于 2019 年。

（2）税收收入效应。在两档拆分模式 I 下，各税率简并方案的全国增值税税收收入总额见表 4-9。

表 4 - 9   两档拆分模式 I 下各简并方案税收收入总额

项目		2017 年方案	2018 年方案	2019 年方案	两档拆分模式 I 简并方案						
					方案 1	方案 2	方案 3	方案 4	方案 5	方案 6	方案 7
税收收入（万元）		548766397	518093658	464630323	534996878	504231058	473465239	442699420	420192549	389426729	358660910
与 2017 年比较	增长额（万元）		-30672739	-84136074	-13769519	-44535338	-75301158	-106066977	-128573848	-159339667	-190105487
	增长率（%）		-5.59	-15.33	-2.51	-8.12	-13.72	-19.33	-23.43	-29.04	-34.64
与 2019 年比较	增长额（万元）				70366555	39600736	8834916	-21930903	-44437774	-75203593	-105969413
	增长率（%）				15.14	8.52	1.90	-4.72	-9.56	-16.19	-22.81

由表 4 - 9 可知，在两档拆分模式 I 下，方案 1 和方案 2 的增值税收入高于 2019 年，方案 3（11% + 6%）的增值税收入与 2019 年接近但略高，方案 4 到方案 7 的增值税收入均低于 2019 年。相较于两档就高方案，增值税税收收入有所增加，可能的原因是，降低原增值税项目（如农业初级产品）的税率，使得其他行业进项税额抵扣减少，而涉农产业的税收征收率远远小于其他行业，进而使得整体税收收入略有增加。

4.1.3.5　两档拆分模式 II 的税负效应

（1）行业税负效应。在两档拆分模式 II 下，原增值税项目税率从低，除房地产、基础电信业之外的"营改增"项目（如建筑、交通运输、邮政、不动产租赁服务）也税率从低，房地产、基础电信业税率从高，各增值税税率简并方案的行业税负见表 4 - 10。

表 4 - 10　　　　两档拆分模式 II 下各简并方案行业税负　　　　单位：%

序号	部门	2017 年方案	2018 年方案	2019 年方案	两档拆分模式 II 简并方案						
					方案 1	方案 2	方案 3	方案 4	方案 5	方案 6	方案 7
1	农产品	2.01	1.91	1.63	1.59	1.51	1.42	1.34	1.26	1.17	1.09
2	林产品	1.66	1.57	1.35	1.33	1.27	1.21	1.15	1.05	1.00	0.94
3	畜牧产品	1.96	1.85	1.57	1.52	1.45	1.37	1.30	1.21	1.13	1.06
4	渔产品	1.93	1.83	1.56	1.53	1.47	1.40	1.34	1.22	1.16	1.10
5	农、林、牧、渔服务产品	2.67	2.53	2.12	2.12	2.01	1.89	1.78	1.67	1.56	1.45
6	煤炭开采和洗选产品	13.43	12.66	10.31	10.42	9.67	8.93	8.18	8.06	7.31	6.57
7	石油和天然气开采产品	7.49	7.07	5.77	5.82	5.41	5.01	4.60	4.51	4.10	3.70
8	黑色金属矿采选产品	7.00	6.61	5.40	5.47	5.10	4.72	4.35	4.25	3.87	3.50
9	有色金属矿采选产品	8.13	7.68	6.30	6.38	5.96	5.54	5.12	4.97	4.55	4.13
10	非金属矿采选产品	6.67	6.31	5.18	5.25	4.92	4.58	4.25	4.10	3.76	3.43
11	开采辅助活动和其他采矿产品	8.45	7.98	6.50	6.61	6.15	5.69	5.24	5.12	4.67	4.21
12	谷物磨制品	2.73	2.57	2.19	2.06	1.96	1.87	1.77	1.63	1.54	1.45
13	饲料加工品	3.06	2.88	2.45	2.30	2.19	2.09	1.98	1.83	1.72	1.62
14	植物油加工品	2.97	2.79	2.38	2.22	2.12	2.02	1.92	1.76	1.66	1.57
15	糖及糖制品	3.47	3.31	2.73	2.87	2.68	2.49	2.30	2.23	2.04	1.85

续表

序号	部门	2017 年方案	2018 年方案	2019 年方案	两档拆分模式 II 简并方案						
					方案 1	方案 2	方案 3	方案 4	方案 5	方案 6	方案 7
16	屠宰及肉类加工品	3.24	3.04	2.57	2.42	2.30	2.19	2.08	1.92	1.81	1.69
17	水产加工品	3.35	3.15	2.67	2.51	2.39	2.29	2.18	2.00	1.89	1.78
18	蔬菜、水果、坚果和其他农副食品加工品	3.28	3.08	2.63	2.46	2.36	2.27	2.17	1.97	1.87	1.78
19	方便食品	7.58	7.24	5.67	6.51	5.94	5.37	4.81	4.95	4.38	3.82
20	乳制品	7.74	7.37	5.81	6.51	5.97	5.42	4.88	4.97	4.43	3.89
21	调味品、发酵制品	7.59	7.24	5.71	6.47	5.92	5.36	4.81	4.93	4.38	3.82
22	其他食品	7.55	7.20	5.65	6.45	5.90	5.35	4.81	4.92	4.37	3.82
23	酒精和酒	6.13	5.82	4.68	5.06	4.68	4.30	3.92	3.90	3.52	3.14
24	饮料	7.84	7.42	5.95	6.34	5.89	5.45	5.00	4.91	4.46	4.02
25	精制茶	3.90	3.70	3.06	3.24	3.10	2.96	2.82	2.58	2.44	2.31
26	烟草制品	16.25	15.33	12.34	12.72	11.70	10.69	9.67	9.75	8.74	7.72
27	棉、化纤纺织及印染精加工品	7.63	7.26	5.80	6.32	5.81	5.30	4.80	4.84	4.33	3.83
28	毛纺织及染整精加工品	7.30	6.96	5.52	6.17	5.65	5.13	4.62	4.71	4.19	3.68
29	麻、丝绢纺织及加工品	7.18	6.85	5.44	6.07	5.56	5.05	4.55	4.64	4.13	3.62
30	针织或钩针编织及其制品	8.50	8.05	6.51	6.83	6.33	5.82	5.32	5.27	4.77	4.27
31	纺织制成品	8.29	7.85	6.33	6.67	6.17	5.68	5.18	5.14	4.65	4.15
32	纺织服装服饰	9.38	8.88	7.10	7.50	6.93	6.36	5.79	5.77	5.20	4.63
33	皮革、毛皮、羽毛及其制品	8.14	7.74	6.16	6.72	6.18	5.65	5.12	5.15	4.62	4.09
34	鞋	8.84	8.35	6.74	7.01	6.50	5.99	5.49	5.42	4.91	4.40
35	木材加工和木、竹、藤、棕、草制品	6.52	6.19	5.01	5.28	4.90	4.53	4.15	4.09	3.71	3.33
36	家具	7.79	7.37	5.97	6.21	5.76	5.32	4.88	4.80	4.36	3.92
37	造纸和纸制品	8.06	7.63	6.19	6.46	5.99	5.53	5.06	4.99	4.53	4.06
38	印刷和记录媒介复制品	5.87	5.55	4.80	4.69	4.38	4.08	3.77	3.65	3.34	3.04
39	工艺美术品	7.56	7.15	5.80	6.02	5.60	5.18	4.76	4.67	4.25	3.83

续表

序号	部门	2017 年方案	2018 年方案	2019 年方案	两档拆分模式 Ⅱ 简并方案						
					方案 1	方案 2	方案 3	方案 4	方案 5	方案 6	方案 7
40	文教、体育和娱乐用品	8.14	7.69	6.25	6.43	5.99	5.56	5.12	4.99	4.56	4.12
41	精炼石油和核燃料加工品	9.96	9.40	7.64	7.74	7.18	6.61	6.05	5.98	5.42	4.85
42	煤炭加工品	13.45	12.69	10.31	10.47	9.70	8.93	8.17	8.08	7.32	6.55
43	基础化学原料	9.30	8.79	7.17	7.29	6.78	6.27	5.77	5.65	5.14	4.64
44	肥料	6.72	6.36	5.49	5.29	4.96	4.63	4.30	4.13	3.80	3.48
45	农药	6.79	6.43	5.28	5.36	5.02	4.68	4.34	4.18	3.84	3.50
46	涂料、油墨、颜料及类似产品	8.68	8.20	6.67	6.83	6.36	5.88	5.41	5.30	4.82	4.35
47	合成材料	8.95	8.46	6.90	7.02	6.53	6.04	5.55	5.44	4.95	4.46
48	专用化学产品和炸药、火工、焰火产品	8.61	8.15	6.62	6.84	6.35	5.87	5.38	5.29	4.81	4.33
49	日用化学产品	8.06	7.63	6.14	6.45	5.99	5.53	5.08	4.99	4.54	4.08
50	医药制品	10.67	10.10	7.95	8.51	7.85	7.20	6.54	6.54	5.89	5.23
51	化学纤维制品	8.95	8.46	6.90	7.02	6.53	6.04	5.55	5.44	4.95	4.46
52	橡胶制品	9.05	8.56	6.92	7.22	6.69	6.17	5.64	5.58	5.05	4.53
53	塑料制品	9.46	8.93	7.26	7.40	6.88	6.36	5.85	5.73	5.22	4.70
54	水泥、石灰和石膏	8.60	8.13	6.67	6.77	6.32	5.87	5.42	5.26	4.82	4.37
55	石膏、水泥制品及类似制品	8.36	7.90	6.45	6.56	6.11	5.67	5.23	5.09	4.65	4.21
56	砖瓦、石材等建筑材料	8.60	8.13	6.63	6.73	6.27	5.81	5.35	5.22	4.76	4.30
57	玻璃和玻璃制品	8.27	7.81	6.39	6.50	6.06	5.63	5.19	5.05	4.62	4.19
58	陶瓷制品	8.21	7.76	6.33	6.45	6.02	5.60	5.18	5.02	4.59	4.17
59	耐火材料制品	7.78	7.35	6.00	6.08	5.67	5.26	4.84	4.72	4.31	3.90
60	石墨及其他非金属矿物制品	8.47	8.00	6.52	6.62	6.16	5.70	5.24	5.13	4.67	4.21
61	钢	7.99	7.55	6.18	6.26	5.83	5.41	4.98	4.86	4.43	4.01
62	钢压延产品	8.33	7.87	6.46	6.54	6.10	5.66	5.22	5.08	4.64	4.20
63	铁及铁合金产品	7.91	7.48	6.12	6.19	5.77	5.34	4.92	4.81	4.38	3.96

续表

序号	部门	2017年方案	2018年方案	2019年方案	两档拆分模式Ⅱ简并方案						
					方案1	方案2	方案3	方案4	方案5	方案6	方案7
64	有色金属及其合金	8.17	7.73	6.36	6.43	6.01	5.58	5.16	5.01	4.58	4.16
65	有色金属压延加工品	8.09	7.65	6.28	6.36	5.93	5.51	5.08	4.94	4.52	4.09
66	金属制品	9.02	8.52	6.95	7.06	6.58	6.09	5.61	5.48	4.99	4.51
67	锅炉及原动设备	11.00	10.38	8.41	8.56	7.95	7.34	6.74	6.62	6.02	5.41
68	金属加工机械	11.02	10.40	8.44	8.58	7.96	7.35	6.74	6.63	6.02	5.41
69	物料搬运设备	10.96	10.34	8.35	8.53	7.91	7.31	6.70	6.60	5.99	5.38
70	泵、阀门、压缩机及类似机械	10.72	10.12	8.20	8.35	7.76	7.17	6.58	6.47	5.87	5.28
71	文化、办公用机械	10.70	10.10	8.18	8.35	7.75	7.16	6.57	6.46	5.87	5.27
72	其他通用设备	10.91	10.30	8.35	8.50	7.90	7.30	6.70	6.58	5.98	5.38
73	采矿、冶金、建筑专用设备	10.91	10.30	8.36	8.52	7.92	7.32	6.73	6.60	6.00	5.41
74	化工、木材、非金属加工专用设备	10.66	10.06	8.17	8.31	7.72	7.14	6.56	6.44	5.85	5.27
75	农、林、牧、渔专用机械	7.38	6.98	5.71	5.81	5.43	5.05	4.68	4.53	4.15	3.77
76	其他专用设备	10.77	10.16	8.19	8.35	7.76	7.18	6.60	6.47	5.89	5.30
77	汽车整车	10.92	10.29	8.32	8.50	7.88	7.28	6.67	6.57	5.96	5.36
78	汽车零部件及配件	10.65	10.05	8.15	8.31	7.72	7.14	6.56	6.44	5.85	5.27
79	铁路运输和城市轨道交通设备	13.05	12.30	9.90	10.10	9.35	8.60	7.85	7.79	7.04	6.30
80	船舶及相关装置	9.75	9.22	7.52	7.64	7.12	6.59	6.07	5.93	5.41	4.89
81	其他交通运输设备	8.82	8.33	6.78	6.92	6.45	5.97	5.50	5.37	4.90	4.43
82	电机	10.45	9.87	8.02	8.17	7.60	7.03	6.46	6.33	5.77	5.20
83	输配电及控制设备	10.39	9.81	7.97	8.11	7.54	6.97	6.41	6.28	5.72	5.15
84	电线、电缆、光缆及电工器材	9.64	9.10	7.40	7.53	7.00	6.47	5.95	5.84	5.31	4.78
85	电池	9.92	9.37	7.62	7.76	7.21	6.66	6.12	6.01	5.46	4.92
86	家用器具	10.42	9.84	7.97	8.15	7.57	7.01	6.44	6.31	5.74	5.18

续表

序号	部门	2017 年方案	2018 年方案	2019 年方案	两档拆分模式 Ⅱ 简并方案						
					方案 1	方案 2	方案 3	方案 4	方案 5	方案 6	方案 7
87	其他电气机械和器材	10.29	9.71	7.88	8.04	7.48	6.92	6.36	6.23	5.67	5.11
88	计算机	10.27	9.71	7.91	8.04	7.49	6.94	6.40	6.24	5.70	5.15
89	通信设备	10.15	9.58	7.77	7.90	7.36	6.83	6.29	6.14	5.60	5.06
90	广播电视设备和雷达及配套设备	10.24	9.67	7.86	8.00	7.45	6.91	6.36	6.21	5.67	5.12
91	视听设备	10.21	9.64	7.85	7.99	7.44	6.90	6.36	6.20	5.66	5.12
92	电子元器件	10.05	9.50	7.74	7.86	7.32	6.78	6.25	6.10	5.56	5.03
93	其他电子设备	10.19	9.64	7.88	8.00	7.46	6.92	6.38	6.21	5.67	5.14
94	仪器仪表	9.78	9.23	7.48	7.61	7.08	6.55	6.03	5.90	5.37	4.85
95	其他制造产品	27.34	25.85	20.51	21.67	19.85	18.03	16.22	16.54	14.73	12.91
96	废弃资源和废旧材料回收加工品	2.31	2.17	1.78	1.78	1.65	1.53	1.40	1.38	1.25	1.12
97	金属制品、机械和设备修理服务	11.86	11.19	9.05	9.23	8.56	7.90	7.24	7.13	6.47	5.81
98	电力、热力生产和供应	11.95	11.29	9.22	9.32	8.66	8.01	7.35	7.22	6.56	5.91
99	燃气生产和供应	5.83	5.46	4.88	4.55	4.27	3.99	3.72	3.56	3.28	3.00
100	水的生产和供应	7.72	7.05	6.39	4.34	4.39	4.44	4.48	3.66	3.70	3.75
101	房屋建筑	6.23	5.90	5.07	4.98	4.68	4.38	4.09	3.90	3.60	3.31
102	土木工程建筑	6.55	5.99	5.43	4.87	4.63	4.40	4.17	3.86	3.63	3.39
103	建筑安装	10.11	7.93	8.97	4.98	4.73	4.48	4.23	3.94	3.69	3.44
104	建筑装饰、装修和其他建筑服务	5.90	5.43	5.37	4.55	4.26	3.97	3.69	3.55	3.26	2.98
105	批发	16.28	15.33	12.30	12.51	11.59	10.67	9.76	9.66	8.74	7.82
106	零售	7.85	7.39	6.06	6.34	5.93	5.53	5.13	4.94	4.54	4.14
107	铁路旅客运输	6.09	5.69	5.11	4.13	4.09	4.05	4.01	3.40	3.36	3.32
108	铁路货物运输和运输辅助活动	6.07	5.68	5.11	4.13	4.08	4.05	4.01	3.40	3.37	3.33

续表

序号	部门	2017年方案	2018年方案	2019年方案	两档拆分模式Ⅱ简并方案						
					方案1	方案2	方案3	方案4	方案5	方案6	方案7
109	城市公共交通及公路客运	5.67	5.30	4.60	4.11	3.96	3.81	3.66	3.30	3.15	3.00
110	道路货物运输和运输辅助活动	5.43	5.12	4.57	4.01	3.93	3.86	3.79	3.28	3.20	3.14
111	水上旅客运输	6.32	5.83	5.14	3.97	3.92	3.90	3.88	3.27	3.24	3.23
112	水上货物运输和运输辅助活动	6.51	6.02	5.33	4.15	4.09	4.06	4.05	3.41	3.38	3.37
113	航空旅客运输	6.56	6.03	5.34	4.20	4.02	4.01	4.00	3.35	3.34	3.33
114	航空货物运输和运输辅助活动	6.69	6.16	5.48	4.18	4.17	4.15	4.14	3.47	3.46	3.45
115	管道运输	6.01	5.58	4.89	4.01	3.93	3.86	3.79	3.28	3.20	3.13
116	多式联运和运输代理	3.55	3.54	3.43	3.60	3.58	3.57	3.56	2.99	2.97	2.96
117	装卸搬运和仓储	5.56	5.27	4.48	4.60	4.37	4.36	4.56	3.64	3.67	3.87
118	邮政	4.06	3.79	3.29	3.20	3.09	2.98	2.87	2.57	2.46	2.36
119	住宿	4.72	4.44	3.85	4.26	4.19	4.15	4.11	3.49	3.45	3.41
120	餐饮	3.49	3.29	2.74	2.95	2.84	2.73	2.62	2.37	2.26	2.15
121	电信	4.07	3.79	3.29	4.10	3.87	3.63	3.40	3.22	2.99	2.75
122	广播电视及卫星传输服务	3.89	3.80	3.49	3.61	3.55	3.49	3.42	2.96	2.89	2.83
123	互联网和相关服务	3.52	3.37	2.99	3.21	3.13	3.05	2.96	2.61	2.52	2.44
124	软件服务	4.57	4.60	4.56	4.67	4.73	4.79	4.85	3.94	4.00	4.06
125	信息技术服务	4.25	4.32	4.28	4.35	4.45	4.56	4.66	3.71	3.81	3.92
126	货币金融和其他金融服务	6.63	6.73	6.73	6.73	6.87	7.01	7.16	5.73	5.87	6.01
127	资本市场服务	4.91	4.90	4.78	4.90	4.92	4.94	4.96	4.10	4.12	4.14
128	保险	8.39	8.47	8.41	8.36	8.48	8.60	8.72	7.07	7.19	7.31
129	房地产	11.06	10.12	9.12	13.03	12.11	11.19	10.27	10.09	9.17	8.25
130	租赁	12.64	11.96	9.76	9.95	9.27	8.60	7.93	7.73	7.06	6.38
131	商务服务	5.20	4.92	4.26	4.75	5.08	5.41	5.74	4.23	4.56	4.90
132	研究和试验发展	4.42	4.18	3.78	4.03	4.11	4.19	4.27	3.42	3.50	3.59
133	专业技术服务	4.54	4.30	4.05	4.23	4.31	4.40	4.49	3.60	3.68	3.77
134	科技推广和应用服务	5.00	4.99	4.61	4.87	4.93	5.00	5.07	4.11	4.18	4.24

续表

序号	部门	2017 年方案	2018 年方案	2019 年方案	两档拆分模式 Ⅱ 简并方案						
					方案 1	方案 2	方案 3	方案 4	方案 5	方案 6	方案 7
135	水利管理	4.23	4.06	3.68	3.78	3.71	3.64	3.57	3.09	3.02	2.95
136	生态保护和环境治理	4.21	4.00	3.47	3.62	3.54	3.46	3.38	2.95	2.87	2.79
137	公共设施及土地管理	3.98	3.79	3.39	3.63	3.55	3.47	3.40	2.96	2.88	2.81
138	居民服务	4.31	4.32	4.21	4.49	4.49	4.49	4.49	3.74	3.74	3.74
139	其他服务	7.24	6.83	5.58	5.84	5.44	5.04	4.64	4.53	4.13	3.74
140	教育	2.16	2.06	1.81	1.92	1.85	1.77	1.70	1.54	1.46	1.39
141	卫生	5.85	5.53	4.44	4.72	4.39	4.05	3.72	3.65	3.32	2.99
142	社会工作	2.08	1.98	1.70	1.79	1.70	1.61	1.52	1.42	1.33	1.24
143	新闻和出版	4.75	4.50	3.78	3.96	4.04	4.12	4.20	3.37	3.45	3.53
144	广播、电视、电影和影视录音制作	4.18	4.15	3.88	4.06	4.07	4.08	4.10	3.39	3.40	3.42
145	文化艺术	3.33	3.21	2.86	3.01	2.92	2.83	2.74	2.43	2.34	2.26
146	体育	3.46	3.34	2.99	3.14	3.07	3.00	2.93	2.56	2.49	2.42
147	娱乐	3.83	3.74	3.45	3.73	3.65	3.58	3.50	3.05	2.97	2.89
148	社会保障	1.80	1.75	1.63	1.70	1.67	1.64	1.61	1.39	1.36	1.33
149	公共管理和社会组织	2.74	2.62	2.30	2.41	2.33	2.26	2.19	1.94	1.87	1.80

由表 4-10 可知，在两档拆分模式 Ⅱ 下，建筑、交通运输、邮政行业税负显著下降，其他行业大部分税负有所上升（因为进项税额减少），小部分行业税负下降（其他行业转嫁过来的税收减少），但变化不大。从方案 1 至方案 7，随着税率的下调，各行业税负逐步下降，降幅基本一致。个别行业税负在方案 4 至方案 5 之间有一定程度的反弹（如粮食、烟草、纺织加工行业），原因是这些行业对应的销项税率不变，而进项税率下降，导致实际税负上升。与 2019 年基期相比，大部分税负上升行业的税负从方案 2 至方案 3 开始税负低于 2019 年，个别行业从方案 5 至方案 6 开始税负低于 2019 年（如住宿、居民服务、广播、电视、电影和影视录音制作、房地产业）。

（2）税收收入效应。在两档拆分模式 Ⅱ 下，各税率简并方案的全国增值税税收收入总额见表 4-11。

表4-11 两档拆分模式Ⅱ下各简并方案税收收入总额

项目		2017年方案	2018年方案	2019年方案	两档拆分模式Ⅱ简并方案						
					方案1	方案2	方案3	方案4	方案5	方案6	方案7
税收收入(万元)		548766397	518093658	464630323	432208835	416127022	400045208	383963395	346772518	330690705	314608892
与2017年比较	增长额(万元)		-30672739	-84136074	-116557562	-132639375	-148721188	-164803002	-201993879	-218075692	-234157505
	增长率(%)		-5.59	-15.33	-21.24	-24.17	-27.10	-30.03	-36.81	-39.74	-42.67
与2019年比较	增长额(万元)				-32421488	-48503301	-64585114	-80666928	-117857805	-133939618	-150021431
	增长率(%)				-6.98	-10.44	-13.90	-17.36	-25.37	-28.83	-32.29

由表4-11可知,在两档拆分模式Ⅱ下,方案1至方案7的增值税税收收入均小于2017年、2018年和2019年。相较于两档拆分模式Ⅰ,两档拆分模式Ⅱ的税收收入有大幅下降。说明是否对建筑、交通运输业实施低税率对企业微观税负和国家宏观税收收入均有重大影响。

4.1.3.6 两档拆分模式Ⅲ的税负效应

(1)行业税负效应。在两档拆分模式Ⅲ下,除房地产业的税率从高外,其余所有中间税率项目全部税率从低,各增值税税率简并方案的行业税负见表4-12。

表4-12　　　　　　**两档拆分模式Ⅲ下各简并方案行业税负**　　　　　单位:%

序号	部门	2017年方案	2018年方案	2019年方案	两档拆分模式Ⅲ简并方案						
					方案1	方案2	方案3	方案4	方案5	方案6	方案7
1	农产品	2.01	1.91	1.63	1.60	1.51	1.43	1.34	1.26	1.17	1.09
2	林产品	1.66	1.57	1.35	1.33	1.27	1.21	1.15	1.06	1.00	0.94
3	畜牧产品	1.96	1.85	1.57	1.53	1.45	1.38	1.30	1.21	1.14	1.06
4	渔产品	1.93	1.83	1.56	1.54	1.47	1.41	1.35	1.23	1.16	1.10
5	农、林、牧、渔服务产品	2.67	2.53	2.12	2.12	2.01	1.89	1.78	1.67	1.56	1.45
6	煤炭开采和洗选产品	13.43	12.66	10.31	10.44	9.69	8.94	8.19	8.07	7.32	6.58
7	石油和天然气开采产品	7.49	7.07	5.77	5.83	5.42	5.01	4.61	4.52	4.11	3.70
8	黑色金属矿采选产品	7.00	6.61	5.40	5.48	5.11	4.73	4.36	4.26	3.88	3.51
9	有色金属矿采选产品	8.13	7.68	6.30	6.40	5.97	5.55	5.13	4.98	4.56	4.13
10	非金属矿采选产品	6.67	6.31	5.18	5.27	4.93	4.59	4.26	4.11	3.77	3.43
11	开采辅助活动和其他采矿产品	8.45	7.98	6.50	6.62	6.16	5.70	5.24	5.14	4.68	4.22
12	谷物磨制品	2.73	2.57	2.19	2.06	1.97	1.87	1.78	1.64	1.54	1.45
13	饲料加工品	3.06	2.88	2.45	2.31	2.20	2.09	1.99	1.83	1.73	1.62
14	植物油加工品	2.97	2.79	2.38	2.22	2.12	2.02	1.92	1.77	1.67	1.57
15	糖及糖制品	3.47	3.31	2.73	2.88	2.69	2.50	2.31	2.24	2.05	1.86
16	屠宰及肉类加工品	3.24	3.04	2.57	2.43	2.31	2.20	2.08	1.93	1.81	1.70
17	水产加工品	3.35	3.15	2.67	2.52	2.40	2.29	2.19	2.00	1.89	1.79

序号	部门	2017 年方案	2018 年方案	2019 年方案	两档拆分模式Ⅲ简并方案						
					方案 1	方案 2	方案 3	方案 4	方案 5	方案 6	方案 7
18	蔬菜、水果、坚果和其他农副食品加工品	3.28	3.08	2.63	2.47	2.37	2.28	2.18	1.98	1.88	1.78
19	方便食品	7.58	7.24	5.67	6.52	5.95	5.38	4.82	4.96	4.39	3.82
20	乳制品	7.74	7.37	5.81	6.52	5.98	5.43	4.89	4.98	4.44	3.89
21	调味品、发酵制品	7.59	7.24	5.71	6.48	5.93	5.37	4.82	4.94	4.38	3.83
22	其他食品	7.55	7.20	5.65	6.47	5.91	5.36	4.82	4.93	4.38	3.83
23	酒精和酒	6.13	5.82	4.68	5.07	4.69	4.31	3.93	3.91	3.53	3.15
24	饮料	7.84	7.42	5.95	6.35	5.91	5.46	5.02	4.92	4.48	4.03
25	精制茶	3.90	3.70	3.06	3.25	3.11	2.97	2.83	2.59	2.45	2.31
26	烟草制品	16.25	15.33	12.34	12.73	11.71	10.69	9.68	9.76	8.74	7.73
27	棉、化纤纺织及印染精加工品	7.63	7.26	5.80	6.33	5.82	5.31	4.80	4.85	4.34	3.83
28	毛纺织及染整精加工品	7.30	6.96	5.52	6.18	5.66	5.14	4.63	4.72	4.20	3.68
29	麻、丝绢纺织及加工品	7.18	6.85	5.44	6.08	5.57	5.06	4.56	4.64	4.14	3.63
30	针织或钩针编织及其制品	8.50	8.05	6.51	6.85	6.34	5.84	5.33	5.28	4,78	4.27
31	纺织制成品	8.29	7.85	6.33	6.69	6.19	5.69	5.19	5.16	4.66	4.16
32	纺织服装服饰	9.38	8.88	7.10	7.52	6.94	6.37	5.80	5.79	5.21	4.64
33	皮革、毛皮、羽毛及其制品	8.14	7.74	6.16	6.74	6.20	5.66	5.12	5.16	4.63	4.09
34	鞋	8.84	8.35	6.74	7.03	6.52	6.01	5.50	5.43	4.92	4.41
35	木材加工和木、竹、藤、棕、草制品	6.52	6.19	5.01	5.30	4.91	4.54	4.16	4.10	3.72	3.34
36	家具	7.79	7.37	5.97	6.23	5.78	5.33	4.88	4.81	4.37	3.92
37	造纸和纸制品	8.06	7.63	6.19	6.48	6.01	5.54	5.07	5.01	4.54	4.07
38	印刷和记录媒介复制品	5.87	5.55	4.80	4.71	4.39	4.09	3.78	3.66	3.35	3.04
39	工艺美术品	7.56	7.15	5.80	6.04	5.61	5.19	4.77	4.68	4.25	3.83
40	文教、体育和娱乐用品	8.14	7.69	6.25	6.45	6.01	5.57	5.13	5.01	4.57	4.13
41	精炼石油和核燃料加工品	9.96	9.40	7.64	7.75	7.18	6.62	6.05	5.99	5.42	4.86

续表

序号	部门	2017年方案	2018年方案	2019年方案	两档拆分模式Ⅲ简并方案						
					方案1	方案2	方案3	方案4	方案5	方案6	方案7
42	煤炭加工品	13.45	12.69	10.31	10.48	9.71	8.94	8.17	8.09	7.32	6.56
43	基础化学原料	9.30	8.79	7.17	7.31	6.80	6.29	5.78	5.66	5.15	4.64
44	肥料	6.72	6.36	5.49	5.31	4.98	4.64	4.31	4.15	3.81	3.48
45	农药	6.79	6.43	5.28	5.38	5.03	4.69	4.35	4.19	3.85	3.51
46	涂料、油墨、颜料及类似产品	8.68	8.20	6.67	6.85	6.37	5.90	5.42	5.31	4.83	4.36
47	合成材料	8.95	8.46	6.90	7.03	6.54	6.05	5.56	5.45	4.96	4.47
48	专用化学产品和炸药、火工、焰火产品	8.61	8.15	6.62	6.86	6.37	5.88	5.40	5.31	4.82	4.33
49	日用化学产品	8.06	7.63	6.14	6.47	6.01	5.55	5.09	5.01	4.55	4.09
50	医药制品	10.67	10.10	7.95	8.53	7.87	7.21	6.56	6.56	5.90	5.24
51	化学纤维制品	8.95	8.46	6.90	7.03	6.54	6.05	5.56	5.45	4.96	4.47
52	橡胶制品	9.05	8.56	6.92	7.24	6.71	6.18	5.65	5.59	5.06	4.53
53	塑料制品	9.46	8.93	7.26	7.42	6.89	6.37	5.86	5.75	5.23	4.71
54	水泥、石灰和石膏	8.60	8.13	6.67	6.79	6.33	5.88	5.43	5.28	4.83	4.38
55	石膏、水泥制品及类似制品	8.36	7.90	6.45	6.57	6.13	5.68	5.24	5.11	4.66	4.22
56	砖瓦、石材等建筑材料	8.60	8.13	6.63	6.75	6.28	5.82	5.36	5.23	4.77	4.31
57	玻璃和玻璃制品	8.27	7.81	6.39	6.52	6.08	5.64	5.21	5.07	4.63	4.20
58	陶瓷制品	8.21	7.76	6.33	6.47	6.04	5.61	5.19	5.03	4.61	4.18
59	耐火材料制品	7.78	7.35	6.00	6.10	5.68	5.27	4.85	4.73	4.32	3.90
60	石墨及其他非金属矿物制品	8.47	8.00	6.52	6.63	6.17	5.71	5.25	5.14	4.68	4.22
61	钢	7.99	7.55	6.18	6.28	5.85	5.42	4.99	4.87	4.44	4.01
62	钢压延产品	8.33	7.87	6.46	6.55	6.11	5.67	5.23	5.09	4.65	4.21
63	铁及铁合金产品	7.91	7.48	6.12	6.21	5.78	5.35	4.93	4.82	4.39	3.96
64	有色金属及其合金	8.17	7.73	6.36	6.45	6.02	5.60	5.17	5.02	4.59	4.17
65	有色金属压延加工品	8.09	7.65	6.28	6.37	5.94	5.52	5.09	4.95	4.53	4.10

续表

序号	部门	2017年方案	2018年方案	2019年方案	两档拆分模式Ⅲ简并方案						
					方案1	方案2	方案3	方案4	方案5	方案6	方案7
66	金属制品	9.02	8.52	6.95	7.08	6.59	6.10	5.62	5.49	5.01	4.52
67	锅炉及原动设备	11.00	10.38	8.41	8.58	7.97	7.36	6.75	6.64	6.03	5.42
68	金属加工机械	11.02	10.40	8.44	8.60	7.98	7.36	6.75	6.65	6.03	5.42
69	物料搬运设备	10.96	10.34	8.35	8.55	7.94	7.33	6.72	6.62	6.00	5.39
70	泵、阀门、压缩机及类似机械	10.72	10.12	8.20	8.38	7.78	7.18	6.59	6.48	5.89	5.29
71	文化、办公用机械	10.70	10.10	8.18	8.38	7.78	7.18	6.58	6.48	5.88	5.29
72	其他通用设备	10.91	10.30	8.35	8.52	7.92	7.31	6.71	6.60	5.99	5.39
73	采矿、冶金、建筑专用设备	10.91	10.30	8.36	8.54	7.94	7.34	6.74	6.61	6.01	5.42
74	化工、木材、非金属加工专用设备	10.66	10.06	8.17	8.33	7.74	7.16	6.57	6.45	5.87	5.28
75	农、林、牧、渔专用机械	7.38	6.98	5.71	5.83	5.44	5.06	4.69	4.54	4.16	3.78
76	其他专用设备	10.77	10.16	8.19	8.37	7.78	7.20	6.61	6.49	5.90	5.32
77	汽车整车	10.92	10.29	8.32	8.51	7.90	7.29	6.68	6.58	5.97	5.36
78	汽车零部件及配件	10.65	10.05	8.15	8.33	7.74	7.15	6.57	6.45	5.86	5.28
79	铁路运输和城市轨道交通设备	13.05	12.30	9.90	10.12	9.37	8.62	7.87	7.81	7.06	6.31
80	船舶及相关装置	9.75	9.22	7.52	7.66	7.13	6.61	6.08	5.95	5.42	4.89
81	其他交通运输设备	8.82	8.33	6.78	6.94	6.46	5.99	5.51	5.38	4.91	4.44
82	电机	10.45	9.87	8.02	8.19	7.62	7.05	6.48	6.35	5.78	5.21
83	输配电及控制设备	10.39	9.81	7.97	8.13	7.56	6.99	6.42	6.30	5.73	5.16
84	电线、电缆、光缆及电工器材	9.64	9.10	7.40	7.55	7.02	6.49	5.96	5.85	5.32	4.79
85	电池	9.92	9.37	7.62	7.78	7.23	6.68	6.13	6.02	5.47	4.93
86	家用器具	10.42	9.84	7.97	8.17	7.60	7.02	6.45	6.33	5.76	5.19
87	其他电气机械和器材	10.29	9.71	7.88	8.07	7.50	6.94	6.38	6.25	5.69	5.13
88	计算机	10.27	9.71	7.91	8.08	7.53	6.98	6.43	6.27	5.72	5.17

续表

序号	部门	2017 年方案	2018 年方案	2019 年方案	两档拆分模式Ⅲ简并方案						
					方案1	方案2	方案3	方案4	方案5	方案6	方案7
89	通信设备	10.15	9.58	7.77	7.94	7.39	6.85	6.31	6.16	5.62	5.08
90	广播电视设备和雷达及配套设备	10.24	9.67	7.86	8.04	7.48	6.93	6.38	6.24	5.69	5.14
91	视听设备	10.21	9.64	7.85	8.02	7.47	6.92	6.38	6.23	5.68	5.13
92	电子元器件	10.05	9.50	7.74	7.89	7.35	6.81	6.27	6.12	5.58	5.04
93	其他电子设备	10.19	9.64	7.88	8.02	7.48	6.94	6.40	6.23	5.69	5.15
94	仪器仪表	9.78	9.23	7.48	7.64	7.10	6.57	6.04	5.92	5.39	4.86
95	其他制造产品	27.34	25.85	20.51	21.70	19.88	18.06	16.24	16.56	14.74	12.93
96	废弃资源和废旧材料回收加工品	2.31	2.17	1.78	1.78	1.66	1.53	1.40	1.38	1.25	1.12
97	金属制品、机械和设备修理服务	11.86	11.19	9.05	9.25	8.58	7.92	7.25	7.15	6.49	5.82
98	电力、热力生产和供应	11.95	11.29	9.22	9.35	8.69	8.03	7.37	7.24	6.58	5.92
99	燃气生产和供应	5.83	5.46	4.88	4.56	4.28	4.00	3.72	3.57	3.29	3.01
100	水的生产和供应	7.72	7.05	6.39	4.36	4.41	4.45	4.50	3.67	3.72	3.76
101	房屋建筑	6.23	5.90	5.07	4.98	4.68	4.39	4.09	3.90	3.61	3.31
102	土木工程建筑	6.55	5.99	5.43	4.89	4.65	4.41	4.18	3.87	3.64	3.40
103	建筑安装	10.11	7.93	8.97	5.00	4.75	4.49	4.24	3.96	3.70	3.45
104	建筑装饰、装修和其他建筑服务	5.90	5.43	5.37	4.56	4.27	3.98	3.70	3.56	3.27	2.98
105	批发	16.28	15.33	12.30	12.53	11.61	10.69	9.77	9.67	8.75	7.83
106	零售	7.85	7.39	6.06	6.36	5.95	5.54	5.14	4.96	4.55	4.15
107	铁路旅客运输	6.09	5.69	5.11	4.17	4.12	4.08	4.03	3.44	3.39	3.34
108	铁路货物运输和运输辅助活动	6.07	5.68	5.11	4.16	4.12	4.07	4.03	3.43	3.39	3.35
109	城市公共交通及公路客运	5.67	5.30	4.60	4.13	3.97	3.82	3.67	3.31	3.16	3.01
110	道路货物运输和运输辅助活动	5.43	5.12	4.57	4.03	3.95	3.88	3.80	3.29	3.22	3.15

续表

序号	部门	2017年方案	2018年方案	2019年方案	两档拆分模式Ⅲ简并方案						
					方案1	方案2	方案3	方案4	方案5	方案6	方案7
111	水上旅客运输	6.32	5.83	5.14	4.03	3.98	3.94	3.92	3.31	3.28	3.26
112	水上货物运输和运输辅助活动	6.51	6.02	5.33	4.20	4.14	4.10	4.08	3.45	3.42	3.40
113	航空旅客运输	6.56	6.03	5.34	4.22	4.06	4.04	4.03	3.38	3.37	3.35
114	航空货物运输和运输辅助活动	6.69	6.16	5.48	4.21	4.19	4.18	4.16	3.49	3.48	3.46
115	管道运输	6.01	5.58	4.89	4.04	3.96	3.88	3.80	3.30	3.22	3.14
116	多式联运和运输代理	3.55	3.54	3.43	3.62	3.60	3.58	3.57	3.00	2.98	2.97
117	装卸搬运和仓储	5.56	5.27	4.48	4.62	4.39	4.43	4.62	3.66	3.72	3.91
118	邮政	4.06	3.79	3.29	3.21	3.09	2.98	2.88	2.58	2.47	2.36
119	住宿	4.72	4.44	3.85	4.27	4.21	4.18	4.13	3.52	3.47	3.43
120	餐饮	3.49	3.29	2.74	2.96	2.85	2.74	2.63	2.38	2.26	2.15
121	电信	4.07	3.79	3.29	3.01	2.93	2.85	2.77	2.44	2.36	2.29
122	广播电视及卫星传输服务	3.89	3.80	3.49	3.65	3.58	3.51	3.45	2.98	2.92	2.85
123	互联网和相关服务	3.52	3.37	2.99	3.22	3.13	3.05	2.97	2.61	2.53	2.45
124	软件服务	4.57	4.60	4.56	4.86	4.89	4.93	4.96	4.08	4.11	4.14
125	信息技术服务	4.25	4.32	4.28	4.74	4.79	4.84	4.89	3.99	4.04	4.09
126	货币金融和其他金融服务	6.63	6.73	6.73	6.83	6.96	7.08	7.21	5.80	5.92	6.05
127	资本市场服务	4.91	4.90	4.78	4.95	4.96	4.98	4.99	4.14	4.15	4.16
128	保险	8.39	8.47	8.41	8.63	8.71	8.79	8.87	7.26	7.34	7.42
129	房地产	11.06	10.12	9.12	13.06	12.13	11.21	10.29	10.11	9.19	8.26
130	租赁	12.64	11.96	9.76	9.98	9.30	8.63	7.95	7.75	7.08	6.40
131	商务服务	5.20	4.92	4.26	4.80	5.12	5.45	5.77	4.27	4.59	4.92
132	研究和试验发展	4.42	4.18	3.78	4.05	4.13	4.21	4.29	3.44	3.52	3.60
133	专业技术服务	4.54	4.30	4.05	4.26	4.34	4.43	4.51	3.62	3.70	3.79
134	科技推广和应用服务	5.00	4.99	4.61	4.94	4.99	5.05	5.10	4.16	4.21	4.27
135	水利管理	4.23	4.06	3.68	3.82	3.74	3.67	3.59	3.12	3.04	2.97
136	生态保护和环境治理	4.21	4.00	3.47	3.64	3.55	3.47	3.39	2.96	2.88	2.79

续表

序号	部门	2017年方案	2018年方案	2019年方案	两档拆分模式Ⅲ简并方案						
					方案1	方案2	方案3	方案4	方案5	方案6	方案7
137	公共设施及土地管理	3.98	3.79	3.39	3.65	3.57	3.49	3.41	2.97	2.89	2.81
138	居民服务	4.31	4.32	4.21	4.52	4.51	4.51	4.50	3.76	3.76	3.75
139	其他服务	7.24	6.83	5.58	5.86	5.45	5.05	4.65	4.54	4.14	3.74
140	教育	2.16	2.06	1.81	1.92	1.85	1.77	1.70	1.54	1.46	1.39
141	卫生	5.85	5.53	4.44	4.72	4.39	4.05	3.72	3.66	3.32	2.99
142	社会工作	2.08	1.98	1.70	1.80	1.70	1.61	1.52	1.42	1.33	1.24
143	新闻和出版	4.75	4.50	3.78	4.01	4.08	4.15	4.23	3.40	3.47	3.55
144	广播、电视、电影和影视录音制作	4.18	4.15	3.88	4.11	4.11	4.12	4.12	3.42	3.43	3.44
145	文化艺术	3.33	3.21	2.86	3.03	2.93	2.84	2.75	2.44	2.35	2.26
146	体育	3.46	3.34	2.99	3.16	3.08	3.01	2.94	2.57	2.50	2.43
147	娱乐	3.83	3.74	3.45	3.75	3.67	3.59	3.51	3.06	2.98	2.90
148	社会保障	1.80	1.75	1.63	1.70	1.67	1.64	1.61	1.39	1.36	1.33
149	公共管理和社会组织	2.74	2.62	2.30	2.41	2.33	2.26	2.19	1.94	1.87	1.80

由表4-12可知，在两档拆分模式Ⅲ下，除电信行业税负显著下降外，其他行业税负略有上升（因为进项税额减少），但幅度非常小。从方案1至方案7，随着税率的下调，各行业税负逐步下降。个别行业税负在方案4至方案5之间有一定程度的反弹（如粮食、烟草、纺织加工行业），原因是这些行业对应的销项税率不变，而进项税率下降，导致实际税负上升。与2019年基期相比，大部分税负上升行业的税负从方案2至方案3开始税负低于2019年，个别行业从方案5至方案6开始税负低于2019年（如住宿、居民服务、新闻和出版、广播、电视、电影和影视录音制作、房地产业）。整体来看，两档拆分模式Ⅲ与两档拆分模式Ⅱ的行业税负没有明显变化。

（2）税收收入效应。在两档拆分模式Ⅲ下，各税率简并方案的全国增值税税收收入总额见表4-13。

表 4－13　两档拆分模式Ⅲ下各简并方案税收入总额

项目		2017 年方案	2018 年方案	2019 年方案	两档拆分模式Ⅲ简并方案						
					方案 1	方案 2	方案 3	方案 4	方案 5	方案 6	方案 7
税收收入（万元）		548766397	518093658	464630323	430358856	414541326	398723795	382906264	345451105	329633574	313816044
与 2017 年比较	增长额（万元）		-30672739	-84136074	-118407541	-134225071	-150042602	-165860132	-203315292	-219132823	-234950353
	增长率（%）		-5.59	-15.33	-21.58	-24.46	-27.34	-30.22	-37.05	-39.93	-42.81
与 2019 年比较	增长额（万元）				-34271467	-50088997	-65906528	-81724058	-119179218	-134996749	-150814279
	增长率（%）				-7.38	-10.78	-14.18	-17.59	-25.65	-29.05	-32.46

由表4-13可知，两档拆分模式Ⅲ下，方案1至方案7的增值税税收收入均小于2017年、2018年和2019年。相较于两档拆分模式Ⅱ，两档拆分模式Ⅲ的增值税收入没有显著变化，说明是否对电信业实施低税率对企业微观税负和国家宏观税收收入影响均很小。

4.2　税负效应测算——基于 CGE 模型

由于商品之间、要素之间存在着各种替代或互补等勾稽关系，因此，增值税税率简并牵一发而动全身，并且商品和要素之间的复杂勾稽关系通常会造成增值税税负变动比局部均衡视角下更为复杂。基于以上原因，本节通过构建可计算一般均衡模型（computable general equilibrium，CGE），进一步测算各增值税税率简并方案对行业税负和国家税收收入的影响。

4.2.1　模型原理与构建

4.2.1.1　CGE 模型原理

微观经济学的市场均衡通常指在一个单一市场上达到的供求平衡。如商品市场 i 的供给函数为 $q_i^s = f_i(p_i)$，需求函数为 $q_i^d = g_i(p_i)$，于是该市场的局部均衡条件为 $q_i^s = q_i^d$，即 $f_i(p_i) = g_i(p_i)$，求出的解 p_i^* 和 q_i^* 即为均衡解。但这仅仅是局部均衡，是在单一市场上达到的供求平衡，假定其他市场上的变量不会受到该市场变化的影响。数学上，局部均衡的完整表达如下：

$$q_i^s = f_i(p_i, \bar{p}_{-i}) \tag{4-8}$$

$$q_i^d = g_i(p_i, \bar{p}_{-i}) \tag{4-9}$$

$$q_i^s = q_i^d \tag{4-10}$$

其中，$\bar{p}_{-i}$ 为其他部门的价格，且假设其固定不变。

局部均衡假设其他部门价格固定不变的前提条件，在一个多部门相互依存关联的大经济框架下是不切实际的。因为一个市场的调整会影响到其他市场，这种效应被称为溢出效应。因此，在研究过程中，有必要考虑所有市场的联动关系。而一般均衡则是指所有市场同时达到均衡的状况。其数学描述如下。

假设整个经济有 n 个部门，即存在 n 个市场，n 种商品，每种商品 i 的价格为 p_i。假设以向量形式来表示所有商品的价格：$P = (p_1, \cdots, p_n)$。整个 i 部门的所有企业对商品 i 的供给函数为 $q_i^s(P)$，所有居民对商品 i 的需求函数为 $q_i^d(P)$。狭义来看，一般均衡状态指在一个特定价格向量 $P^* = (p_1^*, \cdots, p_n^*)$ 下，所有市场上商品供求平衡，即：

$$q_i^s(P^*) = q_i^d(P^*) \qquad i = 1, \cdots, n \qquad (4-11)$$

理论上，一般均衡状态也允许一些商品市场上供大于求，不过这时这些商品的价格必须为 0。在这种情况下，市场其实也是均衡的。因为此时商品价格是 0，而消费者的需求已经满足。再消费此种商品，只会带给消费者负效用。这种情况下，由需求决定实际市场交易的产量。因此，德布罗（Debreu）的一般均衡状态是，对所有 $i = 1, \cdots, n$ 市场，存在一个价格向量 $P^* = (p_1^*, \cdots, p_n^*)$。

$$q_i^s(P^*) = q_i^d(P^*) \qquad 如果\ p_i > 0 \qquad (4-12)$$

$$q_i^s(P^*) \geqslant q_i^d(P^*) \qquad 如果\ p_i = 0 \qquad (4-13)$$

这种状态即为市场出清，也称为市场均衡。不过，在一般的研究中，我们假设所有商品都是有效用的，这时，一般均衡状态只需要满足 $q_i^s(P^*) = q_i^d(P^*)$ 的供求平衡条件。在 CGE 模型中，一般都假设为此种情况，即一般均衡是能使所有市场同时出清的一组价格向量和商品向量的组合 (P^*, Q^*)。

求解一般均衡状态，是对均衡价格和数量求解。阿罗—德布罗（Arrow - Debreu）理论证明了一般均衡在相当严格条件下的存在性。在理论或者假设的简化案例的情况下，求解一般均衡是可以做到的。这个理想状态的一般均衡，也被称为瓦尔拉斯均衡（Walras equilibrium）。但是，这个理论和现实世界的实际应用还有很大距离，需要做很多简化。CGE 模型，也被称为应用可计算一般均衡模型（ACGE），是对阿罗—德布罗理论的应用化。这里借鉴了投入产出模型的一些做法，也可以看成是局部均衡类的投入产出模型向一般均衡理论模型进化的结果。

一般均衡状态是供需函数的匹配，在一般均衡状态下，消费者达到效用最大化，企业获得利润最大化。即在一般均衡状态下，商品市场和要素市场都要出清。

从一个简单 CGE 模型来看（如图 4 - 1 所示），假设市场上只有居民和企业两个部门，企业雇佣生产要素生产商品，居民提供生产要素赚取收入。

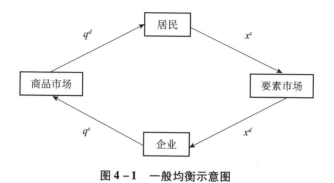

图 4 - 1　一般均衡示意图

当所有市场达到供求均衡：①商品市场均衡，即企业对商品的供给 q^s 等于居民对商品的需求 q^d；②要素市场均衡，即居民对生产要素的供给 x^s 等于企业对生产要素的需求 x^d。整个市场便实现一般均衡。

此时，居民 j 效用最大化可表示为：

$$\max_{q_j, x_j} u_j(q_j, e_j - x_j)$$

$$\text{s. t. } pq_j + w(e_j - x_j) \leq Y_j$$

其中，$u_j(.)$ 为居民 j 的效用函数，e_j 为居民 j 的要素禀赋，$e_j = (e_1, \cdots, e_m)$，w 表示要素价格，$w = (w_1, \cdots, w_n)$，x 表示要素投入，$x = (x_1, \cdots, x_m)$，q 表示商品产量，$q = (q_1, \cdots, q_n)$，Y_j 表示居民 j 的预算收入。

企业利润最大化可表示为：

$$\max_{q, x} \pi_i = pf_i(g(q_i), q_{-i}, x) - p_i g(q_i) - p_{-i} q_{-i} - wx \qquad (4-14)$$

其中，$g(q_i)$ 表示生产中需要使用的中间投入产品，q_{-i} 表示生产中除 i 产品以外的其他中间投入产品。

瓦尔拉斯法则将一般均衡表示成这样一种状态：所有价格乘以超额需求后相加总计等于零。假设商品市场的超额需求①为：$z_y(P) = Q^d - Q^s$，要素市场的超额需求为：$z_x(w) = x^d - x^s$，则一般均衡可表示为：

$$Pz_y + wz_x = 0 \qquad (4-15)$$

或者用函数表达为：

---

① 超额需求是指在既定的价格水平下，市场上需求超过供给的情况。

$$\sum_i^n p_i(q_i^d - q_i^s) + \sum_k^m w_k(x_k^d - x_k^s) = 0 \qquad (4-16)$$

CGE 模型就是对一般均衡理论的具体应用。为此，既要在理论上做必要的假设和简化，又要尽可能保持理论的一般性。在一个只包括居民和企业两个部门的简单 CGE 模型中，其模型构成可表述如下。

企业利润最大化行为下，i 部门的商品供给函数和 k 要素的需求函数为：

$$q_i^s = q_i^s(p_1,\cdots,p_n,w_1,\cdots,w_m) \qquad i=1,\cdots,n \qquad (4-17)$$

$$x_k^d = x_k^d(p_1,\cdots,p_n,w_1,\cdots,w_m) \qquad k=1,\cdots,m \qquad (4-18)$$

居民提供要素禀赋 e 取得收入 Y，并且通过消费商品以追求效用最大化，居民的收入函数、商品需求函数以及要素供给函数分别为：

$$Y = \sum_k^m w_k e_k \qquad (4-19)$$

$$q_i^d = q_i^d(p_1,\cdots,p_n,Y) \qquad i=1,\cdots,n \qquad (4-20)$$

$$x_k^s = e_k^s \qquad k=1,\cdots,m \qquad (4-21)$$

商品和要素市场出清的条件为：

$$q_i^s(p_1,\cdots,p_n,w_1,\cdots,w_n) = q_i^d(p_1,\cdots,p_n,Y) \qquad i=1,\cdots,n \quad (4-22)$$

$$x_k^d(p_1,\cdots,p_n,w_1,\cdots,w_n) = x_k^s \qquad k=1,\cdots,m \qquad (4-23)$$

以上 7 个等式组成 CGE 模型。可以看出，它和投入产出模型不一样，CGE 模型要交代居民从要素得到收入，再以效用最大化为目标购买商品，形成商品需求，这就完成了经济的闭合，也是一般均衡模型的必要前提。CGE 模型可以有基于不同宏观经济理论的各种闭合，如新古典主义的闭合、凯恩斯闭合、路易斯闭合等。

4.2.1.2 CGE 模型构建

增值税作为我国第一大税种，直接作用于国民经济初次分配的各个领域，作用范围大、影响程度深。采用常见的投入产出法等方法难以反映增值税改革在不同商品市场、要素市场引起的联动效应，而采用一般均衡模型（CGE）则能更好地体现其对经济社会的综合影响。CGE 模型通过构造生产、消费、政府、国外四部门平衡宏观经济系统（即商品市场和要素市场一般均衡），在税负不完全转嫁的假设下（通过各类弹性系数来表示），模拟税收政策变动对平衡宏观经济系统的政策效应。本书主要借鉴胡怡建和田志伟（2014）的"营改增"CGE 模型，构建包含增值税抵扣机制的 CGE 模型，模块设定如下。

（1）生产模块设定。标准 CGE 模型将增值税看作是一种要素税，不能反映我国增值税进项税额抵扣机制，因此，为了更加贴合增值税的征管实际，有必要结合"增值税应纳税额 = 销项税额 – 进项税额"的计算原理，对标准 CGE 模型进行部分修正，具体模块修正如下。

a 表示行业，c 表示商品。生产函数嵌套为两层，中间投入和增加值，采用 CES 函数形式表示，如式（4 – 24）至式（4 – 25）所示。

$$QA_a = \alpha_a^q \left[\delta_a^q QVA_a^{\rho_a} + (1 - \delta_a^q) QINTA_a^{\rho_a} \right]^{\frac{1}{\rho_a}}, a \in A \qquad (4-24)$$

其中，QA 表示行业产量；QVA 表示行业增加值；$QINTA$ 表示行业中间投入；α 表示效率或规模参数；δ 表示份额参数；ρ 表示替代弹性。

$$\frac{PVA_a}{PINTA_a} = \frac{\delta_a^q}{1 - \delta_a^q} \left(\frac{QINTA_a}{QVA_a} \right)^{1-\rho_a}, a \in A \qquad (4-25)$$

其中，PVA 表示增加值部分的价格；$PINTA$ 表示中间投入品的价格；其他变量及参数意义同上。

SAM 表中，国内总产出（不含税）= 中间投入（不含税）+ 要素投入 + 生产税净额，对应到企业微观层面，其平衡关系表示为：销售收入 – 增值税销项税额 – 营业税 – 其他生产税 = 中间投入成本 – 中间投入进项税 + 增加值 – 固定资产投入进项税。具体如式（4 – 26）至式（4 – 27）所示。

$$增值税销项税额 = PA_a \cdot (QA_a - stock_a) \cdot \frac{tvad_a}{1 + tvad_a} \qquad (4-26)$$

其中，PA 表示行业产量的价格；$stock$ 表示存货增加；$tvad$ 表示法定增值税税率。

$$固定资产进项税额 = tvak_a \cdot WK \cdot QKD, a \in A \qquad (4-27)$$

其中，WK 表示资本的价格；$tvak$ 表示固定资产抵扣率；QKD 表示不同行业对资本的需求。

$$中间投入进项税额 = \sum ica_{ca} \cdot PQ_c \cdot QA_a \cdot \frac{tvad_a}{1 + tvad_a}, a \in A, c \in C$$

$$(4-28)$$

其中，ica 表示中间投入部分的投入产出直接消耗系数；PQ 表示国内生产的商品价格。因此，反映增值税抵扣机制模块修正如式（4-29）所示。

$$PA_a \cdot \left[QA_a - (QA_a - stock_a) \cdot \frac{tvad_a}{1 + tvad_a} \cdot leiv_a \right](1 - tiq_a)$$

$$= PVA_a \cdot QVA_a + PINTA_a \cdot QINTA_a, a \in A \qquad (4-29)$$

其中，$leiv$ 表示增值税的征收率[①]，用来调整不同行业的税收征管效率；tiq_a 表示其他间接税税率；其他变量及参数意义同上。将"中间投入成本 - 中间投入进项税"内化到中间投入品价格中，"增加值 - 固定资产投入进项税"内化到增加值价格中，而固定资产进项税通过资本的价格来刻画，固定资产投入的进项税内化到 PVA 中，如式（4-30）和式（4-31）所示。

$$WK' = (1 - tvak_a \cdot leiv_a)WK, a \in A \qquad (4-30)$$

其中，$tvak$ 表示固定资产抵扣率。固定资产抵扣率 = 资本法定增值税税率/（1 + 资本法定增值税税率），不同的增值税制度下，$tvak$ 的取值按照固定资产的法定增值税税率重新计算。

$$PVA_a = \left[WL \cdot QLD_a + WK \cdot (1 - tvak_a \cdot leiv_a) \cdot QKD_a \right]/QVA_a, a \in A$$

$$(4-31)$$

其中，QLD 表示不同行业对劳动的需求；WL 表示劳动的价格。

此外，增值部分的生产函数是 CES 函数，投入为劳动和资本两个生产要素，如式（4-32）至式（4-34）所示。

$$QVA_a = \alpha_a^{va} \left[\delta_{La}^{va} QLD_a^{\rho_a^{va}} + (1 - \delta_{La}^{va}) QKD_a^{\rho_a^{va}} \right]^{\frac{1}{\rho_a^{va}}}, a \in A \qquad (4-32)$$

$$\frac{WL}{WK(1 - tvak_a \cdot leiv_a)} = \frac{\delta_{La}^{va}}{1 - \delta_{La}^{va}} \left(\frac{QKD_a}{QLD_a} \right)^{1 - \rho_a^{va}}, a \in A \qquad (4-33)$$

$$PVA_a \cdot QVA_a = WL \cdot QLD_a + (1 - tvak_a \cdot leiv_a) \cdot WK \cdot QKD_a, a \in A$$

$$(4-34)$$

中间投入部分的生产函数是 Leontief 生产函数，如式（4-34）和式（4-35）所示。

$$QINT_{ca} = \sum_{c \in C} ica_{ca} \cdot QINTA_a, a \in A, c \in C \qquad (4-35)$$

---

① 由于存在税收优惠、税收返还、即征即退等税收优惠措施，增值税实际征收额和理论征收额并不相等，因此在模型中引入征收率，以模拟增值税的实际征收状况。其中，对于原征收增值税的行业，其征收率 = 实际增值税额/（增加值×法定增值税税率）。

其中，$QINT$ 表示中间投入个量；$QINTA$ 表示中间投入总量。

$$PINTA_a = \sum_{c \in C} ica_{ca} \cdot PQ_c - \sum_{c \in C} ica_{ca} \cdot PQ_c \cdot \frac{tvad_c}{1 + tvad_c} \cdot leiv_c, a \in A, c \in C$$

$$(4-36)$$

其他生产模块（采用标准 CGE 模块）。

国内生产活动产出到商品的关系如式（4-34）至式（4-35）所示。

$$QA_a = \sum_c sax_{ac} \cdot QX_c, a \in A, c \in C \qquad (4-37)$$

其中，QX 表示行业各部门产出商品的数量；sax 表示产出数量和商品数量单位转置矩阵。

$$PX_c = \sum_a sax_{ac} \cdot PA_a, a \in A, c \in C \qquad (4-38)$$

其中，PX 表示各行业产出商品的价格。

国内生产活动的产出商品分为国内销售和出口两部分，其替代关系由 CET 函数表示，具体如式（4-36）至式（4-39）所示。

$$QX_c = \alpha_c^t \left[\delta_c^t QD_c^{\rho_c^t} + (1 - \delta_c^q) QE_c^{\rho_c^t} \right]^{\frac{1}{\rho_c^t}}, \rho_c^t > 1, c \in C \qquad (4-39)$$

其中，QD 表示国内生产国内使用商品的数量；QE 表示商品出口的数量。

$$\frac{PD_c}{PE_c} = \frac{\delta_c^t}{1 - \delta_c^t} \left(\frac{QE_c}{QD_c} \right)^{1 - \rho_c^t}, c \in C \qquad (4-40)$$

其中，PD 表示国内生产国内使用商品的价格；PE 表示商品出口的价格。

$$PX_c \cdot QX_c = PD_c \cdot QD_c + PE_c \cdot QE_c, c \in C \qquad (4-41)$$

由于出口没有出口税，$te_c = 0$，则：

$$PE_c = pwe_c \cdot (1 - te_c) \cdot EXR = pwe_c \cdot EXR, c \in C \qquad (4-42)$$

其中，pwe 表示出口商品的国际价格；te 表示出口税；EXR 表示汇率。

国内市场上供应的商品，由国内生产国内销售商品和进口商品两部分构成，其二者之间满足 Arminton 条件，具体如式（4-43）至式（4-48）所示。

$$QQ_c = \alpha_c^q \left[\delta_c^q QD_c^{\rho_c^q} + (1 - \delta_c^q) QM_c^{\rho_c^q} \right]^{\frac{1}{\rho_c^q}}, c \in C, 当 QM_c > 0 时 \qquad (4-43)$$

其中，QQ 表示国内市场商品的数量；QM 表示进口商品的数量。

$$\frac{PD_c}{PM_c} = \frac{\delta_c^q}{1 - \delta_c^q} \left(\frac{QM_c}{QD_c} \right)^{1 - \rho_c^q}, c \in C, 当 QM_c > 0 时 \qquad (4-44)$$

如果商品部门（C 部门）没有进口商品，对应商品则采用替代函数，替代

函数具体形式如式（4 – 45）和式（4 – 46）所示［将式（4 – 43）和式
（4 – 44）改为式（4 – 45）和式（4 – 46）］。

$$QQ_c = QD_c, c \in C, \text{当 } QM_c = 0 \text{ 时} \qquad (4-45)$$

$$PQ_c = PD_c, c \in C, \text{当 } QM_c = 0 \text{ 时} \qquad (4-46)$$

对任何商品部门（C 部门），下面等式都适用：

$$PQ_c \cdot QQ_c = PD_c \cdot QD_c + PM_c \cdot QM_c, c \in C \qquad (4-47)$$

其中，PM 表示进口商品的价格。

$$PM_c = pwm_c \cdot (1 + tm_c) \cdot EXR, c \in C \qquad (4-48)$$

其中，pwm 表示进口商品的国际价格；tm 表示进口税率。

（2）其他主体模块。开放经济模型的主体机构包括居民、企业、政府和
国外。h 表示居民群，ent 表示企业，gov 表示政府，k 表示资本，l 表示劳动。
具体模块设置如式（4 – 49）至式（4 – 56）所示。

● 居民

居民群收入由劳动报酬、资本报酬、企业和政府转移支付构成，具体如式
（4 – 49）所示。

$$YH_h = shif_{hl} \cdot WL \cdot QLSAGG + shif_{hk} \cdot WK \cdot QKSAGG + transfr_{hent} + transfr_{hgov}, h \in H$$

$$(4-49)$$

其中，YH 表示居民收入；$QLSAGG$ 表示劳动总供应量；$QKSAGG$ 表示资本总供
应量；$transfr_{hgov}$ 表示政府对居民的转移收入；$transfr_{hent}$ 表示企业对居民的转移
收入（如私人保险公司支付保险金等）；$shif_{hl}$ 表示劳动要素禀赋中居民享有的
份额；$shif_{hk}$ 表示资本收入分配给居民享有的份额。

居民群对商品的消费需求与其可支配收入和消费倾向相关，假设居民收入
等于居民消费支出，具体如式（4 – 50）所示。

$$PQ_c \cdot QH_{ch} = shrh_{ch} \cdot mpc_{ch} \cdot (1 - ti_{ch}) \cdot YH_h, c \in C, h \in H \qquad (4-50)$$

其中，QH 表示居民对商品的需求；$shrh_{ch}$ 表示居民收入中对商品的消费支出份
额；mpc 表示居民的边际消费倾向（这里是平均消费倾向）；ti 表示居民个人
所得税税率。

● 企业

企业税前收入由投资报酬和政府转移支付构成，企业税前收入扣除企业所

得税和企业对居民的转移支付（如私人保险公司支付保险金等）后，剩余部分为企业可支配的资金（由于不是研究企业所得税，企业具体行为不在模型里展开，这里仅表示成企业的储蓄）。具体如式（4 – 51）至式（4 – 53）所示。

$$YENT = shif_{entk} \cdot WK \cdot QKSAGG + transfr_{entgov} \tag{4 – 51}$$

其中，$YENT$ 表示企业收入；$shif_{entk}$ 表示资本收入分配给企业的份额；$transfr_{entgov}$ 表示府对企业的转移收入。

$$ENTSAV = (1 - ti_{ent}) \cdot YENT - \sum_{h} transfr_{hent} \tag{4 – 52}$$

其中，$ENTSAV$ 表示企业储蓄；ti_{ent} 表示企业所得税税率。

总投资额由各个部门的投资组成：

$$EINV = \sum_{C} PQ_c \cdot QINV_c, c \in C \tag{4 – 53}$$

其中，$EINV$ 表示投资总额；$QINV$ 表示对商品的投资的最终需求。

- 政府

政府的税收由从国内生产活动中征收的流转税（增值税和其他间接税）、从居民中征收的个人所得税、从企业中征收的企业所得税、贸易中征收关税以及国外对政府的转移支付构成。具体如式（4 – 54）所示。

$$\begin{aligned}
YG = {} & \sum_{a} tiq_a \cdot PA_a \cdot QA_a + \sum_{a} (tval_a \cdot WL \cdot QLD_a + tvak_a \cdot WK \cdot QKD_a) \\
& + \sum_{a} tbus_a \cdot (PINTA_a \cdot QINT_a + PVA_a \cdot QVA_a) + \sum_{h} ti_h \cdot YH_h \\
& + ti_{ent} \cdot YENT + \sum_{c} tm_c \cdot pwm_c \cdot QM_c \cdot EXR + transfr_{grow} \cdot EXR
\end{aligned}$$

$$\tag{4 – 54}$$

其中，YG 表示政府收入；$transfr_{grow}$ 表示国外对政府的转移支付。

政府支出由政府消费和政府对居民和企业转移支付构成，假设政府在商品上消费按比例决定，具体如式（4 – 55）所示。

$$PQ_c \cdot QG_c = shrg_c(EG - transfr_{hg} - transfr_{entg}) \tag{4 – 55}$$

其中，QG 表示政府对商品的需求；EG 表示政府支出；$shrg$ 表示政府收入中对商品的消费支出份额。

政府的收入扣除政府支出即为政府净储蓄，具体如式（4 – 56）所示。

$$GSAV = YG - EG \qquad (4-56)$$

其中，GSAV 表示政府储蓄。

（3）系统平衡条件。依据德布罗一般均衡状态，所有市场同时实现供求平衡，需要满足商品市场和要素市场供求平衡两个条件。而在开放经济体下，构建一般均衡还需要保证国际收支平衡、投资储蓄平衡，因此，本部分具体模块设置如下。

商品市场均衡（所有国内供给 = 所有国内需求），如式（4-57）所示。

$$QQ_c = \sum_a QINT_{ca} + \sum_h QH_{ch} + QINV_c + QG_c, c \in C \qquad (4-57)$$

因为 QQ 为所有国内供应，所以式（4-57）中等号右边没有出口 QE。

要素市场均衡（劳动需求 = 劳动供给，资本需求 = 资本供给），如式（4-58）和式（4-59）所示。

$$\sum_a QLD_a = QLSAGG \qquad (4-58)$$

$$\sum_a QKD_a = QKSAGG \qquad (4-59)$$

国际市场上外汇收支平衡，如式（4-60）所示。

$$\sum_c pwm_c \cdot QM_c = \sum_a pwe_c \cdot QE_c + \sum_h transfr_{hrow} + EXR \cdot FSAV$$

$$(4-60)$$

其中，FSAV 表示国外储蓄。

投资—储蓄恒等式，如式（4-61）所示。

$$EINV = \sum_h (1 - mpc_h) \cdot (1 - ti_h) \cdot YH + ENTSAV + GSAV + EXR \cdot FSAV$$

$$(4-61)$$

为了研究宏观经济变量 GDP 和 PGDP，加入式（4-62）和式（4-63）。

$$GDP = \sum_{c \in C} (QH_c + QINV_c + QG_c + QE_c - QM_c) \qquad (4-62)$$

$$PGDP \cdot GDP = \sum_{c \in C} PQ_c (QH_c + QINV_c + QG_c) + \sum_c PE_c \cdot QE_c$$

$$- \sum_c PM_c \cdot QM_c + QM_c + \sum_c tm_c \cdot pwm_c \cdot EXR \cdot QM_c \qquad (4-63)$$

其中，GDP 表示实际国民生产总值；PGDP 表示国民生产总值价格指数。

内生变量（求解变量，除此之外均为外生变量）有：PA_a，PVA_a，PIN-

TA_a，WL，WK，QA_a，QVA_a，$QINT_a$，$QINTA_a$，QLD_a，QKD_a，$QINT_{ca}$，$stock_a$，PX_a，QX_a，PD_c，QD_c，QE_c，PQ_c，EXR，QQ_c，QM_c，PM_c，YH_h，$QLSAGG$，$QKSAGG$，QH_{ch}，$YENT$，$ENTSAV$，$EINV$，$QINV_c$，YG，QG_c，EG，$GSAV$，$FSAV$，GDP，$PGDP$。

（4）宏观闭合条件。早期税收领域研究，在构建 CGE 模型时往往采用古典闭合来完成一般均衡模型的构建。例如，陈烨等（2010）构建 CGE 模型研究我国增值税转型的政策效应。古典闭合是以古典经济学理论为基础，该理论认为，要素市场对价格变动的影响能立即实现市场出清，而劳动合同约束或工会力量存在等现象证实古典闭合并不适用于现实状况。研究表明：第一，我国劳动力市场具有大量的剩余劳动力，存在大量非自愿失业或者隐形失业。第二，我国固定资产投资受利率和税收政策影响较小，而受政府行为影响较大。第三，我国国内有效需求不足，对外需的依赖度较高。这三点正好符合凯恩斯闭合中生产要素具有价格下降黏性、经济主要依靠有效需求来拉动的特质。田志伟和胡怡建（2014）、葛玉御等（2015）在构建 CGE 模型研究我国"营改增"的政策效应时均采取凯恩斯闭合。所以，本书选择凯恩斯闭合作为 CGE 模型的闭合规则。

此外，为了更加真实地反映税率对经济的影响，将政府储蓄设为外生变量。

最后，确定汇率制度。关于汇率制度的设置问题，汇率决定理论比较多，但每种汇率决定理论都存在一定的合理性和局限性，模型设置中不得不做一定的取舍，以尽可能减轻其干扰性。假设国内税收政策变动对对外贸易影响不变，即通过固定外汇储蓄实现汇率制度内生。

4.2.2　SAM 表的编制与处理

CGE 模型的发展过程实际是两个方向的互动：一是一般均衡理论的应用化；二是局部均衡投入产出（多部门）模型的提升，发展成为以社会核算矩阵为数据基础，结合更符合实际复杂情况的非线性供求函数，最后在宏观经济框架下完成一般均衡的闭合。因此，要顺利完成 CGE 模型运行，首先需要构建社会核算矩阵（social accounting matrix，SAM 表）。

4.2.2.1　SAM 表简介

SAM 表以矩阵形式描述国民经济核算体系中各账户的供应和使用流量及其平衡关系。SAM 表形式上与价值型投入产出表类似，是以货币为单位对各个账户收入支出或供求使用流量描述的二维矩阵。但是，SAM 表在投入产出表基础上大大发展了。SAM 表包括国民经济中的生产和非生产性账户，也包括了它们之间的闭合关系，在投入产出表中不存在的矩阵第四象限在 SAM 表中必须存在。

SAM 表是一个正方形矩阵，即行和列的数量相等。每行和每列代表一个国民核算账户，如居民、政府、企业、世界其他地区等。相同的行和列代表同一个账户。矩阵中的元素数值代表各账户间的交易量，该数值是列部门对行部门的支付。SAM 表中行代表账户的收入，列代表账户的支出。因为总收入和总支出必须平衡，因此，每列的总数和每行的总数必须相等。

表 4 - 14 是一个标准 SAM 表，其中有 8 个主要账户：活动、商品、要素、居民、企业、政府、储蓄—投资和国外账户。

商品和活动。一般投入产出表中，一个产业部门生产一个商品，没有"活动"和"商品"的区别。标准 SAM 表区分"活动"和"商品"。活动指产业部门的生产活动，因此，活动账户中的数值按出厂价格来计算。商品指在市场上销售的商品，商品账户的价格按市场价格计算。这个区分，有利于描述现代经济的一些特征，如有时一个活动部门生产多种商品，还有，在开放经济情况下，国内生产活动和国内消费的商品不一致，因为国内消费商品中的进口部分不是国内生产活动生产的，而国内生产活动生产的出口商品又不在国内消费的商品中。因此，需要将活动与商品区分开来。

要素为生产要素，包括劳动、资本、土地等。四个经济主体：居民、企业、政府、国外，这和宏观经济中的定义一致。这个设置有利于分析宏观经济问题。另外，很多 SAM 表还包括储蓄—投资账户。宏观经济中，国民经济核算最重要的平衡就是总投资 = 总储蓄。它概况了两个主要的国民经济核算恒等式：

$$C + I + G + X - M = Y \tag{4-64}$$

$$C + S + T = Y \tag{4-65}$$

其中，C 为消费，I 为投资，G 为政府支出，X 为出口，M 为进口，S 为储蓄，T 为税收。两式合并，可得：

表 4－14

标准 SAM 表

账户		支出								汇总
		1	2	3	4	5	6	7	8	
		活动	商品	要素	居民	企业	政府	储蓄—投资	国外	
收入	1 活动		市场销售产出		居民自产自销					总产出
	2 商品	中间投入	交易费用		市场销售的居民消费		政府消费	投资（固定资本形成）	出口	总需求
	3 要素	增值							海外要素收入	要素收入
	4 居民			居民要素收入	居民之间转移支付	企业对居民的转移支付	政府对居民的转移支付		国外对居民的转移支付	居民总收入
	5 企业			企业要素收入			政府对企业的转移支付		国外对企业的转移支付	企业总收入
	6 政府	生产税增值税	销售税，关税，出口税	要素税，政府要素收入	直接税，收入税	企业直接税，向政府交纳盈余			国外对政府的转移支付	政府总收入
	7 储蓄—投资				居民储蓄	企业储蓄	政府储蓄		国外净储蓄	总储蓄
	8 国外		进口	对国外要素的支付		企业向国外支付盈余	政府对国外的支付			外汇支出
汇总		总投入	总供应	要素支出	居民支出	企业支出	政府支出	总投资	外汇收入	

$$I = S + (T - G) + (M - X) \qquad (4-66)$$

其中，S 为居民储蓄，$T - G$ 为政府净储蓄，$M - X$ 为国外净储蓄。

总投资包括企业新增固定资产、新增存货和新建的居民住房。总储蓄包括居民、企业、政府和国外储蓄。

最后一个是国外账户，这是外汇收入和支出的平衡项。国外账户的列表示各项外汇收入，如出口、国外给国内的转移支付；国外账户的行表示各项外汇支出，如进口、国内对外的转移支付等，其中，国外净储蓄在国民核算账户上表现为上述外汇收支平衡的差额。

这 8 个账户是概括性的主要账户。为了研究需要，可以将某些账户合并，如商品和活动。为了研究需要，也可以增加其他的账户，如将投资账户拆分成固定资产、存货变动和居民住房；政府支出包括政府消费和转移支付等重要组成部分。每个账户下可以继续细分下去，建立很多子账户。每个单元格也因此可以细分成为一个子矩阵，例如，第 1 列和第 2 行的单元格是中间投入，这个单元格就是整个投入产出表的中间投入部分（第二象限），即投入产出矩阵。

从资金流上看，SAM 表的每一行表示该账户从其他账户得到的收入，每一列表示该账户在其他账户上所花费的支出。

4.2.2.2　SAM 表的编制

制作 SAM 表，需要根据所研究的问题对标准 SAM 表进行调整，对一些账户进行合并或拆分。本书借鉴王其文和李善同（2008）和徐莉（2010）的方法，对 SAM 表进行账户细分和具体编制，见表 4-15。

4.2.2.3　SAM 表的数据来源和处理

本书 SAM 表主要设置活动、商品、劳动、资本、农村居民、城镇居民、企业、政府、增值税、营业税、进口税、国外、存货和投资储蓄 14 个部门，以 2017 年 42 部门投入产出表为基础，结合《中国财政年鉴（2018）》《中国税务年鉴（2018）》和 2017 ~ 2019 年《中国统计年鉴》等相关资料进行编制。具体数据来源见表 4-16。

此外，模型中所用到的参数一部分基于 SAM2017 表数据，通过 GAMS24.7 软件运行增值税 CGE 模型校准得出，一部分取自全球贸易分析模型数据库（Global Trade Analysis Project 5，GTAP 5）。

表 4–15　本书的 SAM 表

账户		支出													总计
		1	2	3	4	5	6	7	8	9	10	11	12	13	14	
		活动	商品	劳动	资本	农村居民	城镇居民	企业	政府	增值税	营业税	进口税	国外	存货	投资储蓄	
收入	1 活动		42×42													
	2 商品	42×42				42×1	42×1		42×1				42×1	42×1	42×1	
	3 劳动	1×42														
	4 资本	1×42														
	5 农村居民			1×1	1×1			1×1	1×1							
	6 城镇居民			1×1	1×1			1×1	1×1							
	7 企业				1×1				1×1							
	8 政府	1×42				1×1	1×1	1×1		1×1	1×1	1×1	1×1			
	9 增值税	1×42														
	10 营业税	1×42														
	11 进口税		1×42													
	12 国外		1×42			1×1	1×1	1×1	1×1					1×1		
	13 存货															
	14 投资储蓄					1×1	1×1	1×1	1×1						1×1	
	总计															

表 4－16　SAM 表数据来源及处理

序号	行	列	数据来源及其处理
1	活动	2 商品	2017 年 42 部门投入产出表（以下简称 I/O 表）
2	商品	1 活动 5 农村居民 6 城镇居民 8 政府 12 国外 13 存货 14 投资储蓄	2017 年 42 部门 I/O 表 2017 年 42 部门 I/O 表 2017 年 42 部门 I/O 表 2017 年 42 部门 I/O 表 2017 年 42 部门 I/O 表 2017 年 42 部门 I/O 表 2017 年 42 部门 I/O 表
3	劳动	1 活动	2017 年 42 部门 I/O 表中的"劳动者报酬"
4	资本	1 活动	2017 年 42 部门 I/O 表中的"固定资产折旧" + "营业盈余"
5 6	农村居民 城镇居民	3 劳动 4 资本 7 企业 8 政府	2017 年 42 部门 I/O 表中的"劳动者报酬"之和，具体处理方法见（1） 《中国统计年鉴（2019）》中"2017 年资金流量表（非金融交易）"，具体处理方法见（2） 行余量，具体处理方法见（3） 政府对居民的转移支付，《中国财政年鉴（2018）》，具体处理方法见（3）
7	企业	4 资本 8 政府	列余量 政府对企业转移支付，这里设为零
8	政府	1 活动 5 农村居民 6 城镇居民 7 企业 9 增值税 10 营业税 11 进口税 12 国外	2017 年 42 部门 I/O 表中的"生产税净额"扣除《中国税务年鉴（2018）》的增值税、营业税的余额 《中国财政年鉴（2018）》财经统计资料——财政预算决算数：个人所得税，具体处理方法见（1） 《中国财政年鉴（2018）》财经统计资料——财政预算决算数：个人所得税，具体处理方法见（1） 《中国财政年鉴（2018）》财经统计资料——财政预算决算数：企业所得税 SAM 表中"增值税"行合计值 SAM 表中"营业税"行合计值 SAM 表中"进口税"行合计值 《中国统计年鉴（2019）》中的"表 3－19 国际收支平衡表（非金融交易，2017 年）"经常转移

续表

序号	行		列		数据来源及其处理
9	增值税		1 活动		《中国税务年鉴 (2018)》: 表 1－4 全国税收收入分税种分产业收入情况 (2017 年) 的 "国内增值税"
10	营业税		1 活动		《中国税务年鉴 (2018)》: 表 1－4 全国税收收入分税种分产业收入情况 (2017 年) 的 "营业税"
11	进口税		2 商品		2017 年税 42 部门 I/O 表,《中国财政年鉴 (2018)》, 具体处理方法见 (4)
12	国外		2 商品		2017 年税 42 部门 I/O 表,《中国财政年鉴 (2018)》, 具体处理方法见 (4)
13	存货		14 投资储蓄		SAM 表中 "存货" 列合计值
14	投资储蓄		5 农村居民		《中国统计年鉴 (2019)》表 3－19 资金流量表 (非金融交易, 2017 年): 住户部门储蓄, 具体处理方法
			6 城镇居民		见 (2)
			7 企业		列余量
			8 政府		列余量
			12 国外		列余量

具体数据处理方法如下。

（1）劳动报酬及个人所得税在城乡居民之间的分配。本部分参照徐莉（2010）处理方法[1]，具体处理流程如下。

第一，计算城镇劳动力平均劳动报酬。[2]

$$\begin{matrix}人均劳动报酬\\（按家庭人口平均）\end{matrix} = 人均工薪收入 + 人均经营净收入 \times 60\%$$

$$= 22200.9 + 4064.7 \times 60\% \approx 24639.78 \text{（元）}$$

$$\begin{matrix}平均劳动报酬\\（按就业人口平均）\end{matrix} = 人均劳动报酬 \times 平均每户家庭人口/平均每户就业人口$$

$$= 24639.78 \times 2.86/1.49 \approx 47295.14 \text{（元）}$$

$$城镇劳动报酬总额 = 平均劳动报酬 \times 就业人数$$

$$= 47295.14 \times 42462.00/10000 \approx 200824.64 \text{（亿元）}$$

第二，计算农村劳动力平均劳动报酬。

$$人均劳动报酬 = 人均工资性收入 + 家庭经营收入 \times 90\%$$

$$= 5498.4 + 5027.8 \times 2.7636 \times 90\% \approx 18003.80 \text{（元）}$$

$$平均劳动报酬 = 人均劳动报酬 \times 平均每户常住人口/平均每户整半劳动$$

$$= 18003.80 \times 3.8811/2.7636 \approx 25283.89 \text{（元）}$$

$$农村劳动报酬总额 = 平均劳动报酬 \times 就业人数$$

$$= 25283.89 \times 35178.00/10000 \approx 88943.66 \text{（亿元）}$$

第三，计算城乡劳动力平均报酬比，并以此比例为基础，拆分 SAM 表中劳动报酬总数（423268.03）。

$$城镇劳动报酬：农村劳动报酬 = 200824.64：88943.66$$

$$\approx 2.257885947：1$$

---

① 在国民经济核算中，住户部门劳动者报酬的计算在不同行业之间、农村和城镇之间各不相同。例如，城镇居民个体工业的劳动者报酬和营业盈余被合在一起作为混合收入全部计入劳动者报酬。由于住户调查资料的局限性，假设农村家庭经营净收入的 90% 来自劳动报酬，城镇个体经营净收入的 60% 来自劳动报酬。参见徐莉. 中国税收可计算一般均衡模型研究 [M]. 北京：中国财政经济出版社，2010：225 – 226.

② 本部分的计算均采用电子年鉴中的原始数据，保留小数点后 11 位小数，但汇报计算过程和结果的时候，为行文简洁，只列示了保留 2 位小数的数据和结果，故如对以下式子中的数据直接计算会产生四舍五入的误差，但实际计算结果是准确无误的。

城镇劳动收入分配额 = 2.257885947/(2.257885947 + 1) × 423268.03

≈ 293346.95（亿元）

农村劳动收入分配额 = 1/(2.257885947 + 1) × 423268.03 ≈ 129921.08（亿元）

第四，以此比例为基础，拆分 SAM 表中个税（11961.27 亿元）。

城镇居民个税分配额 = 2.257885947/(2.257885947 + 1) × 11961.27

≈ 8289.79（亿元）

农村居民个税分配额 = 1/(2.257885947 + 1) × 11961.27

≈ 3671.48（亿元）

拆分结果见表 4 – 17。

表 4 – 17　　　　　　　　　2017 年劳动收入及个税分配

项目	城镇	农村
人均可支配收入（元）	36396.2	13432.4
人均工资性收入（元）	22200.9	5498.4
人均经营净收入（元）	4064.7	5027.8
人均财产净收入（元）	3606.9	303.0
人均转移净收入（元）	6523.6	2603.2
平均每户家庭人口（人）	2.86	—
平均每户就业人口（人）	1.49	—
平均每户常住人口（人）	—	3.8811
平均每户整半劳动力（人）	—	2.7636
就业人数（万人）	42462.00	35178.00
人均劳动报酬（元）	24639.78	18003.80
平均劳动报酬（元）	47295.14	25283.89
劳动报酬总额（亿元）	200824.64	88943.66
SAM 中劳动收入分配额（亿元）	293346.95	129921.08
SAM 中个税分配额（亿元）	8289.79	3671.48

资料来源：《中国统计年鉴（2018）》、中国劳动经济数据库。

（2）资本收入及居民储蓄在城乡居民之间的分配。投入产出表（I/O 表）中"资本"由居民投资收益和企业资本收益两部分构成。企业资本收益由 I/O 表中"固定资产折旧" + "营业盈余"之和减去居民的资本收益计算得出。居民的资本收益主要反映居民收入中的资本性收入部分，即资本要素收入对国内居民的分配，其数据来源于《中国统计年鉴（2019）》中"2017 年资金流量表（非金融交易）"对居民补助的财产收入的核算，具体包括利息、红利和其他。具体处理流程如下。

第一，计算城镇平均投资收益。

城镇平均收益 = 个体经营收入 × 40% × 家庭人口数/家庭就业人口数
$$= 4064.7 × 40% × 2.86/1.49 ≈ 3120.8522（元）$$

第二，计算农村平均投资收益。

农村平均收益 = 家庭经营收入 × 10% × 常住人口数/整半劳动力数
$$= 5027.8 × 3.8811 × 10% × 3.8811/2.7636 ≈ 2740.3990（元）$$

第三，计算城乡投资收益总额。

城镇投资收益总额 = 城镇平均投资收益 × 城镇劳动力总数
$$= 3120.8522 × 42462.00/10000 ≈ 13251.7628（亿元）$$

农村投资收益总额 = 农村平均投资收益 × 农村劳动力总数
$$= 2740.3990 × 35178.00/10000 ≈ 9640.1756（亿元）$$

第四，按城乡投资收益比，拆分SAM表中的投资收益总额。

城镇投资收益：农村投资收益 = 13251.7628 : 9640.1756
$$≈ 1.374639151 : 1$$

城镇居民资本收入分配额 = 1.374639151/(1.374639151 + 1) × 30627.8
$$≈ 17729.9245（亿元）$$

农村居民资本收入分配额 = 1/(1.374639151 + 1) × 30627.8
$$≈ 12897.8755（亿元）$$

第五，以此比例为基础，拆分SAM表中居民储蓄。

城镇居民储蓄分配额 = 11.374639151/(1.374639151 + 1) × 180564.1
$$≈ 104525.5574（亿元）$$

农村居民储蓄分配额 = 1/(1.374639151 + 1) × 180564.1 ≈ 76038.5426（亿元）

拆分结果见表4 – 18。

表4 – 18   2017年资本收入及储蓄分配

项目	城镇	农村
人均经营净收入（元）	4064.7	5027.8
家庭人口数（人）	2.86	—
家庭就业人口数（人）	1.49	—
常住人口数（人）	—	3.8811
整半劳动力（人）	—	2.7636

续表

项目	城镇	农村
劳动力总数（万人）	42462.00	35178.00
平均投资收益（元）	3120.8522	2740.3990
投资收益总额（亿元）	13251.7628	9640.1756
SAM 中资本收入分配额（亿元）	17729.9245	12897.8755
SAM 中储蓄分配额（亿元）	104525.5574	76038.5426

资料来源：《中国统计年鉴（2018）》、中国劳动经济数据库。

（3）政府对居民的转移支付及其在城乡居民之间的分配。政府对居民的转移支付是指来自政府的财产收入和转移支付。其中，居民来自政府的财产收入为持有国债的利息收入，此部分按城乡居民年底储蓄存款余额的比例分拆。转移支付包括社会保险收入和社会补助收入，本部分不考虑社会保险收入，而是将《中国财政年鉴（2018）》中财经统计资料财政预决算（决算数）中的抚恤、退役安置、社会福利、最低生活保障、其他生活救助、自然灾害生活救助、临时救助、特困人员救助供养、其他社会保障和就业支出的内容纳入社会救助范畴，并按照人均年转移收入分配。计算得出政府对城镇居民的转移支付为7826.33亿元，对农村居民的转移支付为4308.61亿元。具体处理流程及处理结见表4-19和表4-20。

表4-19　　　　　　　　2017年政府对居民的转移支付

项目	城镇居民	农村居民	合计
人均年转移收入（元）	6523.6	2603.2	9126.87
年底储蓄存款余额（元）	104525.56	76038.54	180564.10
人均年转移收入占比	0.71	0.29	1.00
储蓄存款余额占比	0.58	0.42	1.00

资料来源：《中国统计年鉴（2018）》。

第一，计算城乡居民人均年转移收入占比和储蓄存款余额占比。

城镇居民人均年转移收入占比 = 6523.6/9126.87 ≈ 0.71

农村居民人均年转移收入占比 = 2603.2/9126.87 ≈ 0.29

城镇居民储蓄存款余额占比 = 104525.56/180564.10 ≈ 0.58

农村居民储蓄存款余额占比 = 76038.54/180564.10 ≈ 0.42

第二，按城乡人均年转移收入分配政府对城乡居民的转移支付。

政府对城镇转移支付 = 0.71 × 5898.97 ≈ 4216.43（亿元）

政府对农村转移支付 $= 0.29 \times 5898.97 \approx 1682.54$ （亿元）

第三，按城乡居民年底储蓄存款余额分配政府对城乡居民的转移支付。

政府对城镇转移支付 $= 0.58 \times 6235.97 \approx 3609.90$ （亿元）

政府对农村转移支付 $= 0.42 \times 6235.97 \approx 2626.07$ （亿元）

第四，计算政府对城乡居民的最终转移支付。

政府对城镇最终转移支付 $= 3609.90 + 3609.90 = 7826.33$ （亿元）

政府对农村最终转移支付 $= 1682.54 + 2626.07 = 4308.61$ （亿元）

表 4 – 20　　　　　　2017 年政府对城乡居民的转移支付分配　　　　单位：亿元

方式	转移支付项目	金额	对城镇转移支付	对农村转移支付
按城乡人均 年转移收入分配	抚恤	933.85		
	退役安置	737.19		
	社会福利	682.01		
	最低生活保障	1475.83		
	其他生活救助	113.89		
	自然灾害生活救助	192.38		
	临时救助	142.27		
	特困人员救助供养	259.30		
	其他社会保障和就业支出	1362.25		
	小计	5898.97	4216.43	1682.54
按城乡居民年底 储蓄存款余额分配	中央政府国内债务付息支出	3740.59		
	地方政府一般债券付息支出	2495.38		
	小计	6235.97	3609.90	2626.07
	最终转移支付额合计		7826.33	4308.61

资料来源：《中国财政年鉴（2018）》。

（4）进口商品及进口税的推算。I/O 表中，进口（IM）＝进口商品到岸价格（CIF）＋关税，进口商品关税不单列。因此，采用理论进口关税结构代替实际进口关税结构的方法计算 42 部门的进口关税额，即进口商品平均关税税率乘以相应进口商品价值量，再用关税总量作为控制数，推算得出进口关税数据。根据《中国财政年鉴（2018）》财经统计资料"2017 年全国一般公共预算、决算收支"的数据：进口货物增值税、消费税（决算数）为 15970.67亿元，关税为 2997.85 亿元，关税平均水平为 9.8%。

进口税＝关税＋进口环节增值税、消费税

第一，计算关税。

$$商品关税完税价值量 + 关税 = 进口（IM）$$

$$商品关税完税价值量 \times (1 + 关税税率) = 进口（IM）$$

$$商品关税完税价值量 = 进口（IM）/(1 + 关税税率)$$

$$理论关税额 = 进口（IM） - 商品关税完税价值量$$

$$调整后关税额 = 各部门理论关税额/理论关税总额 \times 关税（2997.85）$$

例如，农林牧渔产品和服务理论关税完税商品价值总额 = 进口（IM）/（1 + 关税税率）= 60158245/（1 + 9.8%）/10000 ≈ 5479（亿元）；其理论关税额 = 进口（IM）- 商品关税完税价值量 = 60158245/10000 - 5479 ≈ 536.9（亿元）；调整后关税 = 各部门理论关税额/理论关税总额 × 关税 = 536.9/13322.67898 × 2997.85 ≈ 120.82（亿元）。其他行业调整后关税额计算以此类推。

第二，分配进口增值税、消费税。

$$进口环节增值税 = （关税完税价格 + 关税 + 消费税） \times 增值税税率$$

$$进口环节消费税 = （关税完税价格 + 关税）/（1 - 消费税税率） \times 消费税税率$$

$$各部门进口货物增值税、消费税 = \frac{各部门的进口（IM）}{进口（IM）总额} \times 进口货物增值税、消费税$$

例如，农林牧渔产品和服务进口环节增值税、消费税 = 各部门的进口（IM）/进口（IM）总额 × 进口货物增值税、消费税（决算数）= 60158245/1492683828 × 15970.67 ≈ 643.65（亿元）。其他行业进口环节增值税、消费税计算以此类推。

第三，计算进口税。

$$各部门调整后的进口税 = 各部门调整后关税 + 分配的进口环节增值税、消费税$$

例如，农林牧渔产品和服务调整后的进口税 = 农林牧渔产品和服务调整后关税 + 分配的进口环节增值税、消费税 = 120.82 + 643.65 = 764.47（亿元）。调整后进口税税率 = 调整后的进口税/理论关税完税商品价值总额 = 764.47/5479 ≈ 13.95%。其他行业进口税及调整后进口税税率计算以此类推。

具体测算过程及结果见表 4 - 21。

4.2.2.4　SAM 表的处理结果

鉴于 42 部门 SAM 表较大，因此，将 42 部门合并成三大产业，并进行了 RAS 调平，调整后的宏观 SAM 表见表 4 - 22。

表4-21　　　　　　　　　　　　　　　2017年全国分行业关税测算

序号	项目	IM（I/O表）（万元）	理论关税完税商品价值总额（亿元）	理论关税（亿元）	调整后关税（亿元）	分配的进口环节增值税、消费税（亿元）	调整后的进口税（亿元）	调整后的进口税税率水平
1	农林牧渔产品和服务	60158245	5479	536.9315106	120.8195538	643.6510242	764.4705779	0.1395
2	煤炭采选产品	15405163	1403	137.495986	30.93914837	164.8244337	195.7635821	0.1395
3	石油和天然气开采产品	119554772	10888	1067.064446	240.1093019	1279.152201	1519.261502	0.1395
4	金属矿采选产品	91480952	8332	816.4966544	183.726899	978.7820186	1162.508918	0.1395
5	非金属矿和其他矿采选产品	6468918	589	57.73715328	12.99193092	69.21288303	82.20481395	0.1395
6	食品和烟草	58567441	5334	522.7330812	117.6246437	626.6305412	744.2551849	0.1395
7	纺织品	11305982	1030	100.9094977	22.70650956	120.9660827	143.6725923	0.1395
8	纺织服装鞋帽皮革羽绒及其制品	19494878	1775	173.9979996	39.1527788	208.58152	247.7342988	0.1395
9	木材加工品和家具	11217703	1022	100.1215747	22.52921226	120.0215536	142.5507659	0.1395
10	造纸印刷和文教体育用品	17735107	1615	158.2914823	35.61852094	189.7532044	225.3717253	0.1395
11	石油、炼焦产品和核燃料加工品	21944246	1999	195.8593891	44.07199713	234.7880389	278.860036	0.1395
12	化学产品	167470167	15252	1494.724621	336.3407774	1791.813321	2128.154098	0.1395
13	非金属矿物制品	10101555	920	90.15960169	20.28758348	108.0795573	128.3671408	0.1395
14	金属冶炼和压延加工品	80081256	7293	714.7507369	160.8321795	856.8132708	1017.64545	0.1395
15	金属制品	8549918	779	76.31074648	17.17133406	91.47812924	108.6494633	0.1395

续表

序号	项目	IM（I/O表）（万元）	理论关税完税商品价值总额（亿元）	理论关税（亿元）	调整后关税（亿元）	分配的进口环节增值税、消费税（亿元）	调整后的进口税（亿元）	调整后的进口税税率水平
16	通用设备	48224002	4392	430.4145868	96.85126926	515.9629936	612.8142629	0.1395
17	专用设备	48372034	4405	431.7358202	97.1485713	517.546833	614.6954043	0.1395
18	交通运输设备	76044787	6926	678.7239633	152.7254869	813.6258823	966.3513691	0.1395
19	电气机械和器材	47844573	4357	427.0280628	96.08923853	511.9033704	607.992609	0.1395
20	通信设备、计算机和其他电子设备	289285212	26347	2581.962727	580.9895273	3095.148861	3676.138389	0.1395
21	仪器仪表	36986208	3369	330.1136975	74.28170788	395.7264852	470.0081931	0.1395
22	其他制造产品	1229234	112	10.97130629	2.468747511	13.15194283	15.62069034	0.1395
23	废品废料	15318122	1395	136.7191175	30.76433854	163.8931563	194.6574948	0.1395
24	金属制品、机械和设备修理服务	1519992	138	13.56641111	3.052694252	16.26284588	19.31554013	
25	电力、热力的生产和供应	209382	19	1.868799084	0.420514473	2.240238132	2.660752605	0.1395
26	燃气生产和供应	0	0	0	0	0	0	
27	水的生产和供应	0	0	0	0	0	0	
28	建筑	5834764	531	52.07712675	11.71831992	62.4278801	74.14620002	0.1395
29	批发和零售	0	0	0	0	0	0	

续表

序号	项目	IM（I/O表）（万元）	理论关税完税商品价值总额（亿元）	理论关税（亿元）	调整后关税（亿元）	分配的进口环节增值税、消费税（亿元）	调整后的进口税（亿元）	调整后的进口税税率水平
30	交通运输、仓储和邮政	61955337	5643	552.9711351	124.4287669	662.8786547	787.3074216	0.1395
31	住宿和餐饮	42481757	3869	379.1632222	85.31876116	454.5250027	539.8437638	0.1395
32	信息传输、软件和信息技术服务	18145112	1653	161.950905	36.44195896	194.1399672	230.5819262	0.1395
33	金融	13843283	1261	123.5557103	27.80232765	148.1134147	175.9157423	0.1395
34	房地产	0	0	0	0	0	0	
35	租赁和商务服务	20462297	1864	182.6325228	41.09570676	218.9322251	260.0279319	0.1395
36	科学研究和技术服务	27571809	2511	246.0871855	55.37418339	294.9990191	350.3732025	0.1395
37	水利、环境和公共设施管理	6122602	558	54.64617782	12.29640408	65.507551	77.80395509	0.1395
38	居民服务、修理和其他服务	2759742	251	24.63157974	5.542562532	29.52730696	35.06986949	0.1395
39	教育	2788985	254	24.89258036	5.601292515	29.84018357	35.44147609	0.1395
40	卫生和社会工作	3309742	301	29.54050506	6.647161824	35.41192119	42.05908301	0.1395
41	文化、体育和娱乐	20501479	1867	182.9822314	41.17439768	219.3514412	260.5258388	0.1395
42	公共管理、社会保障和社会组织	2337073	213	20.85912368	4.693689912	25.00504451	29.69873442	0.1395
	求和	1492683828	135946	13322.67898	2997.85	15970.67	18968.52	0.1395

资料来源：2017年投入产出表、《中国财政年鉴（2018）》。

单位：亿元

表 4 - 22　合并后的 SAM 表

左列为"收入"（行），上行为"支出"（列）。

账户	活动 01第一产业	活动 02第二产业	活动 03第三产业	商品 01第一产业商品	商品 02第二产业商品	商品 03第三产业商品	劳动	资本	农村居民	城镇居民	企业	政府	增值税	进口税	国外	存货	投资储蓄	总计
活动 01 第一产业				110124.03	0.00	0.00												110124.03
活动 02 第二产业				0.00	1355353.14	0.00												1355353.14
活动 03 第三产业				0.00	0.00	792256.36												792256.36
商品 01 第一产业商品	14683.79	64691.55	5691.54						8682.60	17558.08		1237.90			1193.58	448.76	2179.60	116367.40
商品 02 第二产业商品	21813.22	763244.50	128258.95						26084.64	97750.42		0			133027.74	6691.20	304084.66	1480955.34
商品 03 第三产业商品	8174.68	194711.71	233247.90						29971.54	140379.40		122512.41			29625.51	1049.38	55652.51	815325.02
劳动	65270.92	139222.79	218774.31															423268.03
资本	3592.05	129146.44	172230.59															304969.07
农村居民							129921.08	12897.88			-2678.75	4308.61						144448.81
城镇居民							293346.95	17729.92			49600.04	7826.33						368503.25
企业								274341.27										274341.27
政府	-3451.27	34669.63	7646.98						3671.48	8289.79	11694.50		56113.27	18968.52	25243.70			162846.60
增值税	40.65	29666.52	26406.09															56113.27
进口税				764.47	15379.40	2824.65												18968.52
国外				5478.89	110222.80	20244.01												135945.70
存货																	8189.34	8189.34
投资储蓄									76038.54	104525.56	215725.48	26961.35			-5114.82			370106.11
总计	110124.03	1355353.14	792256.36	116367.04	1480955.34	815325.02	423268.03	304969.07	144448.81	368503.25	274341.27	162846.60	56113.27	18968.52	135945.70	8189.34	370106.11	

4.2.3 实证结果

CGE 模型是在一系列优化条件的约束下，求解出使各个市场都达到均衡的一组数量和价格，从而模拟增值税税率调整的政策效应，其均衡结果受制于一定的经济规模、生产函数和弹性参数。如果增值税税率变化太大、下调太多，会导致 CGE 模型无法得出一个均衡结果，故本书基于 CGE 模型的税率简并方案设计与投入产出模型略有不同，共设计单一税率和两档税率六大类 35种具有代表性的增值税税率简并方案，具体方案见表 4 – 23。

表 4 – 23　　　　　　　　　　增值税税率简并方案　　　　　　　　　单位:%

简并类别		方案 1	方案 2	方案 3	方案 4	方案 5	方案 6
单一税率		13	12	11	10	9	—
两档税率	两档就低	13, 6	12, 6	11, 6	10, 6	10, 5	9, 6
	两档就高	13, 6	12, 6	11, 6	10, 6	10, 5	9, 6
	两档拆分 I	13, 6	12, 6	11, 6	10, 6	10, 5	9, 6
	两档拆分 II	13, 6	12, 6	11, 6	10, 6	10, 5	9, 6
	两档拆分 III	13, 6	12, 6	11, 6	10, 6	10, 5	9, 6

与投入产出模型相比，CGE 模型下的税率简并方案，在单一税率模式下减少了税率为8%的原方案6；在两档税率模式下减少了原方案6（即9% +5%）、方案7（即8% +5%），代之以新的方案6（即9% +6%）。

4.2.3.1 单一税率模式的税负效应

（1）行业税负效应。本节对增值税税率简并的行业税负效应的考察以行业税负变化率表示。运用 CGE 模型测算出各税率简并方案下各部门的增值税税负，再以 2019 年增值税制度下各部门的增值税税负作为基期，计算不同税率简并方案下42 部门的行业税负变化率，具体如式（4 – 67）所示。

行业增值税税负变化率 =

$$\frac{各简并方案下行业增值税税负 - 2019 年增值税制度下行业增值税税负}{2019 年增值税制度下行业增值税税负} \times 100\%$$

$$(4 - 67)$$

当部门增值税税负变化率大于零时，表明增值税税率简并使得该部门增值税税负上升；反之，则表明增值税税率简并使得该部门增值税税负下降。

税率简并为单一税率模式后，从方案1到方案5，与2019年增值税基期相比，42行业增值税平均税负均大于基期，且当增值税税率简并为9%时，增值税平均税负增幅最小，为2.62%，具体见表4-24。

表4-24　　　　　　　单一税率模式下的行业增值税税负变化率　　　　　单位:%

序号	行业	方案1 13%	方案2 12%	方案3 11%	方案4 10%	方案5 9%
1	农林牧渔产品和服务	31.52	21.41	11.31	1.22	-8.88
2	煤炭采选产品	-6.43	-13.85	-21.24	-28.58	-35.88
3	石油和天然气开采产品	-9.88	-16.47	-23.16	-29.84	-36.60
4	金属矿采选产品	-9.73	-16.37	-23.07	-29.81	-36.60
5	非金属矿和其他矿采选产品	-19.32	-25.2	-31.15	-37.13	-43.17
6	食品和烟草	-99.77	-99.31	-98.94	-98.62	-98.39
7	纺织品	-38.60	-43.64	-48.62	-53.54	-58.41
8	纺织服装鞋帽皮革羽绒及其制品	-9.53	-16.94	-24.28	-31.52	-38.70
9	木材加工品和家具	-18.35	-24.71	-31.07	-37.39	-43.71
10	造纸印刷和文教体育用品	7.58	-0.98	-9.52	-17.98	-26.40
11	石油、炼焦产品和核燃料加工品	-19.91	-24.05	-28.58	-33.43	-38.65
12	化学产品	-16.02	-22.77	-29.49	-36.13	-42.74
13	非金属矿物制品	-13.75	-20.15	-26.61	-33.07	-39.59
14	金属冶炼和压延加工品	-12.12	-18.70	-25.33	-31.96	-38.63
15	金属制品	-14.11	-20.59	-27.11	-33.63	-40.17
16	通用设备	-12.04	-18.68	-25.36	-32.04	-38.74
17	专用设备	-16.56	-22.94	-29.35	-35.74	-42.14
18	交通运输设备	-16.03	-22.42	-28.84	-35.25	-41.67
19	电气机械和器材	-14.42	-20.89	-27.40	-33.90	-40.44
20	通信设备、计算机和其他电子设备	-16.78	-22.82	-28.94	-35.11	-41.35
21	仪器仪表	-10.88	-17.77	-24.66	-31.54	-38.42
22	其他制造产品	0.04	-6.67	-13.39	-20.14	-26.95
23	废品废料	-14.38	-13.58	-14.47	-16.19	-19.34
24	金属制品、机械和设备修理服务	-33.97	-38.55	-43.23	-47.99	-52.83

续表

序号	行业	方案 1 13%	方案 2 12%	方案 3 11%	方案 4 10%	方案 5 9%
25	电力、热力的生产和供应	-23.88	-29.62	-35.41	-41.17	-46.96
26	燃气生产和供应	163.25	142.62	122.03	101.55	81.12
27	水的生产和供应	54.25	42.32	30.39	18.49	6.60
28	建筑	124.64	107.01	89.42	71.90	54.44
29	批发和零售	-8.00	-15.16	-22.32	-29.45	-36.56
30	交通运输、仓储和邮政	197.90	175.02	152.05	129.21	106.33
31	住宿和餐饮	219.04	194.12	169.26	144.49	119.77
32	信息传输、软件和信息技术服务	203.39	178.43	153.71	129.34	105.23
33	金融	136.29	117.11	98.09	79.26	60.61
34	房地产	92.73	76.53	60.54	44.88	29.44
35	租赁和商务服务	87.55	72.87	58.23	43.63	29.09
36	科学研究和技术服务	215.02	188.49	162.32	136.54	111.13
37	水利、环境和公共设施管理	195.42	166.62	138.76	111.91	86.04
38	居民服务、修理和其他服务	194.88	171.35	147.96	124.73	101.65
39	教育	167.60	142.84	118.73	95.32	72.57
40	卫生和社会工作	165.48	140.06	115.42	91.60	68.59
41	文化、体育和娱乐	132.48	112.22	92.33	72.84	53.74
42	公共管理、社会保障和社会组织	190.85	160.00	130.46	102.31	75.52
	平均值	50.61	38.48	26.42	14.48	2.62

注：变化率的参照基期为 2019 年增值税制度下 42 行业的增值税税负，下同。

由表 4-24 可知，第一，绝大多数第二产业行业（22 个）和批发零售业的增值税税负小于基期，除批发零售外的所有 13 个第三产业行业和 3 个第二产业行业（燃气生产和供应、水的生产和供应、建筑）的增值税税负大于基期。第二，第一产业的农林牧渔产品和服务除方案 5（9%）以外，行业增值税税负均大于基期。第三，造纸印刷和文教体育用品及其他制造业除方案 1（13%）外，行业增值税税负均小于基期。第四，随着增值税税率下调，各行业增值税税负均逐步下降。当增值税税率简并为 9% 时，各行业税负最轻。

（2）税收收入效应。本节对增值税税率简并宏观税收收入效应的考察以税收收入变化率表示。税收收入指标不仅包括增值税收入，还包括其他间接税收入、个人所得税收入、企业所得税收入和政府税收收入总额。各项税收数据直接取自 CGE 模型的运行结果，以相关税收在税率简并前后的变化率来衡量各增值税税率简并方案的税收收入效应。计算公式如式（4 - 68）所示。

各项税收变化率 =

$$\frac{\text{不同简并方案下各项税收} - 2019\ \text{年增值税制度下各项税收}}{2019\ \text{年增值税制度下各项税收}} \times 100\% \quad (4-68)$$

当各项税收变化率大于零时，表明税收收入增加，增值税税率简并产生正向税收收入效应；反之，则表明税收收入减少，产生负向税收收入效应。

税率简并为单一税率后，从方案 1 到方案 5，与 2019 年增值税基期相比，各项税收收入的变化率见表 4 - 25。

表 4 - 25　　　　　　　单一税率模式下的税收收入变化率　　　　　单位:%

简并方案		增值税收入变化率	其他间接税收入变化率	个人所得税收入变化率	企业所得税收入变化率	税收收入总额变化率
单一税率	方案 1	38.06	-4.34	-28.14	-30.15	6.29
	方案 2	19.11	-2.25	-2.13	-3.14	5.69
	方案 3	12.69	0.29	0.46	0.04	4.69
	方案 4	6.88	3.62	4.19	4.50	4.30
	方案 5	2.67	8.61	10.42	11.81	4.11

由表 4 - 25 可知，第一，增值税收入均大于基期，但增幅随税率下调而下降。当增值税税率下调至 9% 时，增值税收入增幅最小，为 2.67%。第二，其他间接税、个人所得税和企业所得的税收收入先降低后持续增加，当增值税税率下调至 9% 时，各税种增幅达到最大，分别为 8.61%、10.42%、11.81%。第三，政府税收收入总额变化率均大于 0，且增幅随税率下调而持续下降。当增值税税率下调至 9% 时，政府税收收入总额增幅最小，为 4.30%。在各方案下，政府税收收入总额均大于 2019 年基期，部分原因是单一税率模式下提高了原低税率项目的税率，更重要的原因则是减税带来的经济增长效应。

4.2.3.2 两档就低模式的税负效应

（1）行业税负效应。两档就低方案下，从方案1到方案6，与2019年基期相比，42行业增值税平均税负均要小于基期，且随着增值税税率的下调，增值税平均税负降幅不断扩大。当增值税税率简并为"9%+6%"时，增值税平均税负降幅最大，为23.53%。具体见表4-26。

表4-26　　　　两档就低模式下的行业增值税税负变化率　　　　单位:%

序号	行业	方案1 13%+6%	方案2 12%+6%	方案3 11%+6%	方案4 10%+6%	方案5 10%+5%	方案6 9%+6%
1	农林牧渔产品和服务	-19.68	-22.31	-24.98	-27.65	-27.68	-30.49
2	煤炭采选产品	-0.65	-8.59	-16.60	-24.67	-24.70	-32.79
3	石油和天然气开采产品	-1.18	-8.69	-16.41	-24.28	-24.30	-32.22
4	金属矿采选产品	0.20	-7.62	-15.59	-23.71	-23.73	-31.86
5	非金属矿和其他矿采选产品	1.53	-7.06	-15.82	-24.83	-24.85	-33.69
6	食品和烟草	60.80	39.44	17.62	-4.62	-4.66	-27.29
7	纺织品	21.11	8.59	-4.26	-17.60	-17.64	-30.72
8	纺织服装鞋帽皮革羽绒及其制品	1.24	-6.93	-15.31	-23.94	-23.97	-32.54
9	木材加工品和家具	9.11	-0.74	-10.75	-20.96	-20.98	-31.09
10	造纸印刷和文教体育用品	-11.32	-17.05	-22.60	-30.40	-30.44	-34.16
11	石油、炼焦产品和核燃料加工品	4.45	-3.27	-11.35	-19.84	-19.87	-28.37
12	化学产品	10.00	0.03	-9.89	-18.54	-18.56	-30.39
13	非金属矿物制品	2.38	-6.10	-14.73	-23.50	-23.55	-32.24
14	金属冶炼和压延加工品	1.59	-6.69	-15.09	-23.61	-23.66	-32.21
15	金属制品	1.91	-6.59	-15.22	-24.00	-24.02	-32.77
16	通用设备	1.65	-6.66	-15.10	-23.67	-23.69	-32.29
17	专用设备	1.80	-6.88	-15.69	-24.66	-24.67	-33.62
18	交通运输设备	2.02	-6.69	-15.53	-24.52	-24.56	-33.42
19	电气机械和器材	1.87	-6.61	-15.25	-24.11	-24.15	-32.82
20	通信设备、计算机和其他电子设备	1.02	-7.27	-15.73	-24.39	-24.42	-33.11

续表

序号	行业	方案 1 13% +6%	方案 2 12% +6%	方案 3 11% +6%	方案 4 10% +6%	方案 5 10% +5%	方案 6 9% +6%
21	仪器仪表	0.54	− 7.6	− 15.88	− 24.29	− 24.31	− 32.76
22	其他制造产品	− 1.01	− 7.24	− 13.59	− 20.10	− 20.13	− 26.70
23	废品废料	1.90	0.16	− 3.16	− 7.28	− 7.29	− 12.67
24	金属制品、机械和设备修理服务	5.90	− 4.27	− 14.57	− 25.03	− 25.06	− 35.51
25	电力、热力的生产和供应	1.75	− 7.42	− 16.71	− 26.06	− 26.08	− 35.51
26	燃气生产和供应	− 131.80	− 110.97	− 89.89	− 68.48	− 68.49	− 46.78
27	水的生产和供应	− 43.01	− 41.11	− 39.18	− 37.23	− 37.26	− 35.21
28	建筑	− 117.45	− 100.82	− 84.05	− 67.18	− 67.21	− 49.98
29	批发和零售	0.64	− 7.33	− 15.43	− 23.64	− 23.68	− 31.99
30	交通运输、仓储和邮政	− 201.91	− 167.83	− 133.81	− 99.64	− 99.69	− 65.40
31	住宿和餐饮	3.60	9.42	15.30	21.27	21.33	27.33
32	信息传输、软件和信息技术服务	− 34.40	− 24.76	− 15.09	− 5.26	− 5.32	4.55
33	金融	− 0.81	0.07	0.95	1.86	1.81	2.78
34	房地产	− 83.19	− 73.70	− 64.20	− 54.57	− 54.67	− 44.91
35	租赁和商务服务	− 3.04	− 4.61	− 6.19	− 7.80	− 7.91	− 9.39
36	科学研究和技术服务	0.52	5.64	10.78	15.94	15.89	21.22
37	水利、环境和公共设施管理	− 4.43	− 1.79	0.86	3.53	3.48	6.26
38	居民服务、修理和其他服务	2.12	6.42	10.75	15.11	15.05	19.60
39	教育	− 4.72	− 2.89	− 1.05	0.83	0.81	2.72
40	卫生和社会工作	− 6.78	− 5.19	− 3.61	− 2.06	− 2.12	− 0.38
41	文化、体育和娱乐	− 13.34	− 11.65	− 9.96	− 8.22	− 8.28	− 6.50
42	公共管理、社会保障和社会组织	− 7.46	− 5.88	− 4.30	− 2.69	− 2.72	− 1.13
	平均值	− 13.01	− 15.50	− 18.10	− 20.82	− 20.86	− 23.53

　　由表 4 - 26 可知，第一，第一产业、7 个第二产业和 6 个第三产业的增值税税负小于基期，但随着增值税税率下调，不同行业税负变化趋势相反。其中，第一产业（农林牧渔产品和服务）、煤炭采选产品、石油和天然气开采产

品、造纸印刷和文教体育用品以及其他制造产品随着增值税税率下调，行业税负逐步下降；燃气生产和供应、水的生产和供应、建筑、交通运输、仓储和邮政、房地产、租赁和商务服务、卫生和社会工作、文化、体育和娱乐、公共管理、社会保障和社会组织行业随着增值税税率下调，行业税负逐步上升。第二，住宿和餐饮、科学研究和技术服务、居民服务、修理和其他服务的增值税税负大于基期，且随着增值税税率下调，行业税负逐渐上升。第三，信息传输、软件和信息技术服务、金融、水利、环境和公共设施管理、教育行业的增值税税负先小于基期后大于基期，且随着增值税税率下调，行业税负不断上升。第四，其余20个第二产业行业和批发零售业的增值税税负先大于基期后小于基期，且随着增值税税率下调，行业税负逐渐下降。

（2）税收收入效应。两档就低模式下，各税率简并方案的税收收入效应见表4-27。

表4-27　　　　　　　　两档就低模式下的税收收入变化率　　　　　　单位:%

简并方案		增值税收入变化率	其他间接税收入变化率	个人所得税收入变化率	企业所得税收入变化率	税收收入总额变化率
两档就低	方案1	-3.55	0.84	0.38	0.7	-1.6
	方案2	-6.32	3.13	3.05	3.80	-0.68
	方案3	-7.88	6.10	6.73	8.05	0.95
	方案4	-8.38	10.40	12.46	14.63	4.07
	方案5	-8.39	10.42	12.47	14.64	4.09
	方案6	-8.82	18.64	24.32	28.17	11.71

由表4-27可知，第一，从方案1到方案6，增值税收入均小于基期，且增值税收入随税率的下调而不断减少。当增值税税率下调至“9%＋6%”时，降幅最大，达到8.82%。第二，其他间接税、个人所得税和企业所得税的收入随增值税税率的下调均呈稳步增长趋势，且当增值税税率下调为“9%＋6%”时，增幅最大。第三，依据增值税的收入减少额是否超过其他税收收入的增加额，各简并方案下的政府税收收入总额，随着税率下调先降低后呈持续增长趋势。从方案1到方案6，税率下调反而带来政府总收入增长的原因是，增值税作为商品价格的一部分，税率下降使商品价格下降，从而促进了消费和

就业，拉动我国经济增长，相应地，企业所得税、个人所得税、其他间接税会有所增加。而政府税收收入由增值税、其他间接税、所得税等构成，因此，相较于 2019 年基期，税率简并且税率下调后，其他税种的收入上升带动政府税收收入总额的上升。

4.2.3.3　两档就高模式的税负效应

（1）行业税负效应。两档就高模式下，从方案 1 到方案 6，与 2019 年基期相比，42 行业增值税平均税负先大于基期后小于基期，且随着增值税税率下调，增值税平均税负先增大后减少。当增值税税率简并为"9% + 6%"时，增值税平均税负降幅最大，为 11. 14%。具体见表 4 - 28。

表 4 - 28　　　　　　　两档就高模式下行业增值税税负变化率　　　　　　单位：%

序号	行业	方案 1 13% + 6%	方案 2 12% + 6%	方案 3 11% + 6%	方案 4 10% + 6%	方案 5 10% + 5%	方案 6 9% + 6%
1	农林牧渔产品和服务	26. 83	17. 51	8. 17	- 1. 22	- 1. 25	- 10. 64
2	煤炭采选产品	0. 50	- 7. 84	- 16. 17	- 24. 47	- 24. 50	- 32. 76
3	石油和天然气开采产品	0. 89	- 7. 20	- 15. 40	- 23. 60	- 23. 62	- 31. 90
4	金属矿采选产品	- 0. 91	- 8. 74	- 16. 66	- 24. 62	- 24. 64	- 32. 67
5	非金属矿和其他矿采选产品	- 3. 66	- 11. 7	- 19. 83	- 28. 01	- 28. 03	- 36. 29
6	食品和烟草	- 83. 70	- 85. 59	- 87. 56	- 89. 54	- 89. 58	- 91. 61
7	纺织品	- 31. 93	- 37. 83	- 43. 71	- 49. 55	- 49. 59	- 55. 37
8	纺织服装鞋帽皮革羽绒及其制品	- 3. 46	- 11. 59	- 19. 70	- 27. 76	- 27. 79	- 35. 81
9	木材加工品和家具	- 13. 16	- 20. 19	- 27. 23	- 34. 27	- 34. 29	- 41. 33
10	造纸印刷和文教体育用品	17. 62	7. 69	- 2. 23	- 12. 10	- 12. 14	- 21. 96
11	石油、炼焦产品和核燃料加工品	- 7. 89	- 13. 92	- 20. 27	- 26. 88	- 26. 91	- 33. 80
12	化学产品	- 2. 09	- 10. 75	- 19. 42	- 28. 02	- 28. 04	- 36. 61
13	非金属矿物制品	- 4. 24	- 11. 94	- 19. 71	- 27. 51	- 27. 56	- 35. 38
14	金属冶炼和压延加工品	- 2. 49	- 10. 37	- 18. 32	- 26. 29	- 26. 34	- 34. 34
15	金属制品	- 3. 43	- 11. 38	- 19. 39	- 27. 40	- 27. 42	- 35. 47
16	通用设备	- 2. 79	- 10. 66	- 18. 59	- 26. 55	- 26. 57	- 34. 58
17	专用设备	- 3. 38	- 11. 57	- 19. 80	- 28. 04	- 28. 05	- 36. 33

续表

序号	行业	方案1 13%+6%	方案2 12%+6%	方案3 11%+6%	方案4 10%+6%	方案5 10%+5%	方案6 9%+6%
18	交通运输设备	-3.90	-11.97	-20.08	-28.19	-28.23	-36.35
19	电气机械和器材	-4.12	-12.00	-19.93	-27.88	-27.92	-35.88
20	通信设备、计算机和其他电子设备	-1.47	-9.66	-17.95	-26.28	-26.31	-34.71
21	仪器仪表	-1.34	-9.52	-17.74	-25.96	-25.98	-34.20
22	其他制造产品	0.90	-5.88	-12.68	-19.53	-19.56	-26.45
23	废品废料	-3.34	-4.33	-6.90	-10.25	-10.26	-14.96
24	金属制品、机械和设备修理服务	-9.42	-17.63	-25.90	-34.18	-34.21	-42.53
25	电力、热力的生产和供应	-2.53	-11.37	-20.25	-29.07	-29.09	-37.91
26	燃气生产和供应	174.39	152.42	130.41	108.43	108.42	86.41
27	水的生产和供应	56.98	44.81	32.60	20.37	20.34	8.09
28	建筑	155.61	133.69	111.76	89.88	89.85	67.99
29	批发和零售	-1.37	-9.38	-17.43	-25.46	-25.50	-33.53
30	交通运输、仓储和邮政	278.89	244.31	209.68	175.25	175.20	140.79
31	住宿和餐饮	-5.19	2.07	9.34	16.64	16.70	23.95
32	信息传输、软件和信息技术服务	16.15	18.33	20.89	23.55	23.49	26.23
33	金融	0.99	1.62	2.27	2.93	2.88	3.59
34	房地产	116.19	96.63	77.29	58.29	58.19	39.50
35	租赁和商务服务	9.34	5.95	2.56	-0.93	-1.04	-4.29
36	科学研究和技术服务	-1.45	4.16	9.73	15.29	15.24	20.81
37	水利、环境和公共设施管理	5.12	6.85	8.44	9.93	9.88	11.28
38	居民服务、修理和其他服务	-3.87	1.47	6.80	12.12	12.06	17.42
39	教育	5.88	6.44	6.93	7.38	7.36	7.76
40	卫生和社会工作	8.38	8.00	7.56	7.07	7.01	6.53
41	文化、体育和娱乐	7.35	6.05	4.77	3.53	3.47	2.32
42	公共管理、社会保障和社会组织	9.30	8.96	8.44	7.80	7.77	6.99
	平均值	16.43	9.62	2.73	-4.17	-4.21	-11.14

由表 4 - 28 可知，第一，绝大多数第二产业行业（20 个）和批发零售业的增值税税负小于基期，绝大多数第三产业（9 个）和 3 个第二产业（燃气生产和供应、水的生产和供应、建筑业）的增值税税负大于基期，但随着增值税税率下调，行业税负均逐步下降。当增值税税率简并为"9% + 6%"时，行业税负最小。第二，住宿和餐饮、科学研究和技术服务、居民服务、修理和其他服务的增值税税负先小于基期后大于基期，且随着增值税税率下调，行业税负逐渐上升。当增值税税率简并为"9% + 6%"时，行业税负增幅最大。第三，第一产业和其余第二产业（煤炭采选产品、石油和天然气开采产品、造纸印刷和文教体育用品、其他制造产品）、租赁和商务服务业的增值税税负先大于基期后小于基期，且随着增值税税率下调，行业税负逐步下降。

（2）税收收入效应。两档就高模式下，各税率简并方案的税收收入效应见表 4 - 29。

表 4 - 29　　　　　　　两档就高模式下的税收收入变化率　　　　单位：%

简并方案		增值税收入变化率	其他间接税收入变化率	个人所得税收入变化率	企业所得税收入变化率	税收收入总额变化率
两档就高	方案 1	8.23	− 1.16	− 0.58	− 1.01	2.04
	方案 2	4.48	1.09	1.79	1.83	2.17
	方案 3	1.21	3.94	5.02	5.65	2.89
	方案 4	− 0.03	7.91	9.95	11.40	4.83
	方案 5	− 0.05	7.93	9.96	11.42	4.85
	方案 6	− 1.00	14.78	19.35	22.23	10.05

由表 4 - 29 可知，第一，从方案 1 到方案 6，增值税收入先大于基期后小于基期，且增值税收入随税率的下调而不断减少。当增值税税率下调至"9% + 6%"时，增值税收入小于基期，降幅达 1%。第二，其他间接税、个人所得税和企业所得的收入随增值税税率的下调，经济增长带动各税收入稳步增长。当增值税税率下调为"9% + 6%"时，增幅达到最大。第三，增值税收入和其他各税收入增减相抵，政府税收收入总额在各简并方案下均大于 2019 年基期，且随着税率下调，政府收入总额增幅逐渐增强。当增值税税率下调至"9% + 6%"时，政府收入总额增长幅度最大。

4.2.3.4 两档拆分模式 I 的税负效应

（1）行业税负效应。两档拆分模式 I（原增值税项目从低，"营改增"项目从高）下，从方案 1 到方案 5，与 2019 年基期相比，42 行业增值税平均税负先大于基期后小于基期，且随着增值税税率下调，增值税平均税负先增大后减少。当增值税税率简并为"9% +6%"时，增值税平均税负降幅最大，为 17.31%。具体见表 4 - 30。

表 4 - 30　　　　两档拆分模式 I 下 42 部门行业增值税税负变化率　　　单位:%

序号	行业	方案 1 13% +6%	方案 2 12% +6%	方案 3 11% +6%	方案 4 10% +6%	方案 5 10% +5%	方案 6 9% +6%
1	农林牧渔产品和服务	- 13.30	- 16.97	- 20.64	- 24.32	- 24.35	- 28.95
2	煤炭采选产品	0.64	- 7.72	- 16.07	- 24.39	- 24.42	- 33.21
3	石油和天然气开采产品	1.72	- 6.52	- 14.86	- 23.20	- 23.22	- 32.33
4	金属矿采选产品	- 0.07	- 8.06	- 16.12	- 24.22	- 24.24	- 32.64
5	非金属矿和其他矿采选产品	- 2.79	- 10.94	- 19.21	- 27.53	- 27.55	- 36.14
6	食品和烟草	56.58	34.85	12.96	- 8.99	- 9.03	- 31.99
7	纺织品	18.77	5.85	- 7.17	- 20.20	- 20.24	- 34.13
8	纺织服装鞋帽皮革羽绒及其制品	- 1.30	- 9.62	- 17.97	- 26.31	- 26.34	- 35.53
9	木材加工品和家具	6.00	- 3.69	- 13.44	- 23.20	- 23.22	- 33.30
10	造纸印刷和文教体育用品	- 13.30	- 19.04	- 24.49	- 30.09	- 30.13	- 36.44
11	石油、炼焦产品和核燃料加工品	- 6.48	- 12.72	- 19.30	- 26.13	- 26.16	- 33.89
12	化学产品	6.08	- 3.90	- 13.65	- 23.32	- 23.34	- 34.06
13	非金属矿物制品	- 3.07	- 10.93	- 18.88	- 26.86	- 26.91	- 34.97
14	金属冶炼和压延加工品	- 1.800	- 9.80	- 17.87	- 25.96	- 26.01	- 34.33
15	金属制品	- 2.45	- 10.55	- 18.72	- 26.89	- 26.91	- 35.35
16	通用设备	- 1.61	- 9.68	- 17.80	- 25.95	- 25.97	- 34.34
17	专用设备	- 2.26	- 10.64	- 19.06	- 27.47	- 27.48	- 36.16
18	交通运输设备	- 3.21	- 11.38	- 19.61	- 27.84	- 27.88	- 36.42
19	电气机械和器材	- 2.56	- 10.69	- 18.88	- 27.07	- 27.11	- 35.60

续表

序号	行业	方案1 13%+6%	方案2 12%+6%	方案3 11%+6%	方案4 10%+6%	方案5 10%+5%	方案6 9%+6%
20	通信设备、计算机和其他电子设备	1.05	-7.64	-16.38	-25.13	-25.16	-34.27
21	仪器仪表	0.04	-8.40	-16.87	-25.30	-25.32	-34.26
22	其他制造产品	2.73	-4.30	-11.36	-18.46	-18.49	-26.44
23	废品废料	-0.59	-2.01	-5.02	-8.77	-8.78	-14.24
24	金属制品、机械和设备修理服务	-6.47	-15.13	-23.84	-32.56	-32.59	-41.67
25	电力、热力的生产和供应	-1.17	-10.21	-19.29	-28.30	-28.32	-37.44
26	燃气生产和供应	-138.19	-115.88	-93.49	-70.96	-70.97	-48.96
27	水的生产和供应	-40.79	-39.14	-37.49	-35.81	-35.84	-34.87
28	建筑	158.19	135.88	113.57	91.30	91.27	-53.01
29	批发和零售	-1.36	-9.37	-17.41	-25.45	-25.49	-34.10
30	交通运输、仓储和邮政	286.60	250.91	215.15	179.61	179.56	141.46
31	住宿和餐饮	3.74	9.80	15.83	21.88	21.94	26.19
32	信息传输、软件和信息技术服务	17.61	19.59	21.94	24.40	24.34	25.90
33	金融	1.23	1.84	2.44	2.59	2.54	3.07
34	房地产	116.91	97.23	77.77	58.66	58.56	38.77
35	租赁和商务服务	8.86	5.52	2.20	-1.22	-1.33	-5.62
36	科学研究和技术服务	0.02	5.45	10.83	16.19	16.14	20.30
37	水利、环境和公共设施管理	11.33	12.17	12.87	13.46	13.41	9.74
38	居民服务、修理和其他服务	-2.42	2.74	7.86	12.98	12.92	16.54
39	教育	7.64	7.98	8.23	8.44	8.42	5.03
40	卫生和社会工作	10.12	9.52	8.84	8.11	8.05	3.32
41	文化、体育和娱乐	-5.60	-4.85	-4.15	-3.48	-3.54	-5.25
42	公共管理、社会保障和社会组织	12.24	11.52	10.62	9.58	9.55	3.04
	平均值	11.36	5.26	-0.90	-7.09	-7.13	-17.31

由表 4-30 可知，第一，第一产业、大多数第二产业（18 个）和批发零

售、文化、体育和娱乐业的增值税税负小于基期。但随着增值税税率下调，不同行业税负变化趋势相反。其中，燃气生产和供应、水的生产和供应随着增值税税率下调，行业税负逐步上升；当增值税税率简并为"9%＋6%"时，行业税负降幅最小。其他行业随着增值税税率下调，行业税负逐步降低；当增值税税率简并为"9%＋6%"时，行业税负降幅最大。第二，绝大多数第三产业（10个）的增值税税负大于基期。但随着增值税税率下调，不同行业税负变化趋势相反。其中，住宿和餐饮、信息传输、软件和信息技术服务、金融、科学研究和技术服务随着增值税税率下调，行业税负逐步上升；当增值税税率简并为"9%＋6%"时，行业税负增幅最大。交通运输、仓储和邮政、房地产、水利、环境和公共设施管理、教育、卫生和社会工作、公共管理、社会保障和社会组织行业随着增值税税率下调，行业税负逐步下降；当增值税税率简并为"9%＋6%"时，行业税负增幅最小。第三，居民服务、修理和其他服务的增值税税负先小于基期后大于基期，且随着增值税税率下调，行业税负逐步上升。第四，其余第二产业（煤炭采选产品、石油和天然气开采产品、食品和烟草、纺织品、木材加工品和家具、通信设备、计算机和其他电子设备、仪器仪表、其他制造产品、建筑）及租赁和商务服务业的增值税税负先大于基期后小于基期，且随着增值税税率下调，行业税负逐步下降。当增值税税率简并为"9%＋6%"时，行业税负降幅最大。

（2）税收收入效应。两档拆分模式Ⅰ下，各税率简并方案的税收收入效应见表4–31。

表4–31　　　　　　　　两档拆分模式Ⅰ下的税收收入变化率　　　　　单位：%

简并方案		增值税收入变化率	其他间接税收入变化率	个人所得税收入变化率	企业所得税收入变化率	税收收入总额变化率
两档拆分Ⅰ	方案1	7.75	−1.00	−0.40	−0.80	1.98
	方案2	4.07	1.26	1.98	2.05	2.14
	方案3	0.89	4.12	5.23	5.90	2.90
	方案4	−1.21	8.11	10.21	11.69	4.89
	方案5	−1.22	8.13	10.22	11.70	4.92
	方案6	−2.42	14.94	19.51	22.48	9.44

由表 4 - 31 可知，第一，从方案 1 到方案 6，增值税收入先大于基期后小于基期，且增值税收入随税率的下调而不断减少。当增值税税率下调至"9% + 6%"时，增值税收入小于基期，降幅达到 2.42%。第二，其他间接税、个人所得税和企业所得税的税收收入先降低后持续增加。当增值税税率下调为"9% + 6%"时，增幅达到最大。第三，增值税收入和其他各税收入增减相抵，政府税收收入总额在各简并方案下均大于 2019 年基期，且随着税率下调，政府收入总额增幅逐渐增强。当增值税税率下调至"9% + 6%"时，政府收入总额增长幅度为 9.44%。

4.2.3.5　两档拆分模式 Ⅱ 的税负效应

（1）行业税负效应。两档拆分模式 Ⅱ（房地产、电信业从高，其他从低）下，从方案 1 到方案 6，与 2019 年基期相比，42 行业增值税平均税负先大于基期后小于基期，且随着增值税税率下调，增值税平均税负先增大后减少。当增值税税率简并为"9% + 6%"时，增值税平均税负降幅最大，为 20.76%。具体见表 4 - 32。

表 4 - 32　　　　　两档拆分模式 Ⅱ 下的行业税负变化率　　　　单位:%

序号	行业	方案 1 13% + 6%	方案 2 12% + 6%	方案 3 11% + 6%	方案 4 10% + 6%	方案 5 10% + 5%	方案 6 9% + 6%
1	农林牧渔产品和服务	- 18.47	- 21.31	- 24.18	- 27.09	- 27.12	- 30.05
2	煤炭采选产品	0.19	- 7.93	- 16.11	- 24.31	- 24.34	- 32.56
3	石油和天然气开采产品	0.26	- 7.57	- 15.57	- 23.63	- 23.65	- 31.83
4	金属矿采选产品	0.88	- 7.10	- 15.20	- 23.39	- 23.41	- 31.68
5	非金属矿和其他矿采选产品	1.92	- 6.77	- 15.63	- 24.58	- 24.60	- 33.63
6	食品和烟草	62.55	40.70	18.46	- 4.10	- 4.14	- 27.03
7	纺织品	23.51	10.40	- 2.95	- 16.48	- 16.52	- 30.19
8	纺织服装鞋帽皮革羽绒及其制品	3.10	- 5.50	- 14.25	- 23.10	- 23.13	- 32.06
9	木材加工品和家具	9.98	- 0.09	- 10.28	- 20.54	- 20.56	- 30.89
10	造纸印刷和文教体育用品	- 10.47	- 16.40	- 22.11	- 28.05	- 28.09	- 33.94
11	石油、炼焦产品和核燃料加工品	5.76	- 2.25	- 10.59	- 19.17	- 19.20	- 28.02

续表

序号	行业	方案1 13%+6%	方案2 12%+6%	方案3 11%+6%	方案4 10%+6%	方案5 10%+5%	方案6 9%+6%
12	化学产品	11.88	1.46	-8.85	-19.22	-19.24	-29.94
13	非金属矿物制品	2.77	-5.81	-14.52	-23.30	-23.35	-32.16
14	金属冶炼和压延加工品	2.26	-6.16	-14.71	-23.32	-23.37	-32.04
15	金属制品	2.47	-6.18	-14.93	-23.75	-23.77	-32.66
16	通用设备	2.24	-6.22	-14.78	-23.43	-23.45	-32.17
17	专用设备	2.65	-6.24	-15.24	-24.30	-24.31	-33.43
18	交通运输设备	2.65	-6.22	-15.19	-24.21	-24.25	-33.29
19	电气机械和器材	2.43	-6.20	-14.97	-23.81	-23.85	-32.73
20	通信设备、计算机和其他电子设备	0.53	-7.75	-16.19	-24.75	-24.78	-33.45
21	仪器仪表	1.60	-6.80	-15.30	-23.87	-23.89	-32.53
22	其他制造产品	-0.03	-6.46	-12.98	-19.61	-19.64	-26.39
23	废品废料	2.46	0.61	-2.82	-6.99	-7.00	-12.51
24	金属制品、机械和设备修理服务	3.45	-6.47	-16.48	-26.57	-26.60	-36.75
25	电力、热力的生产和供应	2.43	-6.93	-16.39	-25.86	-25.88	-35.41
26	燃气生产和供应	-132.28	-111.22	-89.95	-68.42	-68.43	-46.65
27	水的生产和供应	-42.40	-40.57	-38.72	-36.84	-36.87	-34.92
28	建筑	-118.22	-101.43	-84.51	-67.43	-67.46	-50.20
29	批发和零售	-1.01	-8.86	-16.81	-24.82	-24.86	-32.93
30	交通运输、仓储和邮政	-209.75	-174.15	-138.75	-103.32	-103.37	-67.99
31	住宿和餐饮	2.49	8.52	14.59	20.74	20.80	26.96
32	信息传输、软件和信息技术服务	17.73	19.65	21.95	24.36	24.30	26.82
33	金融	-1.07	-0.16	0.76	1.70	1.65	2.66
34	房地产	112.84	94.20	75.64	57.25	57.15	38.94
35	租赁和商务服务	-0.65	-2.57	-4.51	-6.45	-6.56	-8.40
36	科学研究和技术服务	0.99	6.12	11.24	16.40	16.35	21.57
37	水利、环境和公共设施管理	1.30	3.25	5.17	7.09	7.04	8.98

续表

序号	行业	方案1 13% +6%	方案2 12% +6%	方案3 11% +6%	方案4 10% +6%	方案5 10% +5%	方案6 9% +6%
38	居民服务、修理和其他服务	-3.36	1.76	6.90	12.09	12.03	17.33
39	教育	-0.88	0.47	1.81	3.16	3.14	4.51
40	卫生和社会工作	-1.04	-0.21	0.60	1.41	1.35	2.22
41	文化、体育和娱乐	-11.17	-9.76	-8.35	-6.92	-6.98	-5.49
42	公共管理、社会保障和社会组织	-0.27	0.42	1.05	1.66	1.63	2.22
	平均值	-6.38	-9.85	-13.42	-17.04	-17.08	-20.76

由表 4-32 可知，第一，第一产业、5 个第二产业和 4 个第三产业的增值税税负小于基期，但随着增值税税率下调，不同行业税负变化趋势相反。其中，燃气生产和供应、水的生产和供应、建筑、交通运输、仓储和邮政、文化、体育和娱乐随着增值税税率下调，行业税负逐步上升；当增值税税率简并为"9% +6%"时，行业税负降幅最小。第一产业（农林牧渔产品和服务）、造纸印刷和文教体育用品、其他制造产品、批发和零售随着增值税税率下调，行业税负逐步下降；当增值税税率简并为"9% +6%"时，行业税负降幅最大。第二，5 个第三产业的增值税税负大于基期。其中，房地产随着增值税税率下调，行业税负逐步下降；住宿和餐饮、信息传输、软件和信息技术服务、科学研究和技术服务、水利、环境和公共设施管理随着增值税税率下调，行业税负逐步上升。第三，金融、居民服务、修理和其他服务、教育、卫生和社会工作、公共管理、社会保障和社会组织的增值税税负先小于基期后大于基期，且随着增值税税率下调，行业税负逐步上升。当增值税税率简并为"9% +6%"时，行业税负增幅最大。第四，其余绝大多数第二产业的增值税税负先大于基期后小于基期，且随着增值税税率下调，行业税负逐渐下降。当增值税税率简并为"9% +6%"时，行业税负降幅最大。

（2）税收收入效应。两档拆分模式 II 下，各税率简并方案的税收收入效应见表 4-33。

表 4 - 33 两档拆分模式 Ⅱ 下的税收收入变化率 单位:%

简并方案		增值税收入变化率	其他间接税收入变化率	个人所得税收入变化率	企业所得税收入变化率	税收收入总额变化率
两档拆分 Ⅱ	方案 1	0.81	- 0.74	- 0.34	- 0.51	- 0.04
	方案 2	- 1.81	1.58	2.18	2.47	0.50
	方案 3	- 2.05	4.52	5.62	6.49	1.68
	方案 4	- 3.89	8.68	10.90	12.60	4.19
	方案 5	- 3.90	8.70	10.91	12.61	4.21
	方案 6	- 4.78	16.09	21.23	24.46	10.43

由表 4 - 33 可知,第一,从方案 1 到方案 6,增值税收入先大于基期后小于基期,且增值税收入随税率的下调而不断减少。当增值税税率下调为"9% + 6%"时,增值税收入降幅达到 4.78%。第二,其他间接税、个人所得税和企业所得税的收入随增值税税率的下调,各税收收入先降低后稳步增长。第三,增值税收入和其他各税收收入增减相抵,政府税收收入总额在各简并方案下先小于基期后大于基期,且随着税率下调,政府收入总额增幅逐渐增强。当增值税税率下调至"9% + 6%"时,政府收入总额增长幅度最大。

4.2.3.6 两档拆分模式 Ⅲ 的税负效应

(1)行业税负效应。两档拆分模式 Ⅲ(房地产从高,其他从低)下,从方案 1 到方案 6,与 2019 年基期相比,42 行业增值税平均税负先大于基期后小于基期,且随着增值税税率下调,增值税平均税负先增大后减少。当增值税税率简并为"9% + 6%"时,增值税平均税负降幅最大。具体见表 4 - 34。

表 4 - 34 两档拆分模式 Ⅲ 下的行业增值税税负变化率 单位:%

序号	行业	方案 1 13% + 6%	方案 2 12% + 6%	方案 3 11% + 6%	方案 4 10% + 6%	方案 5 10% + 5%	方案 6 9% + 6%
1	农林牧渔产品和服务	- 18.65	- 21.46	- 24.31	- 27.19	- 27.22	- 30.12
2	煤炭采选产品	- 0.04	- 8.13	- 16.26	- 24.43	- 24.46	- 32.64
3	石油和天然气开采产品	- 0.11	- 7.87	- 15.80	- 23.80	- 23.82	- 31.95
4	金属矿采选产品	0.71	- 7.23	- 15.30	- 23.46	- 23.48	- 31.74
5	非金属矿和其他矿采选产品	1.75	- 6.91	- 15.74	- 24.65	- 24.67	- 33.69

续表

序号	行业	方案 1 13% +6%	方案 2 12% +6%	方案 3 11% +6%	方案 4 10% +6%	方案 5 10% +5%	方案 6 9% +6%
6	食品和烟草	61.97	40.24	18.10	−4.35	−4.39	−27.20
7	纺织品	23.08	10.07	−3.19	−16.64	−16.68	−30.29
8	纺织服装鞋帽皮革羽绒及其制品	2.66	−5.85	−14.52	−23.29	−23.32	−32.20
9	木材加工品和家具	9.76	−0.26	−10.41	−20.63	−20.65	−30.95
10	造纸印刷和文教体育用品	−10.71	−16.59	−22.26	−28.16	−28.20	−34.02
11	石油、炼焦产品和核燃料加工品	5.38	−2.56	−10.83	−19.35	−19.38	−28.14
12	化学产品	11.47	1.14	−9.10	−19.40	−19.42	−30.06
13	非金属矿物制品	2.65	−5.91	−14.60	−23.35	−23.40	−32.20
14	金属冶炼和压延加工品	2.15	−6.26	−14.78	−23.37	−23.42	−32.08
15	金属制品	2.33	−6.29	−15.02	−23.81	−23.83	−32.69
16	通用设备	2.12	−6.31	−14.85	−23.47	−23.49	−32.20
17	专用设备	2.42	−6.43	−15.38	−24.40	−24.41	−33.51
18	交通运输设备	2.37	−6.46	−15.38	−24.35	−24.39	−33.39
19	电气机械和器材	2.31	−6.30	−15.04	−23.85	−23.89	−32.76
20	通信设备、计算机和其他电子设备	1.53	−6.89	−15.48	−24.18	−24.21	−33.03
21	仪器仪表	1.50	−6.87	−15.35	−23.90	−23.92	−32.54
22	其他制造产品	−0.27	−6.66	−13.14	−19.74	−19.77	−26.47
23	废品废料	2.32	0.49	−2.91	−7.06	−7.07	−12.56
24	金属制品、机械和设备修理服务	3.10	−6.75	−16.71	−26.73	−26.76	−36.86
25	电力、热力的生产和供应	2.53	−6.84	−16.30	−25.78	−25.80	−35.34
26	燃气生产和供应	−132.29	−111.26	−90.01	−68.48	−68.49	−46.72
27	水的生产和供应	−42.47	−40.63	−38.77	−36.88	−36.91	−34.96
28	建筑	−117.75	−101.03	−84.18	−67.17	−67.20	−50.00
29	批发和零售	−1.32	−9.12	−17.02	−24.98	−25.02	−33.05
30	交通运输、仓储和邮政	−207.89	−172.63	−137.53	−102.36	−102.41	−67.30

续表

序号	行业	方案1 13% +6%	方案2 12% +6%	方案3 11% +6%	方案4 10% +6%	方案5 10% +5%	方案6 9% +6%
31	住宿和餐饮	2.31	8.35	14.44	20.62	20.68	26.86
32	信息传输、软件和信息技术服务	−42.27	−31.42	−20.58	−9.62	−9.68	1.35
33	金融	−1.19	−0.27	0.67	1.63	1.58	2.60
34	房地产	112.40	93.84	75.35	57.05	56.95	38.80
35	租赁和商务服务	3.30	0.83	−1.65	−4.25	−4.36	−6.75
36	科学研究和技术服务	0.86	6.00	11.13	16.31	16.26	21.51
37	水利、环境和公共设施管理	0.73	2.75	4.74	6.73	6.68	8.70
38	居民服务、修理和其他服务	−3.54	1.60	6.76	11.98	11.92	17.23
39	教育	−1.28	0.12	1.51	2.92	2.90	4.32
40	卫生和社会工作	−1.58	−0.68	0.20	1.09	1.03	1.97
41	文化、体育和娱乐	−11.50	−10.04	−8.59	−7.11	−7.17	−5.64
42	公共管理、社会保障和社会组织	−0.54	0.17	0.83	1.47	1.44	2.07
	平均值	−7.85	−11.10	−14.46	−17.87	−17.91	−21.37

由表4-34可知，第一，第一产业、8个第二产业和3个第三产业的增值税税负小于基期，但随着增值税税率下调，不同行业税负变化趋势相反。其中，燃气生产和供应、水的生产和供应、建筑、交通运输、仓储和邮政、文化、体育和娱乐随着增值税税率下调，行业税负逐步上升；第一产业（农林牧渔产品和服务）、煤炭采选产品、石油和天然气开采产品、造纸印刷和文教体育用品、其他制造产品、批发和零售随着增值税税率下调，行业税负逐步下降。第二，住宿和餐饮、房地产、科学研究和技术服务、水利、环境和公共设施管理的增值税税负均大于基期，且随着增值税税率下调，行业税负逐步下降。第三，信息传输、软件和信息技术服务、金融、居民服务、修理和其他服务、教育、卫生和社会工作、公共管理、社会保障和社会组织增值税税负先小于基期后大于基期，且随着增值税税率下调，行业税负逐步上升。当增值税税率简并为"9% +6%"时，行业税负增幅最大。第四，其余绝大多数第二产业及租赁和商务服务业的增值税税负先大于基期后小于基期，且随着增值税税

率下调，行业税负逐步下降。当增值税税率简并为"9% + 6%"时，行业税负降幅最大。

（2）税收收入效应。两档拆分模式Ⅲ下，各税率简并方案的税收收入效应见表 4 - 35。

表 4 - 35　　　　　　　两档拆分模式Ⅲ下的税收收入变化率　　　　　单位：%

简并方案		增值税收入变化率	其他间接税收入变化率	个人所得税收入变化率	企业所得税收入变化率	税收收入总额变化率
两档拆分Ⅲ	方案 1	0.62	- 0.76	- 0.36	- 0.52	- 0.11
	方案 2	- 1.96	1.56	2.17	2.46	0.45
	方案 3	- 2.07	4.51	5.62	6.50	1.65
	方案 4	- 4.01	8.69	10.91	12.63	4.17
	方案 5	- 4.02	8.71	10.92	12.64	4.19
	方案 6	- 4.87	16.13	21.29	24.54	10.45

由表 4 - 35 可知，两档拆分模式Ⅲ下的税收收入效应与两档拆分模式Ⅱ相似。第一，从方案 1 到方案 6，增值税收入先大于基期后小于基期，且增值税收入随税率的下调而不断减少。当增值税税率下调为"9% + 6%"时，增值税收入降幅达到 4.87%。第二，其他间接税、个人所得税和企业所得税的收入随增值税税率的下调，各税收收入先降低后稳步增长。第三，增值税收入和其他各税收收入增减相抵，政府税收收入总额在各简并方案下先小于基期后大于基期，且随着税率下调，政府税收收入总额增幅逐渐增强。当增值税税率下调至"9% + 6%"时，政府税收收入总额增长幅度最大。

4.3　本章小结

本章分别采用投入产出模型和 CGE 模型，测算各增值税税率简并方案下各行业的增值税税负变化情况和国家税收收入的变化情况，具体结果归纳如下。

（1）投入产出模型的税负效应。从投入产出模型的测算结果来看，有以下三个结论。

第一，在各税率简并方案下，随着增值税税率的下调，大部分行业税负呈现出比较规律的下降，小部分行业因进项抵扣项目税率下调导致税负上升。

第二，从各类简并方案的比较来看，单一税率模式下，由于取消了所有低税率，导致各行业税负相对最高。

第三，对不同项目实施增值税低税率的税负影响存在显著差异。对比两档就高模式和两档拆分模式Ⅰ（两者的区别在于是否对原增值税项目实施低税率），发现是否取消对原增值税项目的低税率，对行业税负和税收收入均有较为明显的影响。对比两档拆分模式Ⅱ和两档拆分模式Ⅰ（两者的区别在于是否对除房地产、电信之外的"营改增"行业实施低税率），发现如果取消除房地产、电信业之外的"营改增"行业的低税率，"营改增"行业的税负会增加，但第一产业、第二产业的税负会下降，整体税收收入会有显著下降。对比两档拆分模式Ⅲ和两档拆分模式Ⅱ（两者的区别在于是否对基础电信业实施低税率），发现基础电信业对整体增值税的影响很小。对比两档就低模式和两档拆分模式Ⅲ（两者的区别在于是否对房地产业实施低税率），发现房地产行业对增值税有着重大影响，如果取消房地产业的低税率，整个第三产业税负都有所上升，且国家税收收入显著增加。

（2）CGE 模型的税负效应。从 CGE 模型的测算结果来看，与 2019 年增值税基期相比，有以下五个结论。

第一，随着增值税税率的下调，第一产业、第二产业的税负较为稳定地下降，而第三产业的税负有升有降，呈现较大行业差异。

第二，随着增值税税率的下调，增值税收入逐步降低，但其他间接税收入、个人所得税收入和企业所得税收入均会随着税率下调而相应增加。由于其他税种税收收入增加幅度大于增值税收入降低幅度，税收收入总额随着增值税税率下调而显著增加。

第三，对比单一税率模式和两档税率模式，两档税率模式下各方案的减税效应均好于单一税率模式。两档税率模式下，两档就低模式的减税效应最好。

第四，对比各类税率简并模式下各行业增值税税负的变化情况，第一产业、第二产业是增值税税率简并的最大受益对象，而第三产业的增值税税负明显增加。相对来说，两档税率模式下，第三产业增值税税负增幅更小，且以两档就低方案更优。

第五，对比所有两档税率模式下的各个简并方案，可以发现，下调基本税率对行业税负和国家税收收入的影响远大于下调低税率的影响，原因是基本税率的适用范围远大于低税率。

综上所述，第一，只有在单一税率模式下，才能保证降低增值税税率之后减轻所有行业的增值税税负，在两档税率模式的各种方案下，均会出现因进、销项税率变化幅度不一致而导致降低税率后部分行业税负不降反升的情况。第二，两档税率模式下的减税情况全面好于单一税率模式；两档税率模式下，两档就低方案的减税效果优于其他方案。在单一税率模式下，为保证不增加整体税负，基本税率设置必须不超过 9%。第三，总体上，第一产业和第二产业是增值税税率简并的最大受益对象，第三产业税负变化存在较大行业分化。第四，从取消行业低税率的税负影响程度来看，交通运输、建筑业、邮政业等"营改增"行业的影响程度最深，其次是房地产行业，再次是原增值税低税率行业，而电信业的影响最小。第五，从下调税率的税负影响深度来看，下调基本税率的影响远大于下调低税率。

第 5 章 /

各增值税税率简并方案收入分配效应的测算

公平和效率是现代税收制度的两大基本原则，税收公平原则要求税收制度能够缩小税后收入的差距。增值税税率简并不仅直接影响着行业税负和国家税收收入，也通过消费支出对居民家庭税收负担产生影响，进而改变居民收入分配结构和增值税的收入分配效应。本章分别采用投入产出模型和 CGE 模型两种方法，结合微观家庭收支调查数据，测算各增值税税率简并方案对居民收入分配的政策效应。

5.1 收入分配效应测算——基于投入产出模型

本节根据投入产出模型得到各税率简并方案税后不同商品的有效税率（即价格变化率），然后用有效税率乘以不同收入居民家庭相应商品的消费支出，得到不同收入居民家庭承担的增值税，通过对比课税前后的居民人均可支配收入，分析各增值税税率简并方案的收入分配效应。

5.1.1 测算方法与指标

本节具体模型构建同第 4 章，不再赘述，仅对相关收入分配测算方法和指标加以说明。

5.1.1.1 测算方法

测算不同增值税税率简并方案对居民收入分配影响的具体步骤如下。

第一步，利用投入产出价格模型，测算在不同增值税税率简并方案下，因征收增值税导致最终产品价格变化的比率，这个比率可以看作是"有效税率"。从税负转嫁与归宿理论来看，税收的法定负担（由法定税率决定）与税收的经济负担（税收引起的实际购买力下降）是不一致的。为了研究增值税的收入分配效应，必须先估计消费价格中隐含的增值税，即增值税的有效税率。

第二步，将投入产出表各部门与微观家庭调查的消费支出项目进行匹配，利用第一步测算的最终产品有效税率，乘以每个家庭相应消费项目的支出，计算出每个家庭消费支出中承担的增值税税款。例如，居民消费中"水产品类"这一项支出，对应投入产出表中"渔产品"和"水产加工品"两个部门。

第三步，根据各收入等级家庭消费支出中承担的增值税税款，计算税前、税后收入的基尼系数、累进指数，分析不同增值税税率简并方案下增值税对居民收入分配的调节效应。

5.1.1.2 测算指标

我们选取 MT 指数与 Suits 指数来衡量增值税对居民收入分配的调节效应。MT 指数可以衡量增值税对居民收入分配进行调节的总体税收公平效应，并可以进一步分解为横向公平与纵向公平，纵向公平又可以分解为平均效率效应和税率累进效应。Suits 指数则可以衡量增值税的累进（累退）方向和程度。

（1）MT 指数及其分解。MT 指数由马斯格雷夫和辛尼（Musgrave & Thin，1948）提出，公式表达如下：

$$MT = G_X - G_Y \tag{5-1}$$

其中，G_X、G_Y 分别为税前与税后收入基尼系数，两者之差即为 MT 指数。当 MT 指数为正，表示税收对收入分配正向调节，税后收入差距缩小；反之，则为逆向调节，税后收入差距扩大。MT 指数的绝对值大小表示调节的强度。可见，MT 指数刚提出时计算方法是比较简单的，并不能反映每个个体收入因税收而发生的排序变化，以及通过何种机制改变收入再分配效应。

针对上述问题，卡克瓦尼（Kakwani，1984）将 MT 指数分解为横向公平和纵向公平两个部分，公式表达如下：

$$MT = (C_Y - G_Y) + \frac{t}{1-t}P \tag{5-2}$$

其中，C_Y 表示按税前收入排序的税后收入的集中度①，t 为平均税率，P 是税收累进指数。（$C_Y - G_Y$）表示横向公平效应，其值上限为 0，表明征收个人所得税后，收入的排序没有发生变化，即横向绝对公平。税收一旦改变了收入的排序，该值就会小于 0。$\frac{t}{1-t}P$ 表示纵向公平效应，由平均税率 t 和税制累进指数 P 两者共同决定，平均税率 t 决定纵向公平的程度，累进指数 P 决定纵向公平的程度和方向。当平均税率 t 极低时，若一味地增强累进指数 P，纵向公平的结果也不会尽如人意，这一问题我们将在下文的实证结果部分进行验证。

卡克瓦尼（Kakwani，1977）将累进指数 P 定义如下：

$$P = C_T - G_X \tag{5-3}$$

其中，C_T 表示税收收入的集中度。P 值为正数时，表明税制是累进的，P 值为负数时，表明税制是累退的。

（2）Suits 指数。休茨（Suits，1977）从洛伦兹曲线中得到启发，发现了一种比较直观的计算税收累进性的方法。如图 5 - 1 所示，横轴表示家庭或人口按收入从低到高排列的累计百分比，纵轴表示相应的累计收入百分比，45°对角线表示收入绝对平均的收入分配状态，此时实际收入集中线——洛伦兹曲线与对角线之间的距离越大，表示收入差距越大，基尼系数也越大。当我们把洛伦兹曲线的纵轴数据转换到横轴，即现在横轴表示不同收入组家庭或人口的累计收入百分比，纵轴表示不同收入组家庭或人口负担的累计税收百分比，则我们得到一条类似于洛伦兹曲线的税收集中度曲线。如果这条税收集中度曲线与 45°对角线重合，说明等量的收入承担了等量的税收，税制是比例的，如果税收集中度曲线在 45°对角线的下方（如 OCB），说明低收入者承担的税收份额小于其收入份额，而高收入者承担的税收份额大于其收入份额，税制是累进的；反之，如果税收集中度曲线在 45°对角线的上方（如 OAB），说明低收入者承担的税收份额大于其收入份额，而高收入者承担的税收份额小于其收入份额，税制是累退的。

---

① C 表示集中度，C 的下标表示目标变量，上标表示排序标的变量，当以税前收入排序时，上标字母省略，若以其他变量作为排序标的变量时，在右上角标出。

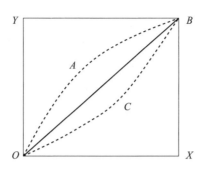

图 5-1　税收集中度曲线和 Suits 指数

假设税收集中度曲线下方的面积为 L，三角形 OXB 的面积为 K，则 Suits 指数 $S = (K - L)/K = 1 - L/K$。根据定义，Suits 指数的取值介于 -1 到 $+1$ 之间，负数表示税制是累退的，正数表示税制是累进的，0 表示税制是比例的。Suits 指数既可以用于不同税制累进程度的横向比较，又可以用于同一税种或税收体系不同时期累进程度的纵向比较。将家庭或个人按收入从低到高分成 n 组后，如果 Y_i 表示累计收入百分比，$T(Y_i)$ 表示相应的累计税收百分比，则 Suits 指数的计算公式为：

$$S = 1 - \sum_{i=1}^{n} \left\{ \left[T(Y_{i-1}) + T(Y_i) \right] \times (Y_i - Y_{i-1}) \right\} \qquad (5-4)$$

5.1.2　数据来源与处理

为了多角度验证增值税税率简并方案的收入分配效应，我们使用了四种不同来源和年份的家庭收支调查数据，分别是：国家统计局城镇居民入户调查数据、北京师范大学中国收入分配研究院的 CHIP2013 数据（Chinese Household Income Project，中国家庭收入项目调查）、北京大学中国社会科学调查中心的 CFPS2016 数据（Chinese Family Panel Studies，中国家庭追踪调查数据）和 CFPS2018 数据。

5.1.2.1　国家统计局数据

国家统计局城镇居民入户调查数据来自 2003～2013 年《中国城市（镇）居民生活与价格年鉴》的 "按收入等级分城镇居民家庭消费支出统计"。之所以选择这个数据，一是因为这个数据来源的消费支出划分了七个不同收入等级,而只有划分了收入等级的消费支出数据才能够用于计算收入分配效应;二是因为这个数据将全部消费支出划分了八大类共59个细目,是截至目前为止,对居民消费支出划分最细致的数据。由于此后统计局只公布全部城镇居民平均消费支出,而不再公布按收入等级划分的城镇居民家庭消费支出统计数据,为了与2017年投入产出表相对应,我们利用已公布的2002~2012年不同收入等级家庭支出数据,通过线性拟合方法,得出我国2017年按收入等级分城镇居民家庭消费支出统计的数据。

将2017年线性拟合的不同收入等级居民消费支出汇总之后,与统计局公布的2017年实际全部居民平均消费支出数据进行对比,结果见表5-1。虽然从消费支出总额上来看,两种相差不大,但是具体结构差异较为明显。为使总体消费结构与统计局数据保持一致,我们对拟合的各收入等级的消费支出进行校准。例如,对于拟合的食品烟酒消费类消费支出,以各个收入等级居民拟合的消费支出乘以系数0.8276(即7001/8459.5),我们将该系数定义为校准系数,那么各消费支出项目的校准系数见表5-2。

表5-1　　　拟合的2017年城镇居民消费支出与统计局数据的比较　　　单位:元

序号	项目	统计局城镇居民人均支出	拟合的城镇居民人均支出
1	食品烟酒	7001.0	8459.5
2	衣着	1757.9	2609.7
3	居住	5564.0	2116.1
4	生活用品及服务	1525.0	1713.1
5	交通通信	3321.5	3722.8
6	教育文化娱乐	2846.6	2795.6
7	医疗保健	1777.4	1438.8
8	其他用品及服务	651.5	985.0
	消费支出总和	24444.9	23840.6

表5-2　　　　　　　　　　拟合消费支出的校准系数

序号	项目	校准系数
1	食品烟酒	0.8276
2	衣着	0.6736

续表

序号	项目	校准系数
3	居住	2.6294
4	生活用品及服务	0.8902
5	交通通信	0.8922
6	教育文化娱乐	1.0182
7	医疗保健	1.2354
8	其他用品及服务	0.6614

表 5-2 说明，随着时间的推移，城镇居民的消费结构发生了较大变化：对衣着类、食品类、交通通信类的消费支出有所下降，而对教育文化娱乐类支出和医疗保健类支出有所上升，特别是居住类支出，大幅飙升（校准系数超过 2）。

5.1.2.2　CHIP2013 数据

为了追踪中国收入分配的动态情况，中国家庭收入调查（CHIP）已经相继在 1989 年、1996 年、2003 年、2008 年和 2014 年进行了五次入户调查。2014 年 7~8 月份，北京师范大学中国收入分配研究院联合国内外专家进行了第五轮全国调查，收集了 2013 年全年的收入和支出信息，编号为 CHIP2013。CHIP2013 的样本来自国家统计局 2013 年城乡一体化常规住户调查大样本库。后者覆盖 31 个省、自治区和直辖市（不包括港、澳、台地区）的 16 万户居民。CHIP 项目组按照东、中、西分层，根据系统抽样方法抽取得到 CHIP 样本。样本覆盖了从 15 个省份 126 城市 234 个县区抽选出的 18948 个住户样本和 64777 个个体样本，其中，包括 7175 户城镇住户样本、11013 户农村住户样本和 760 户外来务工住户样本。数据内容包括住户个人层面的基本信息、就业信息，以及家庭层面的基本信息、主要收支信息和一些专题性问题，包括收入、支出、住户成员个人情况、劳动时间安排、就业情况、住户资产、拆迁征地情况、农业经营等内容。

虽然 CHIP2013 的消费数据只粗略地划分了八大类消费支出，但其与国家统计局的八大类消费支出分类口径一致，因而各大类消费支出的有效税率可与统计局数据直接对应，计算得出每个家庭的各大类消费支出中包含的增值税，进而计算增值税的收入分配效应。

5.1.2.3　CFPS2016、CFPS 2018 数据

中国家庭追踪调查（CFPS）是一项全国性、综合性的社会追踪调查项目，旨在通过追踪收集个体、家庭、社区三个层次的数据，反映中国社会、经济、人口、教育和健康的变迁，为学术研究和公共政策分析提供数据基础。中国家庭追踪调查（CFPS）经过多年筹备以及 2008 年、2009 年两年的预调查，于2010 年正式开始基线调查，此后，又分别于 2012 年、2014 年、2016 年、2018 年开展了四轮全样本的追踪调查。CFPS 基线样本覆盖 25 个省、自治区和直辖市，代表了中国 95% 的人口，2010 年基线调查共采访 14960 户家庭、42590 位个人，并对个人样本展开长期的追踪调查。

2016 年 CFPS 数据中家庭组数据总样本 14033 份，2018 年 CFPS 数据中家庭组数据总样本 14241 份。具体数据处理如下：首先，剔除收入、支出数据缺失的家庭样本。其次，区分出农村家庭与城镇家庭，基于国家统计局的城乡分类将非农村家庭定义为城镇家庭。这样，将统计局城镇家庭统计数据与 CFPS 的城镇家庭数据的口径统一起来。

5.1.2.4　家庭消费支出与投入产出部门的匹配

由于微观家庭调查的消费支出项目与投入产出表的部门划分并不相同，为了将投入产出模型测算的各部门有效税率与家庭消费支出相对应，必须建立两者之间的匹配关系。聂海峰和刘怡（2010）较早对 42 部门的投入产出表进行了匹配。但 2017 年投入产出表已经发展到了 149 个行业部门，其与家庭消费支出的匹配远不是之前 42 部门那么简单。本书在此基础上，根据《2017 年中国投入产出表编制方法》对各行业的解释说明，对两者的匹配关系进行了重新调整。大部分消费支出项目对应唯一的投入产出行业，对于这些消费支出项目，直接与相应投入产出行业匹配来获得消费项目支出细项的有效税率。但是，也有部分消费支出项目对应多个投入产出行业（如食品中"蛋类""水产品类"等），需要将多个不同行业的有效税率进行加权。当一个消费项目对应多个投入产出行业时，根据《中国投入产出表（2017）》附录一中的"2017年投入产出表 149 产品部门分类解释"与《中国城市（镇）生活与价格年鉴(2013)》附录一"主要统计指标解释"中的第 1 篇"收入与价格"，结合消费

经验来主观确定匹配关系和权重，具体匹配对应情况见表 5-3。

表 5-3　　　　　　　消费支出与投入产出表 149 部门的对应

消费支出	投入产出表 149 部门
一、食品	
（一）粮油类	
1. 粮食	谷物磨制品
2. 淀粉及薯类	蔬菜、水果、坚果和其他农副食品加工品
3. 干豆类及豆制品	蔬菜、水果、坚果和其他农副食品加工品
4. 油脂类	植物油加工品
（二）肉禽蛋水产品类	
1. 肉类	屠宰及肉类加工品
2. 禽类	畜牧产品
3. 蛋类	0.5 畜牧产品 + 0.5 蔬菜、水果、坚果和其他农副食品加工品
4. 水产品类	0.5 渔产品 + 0.5 水产加工品
（三）蔬菜类	
1. 鲜菜	农产品
2. 干菜	蔬菜、水果、坚果和其他农副食品加工品
3. 菜制品	蔬菜、水果、坚果和其他农副食品加工品
（四）调味品	调味品、发酵制品
（五）糖烟酒饮料类	
1. 糖类	糖及糖制品
2. 烟草类	烟草制品
3. 酒类	酒精和酒
4. 饮料	饮料
（六）干鲜瓜果类	
1. 鲜果	农产品
2. 鲜瓜	农产品
3. 其他干鲜瓜果类及制品	蔬菜、水果、坚果和其他农副食品加工品
（七）糕点、奶及奶制品	
1. 糕点	其他食品
2. 奶及奶制品	乳制品

续表

消费支出	投入产出表149部门
（八）其他食品	0.5 其他食品 + 0.2 方便食品 + 0.3 精制茶
（九）饮食服务	
1. 食品加工服务费	餐饮
2. 在外饮食	餐饮
二、衣着	
（一）服装	棉、化纤纺织及印染精加工品 + 毛纺织及染整精加工品 + 麻、丝绢纺织及加工品 + 针织或钩针编织及其制品（按各行业总产出比重加权）
（二）衣着材料	棉、化纤纺织及印染精加工品 + 毛纺织及染整精加工品 + 麻、丝绢纺织及加工品 + 针织或钩针编织及其制品（按各行业总产出比重加权）
（三）鞋类	鞋
（四）其他衣着用品	0.5 纺织服装服饰 + 0.5 皮革、毛皮、羽毛及其制品
（五）衣着加工服务费	0.5 居民服务 + 0.5 其他服务
三、居住	
（一）住房	0.2（房屋建筑 + 建筑安装 + 建筑装饰和其他建筑服务） + 0.6 房地产业 + 0.2（水泥、石灰和石膏 + 石膏、水泥制品及类似制品 + 砖瓦、石材等建筑材料 + 玻璃和玻璃制品 + 陶瓷制品 + 耐火材料制品 + 石墨及其他非金属矿物制品）（括号内按各行业总产出比重加权）
（二）水电燃料及其他	0.2 水的生产和供应 + 0.3 电力、热力的生产和供应 + 0.2 煤炭开采和洗选产品 + 0.2 石油和天然气开采产品 + 0.1 煤气生产和供应
（三）居住服务费	房地产
四、家庭设备及用品	
（一）耐用消费品	
1. 家具	家具
2. 家庭设备	家用器具
（二）室内装饰品	0.7 工艺美术品 + 0.3 其他电气机械和器材
（三）床上用品	纺织制成品
（四）家庭日用杂品	0.3 日用化学产品 + 0.3 金属制品 + 0.15 橡胶制品 + 0.2 塑料制品 + 0.05 电池
（五）家具材料	0.5 木材加工和木、竹、藤、棕、草制品 + 0.1 涂料、油墨、颜料及类似产品 + 0.2 玻璃和玻璃制品 + 0.2 合成材料

续表

消费支出	投入产出表 149 部门
（六）家庭服务	
1. 家政服务	居民服务
2. 加工维修服务费	其他服务
五、医疗保健	
（一）医疗器具	其他专用设备
（二）保健器具	其他专用设备
（三）药品费	医药制品
（四）滋补保健品	其他食品
（五）医疗费	卫生
（六）其他	医药制品
六、交通通信	
（一）交通	
1. 家庭交通工具	0.9 汽车整车 +0.1 其他交通运输设备
2. 车辆用燃料及零配件	0.7 精炼石油和核燃料加工品 +0.3 汽车零部件及配件
3. 交通工具服务支出	其他服务
4. 交通费	0.3 铁路旅客运输 +0.3 城市公共交通及公路客运 +0.1 水上旅客运输 +0.3 航空旅客运输
（二）通信	
1. 通信工具	通信设备
2. 通信服务	0.3 电信 +0.3 互联网和相关服务 +0.3 邮政 +0.1 广播电视及卫星传输服务
七、文教娱乐	
（一）文化娱乐用品	0.1 文化、办公用机械 +0.1 印刷品和记录媒介复制品 +0.1 工美艺术品 +0.4 文教、体育和娱乐用品 +0.1 计算机 +0.2 视听设备
（二）文化娱乐服务	0.2 文化艺术 +0.2 体育 +0.4 娱乐 +0.1 广播、电视、电影和影视录音制作 +0.1 新闻和出版
（三）教育	
1. 教材	印刷和记录媒介复制品
2. 教育费用	教育

续表

消费支出	投入产出表 149 部门
八、其他	
（一）其他商品	0.3 仪器仪表 +0.4 其他制造品 +0.3 其他电子设备
（二）服务	0.1 住宿 +0.4 居民服务 +0.1 保险 +0.1 租赁 +0.1 货币金融和其他金融服务 +0.1 金属制品、机械和设备修理服务 +0.1 其他服务

5.1.3 实证结果

以下区分不同增值税税率简并方案列示 MT 指数与 Suits 指数的实证结果。

5.1.3.1 单一税率模式的收入分配效应

（1）MT 指数及其分解。

①国家统计局数据。用拟合的 2017 年国家统计局城镇居民家庭收支数据测算的增值税收入分配效应见表 5 - 4。

表 5 - 4　　　　　　　　　国家统计局数据的收入分配效应

方案		MT 指数	G_X	G_Y
2017 年方案		−0.001277	0.297213	0.298490
2018 年方案		−0.001207	0.297213	0.298420
2019 年方案		−0.000976	0.297213	0.298190
单一税率模式	方案 1	−0.001108	0.297213	0.298321
	方案 2	−0.001022	0.297213	0.298235
	方案 3	−0.000936	0.297213	0.298149
	方案 4	−0.000850	0.297213	0.298064
	方案 5	−0.000765	0.297213	0.297978
	方案 6	−0.000679	0.297213	0.297892

由表 5 - 4 可知，从方案 1 至方案 6，MT 指数均为负值，但绝对值逐渐变小，说明增值税在各种简并方案下均呈现累退性，但累退程度随税率下调而逐渐减弱，收入分配效果逐步改善。

②CHIP2013 数据。用 CHIP2013 城镇居民家庭收支数据测算的增值税收入分配效应见表 5 - 5 和表 5 - 6。MT 指数本身表明不同增值税简并方案下的总

体收入分配效应，为了说明总体分配效应的具体来源及构成，将其分解为横向
公平与纵向公平，并将纵向公平进一步分解为平均税率 t 和累进指数 P，进而
测算八大类消费项目对税收累退性的贡献率。①

表 5 - 5　　　　　　　　　　　CHIP2013 的收入分配效应

方案		MT 指数	G_X	G_Y	t	P	C_T	横向公平	纵向公平
2017 年方案		− 0.005648	0.423774	0.429422	5.10%	− 0.097774	0.325999	− 0.000390	− 0.005258
2018 年方案		− 0.005280	0.423774	0.429054	4.81%	− 0.097763	0.326011	− 0.000345	− 0.004935
2019 年方案		− 0.004284	0.423774	0.427823	3.99%	− 0.097333	0.326441	− 0.000234	− 0.004050
单一税率模式	方案 1	− 0.005713	0.423774	0.429487	5.19%	− 0.097431	0.326342	− 0.000377	− 0.005337
	方案 2	− 0.005225	0.423774	0.428999	4.79%	− 0.097431	0.326342	− 0.000319	− 0.004906
	方案 3	− 0.004745	0.423774	0.428519	4.39%	− 0.097431	0.326342	− 0.000267	− 0.004478
	方案 4	− 0.004274	0.423774	0.428048	3.99%	− 0.097431	0.326342	− 0.000220	− 0.004054
	方案 5	− 0.003811	0.423774	0.427585	3.60%	− 0.097431	0.326342	− 0.000177	− 0.003633
	方案 6	− 0.003356	0.423774	0.427130	3.20%	− 0.097431	0.326342	− 0.000140	− 0.003216

由表 5 - 5 可知，从方案 1 至方案 6，第一，MT 指数均为负，且绝对值逐
渐变小，说明随着税率的下调，各方案的累退性逐渐减弱，收入分配效应逐步
改善。第二，平均税率逐渐下降，这是下调税率带来的必然结果。第三，由于
税收集中度 C_T 在各方案下均小于收入集中度 G_X，累进指数 P 均为负，呈累退
性；在单一税率模式下，由于各项消费的税收收入比重及结构没有变化，故各
方案下的税收集中度 C_T 和累进指数 P 均相等。第四，从方案 1 至方案 6，横
向公平与纵向公平的绝对值逐渐变小，说明收入分配累退效应逐步改善，其
中，纵向公平占据决定性作用，而纵向公平的改善主要源于平均税率的降低。

表 5 - 6　　　　　　CHIP2013 数据下各消费项目对累退性的贡献　　　　单位:%

方案	食品烟酒	衣着	住房	设备与服务	医疗	交通通信	文教娱乐	其他支出
2017 年方案	13.03	10.16	32.17	8.11	17.51	7.63	5.08	6.30
2018 年方案	13.08	10.25	31.78	8.15	17.52	7.74	5.11	6.36

---

①　由于国家统计局公布的城镇居民收支数据只划分了最低收入户、低收入户、中等偏下收入户、
中等收入户、中等偏上收入户、高收入户和最高收入户七个收入组，而没有每一个家庭的微观数据，
故无法进行 MT 指数分解。

续表

方案		食品烟酒	衣着	住房	设备与服务	医疗	交通通信	文教娱乐	其他支出
2019 年方案		12.94	9.87	32.75	7.98	17.35	7.99	4.86	6.24
单一税率模式	方案 1	13.61	8.19	34.45	7.24	16.52	10.18	4.13	5.69
	方案 2	13.61	8.19	34.45	7.24	16.52	10.18	4.13	5.69
	方案 3	13.61	8.19	34.45	7.24	16.52	10.18	4.13	5.69
	方案 4	13.61	8.19	34.45	7.24	16.52	10.18	4.13	5.69
	方案 5	13.61	8.19	34.45	7.24	16.52	10.18	4.13	5.69
	方案 6	13.61	8.19	34.45	7.24	16.52	10.18	4.13	5.69

由表 5 - 6 对税收累退性的分解可知，八大类消费支出按对增值税累退性的贡献率由大到小排序依次为：住房、医疗、食品烟酒、交通通信、衣着、设备与服务、其他商品和服务、文教娱乐。各消费项目对税收累退性的贡献率大小是由两方面因素决定的：一是各消费项目缴纳增值税占总消费支出增值税的比重；二是各消费项目增值税的累退性。住房、医疗、食品烟酒三项对增值税累退性贡献率较高的原因是，这三项消费支出缴纳增值税的占比最高，分别达到 34.09%、13.14% 和 18.62%，而医疗支出贡献度高的另一个重要原因是其税收集中度最高（即不同家庭之间的差异最大）。

需要特别说明的是，在单一税率模式下，从方案 1 至方案 6，由于各消费项目对应的增值税收入在各方案下降低的比例一致，最终使得各方案下各消费项目的增值税占比不变。同时，由于每个个体面对相同的税率，每一项消费的增值税收入结构与支出结构保持一致，使得无论税率如何变化，每项消费的税收集中度 C_T 也是不变的。因此，在单一税率模式下，税率下调只会影响各消费项目缴纳增值税的绝对金额，而不会影响缴纳增值税的相对比例，从而不改变税收的集中度和税收的累进指数，各消费项目对增值税累退性的贡献率均相等，这一规律也同样适用于以下 CFPS2016 和 CFPS2018 数据的分析结果。

③ CFPS2016 数据。用 CFPS2016 城镇居民家庭收支数据测算的增值税收入分配效应见表 5 - 7 和表 5 - 8。

表5-7 　　　　　　　　CFPS2016 数据的收入分配效应

方案		MT 指数	G_X	G_Y	t	P	C_T	横向公平	纵向公平
2017 年方案		-0.012961	0.482177	0.495138	6.72%	-0.129966	0.352212	-0.003595	-0.009366
2018 年方案		-0.011951	0.482177	0.494128	6.34%	-0.129952	0.352226	-0.003153	-0.008798
2019 年方案		-0.009576	0.482177	0.491754	5.48%	-0.128213	0.353964	-0.002148	-0.007429
单一税率模式	方案1	-0.013539	0.482177	0.495717	7.72%	-0.118081	0.364096	-0.003666	-0.009873
	方案2	-0.012104	0.482177	0.494282	7.12%	-0.118081	0.364096	-0.003049	-0.009055
	方案3	-0.010733	0.482177	0.492910	6.53%	-0.118081	0.364096	-0.002485	-0.008248
	方案4	-0.009424	0.482177	0.491601	5.94%	-0.118081	0.364096	-0.001973	-0.007451
	方案5	-0.008195	0.482177	0.490373	5.34%	-0.118081	0.364096	-0.001532	-0.006664
	方案6	-0.007053	0.482177	0.489231	4.75%	-0.118081	0.364096	-0.001167	-0.005886

由表5-7可知，从方案1至方案6，第一，MT指数均为负，且绝对值逐渐变小，说明随着税率的下调，各方案的累退性逐渐减弱，收入分配效应逐步改善。第二，平均税率逐渐下降，这是下调税率带来的必然结果。第三，各方案累进指数P和税收集中度C_T均相等，呈累退性。第四，横向公平与纵向公平的绝对值逐渐变小，说明收入分配累退效应逐步改善，其中，纵向公平占据决定性作用，而纵向公平的改善主要源于平均税率的降低。

表5-8 　　　　　CFPS2016 数据下各消费项目对累退性的贡献 　　　　　单位:%

序号	项目	2017 年方案	2018 年方案	2019 年方案	单一税率模式简并方案					
					方案1	方案2	方案3	方案4	方案5	方案6
1	伙食费	8.46	8.47	8.17	7.02	7.02	7.02	7.02	7.02	7.02
2	外出就餐费	4.99	4.99	4.89	5.85	5.85	5.85	5.85	5.85	5.85
3	衣着消费	7.12	7.17	6.71	4.93	4.93	4.93	4.93	4.93	4.93
4	水费	0.38	0.37	0.39	0.42	0.42	0.42	0.42	0.42	0.42
5	电费	1.33	1.33	1.26	0.97	0.97	0.97	0.97	0.97	0.97
6	取暖费	0.44	0.44	0.41	0.32	0.32	0.32	0.32	0.32	0.32
7	燃料费	0.16	0.16	0.16	0.19	0.19	0.19	0.19	0.19	0.19
8	房租	7.56	7.33	7.71	8.29	8.29	8.29	8.29	8.29	8.29
9	物业费	0.80	0.78	0.82	0.88	0.88	0.88	0.88	0.88	0.88
10	住房维修费	11.08	10.74	11.30	12.15	12.15	12.15	12.15	12.15	12.15
11	家具耐用品	13.68	13.69	12.99	10.05	10.05	10.05	10.05	10.05	10.05

续表

序号	项目	2017年方案	2018年方案	2019年方案	单一税率模式简并方案					
					方案1	方案2	方案3	方案4	方案5	方案6
12	日用品费	1.77	1.77	1.68	1.31	1.31	1.31	1.31	1.31	1.31
13	医疗支出	3.46	3.46	3.30	2.63	2.63	2.63	2.63	2.63	2.63
14	保健支出	0.81	0.86	1.00	1.55	1.55	1.55	1.55	1.55	1.55
15	车辆购置费	14.57	14.56	13.77	10.39	10.39	10.39	10.39	10.39	10.39
16	本地交通费	4.01	3.95	4.10	4.44	4.44	4.44	4.44	4.44	4.44
17	交通通信工具费	2.27	2.43	2.32	1.83	1.83	1.83	1.83	1.83	1.83
18	全年邮电通信费	1.51	1.51	1.58	1.86	1.86	1.86	1.86	1.86	1.86
19	教育培训支出	0.57	0.58	0.60	0.69	0.69	0.69	0.69	0.69	0.69
20	文化娱乐支出	0.87	0.88	0.87	0.88	0.88	0.88	0.88	0.88	0.88
21	旅游支出	3.98	4.00	4.83	10.00	10.00	10.00	10.00	10.00	10.00
22	美容支出	0.92	0.98	1.14	1.77	1.77	1.77	1.77	1.77	1.77
23	商业性保险支出	4.07	4.35	5.12	8.18	8.18	8.18	8.18	8.18	8.18
24	其他支出	5.21	5.22	4.87	3.40	3.40	3.40	3.40	3.40	3.40

由表5-8对税收累退性的分解可知，24大类消费支出按对增值税累退性的贡献率由大到小排序，贡献率排名前三的是：住房维修费、车辆购置费、家具耐用品，原因是三者缴纳的增值税占比较大。

④ CFPS2018数据。用CFPS2018城镇居民家庭收支数据测算的增值税收入分配效应见表5-9和表5-10。

表5-9 　　　　　CFPS2018数据的收入分配效应

方案		MT指数	G_X	G_Y	t	P	C_T	横向公平	纵向公平
2017年方案		-0.011623	0.500832	0.512454	6.31%	-0.143781	0.357051	-0.001936	-0.009687
2018年方案		-0.010781	0.500832	0.511613	5.95%	-0.143697	0.357135	-0.001683	-0.009098
2019年方案		-0.008950	0.500832	0.509782	5.17%	-0.141010	0.359822	-0.001265	-0.007685
单一税率模式	方案1	-0.012690	0.500832	0.513521	7.42%	-0.126304	0.374527	-0.002571	-0.010119
	方案2	-0.011449	0.500832	0.512281	6.85%	-0.126304	0.374527	-0.002166	-0.009283
	方案3	-0.010261	0.500832	0.511093	6.28%	-0.126304	0.374527	-0.001803	-0.008458
	方案4	-0.009123	0.500832	0.509955	5.71%	-0.126304	0.374527	-0.001481	-0.007643
	方案5	-0.008034	0.500832	0.508865	5.14%	-0.126304	0.374527	-0.001197	-0.006837
	方案6	-0.006991	0.500832	0.507822	4.56%	-0.126304	0.374527	-0.000950	-0.006041

由表 5-9 可知，从方案 1 至方案 6，第一，MT 指数均为负，且绝对值逐渐变小，说明随着税率的下调，各方案的累退性逐渐减弱，收入分配效应逐步改善。第二，平均税率逐渐下降，这是下调税率带来的必然结果。第三，累进指数 P 和税收集中度 C_T 均相等，呈累退性。第四，横向公平与纵向公平的绝对值逐渐变小，说明收入分配累退效应逐步改善，其中，纵向公平占据决定性作用，而纵向公平的改善主要源于平均税率的降低。

表 5-10　　　　　**CFPS2018 数据下各消费项目对累退性的贡献**　　　　单位:%

序号	项目	2017 年方案	2018 年方案	2019 年方案	单一税率模式简并方案					
					方案 1	方案 2	方案 3	方案 4	方案 5	方案 6
1	伙食费	10.09	10.10	9.67	8.06	8.06	8.06	8.06	8.06	8.06
2	外出就餐费	6.00	6.00	5.83	6.76	6.76	6.76	6.76	6.76	6.76
3	衣着消费	7.94	7.99	7.43	5.29	5.29	5.29	5.29	5.29	5.29
4	水费	0.48	0.47	0.49	0.52	0.52	0.52	0.52	0.52	0.52
5	电费	1.90	1.91	1.80	1.33	1.33	1.33	1.33	1.33	1.33
6	取暖费	1.05	1.06	1.00	0.74	0.74	0.74	0.74	0.74	0.74
7	燃料费	0.29	0.28	0.29	0.33	0.33	0.33	0.33	0.33	0.33
8	房租	9.98	9.67	10.09	10.53	10.53	10.53	10.53	10.53	10.53
9	物业费	1.16	1.13	1.18	1.23	1.23	1.23	1.23	1.23	1.23
10	住房维修费	10.60	10.27	10.73	11.19	11.19	11.19	11.19	11.19	11.19
11	家具耐用品	4.75	4.76	4.48	3.36	3.36	3.36	3.36	3.36	3.36
12	日用品费	1.81	1.81	1.71	1.29	1.29	1.29	1.29	1.29	1.29
13	医疗支出	1.88	1.88	1.78	1.38	1.38	1.38	1.38	1.38	1.38
14	保健支出	0.84	0.89	1.03	1.55	1.55	1.55	1.55	1.55	1.55
15	车辆购置费	17.52	17.51	16.43	12.02	12.02	12.02	12.02	12.02	12.02
16	本地交通费	4.89	4.82	4.96	5.22	5.22	5.22	5.22	5.22	5.22
17	交通通信工具费	2.81	3.01	2.84	2.17	2.17	2.17	2.17	2.17	2.17
18	全年邮电通信费	1.47	1.47	1.53	1.75	1.75	1.75	1.75	1.75	1.75
19	教育培训支出	1.18	1.19	1.23	1.38	1.38	1.38	1.38	1.38	1.38
20	文化娱乐支出	1.10	1.11	1.10	1.08	1.08	1.08	1.08	1.08	1.08
21	旅游支出	4.14	4.15	4.98	10.02	10.02	10.02	10.02	10.02	10.02
22	美容支出	1.17	1.24	1.44	2.17	2.17	2.17	2.17	2.17	2.17

续表

序号	项目	2017年方案	2018年方案	2019年方案	单一税率模式简并方案					
					方案1	方案2	方案3	方案4	方案5	方案6
23	商业性保险支出	4.81	5.14	6.00	9.30	9.30	9.30	9.30	9.30	9.30
24	其他支出	2.14	2.15	1.99	1.35	1.35	1.35	1.35	1.35	1.35

由表 5 – 10 可知，24 大类消费支出按对增值税累退性的贡献率由大到小排序，贡献率排名前三的是：车辆购置费、住房维修费、房租，三者的贡献率均超过 10%，原因是三者缴纳的增值税占比较大。

（2）Suits 指数。用拟合的国家统计局城镇居民家庭收支数据测算的增值税 Suits 指数及其分解见表 5 – 11 和表 5 – 12。[①]

表 5 – 11　　　　　　　单一税率模式的总 Suits 指数

方案		总 Suits 指数
2017 年方案		– 0.137000
2018 年方案		– 0.136945
2019 年方案		– 0.135990
单一税率模式	方案 1	– 0.132359
	方案 2	– 0.132272
	方案 3	– 0.132184
	方案 4	– 0.132094
	方案 5	– 0.132004
	方案 6	– 0.131912

由表 5 – 11 可知，第一，各方案的总 Suits 指数均为负，说明所有方案下增值税均呈现累退性。第二，从方案 1 至方案 6，随着税率的下调，Suits 指数绝对值逐步变小，说明税率的下调能减弱增值税的累退性，改善收入分配效应。第三，各简并方案下的 Suits 指数绝对值均小于 2019 年，说明税率简并能减弱增值税的累退性。

---

　　① Suits 指数的计算是基于税收收入的累计排序，而非基于家庭收入的累计排序，由于 CHIP2013 和 CFPS 数据对消费支出只划分 8 大类或 24 大类，没有更为具体的消费细分，每个家庭相同消费项目对应相同的增值税税率，使得税率的变化不会影响到税收收入的排序，进而无法对 Suits 指数进行分解，故以下对 Suits 指数的考察仅使用拟合的国家统计局数据。

表 5－12　　　　　　　单一税率模式下各消费项目 Suits 指数

方案		食品烟酒	衣着	住房	设备与服务	医疗支出	交通通信	文教娱乐	其他支出
2017 年方案		－ 0. 222856	－ 0. 155630	－ 0. 176763	－ 0. 122932	－ 0. 217665	0. 012447	－ 0. 074676	－ 0. 006716
2018 年方案		－ 0. 222808	－ 0. 155573	－ 0. 178059	－ 0. 122456	－ 0. 217457	0. 012640	－ 0. 072529	－ 0. 006904
2019 年方案		－ 0. 223172	－ 0. 155680	－ 0. 174029	－ 0. 120754	－ 0. 217733	0. 009989	－ 0. 072298	－ 0. 007741
单一税率模式	方案 1	－ 0. 218162	－ 0. 156241	－ 0. 159984	－ 0. 110605	－ 0. 219427	－ 0. 008616	－ 0. 061912	－ 0. 013609
	方案 2	－ 0. 218132	－ 0. 156251	－ 0. 159853	－ 0. 110588	－ 0. 219478	－ 0. 008540	－ 0. 061874	－ 0. 013595
	方案 3	－ 0. 218101	－ 0. 156262	－ 0. 159720	－ 0. 110570	－ 0. 219529	－ 0. 008463	－ 0. 061835	－ 0. 013582
	方案 4	－ 0. 218071	－ 0. 156272	－ 0. 159585	－ 0. 110553	－ 0. 219581	－ 0. 008386	－ 0. 061796	－ 0. 013568
	方案 5	－ 0. 218041	－ 0. 156283	－ 0. 159448	－ 0. 110535	－ 0. 219634	－ 0. 008307	－ 0. 061757	－ 0. 013553
	方案 6	－ 0. 218010	－ 0. 156294	－ 0. 159309	－ 0. 110517	－ 0. 219687	－ 0. 008228	－ 0. 061718	－ 0. 013539

由表 5－12 可知，第一，八大类消费支出的 Suits 指数均为负，说明所有消费项目的增值税都是累退的。第二，从方案 1 至方案 6，随着税率的下调，八大类消费支出的 Suits 指数绝对值均逐步变小，说明税率的下调能减弱增值税的累退性，改善收入分配效应。

5.1.3.2　两档就低模式的收入分配效应

（1）MT 指数及其分解。

①国家统计局数据。用拟合的国家统计局城镇居民家庭收支数据测算的增值税收入分配效应见表 5－13。

表 5－13　　　　　　　国家统计局数据的收入分配效应

方案		MT 指数	G_X	G_Y
2017 年方案		－ 0. 001277	0. 297213	0. 298490
2018 年方案		－ 0. 001207	0. 297213	0. 298420
2019 年方案		－ 0. 000976	0. 297213	0. 298190
两档就低模式	方案 1	－ 0. 001011	0. 297213	0. 298224
	方案 2	－ 0. 000935	0. 297213	0. 298148
	方案 3	－ 0. 000858	0. 297213	0. 298072
	方案 4	－ 0. 000782	0. 297213	0. 297995
	方案 5	－ 0. 000781	0. 297213	0. 297994
	方案 6	－ 0. 000704	0. 297213	0. 297917
	方案 7	－ 0. 000627	0. 297213	0. 297840

由表5-13可知，从方案1至方案7，MT指数均为负值，但绝对值逐渐变小，说明增值税在各种简并方案下均呈累退性，但累退程度随税率下调逐渐减弱，收入分配效应逐步改善。

② CHIP2013数据。用CHIP2013城镇居民家庭收支数据测算的增值税收入分配效应见表5-14和表5-15。

表5-14　　　　　　　　　　CHIP2013数据的收入分配效应

方案		MT指数	G_X	G_Y	t	P	C_T	横向公平	纵向公平
2017年方案		-0.005648	0.423774	0.429422	5.10%	-0.097774	0.325999	-0.000390	-0.005258
2018年方案		-0.005280	0.423774	0.429054	4.81%	-0.097763	0.326011	-0.000345	-0.004935
2019年方案		-0.004284	0.423774	0.427823	3.99%	-0.097333	0.326441	-0.000234	-0.004050
两档就低模式	方案1	-0.004220	0.423774	0.427994	3.91%	-0.098092	0.325682	-0.000229	-0.003991
	方案2	-0.003948	0.423774	0.427722	3.68%	-0.098000	0.325774	-0.000202	-0.003747
	方案3	-0.003681	0.423774	0.427455	3.46%	-0.097888	0.325886	-0.000176	-0.003505
	方案4	-0.003417	0.423774	0.427190	3.23%	-0.097763	0.326010	-0.000152	-0.003264
	方案5	-0.003242	0.423774	0.427016	3.07%	-0.098000	0.325774	-0.000140	-0.003102
	方案6	-0.002983	0.423774	0.426756	2.84%	-0.097864	0.325909	-0.000119	-0.002864
	方案7	-0.002726	0.423774	0.426499	2.62%	-0.097709	0.326065	-0.000099	-0.002626

由表5-14可知，从方案1至方案7，第一，MT指数均为负，且绝对值逐渐变小，说明随着税率的下调，各方案的累退性逐渐减弱，收入分配效应逐步改善。第二，平均税率逐渐下降，这是下调税率带来的必然结果。第三，累进指数P均为负，呈累退性，且累退程度从方案1至方案4、从方案5至方案7逐步减弱，但从方案4至方案5略微增强，说明降低现行6%的税率对富人更加有利，而降低基本税率对穷人更加有利。① 第四，从方案1至方案7，横向公平与纵向公平的绝对值逐渐变小，说明收入分配累退效应逐步改善，其中，纵向公平起决定性作用，而纵向公平的改善主要源于平均税率的降低。

---

① 现行6%税率的适用范围包括"营改增"之后征收增值税的金融服务、增值电信服务、现代服务（租赁服务除外）、生活服务、转让土地使用权以外的其他无形资产，这些服务相对而言高收入者消费更多。

表 5-15　　　　CHIP2013 数据下各消费项目对累退性的贡献　　　单位:%

方案		食品烟酒	衣着	住房	设备与服务	医疗支出	交通通信	文教娱乐	其他支出
2017 年方案		13.03	10.16	32.17	8.11	17.51	7.63	5.08	6.30
2018 年方案		13.08	10.25	31.78	8.15	17.52	7.74	5.11	6.36
2019 年方案		12.94	9.87	32.75	7.98	17.35	7.99	4.86	6.24
两档就低模式	方案 1	13.55	10.89	29.21	8.44	17.61	8.28	5.35	6.66
	方案 2	13.54	10.66	29.66	8.34	17.53	8.44	5.25	6.59
	方案 3	13.53	10.39	30.15	8.23	17.45	8.62	5.12	6.50
	方案 4	13.51	10.08	30.72	8.11	17.36	8.83	4.99	6.40
	方案 5	13.54	10.66	29.66	8.34	17.53	8.44	5.25	6.59
	方案 6	13.52	10.33	30.26	8.21	17.43	8.66	5.10	6.48
	方案 7	13.50	9.95	30.96	8.06	17.32	8.92	4.93	6.36

由表 5-15 对税收累退性的分解可知，八大类消费支出按对增值税累退性的贡献率由大到小排序依次为：住房、医疗、食品烟酒、衣着、交通通信、设备与服务、其他商品和服务、文教娱乐。其中，从方案 1 至方案 4、方案 5 至方案 7，住房、交通通信支出的贡献率不断上升，其余六类消费支出的贡献率逐渐下降。

③ CFPS2016 数据。用 CFPS2016 城镇居民家庭收支数据测算的增值税收入分配效应见表 5-16 和表 5-17。

表 5-16　　　　CFPS2016 数据的收入分配效应

方案		MT 指数	G_X	G_Y	t	P	C_T	横向公平	纵向公平
2017 年方案		-0.012961	0.482177	0.495138	6.72%	-0.129966	0.352212	-0.003595	-0.009366
2018 年方案		-0.011951	0.482177	0.494128	6.34%	-0.129952	0.352226	-0.003153	-0.008798
2019 年方案		-0.009576	0.482177	0.491754	5.48%	-0.128213	0.353964	-0.002148	-0.007429
两档就低模式	方案 1	-0.008942	0.482177	0.491120	5.14%	-0.128699	0.353478	-0.001966	-0.006977
	方案 2	-0.008261	0.482177	0.490439	4.90%	-0.127378	0.354799	-0.001694	-0.006567
	方案 3	-0.007606	0.482177	0.489783	4.67%	-0.125922	0.356256	-0.001440	-0.006165
	方案 4	-0.006981	0.482177	0.489158	4.43%	-0.124321	0.357856	-0.001214	-0.005767
	方案 5	-0.006506	0.482177	0.488683	4.09%	-0.127378	0.354799	-0.001080	-0.005426
	方案 6	-0.005927	0.482177	0.488105	3.85%	-0.125614	0.356563	-0.000897	-0.005031
	方案 7	-0.005383	0.482177	0.487561	3.62%	-0.123633	0.358545	-0.000745	-0.004638

由表 5-16 可知，从方案 1 至方案 7，第一，MT 指数均为负，且绝对值逐渐变小，说明随着税率的下调，各方案的累退性逐渐减弱，收入分配效应逐步改善。第二，平均税率逐渐下降，这是下调税率带来的必然结果。第三，累进指数 P 均为负，呈累退性，且累退程度从方案 1 至方案 4、从方案 5 至方案 7 逐步减弱，但从方案 4 至方案 5 略微增强。第四，横向公平与纵向公平的绝对值逐渐变小，说明收入分配累退效应逐步改善，其中，纵向公平占据决定性作用，而纵向公平的改善主要源于平均税率的降低。

表 5-17　CFPS2016 数据下各消费项目对累退性的贡献　　　　单位:%

序号	项目	2017 年方案	2018 年方案	2019 年方案	两档就低模式简并方案						
					方案 1	方案 2	方案 3	方案 4	方案 5	方案 6	方案 7
1	伙食费	8.46	8.47	8.17	8.69	8.50	8.28	8.04	8.50	8.23	7.93
2	外出就餐费	4.99	4.99	4.89	5.34	5.39	5.44	5.50	5.39	5.45	5.52
3	衣着消费	7.12	7.17	6.71	7.61	7.33	7.02	6.68	7.33	6.95	6.53
4	水费	0.38	0.37	0.39	0.28	0.30	0.31	0.33	0.30	0.32	0.34
5	电费	1.33	1.33	1.26	1.35	1.31	1.27	1.22	1.31	1.26	1.20
6	取暖费	0.44	0.44	0.41	0.44	0.43	0.42	0.40	0.43	0.41	0.39
7	燃料费	0.16	0.16	0.16	0.16	0.16	0.15	0.15	0.16	0.15	0.15
8	房租	7.56	7.33	7.71	5.69	5.97	6.28	6.61	5.97	6.34	6.75
9	物业费	0.80	0.78	0.82	0.60	0.63	0.66	0.70	0.63	0.67	0.71
10	住房维修费	11.08	10.74	11.30	8.33	8.75	9.19	9.68	8.75	9.29	9.89
11	家具耐用品	13.68	13.69	12.99	14.02	13.62	13.17	12.67	13.62	13.07	12.46
12	日用品费	1.77	1.77	1.68	1.82	1.77	1.71	1.65	1.77	1.70	1.62
13	医疗支出	3.46	3.46	3.30	3.57	3.47	3.36	3.24	3.47	3.33	3.19
14	保健支出	0.81	0.86	1.00	1.05	1.11	1.17	1.23	1.11	1.18	1.26
15	车辆购置费	14.57	14.56	13.77	14.78	14.34	13.84	13.30	14.34	13.74	13.07
16	本地交通费	4.01	3.95	4.10	3.54	3.60	3.71	3.82	3.60	3.73	3.87
17	交通通信工具费	2.27	2.43	2.32	2.48	2.41	2.34	2.26	2.41	2.33	2.23
18	全年邮电通信费	1.51	1.51	1.58	1.51	1.55	1.59	1.63	1.55	1.60	1.65
19	教育培训支出	0.57	0.58	0.60	0.60	0.61	0.62	0.63	0.61	0.62	0.64
20	文化娱乐支出	0.87	0.88	0.87	0.93	0.92	0.91	0.91	0.92	0.91	0.90

续表

序号	项目	2017 年方案	2018 年方案	2019 年方案	两档就低模式简并方案						
					方案 1	方案 2	方案 3	方案 4	方案 5	方案 6	方案 7
21	旅游支出	3.98	4.00	4.83	5.04	5.56	6.14	6.76	5.56	6.26	7.03
22	美容支出	0.92	0.98	1.14	1.20	1.26	1.33	1.40	1.26	1.34	1.43
23	商业性保险支出	4.07	4.35	5.12	5.56	5.85	6.16	6.49	5.85	6.22	6.64
24	其他支出	5.21	5.22	4.87	5.36	5.16	4.94	4.70	5.16	4.89	4.59

由表 5 - 17 对税收累退性的分解可知，24 大类消费支出按对增值税累退性的贡献率由大到小排序，贡献排名前三的依次为：车辆购置费、家具耐用品、住房维修费。

④ CFPS2018 数据。用 CFPS2018 城镇居民家庭收支数据测算的增值税收入分配效应见表 5 - 18 和表 5 - 19。

表 5 - 18　　　　　　　　　CFPS2018 数据的收入分配效应

方案		MT 指数	G_X	G_Y	t	P	C_T	横向公平	纵向公平
2017 年方案		- 0.011623	0.500832	0.512454	6.31%	- 0.143781	0.357051	- 0.001936	- 0.009687
2018 年方案		- 0.010781	0.500832	0.511613	5.95%	- 0.143697	0.357135	- 0.001683	- 0.009098
2019 年方案		- 0.008950	0.500832	0.509782	5.17%	- 0.141010	0.359822	- 0.001265	- 0.007685
两档就低模式	方案 1	- 0.008196	0.500832	0.509028	4.81%	- 0.142517	0.358315	- 0.000990	- 0.007206
	方案 2	- 0.007691	0.500832	0.508523	4.60%	- 0.140636	0.360196	- 0.000908	- 0.006784
	方案 3	- 0.007200	0.500832	0.508032	4.39%	- 0.138549	0.362283	- 0.000832	- 0.006368
	方案 4	- 0.006717	0.500832	0.507549	4.19%	- 0.136273	0.364559	- 0.000763	- 0.005955
	方案 5	- 0.006250	0.500832	0.507082	3.83%	- 0.140636	0.360196	- 0.000642	- 0.005608
	方案 6	- 0.005779	0.500832	0.506611	3.63%	- 0.138110	0.362721	- 0.000581	- 0.005198
	方案 7	- 0.005318	0.500832	0.506150	3.42%	- 0.135298	0.365534	- 0.000527	- 0.004791

由表 5 - 18 可知，从方案 1 至方案 7，第一，MT 指数均为负，且绝对值逐渐变小，说明随着税率的下调，各方案的累退性逐渐减弱，收入分配效应逐步改善。第二，平均税率逐渐下降，这是下调税率带来的必然结果。第三，累进指数 P 均为负，呈累退性，且累退程度从方案 1 至方案 4、从方案 5 至方案 7 逐步减弱，但从方案 4 至方案 5 略微增强。第四，横向公平与纵向公平的绝

对值逐渐变小,说明收入分配累退效应逐步改善,其中,纵向公平占据决定性作用,而纵向公平的改善主要源于平均税率的降低。

表 5-19 CFPS2018 数据下各消费项目对累退性的贡献 单位:%

序号	项目	2017 年方案	2018 年方案	2019 年方案	两档就低模式简并方案						
					方案1	方案2	方案3	方案4	方案5	方案6	方案7
1	伙食费	10.09	10.10	9.67	10.40	10.12	9.82	9.48	10.12	9.75	9.34
2	外出就餐费	6.00	6.00	5.83	6.44	6.47	6.50	6.54	6.47	6.51	6.55
3	衣着消费	7.94	7.99	7.43	8.51	8.16	7.78	7.36	8.16	7.70	7.19
4	水费	0.48	0.47	0.49	0.36	0.38	0.39	0.42	0.38	0.40	0.42
5	电费	1.90	1.91	1.80	1.95	1.89	1.81	1.74	1.89	1.80	1.70
6	取暖费	1.05	1.06	1.00	1.08	1.04	1.00	0.96	1.04	1.00	0.94
7	燃料费	0.29	0.28	0.29	0.29	0.29	0.28	0.27	0.29	0.28	0.27
8	房租	9.98	9.67	10.09	7.53	7.87	8.23	8.62	7.87	8.31	8.79
9	物业费	1.16	1.13	1.18	0.88	0.92	0.96	1.00	0.92	0.97	1.02
10	住房维修费	10.60	10.27	10.73	8.00	8.36	8.75	9.16	8.36	8.83	9.34
11	家具耐用品	4.75	4.76	4.48	4.89	4.73	4.55	4.36	4.73	4.51	4.28
12	日用品费	1.81	1.81	1.71	1.87	1.81	1.74	1.67	1.81	1.73	1.64
13	医疗支出	1.88	1.88	1.78	1.95	1.88	1.81	1.74	1.88	1.80	1.71
14	保健支出	0.84	0.89	1.03	1.10	1.15	1.20	1.26	1.15	1.21	1.29
15	车辆购置费	17.52	17.51	16.43	17.83	17.22	16.55	15.82	17.22	16.41	15.51
16	本地交通费	4.89	4.82	4.96	4.34	4.39	4.50	4.61	4.39	4.52	4.66
17	交通通信工具费	2.81	3.01	2.84	3.08	2.98	2.88	2.76	2.98	2.85	2.71
18	全年邮电通信费	1.47	1.47	1.53	1.48	1.51	1.54	1.57	1.51	1.55	1.59
19	教育培训支出	1.18	1.19	1.23	1.25	1.26	1.27	1.29	1.26	1.27	1.29
20	文化娱乐支出	1.10	1.11	1.10	1.18	1.17	1.16	1.14	1.17	1.15	1.13
21	旅游支出	4.14	4.15	4.98	5.26	5.78	6.35	6.96	5.78	6.46	7.22
22	美容支出	1.17	1.24	1.44	1.53	1.60	1.68	1.76	1.60	1.70	1.80
23	商业性保险支出	4.81	5.14	6.00	6.59	6.90	7.23	7.59	6.90	7.30	7.74
24	其他支出	2.14	2.15	1.99	2.21	2.12	2.02	1.91	2.12	2.00	1.87

由表 5 - 19 对税收累退性的分解可知，24 大类消费支出按对增值税累退性的贡献率由大到小排序，贡献排名前三的依次为：车辆购置费、伙食费、住房维修费。

（2）Suits 指数。用拟合的国家统计局城镇居民家庭收支数据测算的增值税 Suits 指数及其分解见表 5 - 20 和表 5 - 21。

表 5 - 20　　　　　　　　　两档就低模式的总 Suits 指数

方案		Suits 指数
2017 年方案		- 0. 137000
2018 年方案		- 0. 136945
2019 年方案		- 0. 135990
两档就低模式	方案 1	- 0. 137899
	方案 2	- 0. 137243
	方案 3	- 0. 136505
	方案 4	- 0. 135673
	方案 5	- 0. 137169
	方案 6	- 0. 136273
	方案 7	- 0. 135233

由表 5 - 20 可知，第一，各方案的总 Suits 指数均为负，说明所有方案下增值税均呈现累退性。第二，从方案 1 至方案 4、方案 5 至方案 7，随着税率的下调，Suits 指数绝对值逐步变小，增值税的累退性逐步减弱，收入分配效应得到改善。从方案 4（10% + 6%）至方案 5（10% + 5%），Suits 指数出现一个反弹，说明下调基本税率与下调低税率的收入分配效应是相反的，总体上，下调基本税率更有利于缩小收入差距，而下调低税率不利于缩小收入差距。第三，除方案 4 与方案 7 以外，其他税率简并方案的 Suits 指数绝对值均大于 2019 年，说明两档就低的税率简并模式不利于收入分配。①

---

① 换句话说，在两档就低简并模式下，虽然减税效果最为明显，但减税的好处更多地由高收入者获得。

表 5 - 21　　　　　　　　　两档就低模式下各消费项目 Suits 指数

方案		食品烟酒	衣着	住房	设备与服务	医疗支出	交通通信	文教娱乐	其他支出
2017 年方案		- 0.222856	- 0.155630	- 0.176763	- 0.122932	- 0.217665	0.012447	- 0.074676	- 0.006716
2018 年方案		- 0.222808	- 0.155573	- 0.178059	- 0.122456	- 0.217457	0.012640	- 0.072529	- 0.006904
2019 年方案		- 0.223172	- 0.155680	- 0.174029	- 0.120754	- 0.217733	0.009989	- 0.072298	- 0.007741
两档就低模式	方案 1	- 0.221112	- 0.155216	- 0.187930	- 0.120804	- 0.215600	0.014285	- 0.071148	- 0.007628
	方案 2	- 0.220699	- 0.155301	- 0.185067	- 0.119981	- 0.215947	0.012511	- 0.069768	- 0.008080
	方案 3	- 0.220235	- 0.155404	- 0.181916	- 0.119026	- 0.216352	0.010360	- 0.068277	- 0.008609
	方案 4	- 0.219707	- 0.155527	- 0.178436	- 0.117908	- 0.216838	0.007877	- 0.066649	- 0.009236
	方案 5	- 0.220676	- 0.155312	- 0.185152	- 0.120036	- 0.216030	0.012740	- 0.069784	- 0.007998
	方案 6	- 0.220112	- 0.155438	- 0.181291	- 0.118863	- 0.216521	0.010098	- 0.067966	- 0.008655
	方案 7	- 0.219450	- 0.155595	- 0.176941	- 0.117439	- 0.217132	0.006954	- 0.065945	- 0.009459

由表 5 - 21 可知，第一，交通通信支出的 Suits 指数为正，说明其是累进的，能缩小收入差距，而其余七大类消费支出的 Suits 指数均为负，说明其余消费项目的增值税都是累退的。第二，从方案 1 至方案 4、从方案 5 至方案 7，随着税率的下调，食品烟酒、住房、设备与服务、文教娱乐四类消费的 Suits 指数绝对值逐渐变小，表示其税收累退性逐渐减弱；衣着、医疗、其他支出三项消费的 Suits 指数绝对值逐渐变大，表明其税收累退性逐渐增强，交通通信的 Suits 指数逐渐变小，表示其税收累进性逐渐减弱。第三，从方案 4（10% + 6%）至方案 5（10% + 5%），各项消费支出的 Suits 指数均出现一个反弹，说明下调基本税率与下调低税率的收入分配效应是相反的。

5.1.3.3　两档就高模式的收入分配效应

（1）MT 指数及其分解。

①国家统计局数据。用拟合的国家统计局城镇居民家庭收支数据测算的增值税收入分配效应见表 5 - 22。

表 5 - 22　　　　　　　　　国家统计局数据的收入分配效应

方案	MT 指数	G_X	G_Y
2017 年方案	- 0.001277	0.297213	0.298490
2018 年方案	- 0.001207	0.297213	0.298420

续表

方案		MT 指数	G_X	G_Y
2019 年方案		− 0.000976	0.297213	0.298190
两档就高模式	方案 1	− 0.001006	0.297213	0.298219
	方案 2	− 0.000930	0.297213	0.298143
	方案 3	− 0.000858	0.297213	0.298071
	方案 4	− 0.000789	0.297213	0.298002
	方案 5	− 0.000775	0.297213	0.297988
	方案 6	− 0.000703	0.297213	0.297916
	方案 7	− 0.000634	0.297213	0.297847

由表 5 - 22 可知，从方案 1 至方案 7，MT 指数均为负值，但绝对值逐渐变小，说明增值税在各种简并方案下均呈累退性，但累退程度随税率下调逐渐减弱，收入分配效果逐步改善。

② CHIP2013 数据。用 CHIP2013 城镇居民家庭收支数据测算的增值税收入分配效应见表 5 - 23 和表 5 - 24。

表 5 - 23　　　　　　　CHIP2013 数据的收入分配效应

方案		MT 指数	G_X	G_Y	t	P	C_T	横向公平	纵向公平
2017 年方案		− 0.005648	0.423774	0.429422	5.10%	− 0.097774	0.325999	− 0.000390	− 0.005258
2018 年方案		− 0.005280	0.423774	0.429054	4.81%	− 0.097763	0.326011	− 0.000345	− 0.004935
2019 年方案		− 0.004284	0.423774	0.427823	3.99%	− 0.097333	0.326441	− 0.000234	− 0.004050
两档就高模式	方案 1	− 0.004612	0.423774	0.428385	4.29%	− 0.097134	0.326639	− 0.000263	− 0.004349
	方案 2	− 0.004251	0.423774	0.428024	3.98%	− 0.097034	0.326740	− 0.000226	− 0.004025
	方案 3	− 0.003918	0.423774	0.427691	3.70%	− 0.096956	0.326818	− 0.000194	− 0.003724
	方案 4	− 0.003607	0.423774	0.427381	3.43%	− 0.096893	0.326881	− 0.000166	− 0.003441
	方案 5	− 0.003487	0.423774	0.427260	3.32%	− 0.097034	0.326740	− 0.000156	− 0.003331
	方案 6	− 0.003166	0.423774	0.426940	3.04%	− 0.096945	0.326828	− 0.000130	− 0.003037
	方案 7	− 0.002866	0.423774	0.426640	2.77%	− 0.096861	0.326913	− 0.000107	− 0.002759

由表 5 - 23 可知，从方案 1 至方案 7，第一，MT 指数均为负，且绝对值逐渐变小，说明随着税率的下调，各方案的累退性逐渐减弱，收入分配效应逐步改善。第二，平均税率逐渐下降，这是下调税率带来的必然结果。第三，累

进指数 P 均为负，呈累退性，且累退程度从方案 1 至方案 4、从方案 5 至方案 7 逐步减弱，但从方案 4 至方案 5 略微增强，说明降低现行 6% 的税率对富人更加有利，而降低基本税率对穷人更加有利。第四，从方案 1 至方案 7，横向公平与纵向公平的绝对值逐渐变小，说明收入分配累退效应逐步改善，其中，纵向公平起决定性作用，而纵向公平的改善主要源于平均税率的降低。

表 5 - 24　　　　　CHIP2013 数据下各消费项目对累退性的贡献　　　单位:%

方案		食品烟酒	衣着	住房	设备与服务	医疗支出	交通通信	文教娱乐	其他支出
2017 年方案		13.03	10.16	32.17	8.11	17.51	7.63	5.08	6.30
2018 年方案		13.08	10.25	31.78	8.15	17.52	7.74	5.11	6.36
2019 年方案		12.94	9.87	32.75	7.98	17.35	7.99	4.86	6.24
两档就高模式	方案 1	12.65	8.48	37.19	7.26	16.73	7.90	4.22	5.57
	方案 2	12.64	8.46	37.09	7.26	16.71	8.04	4.20	5.60
	方案 3	12.66	8.45	36.91	7.26	16.70	8.22	4.19	5.62
	方案 4	12.69	8.42	36.63	7.27	16.69	8.48	4.19	5.64
	方案 5	12.64	8.46	37.09	7.26	16.71	8.04	4.20	5.60
	方案 6	12.67	8.44	36.86	7.26	16.69	8.27	4.19	5.62
	方案 7	12.71	8.41	36.49	7.27	16.69	8.60	4.18	5.64

由表 5 - 24 对税收累退性的分解可知，第一，八大类消费支出按对增值税累退性的贡献率由大到小排序依次为：住房、医疗、食品烟酒、衣着、交通通信、设备与服务、其他商品和服务、文教娱乐。第二，从方案 1 至方案 4、方案 5 至方案 7，食品烟酒、设备与服务、交通通信、其他商品和服务的贡献率逐步上升，衣着、住房、医疗支出、文教娱乐支出的贡献率逐步下降。

③ CFPS2016 数据。用 CFPS2016 城镇居民家庭收支数据测算的增值税收入分配效应见表 5 - 25 和表 5 - 26。

表 5 - 25　　　　　　　　CFPS2016 数据的收入分配效应

方案	MT 指数	G_X	G_Y	t	P	C_T	横向公平	纵向公平
2017 年方案	- 0.012961	0.482177	0.495138	6.72%	- 0.129966	0.352212	- 0.003595	- 0.009366
2018 年方案	- 0.011951	0.482177	0.494128	6.34%	- 0.129952	0.352226	- 0.003153	- 0.008798
2019 年方案	- 0.009576	0.482177	0.491754	5.48%	- 0.128213	0.353964	- 0.002148	- 0.007429

续表

方案		MT 指数	G_X	G_Y	t	P	C_T	横向公平	纵向公平
两档就高模式	方案 1	-0.010552	0.482177	0.492730	5.88%	-0.130354	0.351823	-0.002405	-0.008147
	方案 2	-0.009566	0.482177	0.491743	5.49%	-0.130098	0.352079	-0.002014	-0.007552
	方案 3	-0.008667	0.482177	0.490845	5.13%	-0.129222	0.352955	-0.001681	-0.006986
	方案 4	-0.007850	0.482177	0.490027	4.80%	-0.127731	0.354447	-0.001404	-0.006446
	方案 5	-0.007538	0.482177	0.489715	4.57%	-0.130098	0.352079	-0.001305	-0.006233
	方案 6	-0.006745	0.482177	0.488923	4.22%	-0.128938	0.353239	-0.001064	-0.005681
	方案 7	-0.006020	0.482177	0.488198	3.90%	-0.127081	0.355096	-0.000869	-0.005152

由表 5-25 可知，从方案 1 至方案 7，第一，MT 指数均为负，且绝对值逐渐变小，说明随着税率的下调，各方案的累退性逐渐减弱，收入分配效应逐步改善。第二，平均税率逐渐下降，这是下调税率带来的必然结果。第三，累进指数 P 均为负，呈累退性，且累退程度从方案 1 至方案 4、从方案 5 至方案 7 逐步减弱，但从方案 4 至方案 5 略微增强。第四，横向公平与纵向公平的绝对值逐渐变小，说明收入分配累退效应逐步改善，其中，纵向公平占据决定性作用，而纵向公平的改善主要源于平均税率的降低。

表 5-26　　　　CFPS2016 数据下各消费项目对累退性的贡献　　　　单位：%

序号	项目	2017 年方案	2018 年方案	2019 年方案	两档就高模式简并方案						
					方案 1	方案 2	方案 3	方案 4	方案 5	方案 6	方案 7
1	伙食费	8.46	8.47	8.17	7.86	7.82	7.76	7.66	7.82	7.74	7.62
2	外出就餐费	4.99	4.99	4.89	4.75	4.74	4.72	4.69	4.74	4.71	4.68
3	衣着消费	7.12	7.17	6.71	5.72	5.69	5.62	5.53	5.69	5.61	5.49
4	水费	0.38	0.37	0.39	0.51	0.51	0.50	0.49	0.51	0.50	0.49
5	电费	1.33	1.33	1.26	1.16	1.15	1.14	1.11	1.15	1.13	1.10
6	取暖费	0.44	0.44	0.41	0.38	0.38	0.37	0.37	0.38	0.37	0.36
7	燃料费	0.16	0.16	0.16	0.22	0.22	0.22	0.21	0.22	0.22	0.21
8	房租	7.56	7.33	7.71	10.11	10.04	9.90	9.68	10.04	9.85	9.58
9	物业费	0.80	0.78	0.82	1.07	1.06	1.05	1.02	1.06	1.04	1.01
10	住房维修费	11.08	10.74	11.30	14.81	14.71	14.50	14.18	14.71	14.43	14.03
11	家具耐用品	13.68	13.69	12.99	11.74	11.65	11.51	11.31	11.65	11.47	11.23
12	日用品费	1.77	1.77	1.68	1.51	1.50	1.49	1.46	1.50	1.48	1.45

续表

序号	项目	2017年方案	2018年方案	2019年方案	两档就高模式简并方案						
					方案1	方案2	方案3	方案4	方案5	方案6	方案7
13	医疗支出	3.46	3.46	3.30	2.93	2.91	2.88	2.85	2.91	2.87	2.83
14	保健支出	0.81	0.86	1.00	0.90	0.97	1.04	1.12	0.97	1.06	1.16
15	车辆购置费	14.57	14.56	13.77	12.53	12.42	12.23	11.98	12.42	12.18	11.87
16	本地交通费	4.01	3.95	4.10	4.82	4.81	4.79	4.74	4.81	4.78	4.72
17	交通通信工具费	2.27	2.43	2.32	2.11	2.09	2.07	2.04	2.09	2.06	2.02
18	全年邮电通信费	1.51	1.51	1.58	1.65	1.67	1.69	1.72	1.67	1.69	1.73
19	教育培训支出	0.57	0.58	0.60	0.60	0.61	0.62	0.64	0.61	0.63	0.64
20	文化娱乐支出	0.87	0.88	0.87	0.82	0.83	0.83	0.84	0.83	0.83	0.84
21	旅游支出	3.98	4.00	4.83	3.99	4.00	4.44	5.29	4.00	4.60	5.67
22	美容支出	0.92	0.98	1.14	1.03	1.11	1.19	1.28	1.11	1.21	1.32
23	商业性保险支出	4.07	4.35	5.12	4.49	4.86	5.27	5.72	4.86	5.36	5.92
24	其他支出	5.21	5.22	4.87	4.28	4.24	4.17	4.06	4.24	4.15	4.02

由表5－26对税收累退性的分解可知，24大类消费支出按对增值税累退性的贡献率由大到小排序，贡献排名前三的依次为：住房维修费、车辆购置费、家具耐用品。

④ CFPS2018数据。用CFPS2018城镇居民家庭收支数据测算的增值税收入分配效应见表5－27和表5－28。

表5－27　　　　　　　CFPS2018数据的收入分配效应

方案		MT指数	G_X	G_Y	t	P	C_T	横向公平	纵向公平
2017年方案		−0.011623	0.500832	0.512454	6.31%	−0.143781	0.357051	−0.001936	−0.009687
2018年方案		−0.010781	0.500832	0.511613	5.95%	−0.143697	0.357135	−0.001683	−0.009098
2019年方案		−0.008950	0.500832	0.509782	5.17%	−0.141010	0.359822	−0.001265	−0.007685
两档就高模式	方案1	−0.010131	0.500832	0.510962	5.61%	−0.141321	0.359510	−0.001739	−0.008392
	方案2	−0.009275	0.500832	0.510107	5.23%	−0.140942	0.359890	−0.001494	−0.007781
	方案3	−0.008486	0.500832	0.509317	4.90%	−0.139878	0.360953	−0.001285	−0.007201
	方案4	−0.007750	0.500832	0.508582	4.59%	−0.138139	0.362692	−0.001104	−0.006646
	方案5	−0.007461	0.500832	0.508293	4.36%	−0.140942	0.359890	−0.001036	−0.006425
	方案6	−0.006730	0.500832	0.507562	4.03%	−0.139547	0.361285	−0.000872	−0.005858
	方案7	−0.006045	0.500832	0.506877	3.72%	−0.137381	0.363451	−0.000730	−0.005314

由表 5-27 可知，从方案 1 至方案 7，第一，MT 指数均为负，且绝对值逐渐变小，说明随着税率的下调，各方案的累退性逐渐减弱，收入分配效应逐步改善。第二，平均税率逐渐下降，这是下调税率带来的必然结果。第三，累进指数 P 均为负，呈累退性，且累退程度从方案 1 至方案 4、从方案 5 至方案 7 逐步减弱，但从方案 4 至方案 5 略微增强。第四，横向公平与纵向公平的绝对值逐渐变小，说明收入分配累退效应逐步改善，其中，纵向公平占据决定性作用，而纵向公平的改善主要源于平均税率的降低。

表 5-28　　　　CFPS2018 数据下各消费项目对累退性的贡献　　　　单位:%

序号	项目	2017 年方案	2018 年方案	2019 年方案	两档就高模式简并方案						
					方案 1	方案 2	方案 3	方案 4	方案 5	方案 6	方案 7
1	伙食费	10.09	10.10	9.67	9.17	9.11	9.02	8.89	9.11	9.00	8.84
2	外出就餐费	6.00	6.00	5.83	5.59	5.56	5.53	5.49	5.56	5.52	5.47
3	衣着消费	7.94	7.99	7.43	6.23	6.19	6.11	6.00	6.19	6.09	5.95
4	水费	0.48	0.47	0.49	0.64	0.63	0.62	0.61	0.63	0.62	0.60
5	电费	1.90	1.91	1.80	1.63	1.62	1.59	1.56	1.62	1.59	1.54
6	取暖费	1.05	1.06	1.00	0.90	0.90	0.88	0.86	0.90	0.88	0.85
7	燃料费	0.29	0.28	0.29	0.39	0.39	0.39	0.38	0.39	0.38	0.37
8	房租	9.98	9.67	10.09	13.04	12.93	12.73	12.43	12.93	12.67	12.29
9	物业费	1.16	1.13	1.18	1.52	1.51	1.48	1.45	1.51	1.47	1.43
10	住房维修费	10.60	10.27	10.73	13.85	13.74	13.52	13.21	13.74	13.46	13.06
11	家具耐用品	4.75	4.76	4.48	3.99	3.95	3.90	3.83	3.95	3.89	3.80
12	日用品费	1.81	1.81	1.71	1.51	1.50	1.48	1.46	1.50	1.48	1.45
13	医疗支出	1.88	1.84	1.78	1.55	1.54	1.53	1.51	1.54	1.52	1.50
14	保健支出	0.84	0.89	1.03	0.92	0.98	1.06	1.14	0.98	1.07	1.17
15	车辆购置费	17.52	17.51	16.43	14.73	14.58	14.34	14.02	14.58	14.28	13.88
16	本地交通费	4.89	4.82	4.96	5.75	5.70	5.70	5.63	5.74	5.69	5.61
17	交通通信工具费	2.81	3.01	2.84	2.55	2.53	2.50	2.45	2.53	2.49	2.43
18	全年邮电通信费	1.47	1.47	1.53	1.57	1.59	1.60	1.63	1.59	1.61	1.64
19	教育培训支出	1.18	1.19	1.23	1.21	1.23	1.25	1.27	1.23	1.26	1.28
20	文化娱乐支出	1.10	1.11	1.10	1.02	1.03	1.03	1.04	1.03	1.03	1.04

续表

序号	项目	2017年方案	2018年方案	2019年方案	两档就高模式简并方案						
					方案1	方案2	方案3	方案4	方案5	方案6	方案7
21	旅游支出	4.14	4.15	4.98	4.05	4.07	4.51	5.36	4.07	4.67	5.73
22	美容支出	1.17	1.24	1.44	1.28	1.37	1.48	1.59	1.37	1.50	1.63
23	商业性保险支出	4.81	5.14	6.00	5.18	5.60	6.07	6.58	5.60	6.17	6.80
24	其他支出	2.14	2.15	1.99	1.72	1.70	1.67	1.63	1.70	1.66	1.61

由表 5 - 28 对税收累退性的分解可知，24 大类消费支出按对增值税累退性的贡献率由大到小排序，贡献排名前三的依次为：车辆购置费、住房维修费、房租，三者的贡献率均超过了 10%。

（2）Suits 指数。用拟合的国家统计局城镇居民家庭收支数据测算的增值税 Suits 指数及其分解见表 5 - 29 和表 5 - 30。

表 5 - 29　　　　　　　　　两档就高模式的总 Suits 指数

方案		Suits 指数
2017 年方案		− 0.137000
2018 年方案		− 0.136945
2019 年方案		− 0.135990
两档就高模式	方案 1	− 0.134576
	方案 2	− 0.134339
	方案 3	− 0.134097
	方案 4	− 0.133817
	方案 5	− 0.134189
	方案 6	− 0.133911
	方案 7	− 0.133554

由表 5 - 29 可知，第一，各方案的总 Suits 指数均为负，说明所有方案下增值税均呈现累退性。第二，从方案 1 至方案 4、方案 5 至方案 7，随着税率的下调，Suits 指数绝对值逐步变小，增值税的累退性逐步减弱，收入分配效应得到改善。从方案 4（10% + 6%）至方案 5（10% + 5%），Suits 指数出现一个反弹，说明下调基本税率与下调低税率的收入分配效应相反，总体上，下

调基本税率更有利于缩小收入差距，而下调低税率不利于缩小收入差距。第三，所有税率简并方案 Suits 指数的绝对值均小于 2019 年，说明两档就高税率简并模式有利于收入分配。[①]

表 5 - 30　　　　　两档就高模式下各消费项目 Suits 指数

方案		食品烟酒	衣着	住房	设备与服务	医疗支出	交通通信	文教娱乐	其他支出
2017 年方案		- 0.222856	- 0.155630	- 0.176763	- 0.122932	- 0.217665	0.012447	- 0.074676	- 0.006716
2018 年方案		- 0.222808	- 0.155573	- 0.178059	- 0.122456	- 0.217457	0.012640	- 0.072529	- 0.006904
2019 年方案		- 0.223172	- 0.155680	- 0.174029	- 0.120754	- 0.217733	0.009989	- 0.072298	- 0.007741
两档就高模式	方案 1	- 0.225542	- 0.156326	- 0.159806	- 0.120552	- 0.220558	0.003067	- 0.076706	- 0.008108
	方案 2	- 0.225521	- 0.156307	- 0.159719	- 0.119699	- 0.220553	0.002552	- 0.075592	- 0.008491
	方案 3	- 0.225503	- 0.156299	- 0.159617	- 0.118710	- 0.220510	0.001666	- 0.074224	- 0.008996
	方案 4	- 0.225448	- 0.156283	- 0.159498	- 0.117567	- 0.220430	0.000383	- 0.072386	- 0.009620
	方案 5	- 0.225498	- 0.156326	- 0.159475	- 0.119751	- 0.220650	0.002740	- 0.075647	- 0.008418
	方案 6	- 0.225472	- 0.156317	- 0.159368	- 0.118537	- 0.220584	0.001595	- 0.073956	- 0.009049
	方案 7	- 0.225405	- 0.156310	- 0.159246	- 0.117091	- 0.220471	- 0.000056	- 0.071499	- 0.009844

由表 5 - 30 可知，第一，交通通信支出（除方案 7 外）的 Suits 指数为正，说明其是累进的，而其余七大类消费支出的 Suits 指数均为负，说明其是累退的。第二，从方案 1 至方案 4、从方案 5 至方案 7，随着税率的下调，食品烟酒、衣着、住房、设备与服务、医疗、文教娱乐六类消费的 Suits 指数绝对值逐渐变小，表示其税收累退性逐渐减弱；其他支出的 Suits 指数绝对值逐渐变大，表明其税收累退性逐渐增强；交通通信的 Suits 指数逐渐变小并由正转负，表示其由累进转为累退。第三，从方案 4（10% + 6%）至方案 5（10% + 5%），各项消费支出的 Suits 指数均出现一个反弹，说明下调基本税率与下调低税率的收入分配效应是相反的。

5.1.3.4　两档拆分模式 I 的收入分配效应

（1）MT 指数及其分解。

①国家统计局数据。用拟合的国家统计局城镇居民家庭收支数据测算的增

---

① 换句话说，在两档就高简并模式下，虽然税负有所增加，但增税的负担更多地由高收入者承担。

值税收入分配效应见表5－31。

表5－31　　　　　　　　国家统计局数据的收入分配效应

方案		MT 指数	G_X	G_Y
2017 年方案		－0.001277	0.297213	0.298490
2018 年方案		－0.001207	0.297213	0.298420
2019 年方案		－0.000976	0.297213	0.298190
两档拆分模式 I	方案 1	－0.000784	0.297213	0.297997
	方案 2	－0.000733	0.297213	0.297946
	方案 3	－0.000687	0.297213	0.297900
	方案 4	－0.000642	0.297213	0.297855
	方案 5	－0.000609	0.297213	0.297822
	方案 6	－0.000563	0.297213	0.297776
	方案 7	－0.000518	0.297213	0.297732

由表5－31可知，从方案1至方案7，MT指数均为负值，但绝对值逐渐变小，说明增值税在各种简并方案下均呈累退性，但累退程度随税率下调逐渐减弱，收入分配效果逐步改善。

② CHIP2013数据。用CHIP2013城镇居民家庭收支数据测算的增值税收入分配效应见表5－32和表5－33。

表5－32　　　　　　　　CHIP2013 数据的收入分配效应

方案		MT 指数	G_X	G_Y	t	P	C_T	横向公平	纵向公平
2017 年方案		－0.005648	0.423774	0.429422	5.10%	－0.097774	0.325999	－0.000390	－0.005258
2018 年方案		－0.005280	0.423774	0.429054	4.81%	－0.097763	0.326011	－0.000345	－0.004935
2019 年方案		－0.004284	0.423774	0.427823	3.99%	－0.097333	0.326441	－0.000234	－0.004050
两档拆分模式 I	方案 1	－0.004588	0.423774	0.428362	4.26%	－0.097198	0.326575	－0.000267	－0.004321
	方案 2	－0.004241	0.423774	0.428014	3.97%	－0.097142	0.326631	－0.000230	－0.004011
	方案 3	－0.003925	0.423774	0.427698	3.70%	－0.097123	0.326651	－0.000198	－0.003726
	方案 4	－0.003613	0.423774	0.427387	3.43%	－0.097102	0.326671	－0.000169	－0.003444
	方案 5	－0.003479	0.423774	0.427252	3.30%	－0.097142	0.326631	－0.000159	－0.003320
	方案 6	－0.003172	0.423774	0.426946	3.03%	－0.097118	0.326655	－0.000133	－0.003039
	方案 7	－0.002870	0.423774	0.426644	2.76%	－0.097095	0.326678	－0.000109	－0.002761

由表 5 - 32 可知，从方案 1 至方案 7，第一，MT 指数均为负，且绝对值逐渐变小，说明随着税率的下调，各方案的累退性逐渐减弱，收入分配效应逐步改善。第二，平均税率逐渐下降，这是下调税率带来的必然结果。第三，累进指数 P 均为负，呈累退性，且累退程度从方案 1 至方案 4、从方案 5 至方案 7 逐步减弱，但从方案 4 至方案 5 略微增强，说明降低现行 6% 的税率对富人更加有利，而降低基本税率对穷人更加有利。第四，从方案 1 至方案 7，横向公平与纵向公平的绝对值逐渐变小，说明收入分配累退效应逐步改善，其中，纵向公平起决定性作用，而纵向公平的改善主要源于平均税率的降低。

表 5 - 33　　　　CHIP2013 数据下各消费项目对累退性的贡献　　　　单位:%

方案		食品烟酒	衣着	住房	设备与服务	医疗支出	交通通信	文教娱乐	其他支出
2017 年方案		13.03	10.16	32.17	8.11	17.51	7.63	5.08	6.30
2018 年方案		13.08	10.25	31.78	8.15	17.52	7.74	5.11	6.36
2019 年方案		12.94	9.87	32.75	7.98	17.35	7.99	4.86	6.24
两档拆分模式 I	方案 1	12.42	9.77	34.80	7.55	16.94	7.79	4.81	5.93
	方案 2	12.47	9.64	34.84	7.53	16.91	7.94	4.75	5.92
	方案 3	12.56	9.49	34.81	7.50	16.89	8.16	4.68	5.91
	方案 4	12.66	9.31	34.78	7.48	16.86	8.41	4.61	5.89
	方案 5	12.47	9.64	34.84	7.53	16.91	7.94	4.75	5.92
	方案 6	12.58	9.46	34.81	7.50	16.89	8.21	4.67	5.90
	方案 7	12.71	9.24	34.76	7.47	16.85	8.53	4.58	5.88

由表 5 - 33 对税收累退性的分解可知，第一，八大类消费支出按对增值税累退性的贡献率由大到小排序依次为：住房、医疗、食品烟酒、衣着、交通通信、设备与服务、其他商品和服务、文教娱乐。第二，从方案 1 至方案 4、方案 5 至方案 7，食品烟酒、交通通信的贡献率逐步上升，衣着、住房、设备与服务、医疗支出、文教娱乐支出、其他商品和服务的贡献率逐步下降。

③CFPS2016 数据。用 CFPS2016 城镇居民家庭收支数据测算的增值税收入分配效应见表 5 - 34 和表 5 - 35。

表 5 - 34　　　　　　　CFPS2016 数据的收入分配效应

方案		MT 指数	G_X	G_Y	t	P	C_T	横向公平	纵向公平
2017 年方案		- 0.012961	0.482177	0.495138	6.72%	- 0.129966	0.352212	- 0.003595	- 0.009366
2018 年方案		- 0.011951	0.482177	0.494128	6.34%	- 0.129952	0.352226	- 0.003153	- 0.008798
2019 年方案		- 0.009576	0.482177	0.491754	5.48%	- 0.128213	0.353964	- 0.002148	- 0.007429
两档拆分模式 I	方案 1	- 0.010440	0.482177	0.492617	5.90%	- 0.126880	0.355297	- 0.002483	- 0.007957
	方案 2	- 0.009469	0.482177	0.491646	5.52%	- 0.126340	0.355838	- 0.002088	- 0.007381
	方案 3	- 0.008590	0.482177	0.490767	5.18%	- 0.125151	0.357027	- 0.001750	- 0.006840
	方案 4	- 0.007754	0.482177	0.489932	4.84%	- 0.123803	0.358374	- 0.001451	- 0.006303
	方案 5	- 0.007443	0.482177	0.489620	4.60%	- 0.126340	0.355838	- 0.001351	- 0.006092
	方案 6	- 0.006663	0.482177	0.488840	4.26%	- 0.124894	0.357283	- 0.001103	- 0.005560
	方案 7	- 0.005927	0.482177	0.488104	3.93%	- 0.123215	0.358962	- 0.000892	- 0.005035

由表 5 - 34 可知，从方案 1 至方案 7，第一，MT 指数均为负，且绝对值逐渐变小，说明随着税率的下调，各方案的累退性逐渐减弱，收入分配效应逐步改善。第二，平均税率逐渐下降，这是下调税率带来的必然结果。第三，累进指数 P 均为负，呈累退性，且累退程度从方案 1 至方案 4、从方案 5 至方案 7 逐步减弱，但从方案 4 至方案 5 略微增强。第四，横向公平与纵向公平的绝对值逐渐变小，说明收入分配累退效应逐步改善，其中，纵向公平占据决定性作用，而纵向公平的改善主要源于平均税率的降低。

表 5 - 35　　　　CFPS2016 数据下各消费项目对累退性的贡献　　　　单位:%

序号	项目	2017 年方案	2018 年方案	2019 年方案	两档拆分模式 I 简并方案						
					方案 1	方案 2	方案 3	方案 4	方案 5	方案 6	方案 7
1	伙食费	8.46	8.47	8.17	7.51	7.45	7.37	7.29	7.45	7.36	7.25
2	外出就餐费	4.99	4.99	4.89	4.72	4.82	4.93	5.05	4.82	4.95	5.11
3	衣着消费	7.12	7.17	6.71	6.46	6.34	6.17	5.99	6.34	6.14	5.90
4	水费	0.38	0.37	0.39	0.24	0.25	0.27	0.30	0.25	0.28	0.31
5	电费	1.33	1.33	1.26	1.15	1.14	1.12	1.10	1.14	1.12	1.09
6	取暖费	0.44	0.44	0.41	0.38	0.37	0.37	0.36	0.37	0.37	0.36
7	燃料费	0.16	0.16	0.16	0.14	0.14	0.14	0.14	0.14	0.14	0.14
8	房租	7.56	7.33	7.71	10.01	9.91	9.74	9.54	9.91	9.70	9.45

续表

序号	项目	2017 年方案	2018 年方案	2019 年方案	两档拆分模式 I 简并方案						
					方案 1	方案 2	方案 3	方案 4	方案 5	方案 6	方案 7
9	物业费	0.80	0.78	0.82	1.06	1.05	1.03	1.01	1.05	1.03	1.00
10	住房维修费	11.08	10.74	11.30	14.66	14.52	14.26	13.97	14.52	14.21	13.84
11	家具耐用品	13.68	13.69	12.99	11.81	11.69	11.51	11.30	11.69	11.47	11.21
12	日用品费	1.77	1.77	1.68	1.54	1.53	1.50	1.47	1.53	1.50	1.46
13	医疗支出	3.46	3.46	3.30	3.11	3.07	3.02	2.96	3.07	3.01	2.94
14	保健支出	0.81	0.86	1.00	0.93	0.99	1.06	1.13	0.99	1.07	1.16
15	车辆购置费	14.57	14.56	13.77	12.46	12.32	12.10	11.86	12.32	12.06	11.75
16	本地交通费	4.01	3.95	4.10	4.76	4.74	4.70	4.66	4.74	4.69	4.64
17	交通通信工具费	2.27	2.43	2.32	2.10	2.08	2.05	2.02	2.08	2.04	2.01
18	全年邮电通信费	1.51	1.51	1.58	1.63	1.65	1.67	1.70	1.65	1.68	1.71
19	教育培训支出	0.57	0.58	0.60	0.60	0.61	0.62	0.63	0.61	0.62	0.63
20	文化娱乐支出	0.87	0.88	0.87	0.80	0.81	0.81	0.81	0.81	0.82	0.82
21	旅游支出	3.98	4.00	4.83	3.90	4.11	4.80	5.57	4.11	4.94	5.90
22	美容支出	0.92	0.98	1.14	1.06	1.13	1.23	1.33	1.13	1.23	1.33
23	商业性保险支出	4.07	4.35	5.12	4.48	4.84	5.24	5.68	4.84	5.32	5.88
24	其他支出	5.21	5.22	4.87	4.50	4.43	4.31	4.18	4.43	4.29	4.12

由表 5 - 35 对税收累退性的分解可知，24 大类消费支出按对增值税累退性的贡献率由大到小排序，贡献排名前三的依次为：住房维修费、车辆购置费、家具耐用品，三者的贡献率均超过了 10%。

④ CFPS2018 数据。用 CFPS2018 城镇居民家庭收支数据测算的增值税收入分配效应见表 5 - 36 和表 5 - 37。

表 5 - 36　　　　　　　　CFPS2018 数据的收入分配效应

方案	MT 指数	G_X	G_Y	t	P	C_T	横向公平	纵向公平
2017 年方案	- 0.011623	0.500832	0.512454	6.31%	- 0.143781	0.357051	- 0.001936	- 0.009687
2018 年方案	- 0.010781	0.500832	0.511613	5.95%	- 0.143697	0.357135	- 0.001683	- 0.009098
2019 年方案	- 0.008950	0.500832	0.509782	5.17%	- 0.141010	0.359822	- 0.001265	- 0.007685

续表

方案		MT 指数	G_X	G_Y	t	P	C_T	横向公平	纵向公平
两档拆分模式 I	方案 1	− 0. 010039	0. 500832	0. 510871	5. 62%	− 0. 139069	0. 361763	− 0. 001762	− 0. 008277
	方案 2	− 0. 009193	0. 500832	0. 510025	5. 26%	− 0. 138244	0. 362588	− 0. 001519	− 0. 007674
	方案 3	− 0. 008418	0. 500832	0. 509250	4. 94%	− 0. 136666	0. 364166	− 0. 001313	− 0. 007105
	方案 4	− 0. 007667	0. 500832	0. 508498	4. 63%	− 0. 134882	0. 365950	− 0. 001124	− 0. 006542
	方案 5	− 0. 007389	0. 500832	0. 508221	4. 38%	− 0. 138244	0. 362588	− 0. 001053	− 0. 006336
	方案 6	− 0. 006667	0. 500832	0. 507498	4. 07%	− 0. 136326	0. 364506	− 0. 000889	− 0. 005777
	方案 7	− 0. 005967	0. 500832	0. 506799	3. 75%	− 0. 134103	0. 366728	− 0. 000742	− 0. 005225

由表 5 – 36 可知，从方案 1 至方案 7，第一，MT 指数均为负，且绝对值逐渐变小，说明随着税率的下调，各方案的累退性逐渐减弱，收入分配效应逐步改善。第二，平均税率逐渐下降，这是下调税率带来的必然结果。第三，累进指数 P 均为负，呈累退性，且累退程度从方案 1 至方案 4、从方案 5 至方案 7 逐步减弱，但从方案 4 至方案 5 略微增强。第四，横向公平与纵向公平的绝对值逐渐变小，说明收入分配累退效应逐步改善，其中，纵向公平占据决定性作用，而纵向公平的改善主要源于平均税率的降低。

表 5 – 37　　　　　CFPS2018 数据下各消费项目对累退性的贡献　　　　　单位:%

序号	项目	2017 年方案	2018 年方案	2019 年方案	两档拆分模式 I 简并方案						
					方案 1	方案 2	方案 3	方案 4	方案 5	方案 6	方案 7
1	伙食费	10. 09	10. 10	9. 67	8. 79	8. 72	8. 61	8. 48	8. 72	8. 58	8. 43
2	外出就餐费	6. 00	6. 00	5. 83	5. 57	5. 68	5. 80	5. 93	5. 68	5. 82	5. 99
3	衣着消费	7. 94	7. 99	7. 43	7. 07	6. 93	6. 73	6. 51	6. 93	6. 69	6. 42
4	水费	0. 48	0. 47	0. 49	0. 29	0. 32	0. 34	0. 37	0. 32	0. 35	0. 38
5	电费	1. 90	1. 91	1. 80	1. 62	1. 61	1. 57	1. 54	1. 61	1. 57	1. 53
6	取暖费	1. 05	1. 06	1. 00	0. 90	0. 89	0. 87	0. 85	0. 89	0. 87	0. 85
7	燃料费	0. 29	0. 28	0. 29	0. 25	0. 25	0. 24	0. 25	0. 25	0. 24	0. 24
8	房租	9. 98	9. 67	10. 09	12. 96	12. 82	12. 56	12. 28	12. 82	12. 51	12. 15
9	物业费	1. 16	1. 13	1. 18	1. 51	1. 49	1. 46	1. 43	1. 49	1. 46	1. 41
10	住房维修费	10. 60	10. 27	10. 73	13. 78	13. 62	13. 35	13. 05	13. 62	13. 29	12. 91
11	家具耐用品	4. 75	4. 76	4. 48	4. 03	3. 98	3. 91	3. 83	3. 98	3. 90	3. 80
12	日用品费	1. 81	1. 81	1. 71	1. 55	1. 53	1. 50	1. 47	1. 53	1. 50	1. 46

续表

序号	项目	2017 年方案	2018 年方案	2019 年方案	两档拆分模式 I 简并方案						
					方案 1	方案 2	方案 3	方案 4	方案 5	方案 6	方案 7
13	医疗支出	1.88	1.88	1.78	1.66	1.64	1.61	1.57	1.64	1.60	1.56
14	保健支出	0.84	0.89	1.03	0.95	1.01	1.07	1.15	1.01	1.09	1.18
15	车辆购置费	17.52	17.51	16.43	14.71	14.52	14.24	13.92	14.52	14.18	13.78
16	本地交通费	4.89	4.82	4.96	5.70	5.67	5.61	5.55	5.67	5.60	5.52
17	交通通信工具费	2.81	3.01	2.84	2.54	2.52	2.48	2.44	2.52	2.47	2.42
18	全年邮电通信费	1.47	1.47	1.53	1.55	1.58	1.60	1.62	1.58	1.60	1.63
19	教育培训支出	1.18	1.19	1.23	1.21	1.23	1.24	1.26	1.23	1.25	1.27
20	文化娱乐支出	1.10	1.11	1.10	1.00	1.01	1.01	1.02	1.01	1.01	1.02
21	旅游支出	4.14	4.15	4.98	3.99	4.20	4.88	5.65	4.20	5.03	5.99
22	美容支出	1.17	1.24	1.44	1.32	1.41	1.50	1.60	1.41	1.52	1.65
23	商业性保险支出	4.81	5.14	6.00	5.20	5.61	6.05	6.55	5.61	6.15	6.77
24	其他支出	2.14	2.15	1.99	1.82	1.79	1.74	1.68	1.79	1.73	1.66

由表 5-37 对税收累退性的分解可知，24 大类消费支出按对增值税累退性的贡献率由大到小排序，贡献排名前三的为：车辆购置费、住房维修费、房租，三者的贡献率均超过了 10%。

（2）Suits 指数。用拟合的国家统计局城镇居民家庭收支数据测算的增值税 Suits 指数及其分解见表 5-38 和表 5-39。

表 5-38　　　　　　　　两档拆分模式 I 的总 Suits 指数

方案		Suits 指数
2017 年方案		-0.137000
2018 年方案		-0.136945
2019 年方案		-0.135990
两档拆分模式 I	方案 1	-0.129049
	方案 2	-0.129060
	方案 3	-0.129125
	方案 4	-0.129219
	方案 5	-0.128870
	方案 6	-0.128969
	方案 7	-0.129115

由表5-38可知，第一，各方案的总Suits指数均为负，说明所有方案下增值税均呈现累退性。第二，从方案1至方案4、方案5至方案7，随着税率的下调，Suits指数绝对值逐步变大，增值税的累退性逐步增强，收入分配效应恶化。从方案4（10%+6%）至方案5（10%+5%），Suits指数出现一个反弹，说明下调基本税率与下调低税率的收入分配效应是相反的，总体上，下调低税率更有利于缩小收入差距，而下调基本税率不利于缩小收入差距。第三，所有税率简并方案的Suits指数绝对值均小于2019年，说明两档拆分模式Ⅰ有利于收入分配。

表5-39 两档拆分模式Ⅰ下各消费项目Suits指数

方案		食品烟酒	衣着	住房	设备与服务	医疗支出	交通通信	文教娱乐	其他支出
2017年方案		-0.222856	-0.155630	-0.176763	-0.122932	-0.217665	0.012447	-0.074676	-0.006716
2018年方案		-0.222808	-0.155573	-0.178059	-0.122456	-0.217457	0.012640	-0.072529	-0.006904
2019年方案		-0.223172	-0.155680	-0.174029	-0.120754	-0.217733	0.009989	-0.072298	-0.007741
两档拆分模式Ⅰ	方案1	-0.220858	-0.155170	-0.149610	-0.120287	-0.215250	0.003293	-0.071952	-0.007768
	方案2	-0.220423	-0.155244	-0.150149	-0.119484	-0.215622	0.002669	-0.070842	-0.008180
	方案3	-0.219984	-0.155352	-0.150812	-0.118551	-0.216067	0.001634	-0.069228	-0.008718
	方案4	-0.219485	-0.155482	-0.151613	-0.117465	-0.216596	0.000414	-0.067463	-0.009349
	方案5	-0.220399	-0.155254	-0.149794	-0.119535	-0.215697	0.002859	-0.070849	-0.008101
	方案6	-0.219864	-0.155386	-0.150643	-0.118390	-0.216237	0.001577	-0.068883	-0.008767
	方案7	-0.219242	-0.155553	-0.151703	-0.117011	-0.216904	0.000007	-0.066695	-0.009575

由表5-39可知，第一，交通通信支出的Suits指数为正，说明其是累进的，而其余七大类消费支出的Suits指数均为负，说明其是累退的。第二，从方案1至方案4、从方案5至方案7，随着税率的下调，食品烟酒、设备与服务、文教娱乐三类消费的Suits指数绝对值逐渐变小，表示其税收累退性逐渐减弱；衣着、住房、医疗、其他支出的Suits指数绝对值逐渐变大，表明其税收累退性逐渐增强；交通通信的Suits指数逐渐变小，表示其累进性减弱。第三，从方案4（10%+6%）至方案5（10%+5%），各项消费支出的Suits指数均出现一个反弹，说明下调基本税率与下调低税率的收入分配效应相反。

5.1.3.5 两档拆分模式Ⅱ的收入分配效应

（1）MT指数及其分解。

①国家统计局数据。用拟合的国家统计局城镇居民家庭收支数据测算的增

值税收入分配效应见表 5 – 40。

表 5 – 40　　　　　　　国家统计局数据的收入分配效应

方案		MT 指数	G_X	G_Y
2017 年方案		– 0.001277	0.297213	0.298490
2018 年方案		– 0.001207	0.297213	0.298420
2019 年方案		– 0.000976	0.297213	0.298190
两档拆分模式 II	方案 1	– 0.000808	0.297213	0.298021
	方案 2	– 0.000759	0.297213	0.297972
	方案 3	– 0.000711	0.297213	0.297924
	方案 4	– 0.000663	0.297213	0.297876
	方案 5	– 0.000631	0.297213	0.297844
	方案 6	– 0.000583	0.297213	0.297796
	方案 7	– 0.000536	0.297213	0.297749

由表 5 – 40 可知，从方案 1 至方案 7，MT 指数均为负值，但绝对值逐渐变小，说明增值税在各种简并方案下均呈累退性，但累退程度随税率下调逐渐减弱，收入分配效果逐步改善。

② CHIP2013 数据。用 CHIP2013 城镇居民家庭收支数据测算的增值税收入分配效应见表 5 – 41 和表 5 – 42。

表 5 – 41　　　　　　　CHIP2013 数据的收入分配效应

方案		MT 指数	G_X	G_Y	t	P	C_T	横向公平	纵向公平
2017 年方案		– 0.005648	0.423774	0.429422	5.10%	– 0.097774	0.325999	– 0.000390	– 0.005258
2018 年方案		– 0.005280	0.423774	0.429054	4.81%	– 0.097763	0.326011	– 0.000345	– 0.004935
2019 年方案		– 0.004284	0.423774	0.427823	3.99%	– 0.097333	0.326441	– 0.000234	– 0.004050
两档拆分模式 II	方案 1	– 0.004593	0.423774	0.428366	4.25%	– 0.097575	0.326199	– 0.000265	– 0.004328
	方案 2	– 0.004263	0.423774	0.428037	3.97%	– 0.097534	0.32624	– 0.000230	– 0.004033
	方案 3	– 0.003940	0.423774	0.427714	3.70%	– 0.097477	0.326296	– 0.000198	– 0.003742
	方案 4	– 0.003622	0.423774	0.427395	3.42%	– 0.097415	0.326358	– 0.000169	– 0.003453
	方案 5	– 0.003497	0.423774	0.427271	3.31%	– 0.097534	0.32624	– 0.000159	– 0.003338
	方案 6	– 0.003184	0.423774	0.426957	3.03%	– 0.097465	0.326309	– 0.000133	– 0.003051
	方案 7	– 0.002875	0.423774	0.426648	2.76%	– 0.097388	0.326386	– 0.000109	– 0.002766

由表 5 - 41 可知,从方案 1 至方案 7,第一,MT 指数均为负,且绝对值逐渐变小,说明随着税率的下调,各方案的累退性逐渐减弱,收入分配效应逐步改善。第二,平均税率逐渐下降,这是下调税率带来的必然结果。第三,累进指数 P 均为负,呈累退性,且累退程度从方案 1 至方案 4、从方案 5 至方案 7 逐步减弱,但从方案 4 至方案 5 略微增强,说明降低现行 6% 的税率对富人更加有利,而降低基本税率对穷人更加有利。第四,从方案 1 至方案 7,横向公平与纵向公平的绝对值逐渐变小,说明收入分配累退效应逐步改善,其中,纵向公平起决定性作用,而纵向公平的改善主要源于平均税率的降低。

表 5 - 42　　　　　　CHIP2013 数据下各消费项目对累退性的贡献　　　　　单位:%

	方案	食品烟酒	衣着	住房	设备与服务	医疗支出	交通通信	文教娱乐	其他支出
2017 年方案		13.03	10.16	32.17	8.11	17.51	7.63	5.08	6.30
2018 年方案		13.08	10.25	31.78	8.15	17.52	7.74	5.11	6.36
2019 年方案		12.94	9.87	32.75	7.98	17.35	7.99	4.86	6.24
两档拆分模式 II	方案 1	12.51	10.00	34.32	7.75	16.52	7.85	4.93	6.12
	方案 2	12.59	9.85	34.31	7.72	16.54	8.03	4.87	6.09
	方案 3	12.67	9.69	34.28	7.69	16.57	8.24	4.80	6.06
	方案 4	12.78	9.49	34.25	7.64	16.60	8.49	4.71	6.03
	方案 5	12.59	9.85	34.31	7.72	16.54	8.03	4.87	6.09
	方案 6	12.69	9.65	34.28	7.68	16.57	8.29	4.78	6.06
	方案 7	12.82	9.41	34.24	7.62	16.62	8.60	4.68	6.01

由表 5 - 42 对税收累退性的分解可知,第一,八大类消费支出按对增值税累退性的贡献率由大到小排序依次为:住房、医疗、食品烟酒、衣着、交通通信、设备与服务、其他商品和服务、文教娱乐。第二,从方案 1 至方案 4、方案 5 至方案 7,食品烟酒、医疗支出、交通通信的贡献率逐步上升,衣着、住房、设备与服务、文教娱乐支出、其他商品和服务的贡献率逐步下降。

③ CFPS2016 数据。用 CFPS2016 城镇居民家庭收支数据测算的增值税收入分配效应见表 5 - 43 和表 5 - 44。

表 5 - 43　　　　　　　　　　CFPS2016 数据的收入分配效应

方案		MT 指数	G_X	G_Y	t	P	C_T	横向公平	纵向公平
2017 年方案		− 0. 012961	0. 482177	0. 495138	6. 72%	− 0. 129966	0. 352212	− 0. 003595	− 0. 009366
2018 年方案		− 0. 011951	0. 482177	0. 494128	6. 34%	− 0. 129952	0. 352226	− 0. 003153	− 0. 008798
2019 年方案		− 0. 009576	0. 482177	0. 491754	5. 48%	− 0. 128213	0. 353964	− 0. 002148	− 0. 007429
两档拆分模式 II	方案 1	− 0. 010431	0. 482177	0. 492609	5. 87%	− 0. 125925	0. 356252	− 0. 002573	− 0. 007858
	方案 2	− 0. 009499	0. 482177	0. 491677	5. 53%	− 0. 125002	0. 357175	− 0. 002183	− 0. 007316
	方案 3	− 0. 008606	0. 482177	0. 490783	5. 19%	− 0. 123956	0. 358221	− 0. 001822	− 0. 006784
	方案 4	− 0. 007757	0. 482177	0. 489935	4. 85%	− 0. 122775	0. 359403	− 0. 001500	− 0. 006258
	方案 5	− 0. 007448	0. 482177	0. 489626	4. 61%	− 0. 125002	0. 357175	− 0. 001410	− 0. 006038
	方案 6	− 0. 006657	0. 482177	0. 488835	4. 27%	− 0. 123731	0. 358447	− 0. 001142	− 0. 005516
	方案 7	− 0. 005915	0. 482177	0. 488092	3. 93%	− 0. 122256	0. 359922	− 0. 000916	− 0. 004999

由表 5 - 43 可知, 从方案 1 至方案 7, 第一, MT 指数均为负, 且绝对值逐渐变小, 说明随着税率的下调, 各方案的累退性逐渐减弱, 收入分配效应逐步改善。第二, 平均税率逐渐下降, 这是下调税率带来的必然结果。第三, 累进指数 P 均为负, 呈累退性, 且累退程度从方案 1 至方案 4、从方案 5 至方案 7 逐步减弱, 但从方案 4 至方案 5 略微增强。第四, 横向公平与纵向公平的绝对值逐渐变小, 说明收入分配累退效应逐步改善, 其中, 纵向公平占据决定性作用, 而纵向公平的改善主要源于平均税率的降低。

表 5 - 44　　　　　CFPS2016 数据下各消费项目对累退性的贡献　　　　　单位:%

序号	项目	2017 年方案	2018 年方案	2019 年方案	两档拆分模式 II 简并方案						
					方案 1	方案 2	方案 3	方案 4	方案 5	方案 6	方案 7
1	伙食费	8. 46	8. 47	8. 17	7. 54	7. 47	7. 39	7. 31	7. 47	7. 38	7. 27
2	外出就餐费	4. 99	4. 99	4. 89	4. 77	4. 87	4. 97	5. 09	4. 87	4. 99	5. 14
3	衣着消费	7. 12	7. 17	6. 71	6. 60	6. 45	6. 27	6. 07	6. 45	6. 23	5. 98
4	水费	0. 38	0. 37	0. 39	0. 24	0. 26	0. 28	0. 30	0. 26	0. 28	0. 31
5	电费	1. 33	1. 33	1. 26	1. 17	1. 15	1. 13	1. 11	1. 15	1. 13	1. 10
6	取暖费	0. 44	0. 44	0. 41	0. 38	0. 38	0. 37	0. 36	0. 38	0. 37	0. 36
7	燃料费	0. 16	0. 16	0. 16	0. 14	0. 14	0. 14	0. 14	0. 14	0. 14	0. 14
8	房租	7. 56	7. 33	7. 71	10. 07	9. 92	9. 74	9. 54	9. 92	9. 70	9. 45

续表

序号	项目	2017年方案	2018年方案	2019年方案	两档拆分模式Ⅱ简并方案						
					方案1	方案2	方案3	方案4	方案5	方案6	方案7
9	物业费	0.80	0.78	0.82	1.07	1.05	1.03	1.01	1.05	1.03	1.00
10	住房维修费	11.08	10.74	11.30	14.76	14.53	14.27	13.97	14.53	14.21	13.84
11	家具耐用品	13.68	13.69	12.99	12.16	11.97	11.76	11.52	11.97	11.71	11.41
12	日用品费	1.77	1.77	1.68	1.58	1.55	1.53	1.50	1.55	1.52	1.48
13	医疗支出	3.46	3.46	3.30	3.16	3.11	3.05	2.99	3.11	3.04	2.96
14	保健支出	0.81	0.86	1.00	0.96	1.01	1.07	1.15	1.01	1.09	1.18
15	车辆购置费	14.57	14.56	13.77	12.83	12.62	12.37	12.09	12.62	12.32	11.97
16	本地交通费	4.01	3.95	4.10	3.06	3.23	3.29	3.46	3.15	3.32	3.53
17	交通通信工具费	2.27	2.43	2.32	2.14	2.12	2.09	2.05	2.12	2.08	2.03
18	全年邮电通信费	1.51	1.51	1.58	1.55	1.57	1.61	1.64	1.57	1.61	1.66
19	教育培训支出	0.57	0.58	0.60	0.58	0.59	0.60	0.61	0.59	0.60	0.62
20	文化娱乐支出	0.87	0.88	0.87	0.82	0.82	0.83	0.83	0.82	0.83	0.83
21	旅游支出	3.98	4.00	4.83	4.12	4.66	5.28	5.97	4.66	5.41	6.28
22	美容支出	0.92	0.98	1.14	1.09	1.15	1.22	1.31	1.15	1.24	1.34
23	商业性保险支出	4.07	4.35	5.12	4.59	4.93	5.31	5.74	4.93	5.39	5.93
24	其他支出	5.21	5.22	4.87	4.65	4.54	4.41	4.27	4.54	4.38	4.20

由表5-44对税收累退性的分解可知，24大类消费支出按对增值税累退性的贡献率由大到小排序，贡献排名前三的为：住房维修费、车辆购置费、家具耐用品，三者的贡献率均超过了10%。

④ CFPS2018数据。用CFPS2018城镇居民家庭收支数据测算的增值税收入分配效应见表5-45和表5-46。

表5-45 　　　　　　　　　CFPS2018数据的收入分配效应

方案	MT指数	G_X	G_Y	t	P	C_T	横向公平	纵向公平
2017年方案	-0.011623	0.500832	0.512454	6.31%	-0.143781	0.357051	-0.001936	-0.009687
2018年方案	-0.010781	0.500832	0.511613	5.95%	-0.143697	0.357135	-0.001683	-0.009098
2019年方案	-0.008950	0.500832	0.509782	5.17%	-0.141010	0.359822	-0.001265	-0.007685

续表

方案		MT 指数	G_X	G_Y	t	P	C_T	横向公平	纵向公平
两档拆分模式 Ⅱ	方案 1	− 0.010008	0.500832	0.510839	5.58%	− 0.139265	0.361567	− 0.001777	− 0.008230
	方案 2	− 0.009197	0.500832	0.510028	5.26%	− 0.137917	0.362915	− 0.001542	− 0.007655
	方案 3	− 0.008417	0.500832	0.509249	4.94%	− 0.136368	0.364464	− 0.001329	− 0.007087
	方案 4	− 0.007662	0.500832	0.508494	4.62%	− 0.134621	0.366211	− 0.001136	− 0.006527
	方案 5	− 0.007389	0.500832	0.508220	4.38%	− 0.137917	0.362915	− 0.001068	− 0.006320
	方案 6	− 0.006663	0.500832	0.507494	4.06%	− 0.136034	0.364798	− 0.000899	− 0.005763
	方案 7	− 0.005960	0.500832	0.506792	3.75%	− 0.133855	0.366977	− 0.000749	− 0.005212

由表 5 − 45 可知,从方案 1 至方案 7,第一,MT 指数均为负,且绝对值逐渐变小,说明随着税率的下调,各方案的累退性逐渐减弱,收入分配效应逐步改善。第二,平均税率逐渐下降,这是下调税率带来的必然结果。第三,累进指数 P 均为负,呈累退性,且累退程度从方案 1 至方案 4、从方案 5 至方案 7 逐步减弱,但从方案 4 至方案 5 略微增强。第四,横向公平与纵向公平的绝对值逐渐变小,说明收入分配累退效应逐步改善,其中,纵向公平占据决定性作用,而纵向公平的改善主要源于平均税率的降低。

表 5 − 46　　　　　CFPS2018 数据下各消费项目对累退性的贡献　　　　　单位:%

序号	项目	2017 年方案	2018 年方案	2019 年方案	两档拆分模式 Ⅱ 简并方案						
					方案1	方案2	方案3	方案4	方案5	方案6	方案7
1	伙食费	10.09	10.10	9.67	8.88	8.78	8.67	8.54	8.78	8.64	8.48
2	外出就餐费	6.00	6.00	5.83	5.67	5.76	5.87	6.00	5.76	5.90	6.05
3	衣着消费	7.94	7.99	7.43	7.26	7.08	6.87	6.63	7.08	6.82	6.52
4	水费	0.48	0.47	0.49	0.30	0.32	0.35	0.37	0.32	0.35	0.38
5	电费	1.90	1.91	1.80	1.66	1.63	1.60	1.56	1.63	1.59	1.54
6	取暖费	1.05	1.06	1.00	0.92	0.90	0.88	0.86	0.90	0.88	0.85
7	燃料费	0.29	0.28	0.29	0.25	0.25	0.25	0.25	0.25	0.24	0.24
8	房租	9.98	9.67	10.09	13.12	12.89	12.62	12.32	12.89	12.57	12.19
9	物业费	1.16	1.13	1.18	1.53	1.50	1.47	1.43	1.50	1.46	1.42
10	住房维修费	10.60	10.27	10.73	13.94	13.70	13.41	13.09	13.70	13.35	12.95
11	家具耐用品	4.75	4.76	4.48	4.17	4.10	4.01	3.92	4.10	4.00	3.88
12	日用品费	1.81	1.81	1.71	1.60	1.57	1.54	1.50	1.57	1.53	1.48

续表

序号	项目	2017年方案	2018年方案	2019年方案	两档拆分模式Ⅱ简并方案						
					方案1	方案2	方案3	方案4	方案5	方案6	方案7
13	医疗支出	1.88	1.88	1.78	1.69	1.66	1.63	1.59	1.66	1.62	1.58
14	保健支出	0.84	0.89	1.03	0.98	1.03	1.10	1.17	1.03	1.11	1.20
15	车辆购置费	17.52	17.51	16.43	15.23	14.94	14.61	14.24	14.94	14.54	14.08
16	本地交通费	4.89	4.82	4.96	3.68	3.78	3.95	4.13	3.78	3.98	4.21
17	交通通信工具费	2.81	3.01	2.84	2.62	2.58	2.53	2.48	2.58	2.52	2.46
18	全年邮电通信费	1.47	1.47	1.53	1.49	1.51	1.54	1.57	1.51	1.55	1.58
19	教育培训支出	1.18	1.19	1.23	1.17	1.19	1.21	1.23	1.19	1.21	1.24
20	文化娱乐支出	1.10	1.11	1.10	1.02	1.03	1.03	1.04	1.03	1.03	1.04
21	旅游支出	4.14	4.15	4.98	4.23	4.78	5.39	6.09	4.78	5.53	6.39
22	美容支出	1.17	1.24	1.44	1.37	1.44	1.53	1.63	1.44	1.55	1.67
23	商业性保险支出	4.81	5.14	6.00	5.35	5.74	6.16	6.65	5.74	6.26	6.86
24	其他支出	2.14	2.15	1.99	1.89	1.84	1.78	1.72	1.84	1.77	1.69

由表5-46对税收累退性的分解可知,24大类消费支出按对增值税累退性的贡献率由大到小排序,贡献排名前三的依次为:车辆购置费、住房维修、房租,三者的贡献率均超过了10%。

(2) Suits指数。用拟合的国家统计局城镇居民家庭收支数据测算的增值税 Suits 指数及其分解见表5-47表和5-48。

表5-47　　　　　　　两档拆分模式Ⅱ的总 Suits 指数

方案		Suits 指数
2017年方案		-0.137000
2018年方案		-0.136945
2019年方案		-0.135990
两档拆分模式Ⅱ	方案1	-0.129860
	方案2	-0.129899
	方案3	-0.129957
	方案4	-0.130045
	方案5	-0.129725
	方案6	-0.129814
	方案7	-0.129947

由表5-47可知，第一，各方案的总Suits指数均为负，说明所有方案下增值税均呈现累退性。第二，从方案1至方案4、方案5至方案7，随着税率的下调，Suits指数绝对值逐步变大，增值税的累退性逐步增强，收入分配效应恶化。从方案4（10%+6%）至方案5（10%+5%），Suits指数出现一个反弹，说明下调基本税率与下调低税率的收入分配效应是相反的，总体上，下调低税率更有利于缩小收入差距，而下调基本税率不利于缩小收入差距。第三，所有税率简并方案的Suits指数绝对值均小于2019年，说明两档拆分模式Ⅱ总体有利于收入分配。

表5-48　　　　　　　两档拆分模式Ⅱ下各消费项目Suits指数

方案		食品烟酒	衣着	住房	设备与服务	医疗支出	交通通信	文教娱乐	其他支出
2017年方案		-0.222856	-0.155630	-0.176763	-0.122932	-0.217665	0.012447	-0.074676	-0.006716
2018年方案		-0.222808	-0.155573	-0.178059	-0.122456	-0.217457	0.012640	-0.072529	-0.006904
2019年方案		-0.223172	-0.155680	-0.174029	-0.120754	-0.217733	0.009989	-0.072298	-0.007741
两档拆分模式Ⅱ	方案1	-0.220428	-0.155242	-0.153649	-0.120262	-0.215627	0.009814	-0.071241	-0.007708
	方案2	-0.220078	-0.155326	-0.154101	-0.119484	-0.215972	0.008481	-0.069888	-0.008150
	方案3	-0.219684	-0.155426	-0.154648	-0.118580	-0.216375	0.006816	-0.068415	-0.008673
	方案4	-0.219237	-0.155547	-0.155313	-0.117521	-0.216856	0.004867	-0.066797	-0.009292
	方案5	-0.220054	-0.155337	-0.153799	-0.119537	-0.216053	0.008709	-0.069897	-0.008069
	方案6	-0.219575	-0.155459	-0.154501	-0.118425	-0.216541	0.006653	-0.068101	-0.008718
	方案7	-0.219014	-0.155614	-0.155380	-0.117077	-0.217148	0.004172	-0.066088	-0.009512

由表5-48可知，第一，交通通信支出的Suits指数为正，说明其是累进的，而其余七大类消费支出的Suits指数均为负，说明其是累退的。第二，从方案1至方案4、从方案5至方案7，随着税率的下调，食品烟酒、设备与服务、文教娱乐三类消费的Suits指数绝对值逐渐变小，表示其税收累退性逐渐减弱；衣着、住房、医疗、其他支出的Suits指数绝对值逐渐变大，表明其税收累退性逐渐增强；交通通信的Suits指数逐渐变小，表示其累进性减弱。第三，从方案4（10%+6%）至方案5（10%+5%），各项消费支出的Suits指数均出现一个反弹，说明下调基本税率与下调低税率的收入分配效应相反。

5.1.3.6　两档拆分模式Ⅲ的收入分配效应

（1）MT指数及其分解。

①国家统计局数据。用拟合的国家统计局城镇居民家庭收支数据测算的增

值税收入分配效应见表 5 – 49。

表 5 – 49 国家统计局数据的收入分配效应

方案		MT 指数	G_X	G_Y
2017 年方案		– 0.001277	0.297213	0.298490
2018 年方案		– 0.001207	0.297213	0.298420
2019 年方案		– 0.000976	0.297213	0.298190
两档拆分模式Ⅲ	方案 1	– 0.000802	0.297213	0.298015
	方案 2	– 0.000754	0.297213	0.297967
	方案 3	– 0.000707	0.297213	0.297920
	方案 4	– 0.000660	0.297213	0.297873
	方案 5	– 0.000627	0.297213	0.297840
	方案 6	– 0.000580	0.297213	0.297793
	方案 7	– 0.000533	0.297213	0.297746

由表 5 – 49 可知,从方案 1 至方案 7,MT 指数均为负值,但绝对值逐渐变小,说明增值税在各种简并方案下均呈累退性,但累退程度随税率下调逐渐减弱,收入分配效果逐步改善。

② CHIP2013 数据。用 CHIP2013 城镇居民家庭收支数据测算的增值税收入分配效应见表 5 – 50 和表 5 – 51。

表 5 – 50 CHIP2013 数据的收入分配效应

方案		MT 指数	G_X	G_Y	t	P	C_T	横向公平	纵向公平
2017 年方案		– 0.005648	0.423774	0.429422	5.10%	– 0.097774	0.325999	– 0.000390	– 0.005258
2018 年方案		– 0.005280	0.423774	0.429054	4.81%	– 0.097763	0.326011	– 0.000345	– 0.004935
2019 年方案		– 0.004284	0.423774	0.427823	3.99%	– 0.097333	0.326441	– 0.000234	– 0.004050
两档拆分模式Ⅲ	方案 1	– 0.004603	0.423774	0.428376	4.25%	– 0.097697	0.326077	– 0.000265	– 0.004338
	方案 2	– 0.004272	0.423774	0.428046	3.98%	– 0.097644	0.326129	– 0.000230	– 0.004042
	方案 3	– 0.003948	0.423774	0.427721	3.70%	– 0.097576	0.326197	– 0.000198	– 0.003749
	方案 4	– 0.003628	0.423774	0.427401	3.43%	– 0.097501	0.326272	– 0.000169	– 0.003459
	方案 5	– 0.003505	0.423774	0.427278	3.31%	– 0.097644	0.326129	– 0.000159	– 0.003345
	方案 6	– 0.003190	0.423774	0.426963	3.04%	– 0.097562	0.326212	– 0.000133	– 0.003057
	方案 7	– 0.002879	0.423774	0.426653	2.76%	– 0.097468	0.326306	– 0.000109	– 0.002770

由表5-50可知,从方案1至方案7,第一,MT指数均为负,且绝对值逐渐变小,说明随着税率的下调,各方案的累退性逐渐减弱,收入分配效应逐步改善。第二,平均税率逐渐下降,这是下调税率带来的必然结果。第三,累进指数P均为负,呈累退性,且累退程度从方案1至方案4、从方案5至方案7逐步减弱,但从方案4至方案5略微增强,说明降低现行6%的税率对富人更加有利,而降低基本税率对穷人更加有利。第四,从方案1至方案7,横向公平与纵向公平的绝对值逐渐变小,说明收入分配累退效应逐步改善,其中,纵向公平起决定性作用,而纵向公平的改善主要源于平均税率的降低。

表5-51　　　　CHIP2013数据下各消费项目对累退性的贡献　　　　单位:%

方案		食品烟酒	衣着	住房	设备与服务	医疗支出	交通通信	文教娱乐	其他支出
2017年方案		13.03	10.16	32.17	8.11	17.51	7.63	5.08	6.30
2018年方案		13.08	10.25	31.78	8.15	17.52	7.74	5.11	6.36
2019年方案		12.94	9.87	32.75	7.98	17.35	7.99	4.86	6.24
两档拆分模式Ⅲ	方案1	12.54	10.01	34.38	7.77	16.36	7.87	4.94	6.13
	方案2	12.61	9.87	34.36	7.74	16.39	8.05	4.87	6.11
	方案3	12.70	9.70	34.33	7.70	16.43	8.26	4.80	6.08
	方案4	12.79	9.50	34.29	7.66	16.49	8.51	4.72	6.04
	方案5	12.61	9.87	34.36	7.74	16.39	8.05	4.87	6.11
	方案6	12.71	9.66	34.32	7.69	16.44	8.31	4.79	6.07
	方案7	12.84	9.42	34.28	7.64	16.51	8.61	4.68	6.02

由表5-51对税收累退性的分解可知,第一,八大类消费支出按对增值税累退性的贡献率由大到小排序依次为:住房、医疗、食品烟酒、衣着、交通通信、设备与服务、其他商品和服务、文教娱乐。第二,从方案1至方案4、方案5至方案7,食品烟酒、医疗支出、交通通信的贡献率逐步上升,衣着、住房、设备与服务、文教娱乐支出、其他商品和服务的贡献率逐步下降。

③ CFPS2016数据。用CFPS2016城镇居民家庭收支数据测算的增值税收入分配效应见表5-52和表5-53。

表5-52　　　　　　　　　　　CFPS2016 数据计算结果

方案		MT 指数	G_X	G_Y	t	P	C_T	横向公平	纵向公平
2017 年方案		-0.012961	0.482177	0.495138	6.72%	-0.129966	0.352212	-0.003595	-0.009366
2018 年方案		-0.011951	0.482177	0.494128	6.34%	-0.129952	0.352226	-0.003153	-0.008798
2019 年方案		-0.009576	0.482177	0.491754	5.48%	-0.128213	0.353964	-0.002148	-0.007429
两档拆分模式Ⅲ	方案1	-0.010442	0.482177	0.492619	5.89%	-0.125574	0.356604	-0.002589	-0.007852
	方案2	-0.009508	0.482177	0.491686	5.54%	-0.124683	0.357494	-0.002197	-0.007312
	方案3	-0.008613	0.482177	0.490790	5.20%	-0.123675	0.358502	-0.001832	-0.006780
	方案4	-0.007762	0.482177	0.489940	4.86%	-0.122537	0.359641	-0.001507	-0.006255
	方案5	-0.007453	0.482177	0.489630	4.62%	-0.124683	0.357494	-0.001419	-0.006034
	方案6	-0.006661	0.482177	0.488838	4.27%	-0.123458	0.358719	-0.001148	-0.005513
	方案7	-0.005917	0.482177	0.488094	3.93%	-0.122036	0.360142	-0.000920	-0.004997

由表5-52可知，从方案1至方案7，第一，MT指数均为负，且绝对值逐渐变小，说明随着税率的下调，各方案的累退性逐渐减弱，收入分配效应逐步改善。第二，平均税率逐渐下降，这是下调税率带来的必然结果。第三，累进指数P均为负，呈累退性，且累退程度从方案1至方案4、从方案5至方案7逐步减弱，但从方案4至方案5略微增强。第四，横向公平与纵向公平的绝对值逐渐变小，说明收入分配累退效应逐步改善，其中，纵向公平占据决定性作用，而纵向公平的改善主要源于平均税率的降低。

表5-53　　　　　CFPS2016 数据下各消费项目对累退性的贡献　　　　　单位:%

序号	项目	2017 年方案	2018 年方案	2019 年方案	两档拆分模式Ⅲ简并方案						
					方案1	方案2	方案3	方案4	方案5	方案6	方案7
1	伙食费	8.46	8.47	8.17	7.54	7.47	7.39	7.30	7.47	7.38	7.27
2	外出就餐费	4.99	4.99	4.89	4.78	4.87	4.97	5.09	4.87	5.00	5.14
3	衣着消费	7.12	7.17	6.71	6.59	6.44	6.26	6.07	6.44	6.23	5.98
4	水费	0.38	0.37	0.39	0.24	0.26	0.28	0.30	0.26	0.28	0.31
5	电费	1.33	1.33	1.26	1.17	1.15	1.13	1.11	1.15	1.13	1.10
6	取暖费	0.44	0.44	0.41	0.38	0.38	0.37	0.36	0.38	0.37	0.36
7	燃料费	0.16	0.16	0.16	0.14	0.14	0.14	0.14	0.14	0.14	0.14
8	房租	7.56	7.33	7.71	10.07	9.92	9.74	9.53	9.92	9.70	9.44

续表

序号	项目	2017 年方案	2018 年方案	2019 年方案	两档拆分模式Ⅲ简并方案						
					方案 1	方案 2	方案 3	方案 4	方案 5	方案 6	方案 7
9	物业费	0.80	0.78	0.82	1.07	1.05	1.03	1.01	1.05	1.03	1.00
10	住房维修费	11.08	10.74	11.30	14.75	14.52	14.26	13.96	14.52	14.20	13.83
11	家具耐用品	13.68	13.69	12.99	12.16	11.97	11.76	11.52	11.97	11.71	11.41
12	日用品费	1.77	1.77	1.68	1.58	1.55	1.53	1.50	1.55	1.52	1.48
13	医疗支出	3.46	3.46	3.30	3.15	3.10	3.04	2.98	3.10	3.03	2.96
14	保健支出	0.81	0.86	1.00	0.96	1.01	1.08	1.15	1.01	1.09	1.18
15	车辆购置费	14.57	14.56	13.77	12.82	12.61	12.36	12.09	12.61	12.31	11.96
16	本地交通费	4.01	3.95	4.10	3.07	3.16	3.31	3.47	3.16	3.34	3.54
17	交通通信工具费	2.27	2.43	2.32	2.15	2.12	2.09	2.05	2.12	2.08	2.03
18	全年邮电通信费	1.51	1.51	1.58	1.40	1.44	1.49	1.54	1.44	1.50	1.57
19	教育培训支出	0.57	0.58	0.60	0.58	0.58	0.60	0.61	0.58	0.60	0.61
20	文化娱乐支出	0.87	0.88	0.87	0.81	0.82	0.83	0.84	0.82	0.83	0.83
21	旅游支出	3.98	4.00	4.83	4.15	4.69	5.30	6.00	4.69	5.43	6.30
22	美容支出	0.92	0.98	1.14	1.09	1.15	1.23	1.31	1.15	1.24	1.34
23	商业性保险支出	4.07	4.35	5.12	4.72	5.05	5.42	5.83	5.05	5.49	6.01
24	其他支出	5.21	5.22	4.87	4.64	4.53	4.41	4.26	4.53	4.38	4.20

由表 5 - 53 对税收累退性的分解可知，24 大类消费支出按对增值税累退性的贡献率由大到小排序，贡献排名前三的为：住房维修费、车辆购置费、家具耐用品，三者的贡献率均超过了 10%。

④CFPS2018 数据。用 CFPS2018 城镇居民家庭收支数据测算的增值税收入分配效应见表 5 - 54 和表 5 - 55。

表 5 - 54 　　　　　　　CFPS2018 数据的收入分配效应

方案	MT 指数	G_X	G_Y	t	P	C_T	横向公平	纵向公平
2017 年方案	- 0.011623	0.500832	0.512454	6.31%	- 0.143781	0.357051	- 0.001936	- 0.009687
2018 年方案	- 0.010781	0.500832	0.511613	5.95%	- 0.143697	0.357135	- 0.001683	- 0.009098
2019 年方案	- 0.008950	0.500832	0.509782	5.17%	- 0.141010	0.359822	- 0.001265	- 0.007685

方案		MT 指数	G_X	G_Y	t	P	C_T	横向公平	纵向公平
两档拆分模式Ⅲ	方案 1	− 0.010017	0.500832	0.510849	5.59%	− 0.138917	0.361915	− 0.001787	− 0.008230
	方案 2	− 0.009205	0.500832	0.510037	5.27%	− 0.137601	0.363231	− 0.001550	− 0.007654
	方案 3	− 0.008423	0.500832	0.509255	4.95%	− 0.136090	0.364741	− 0.001336	− 0.007088
	方案 4	− 0.007667	0.500832	0.508499	4.63%	− 0.134388	0.366444	− 0.001140	− 0.006527
	方案 5	− 0.007394	0.500832	0.508225	4.39%	− 0.137601	0.363231	− 0.001074	− 0.006320
	方案 6	− 0.006667	0.500832	0.507498	4.07%	− 0.135766	0.365066	− 0.000903	− 0.005763
	方案 7	− 0.005963	0.500832	0.506795	3.75%	− 0.133640	0.367192	− 0.000751	− 0.005212

由表 5 – 54 可知，从方案 1 至方案 7，第一，MT 指数均为负，且绝对值逐渐变小，说明随着税率的下调，各方案的累退性逐渐减弱，收入分配效应逐步改善。第二，平均税率逐渐下降，这是下调税率带来的必然结果。第三，累进指数 P 均为负，呈累退性，且累退程度从方案 1 至方案 4、从方案 5 至方案 7 逐步减弱，但从方案 4 至方案 5 略微增强。第四，横向公平与纵向公平的绝对值逐渐变小，说明收入分配累退效应逐步改善，其中，纵向公平占据决定性作用，而纵向公平的改善主要源于平均税率的降低。

表 5 – 55　　　　　　　CFPS2018 数据下各消费项目对累退性的贡献　　　　单位:%

序号	项目	2017 年方案	2018 年方案	2019 年方案	两档拆分模式Ⅲ简并方案						
					方案 1	方案 2	方案 3	方案 4	方案 5	方案 6	方案 7
1	伙食费	10.09	10.10	9.67	8.88	8.78	8.66	8.53	8.78	8.64	8.48
2	外出就餐费	6.00	6.00	5.83	5.67	5.76	5.87	6.00	5.76	5.90	6.05
3	衣着消费	7.94	7.99	7.43	7.25	7.07	6.86	6.62	7.07	6.81	6.52
4	水费	0.48	0.47	0.49	0.30	0.32	0.35	0.37	0.32	0.35	0.38
5	电费	1.90	1.91	1.80	1.66	1.63	1.60	1.56	1.63	1.59	1.54
6	取暖费	1.05	1.06	1.00	0.92	0.90	0.88	0.86	0.90	0.88	0.85
7	燃料费	0.29	0.28	0.29	0.25	0.25	0.24	0.24	0.25	0.24	0.24
8	房租	9.98	9.67	10.09	13.10	12.88	12.61	12.31	12.88	12.56	12.18
9	物业费	1.16	1.13	1.18	1.53	1.50	1.47	1.43	1.50	1.46	1.42
10	住房维修费	10.60	10.27	10.73	13.93	13.68	13.40	13.09	13.68	13.34	12.95
11	家具耐用品	4.75	4.76	4.48	4.17	4.10	4.01	3.92	4.10	4.00	3.88
12	日用品费	1.81	1.81	1.71	1.59	1.57	1.54	1.50	1.57	1.53	1.48

续表

序号	项目	2017年方案	2018年方案	2019年方案	两档拆分模式Ⅲ简并方案						
					方案1	方案2	方案3	方案4	方案5	方案6	方案7
13	医疗支出	1.88	1.88	1.78	1.69	1.66	1.63	1.59	1.66	1.62	1.57
14	保健支出	0.84	0.89	1.03	0.98	1.04	1.10	1.17	1.04	1.11	1.20
15	车辆购置费	17.52	17.51	16.43	15.21	14.93	14.60	14.24	14.93	14.53	14.08
16	本地交通费	4.89	4.82	4.96	3.70	3.80	3.96	4.15	3.80	4.00	4.23
17	交通通信工具费	2.81	3.01	2.84	2.62	2.58	2.53	2.48	2.58	2.52	2.46
18	全年邮电通信费	1.47	1.47	1.53	1.35	1.39	1.43	1.47	1.39	1.44	1.50
19	教育培训支出	1.18	1.19	1.23	1.17	1.18	1.20	1.23	1.18	1.21	1.24
20	文化娱乐支出	1.10	1.11	1.10	1.02	1.03	1.03	1.04	1.03	1.03	1.04
21	旅游支出	4.14	4.15	4.98	4.26	4.81	5.42	6.11	4.81	5.55	6.41
22	美容支出	1.17	1.24	1.44	1.37	1.45	1.53	1.63	1.45	1.55	1.67
23	商业性保险支出	4.81	5.14	6.00	5.50	5.87	6.28	6.75	5.87	6.37	6.95
24	其他支出	2.14	2.15	1.99	1.89	1.84	1.78	1.72	1.84	1.77	1.69

由表5－55对税收累退性的分解可知，24大类消费支出按对增值税累退性的贡献率由大到小排序，贡献排名前三的依次为：车辆购置费、住房维修费、房租，三者的贡献率均超过了10%。

（2）Suits指数。用拟合的国家统计局城镇居民家庭收支数据测算的增值税Suits指数及其分解见表5－56和表5－57。

表5－56　　　　　　　　　两档拆分模式Ⅲ的总Suits指数

方案		Suits指数
2017年方案		－0.137000
2018年方案		－0.136945
2019年方案		－0.135990
两档拆分模式Ⅲ	方案1	－0.129670
	方案2	－0.129725
	方案3	－0.129802
	方案4	－0.129911
	方案5	－0.129550
	方案6	－0.129663
	方案7	－0.129822

由表 5 - 56 可知，第一，各方案的总 Suits 指数均为负，说明所有方案下增值税均呈现累退性。第二，从方案 1 至方案 4、方案 5 至方案 7，随着税率的下调，Suits 指数绝对值逐步变大，增值税的累退性逐步增强，收入分配效应恶化。从方案 4（10% + 6%）至方案 5（10% + 5%），Suits 指数出现一个反弹，说明下调基本税率与下调低税率的收入分配效应是相反的，总体上，下调低税率更有利于缩小收入差距，而下调基本税率不利于缩小收入差距。第三，所有税率简并方案的 Suits 指数绝对值均小于 2019 年，说明两档拆分模式 Ⅲ 总体有利于收入分配。

表 5 - 57　　　　　　　　两档拆分模式 Ⅲ 下各消费项目 Suits 指数

方案		食品烟酒	衣着	住房	设备与服务	医疗支出	交通通信	文教娱乐	其他支出
2017 年方案		- 0. 222856	- 0. 155630	- 0. 176763	- 0. 122932	- 0. 217665	0. 012447	- 0. 074676	- 0. 006716
2018 年方案		- 0. 222808	- 0. 155573	- 0. 178059	- 0. 122456	- 0. 217457	0. 012640	- 0. 072529	- 0. 006904
2019 年方案		- 0. 223172	- 0. 155680	- 0. 174029	- 0. 120754	- 0. 217733	0. 009989	- 0. 072298	- 0. 007741
两档拆分模式 Ⅲ	方案 1	- 0. 220433	- 0. 155247	- 0. 153671	- 0. 120236	- 0. 215628	0. 012692	- 0. 071102	- 0. 007764
	方案 2	- 0. 220084	- 0. 155330	- 0. 154120	- 0. 119462	- 0. 215973	0. 011085	- 0. 069768	- 0. 008204
	方案 3	- 0. 219691	- 0. 155430	- 0. 154665	- 0. 118563	- 0. 216375	0. 009120	- 0. 068315	- 0. 008719
	方案 4	- 0. 219244	- 0. 155551	- 0. 155326	- 0. 117508	- 0. 216856	0. 006833	- 0. 066717	- 0. 009330
	方案 5	- 0. 220060	- 0. 155341	- 0. 153818	- 0. 119515	- 0. 216055	0. 011315	- 0. 069776	- 0. 008122
	方案 6	- 0. 219581	- 0. 155463	- 0. 154516	- 0. 118409	- 0. 216542	0. 008895	- 0. 068005	- 0. 008762
	方案 7	- 0. 219021	- 0. 155617	- 0. 155391	- 0. 117066	- 0. 217148	0. 005993	- 0. 066017	- 0. 009547

由表 5 - 57 可知，第一，交通通信支出的 Suits 指数为正，说明其是累进的，而其余七大类消费支出的 Suits 指数均为负，说明其是累退的。第二，从方案 1 至方案 4、从方案 5 至方案 7，随着税率的下调，食品烟酒、设备与服务、文教娱乐三类消费的 Suits 指数绝对值逐渐变小，表示其税收累退性逐渐减弱；衣着、住房、医疗、其他支出的 Suits 指数绝对值逐渐变大，表明其税收累退性逐渐增强；交通通信的 Suits 指数逐渐变小，表示其累进性减弱。第三，从方案 4（10% + 6%）至方案 5（10% + 5%），各项消费支出的 Suits 指数均出现一个反弹，说明下调基本税率与下调低税率的收入分配效应相反。

5.2 收入分配效应测算——基于 CGE 模型

本节运用 CGE 模型，结合 CHIP2013 和 CFPS2018 居民家庭微观调查数据，分别从居民收入和消费支出两个角度测算各增值税税率简并方案的收入分配效应。一方面，直接运用 CGE 模型一般均衡的优势，测算不同简并方案下城乡居民收入的变化率；另一方面，运用 CGE 模型得到各税率简并方案下 42 部门商品的有效税率（即价格指数），结合微观调查数据计算税率简并前后的居民收入基尼系数的变化率。

5.2.1 测算方法与指标

本节具体模型构建同第 4 章，不再赘述，仅对相关收入分配测算方法和指标加以说明。

5.2.1.1 测算方法

测算不同增值税税率简并方案对居民收入分配效应的具体步骤如下。

第一步，运用 GAMS24.7 软件测算出各增值税税率简并方案下 42 部门的商品价格指数。

第二步，将 42 部门商品与居民八大类消费支出相匹配，计算出各增值税税率简并方案下八大类消费支出的综合价格指数，具体匹配对应关系参见本章表 5 − 3。

第三步，以八大类消费支出的综合价格指数代表实际增值税税率，结合微观居民支出数据，计算各增值税简并方案下的居民家庭增值税税负。

第四步，利用微观居民收入数据，计算各居民家庭税后收入 Gini 系数，并以 2019 年为基期，计算各增值税税率简并方案的 Gini 系数变化率。

5.2.1.2 测算指标

本节选取居民收入变化率和 Gini 系数作为各增值税税率简并方案下收入分配效应的测算指标。其中，居民收入变化率直接以 CGE 模型由 GAMS24.7

运行得出，Gini 系数按照前述测算方法计算得出。①

（1）居民收入变化率。

$$居民收入变化率 = \frac{各简并方案下居民收入 - 2019 年增值税制度下居民收入}{2019 年增值税制度下居民收入} \times 100\%$$

$$(5-5)$$

当居民收入变化率大于零时，说明增值税税率简并提高了居民收入；反之，则说明增值税税率简并降低了居民收入。

（2）Gini 系数变化率。

Gini 系数计算如式（5-6）所示：

$$G_i = 1 - \sum_{i=1}^{n} P_i(2Q_i - W_i) \quad (i = 1,2,3) \quad\quad (5-6)$$

其中，G_i 表示基尼系数，W_i 表示第 i 组人均收入份额，即第 i 组人均收入占总收入的比重；P_i 表示第 i 组人口频数，即第 i 组人口占总人口比重；Q_i 表示第 1 组到第 i 组的累计人均收入占总收入的比重，且 $Q_i = \sum_i W_i$。

Gini 系数变化率计算如式（5-7）所示：

$$Gini 系数变化率 = \frac{不同简并方案下 Gini 系数 - 2019 年增值税制度下 Gini 系数}{2019 年增值税制度下 Gini 系数} \times 100\%$$

$$(5-7)$$

当 Gini 系数变化率小于零，说明增值税税率简并有利于缩小收入差距；反之，则说明扩大收入差距。

5.2.2 数据来源与处理

为了多角度验证增值税税率简并方案的收入分配效应，本节分别使用两种不同来源和年份的微观家庭收支调查数据：北京师范大学中国收入分配研究院的 CHIP2013 数据和北京大学中国社会科学调查中心的 CFPS2018 数据。

5.2.2.1 CHIP2013 数据

CHIP2013 提供了 18948 户城镇居民家庭和农村居民家庭的家庭可支配收

---

① 由于本书的 CGE 模型以 2017 年投入产出表和 SAM 表为基准，所以对 2019 年增值税和各税率简并方案下增值税税负的模拟结果均以 2017 年为基准，各项经济指标的绝对值没有相对变化率参考价值大，故只列出各项经济指标的相对变化率。

入（工资性收入、经营净收入、财产净收入、转移净收入四项收入）和消费支出（食品烟酒、衣着、居住、生活用品及服务、交通通信、教育文化娱乐、医疗保健、其他用品和服务八项消费支出），同时登记了样本所属户籍信息，总共分农业户口、非农业户口、居民户口（户口不分农业和非农业）、其他（外籍）四类，具体样本信息中还存在户籍缺失值。针对 18948 户样本信息，做了以下处理。

①剔除掉可支配收入为负和总消费支出为零的样本。

②依据户籍所属类别，剔除户籍为缺失值、其他（外籍）户口。

③经过上述无效样本剔除，剩余 16082 户家庭样本。再依据居民户口中户主户籍身份进行划分，将居民户口中户主户籍为非农业户口的家庭划分为城镇居民家庭样本（6124 户），居民户口中户主户籍为农业户口的家庭划分为农村居民家庭样本（9958 户）。

5.2.2.2　CFPS2018

CFPS2018 提供了 14241 户居民家庭的家庭总收入（过去 12 个月总收入）和八大类消费性支出（食品支出、衣着鞋帽支出、居住支出、家庭设备及日用品支出、交通通信支出、文教娱乐支出、医疗保健支出、其他消费性支出）数据，根据城乡分类指标，家庭分为城镇和农村两类。具体样本信息中还存在户籍缺失值。针对 14241 户样本信息，做了以下处理。

（1）剔除掉家庭总收入（过去 12 个月总收入）为负和总消费支出为零的样本。

（2）依据家庭总收入（过去 12 个月总收入）和总支出（过去 12 个月总支出）数据，剔除家庭收不抵支的样本。

（3）剔除掉拒绝回答家庭总收入或对家庭收入不知道的无效样本。

（4）依据城乡分类指标，剔除城乡分类为缺失的样本。

（5）经过上述无效样本剔除，剩余 10594 户家庭样本。依据城乡分类指标，划分为城镇居民家庭样本（5654 户），农村居民家庭样本（4940 户）。

限于篇幅，本节对税率简并方案收入分配效应的测算只采用 CHIP2013 和 CFPS2018 两个微观调查数据。

5.2.3 实证结果

以下区分不同增值税税率简并方案列示收入分配效应的实证结果。

5.2.3.1 单一税率模式的收入分配效应

（1）CHIP2013 数据。与2019年基期相比，用 CHIP2013 数据测算的各税率简并方案的收入分配效应见表5-58。

表5-58　　　　　　　　单一税率模式的收入分配效应　　　　　　单位:%

简并方案		城镇居民收入变化率	农村居民收入变化率	城镇 Gini 系数变化率	农村 Gini 系数变化率	全国 Gini 系数变化率
单一税率	方案1	−1.31	−1.55	0.16	0.45	0.25
	方案2	−0.80	−0.97	0.10	0.29	0.16
	方案3	−0.27	−0.37	0.04	0.13	0.07
	方案4	0.26	0.25	−0.02	−0.03	−0.03
	方案5	0.82	0.87	−0.08	−0.20	−0.12

由表5-58可知，第一，城镇居民和农村居民的收入均随增值税税率变化先下降后持续上升，当增值税税率下调至方案5（9%）时，增幅最大，分别为0.82%和0.87%。第二，城镇居民、农村居民以及全国居民的 Gini 系数均随增值税税率变化先上升后下降；当增值税税率下调至方案5（9%）时，降幅最大，分别为0.08%、0.20%和0.12%。可见，税率下调有利于促进城乡居民收入增长和缩小城乡居民收入分配差距。

（2）CFPS2018 数据。与2019年基期相比，用 CFPS2018 数据测算的各税率简并方案的收入分配效应见表5-59。

表5-59　　　　　　　　单一税率模式的收入分配效应　　　　　　单位:%

简并方案		城镇居民收入变化率	农村居民收入变化率	城镇 Gini 系数变化率	农村 Gini 系数变化率	全国 Gini 系数变化率
单一税率	方案1	−1.31	−1.55	0.49	0.61	0.50
	方案2	−0.80	−0.97	0.32	0.42	0.34
	方案3	−0.27	−0.37	0.15	0.22	0.17
	方案4	0.26	0.25	−0.02	0.03	0.01
	方案5	0.82	0.87	−0.19	−0.16	−0.16

由表 5 – 59 可知，CFPS2018 数据的收入分配效应与 CHIP2013 数据相似，但总体影响程度更大。城镇居民、农村居民以及全国居民的 Gini 系数均随增值税税率变化先上升后下降；当增值税税率下调至方案 5（9%）时，降幅最大，分别为 0.19%、0.16% 和 0.16%。可见，税率下调有利于促进城乡居民收入增长和缩小城乡居民收入差距。

5.2.3.2　两档就低模式的收入分配效应

（1）CHIP2013 数据。与 2019 年基期相比，用 CHIP2013 数据测算的各税率简并方案的收入分配效应见表 5 – 60。

表 5 – 60　　　　　　　　两档就低模式的收入分配效应　　　　　　　　单位:%

简并方案		城镇居民收入变化率	农村居民收入变化率	城镇 Gini 系数变化率	农村 Gini 系数变化率	全国 Gini 系数变化率
两档就低	方案 1	0.33	0.40	– 0.04	– 0.11	– 0.06
	方案 2	0.63	0.73	– 0.07	– 0.19	– 0.11
	方案 3	0.93	1.06	– 0.11	– 0.27	– 0.16
	方案 4	1.24	1.41	– 0.14	– 0.36	– 0.21
	方案 5	1.25	1.42	– 0.15	– 0.37	– 0.22
	方案 6	1.56	1.76	– 0.17	– 0.44	– 0.26

由表 5 – 60 可知，第一，城镇居民和农村居民的收入均随增值税税率下调持续上升，当增值税税率下调至方案 6（9% + 6%）时，增幅最大，分别为 1.56% 和 1.76%。且在所有简并方案下，农村居民收入增幅均大于城镇居民。第二，城镇居民、农村居民以及全国居民的 Gini 系数均随增值税税率下调稳步下降；当增值税税率下调至方案 6（9% + 6%）时，降幅最大，分别为 0.17%、0.44% 和 0.26%。可见，两档就低模式非常有利于促进城乡收入增长和缩小城乡收入差距。

（2）CFPS2018 数据。与 2019 年基期相比，用 CFPS2018 数据测算的各税率简并方案的收入分配效应见表 5 – 61。

表 5 - 61   两档就低模式的收入分配效应   单位:%

简并方案		城镇居民 收入变化率	农村居民 收入变化率	城镇 Gini 系数 变化率	农村 Gini 系数 变化率	全国 Gini 系数 变化率
两档就低	方案 1	0.33	0.40	− 0.19	− 0.26	− 0.21
	方案 2	0.63	0.73	− 0.26	− 0.32	− 0.27
	方案 3	0.93	1.06	− 0.33	− 0.39	− 0.33
	方案 4	1.24	1.41	− 0.40	− 0.46	− 0.39
	方案 5	1.25	1.42	− 0.47	− 0.53	− 0.46
	方案 6	1.56	1.76	− 0.41	− 0.47	− 0.40

由表 5 - 61 可知，CFPS2018 的收入分配效应与 CHIP2013 相似，但影响程度更大。城镇居民、农村居民以及全国居民的 Gini 系数均随增值税税率变化先上升后下降；当增值税税率下调至方案 6（9% + 6%）时，降幅最大，分别为 0.41%、0.47% 和 0.40%。

5.2.3.3 两档就高模式的收入分配效应

（1）CHIP2013 数据。与 2019 年基期相比，用 CHIP2013 数据测算的各税率简并方案的收入分配效应见表 5 - 62。

表 5 - 62   两档就高模式的收入分配效应   单位:%

简并方案		城镇居民 收入变化率	农村居民 收入变化率	城镇 Gini 系数 变化率	农村 Gini 系数 变化率	全国 Gini 系数 变化率
两档就高	方案 1	− 0.42	− 0.51	0.06	0.16	0.09
	方案 2	− 0.02	− 0.06	0.01	0.04	0.02
	方案 3	0.39	0.40	− 0.03	− 0.08	− 0.05
	方案 4	0.80	0.87	− 0.08	− 0.20	− 0.12
	方案 5	0.81	0.88	− 0.08	− 0.21	− 0.12
	方案 6	1.23	1.36	− 0.13	− 0.33	− 0.19

由表 5 - 62 可知，第一，城镇居民和农村居民的收入均随增值税税率的变化先下降后上升，当增值税税率下调至方案 6（9% + 6%）时，增幅最大，分别为 1.23% 和 1.36%。第二，城镇居民、农村居民以及全国居民的 Gini 系数均随增值税税率变化先上升后下降；当增值税税率下调至方案 6（9% + 6%）时，降幅最大，分别为 0.13%、0.33% 和 0.19%。可见，税率下调有利于促

进城乡收入增长和缩小城乡收入差距。

（2）CFPS2018 数据。与 2019 年基期相比，用 CFPS2018 数据测算的各税率简并方案的收入分配效应见表 5 - 63。

表 5 - 63　　　　　　　两档就高模式的收入分配效应　　　　　　　单位:%

简并方案		城镇居民收入变化率	农村居民收入变化率	城镇 Gini 系数变化率	农村 Gini 系数变化率	全国 Gini 系数变化率
两档就高	方案 1	- 0.42	- 0.51	0.29	0.39	0.31
	方案 2	- 0.02	- 0.06	0.15	0.23	0.18
	方案 3	0.39	0.40	0.01	0.07	0.04
	方案 4	0.80	0.87	- 0.13	- 0.09	- 0.10
	方案 5	0.81	0.88	- 0.13	- 0.11	- 0.12
	方案 6	1.23	1.36	- 0.27	- 0.26	- 0.24

由表 5 - 63 可知，CFPS2018 的收入分配效应与 CHIP2013 相似，但影响程度更大。城镇居民、农村居民以及全国居民的 Gini 系数均随增值税税率变化先上升后下降；当增值税税率下调至方案 6（9% + 6%）时，降幅最大，分别为 0.27%、0.26% 和 0.24%。

5.2.3.4　两档拆分模式Ⅰ的收入分配效应

（1）CHIP2013 数据。与 2019 年基期相比，用 CHIP2013 数据测算的各税率简并方案的收入分配效应见表 5 - 64。

表 5 - 64　　　　　　　两档拆分模式Ⅰ的收入分配效应　　　　　　　单位:%

简并方案		城镇居民收入变化率	农村居民收入变化率	城镇 Gini 系数变化率	农村 Gini 系数变化率	全国 Gini 系数变化率
两档拆分模式Ⅰ	方案 1	- 0.88	- 1.04	0.05	0.13	0.07
	方案 2	- 0.42	- 0.52	0.00	0.01	0.00
	方案 3	0.05	0.01	- 0.04	- 0.10	- 0.06
	方案 4	0.53	0.56	- 0.09	- 0.22	- 0.13
	方案 5	0.54	0.58	- 0.10	- 0.23	- 0.14
	方案 6	1.02	1.12	- 0.13	- 0.34	- 0.20

由表 5 - 64 可知，第一，城镇居民和农村居民的收入均随增值税税率的变化先下降后上升，当增值税税率下调至方案 6（9% + 6%）时，增幅最大，分别为 1.02% 和 1.12%。第二，城镇居民、农村居民以及全国居民的 Gini 系数

均随增值税税率变化先上升后下降；当增值税税率下调至方案6（9% +6%）时，降幅最大，分别为0.13%、0.34%和0.20%。可见，税率下调有利于促进城乡收入增长和缩小城乡收入差距。

（2）CFPS2018数据。与2019年基期相比，用CFPS2018数据测算的各税率简并方案的收入分配效应见表5－65。

表5－65　　　　　　两档拆分模式Ⅰ的收入分配效应　　　　单位:%

简并方案		城镇居民收入变化率	农村居民收入变化率	城镇 Gini 系数变化率	农村 Gini 系数变化率	全国 Gini 系数变化率
两档拆分模式Ⅰ	方案1	− 0.88	− 1.04	0.66	0.74	0.63
	方案2	− 0.42	− 0.52	0.47	0.52	0.45
	方案3	0.05	0.01	0.27	0.31	0.26
	方案4	0.53	0.56	0.08	0.10	0.08
	方案5	0.54	0.58	0.07	0.09	− 0.07
	方案6	1.02	1.12	− 0.12	− 0.12	− 0.11

由表5－65可知，CFPS2018的收入分配效应与CHIP2013相似。城镇居民、农村居民以及全国居民的Gini系数均随增值税税率变化先上升后下降；当增值税税率下调至方案6（9% +6%）时，降幅分别为0.12%、0.12%和0.11%。

5.2.3.5　两档拆分模式Ⅱ的收入分配效应

（1）CHIP2013数据。与2019年基期相比，用CHIP2013数据测算的各税率简并方案的收入分配效应见表5－66。

表5－66　　　　　　两档拆分模式Ⅱ的收入分配效应　　　　单位:%

简并方案		城镇居民收入变化率	农村居民收入变化率	城镇 Gini 系数变化率	农村 Gini 系数变化率	全国 Gini 系数变化率
两档拆分模式Ⅱ	方案1	− 0.46	− 0.54	0.0329	0.0880	0.0454
	方案2	− 0.05	− 0.09	− 0.0092	− 0.0197	− 0.0172
	方案3	0.36	0.38	− 0.0516	− 0.1292	− 0.0808
	方案4	0.78	0.85	− 0.0943	− 0.2412	− 0.1456
	方案5	0.79	0.85	− 0.0942	− 0.2410	− 0.1455
	方案6	1.21	1.34	− 0.1371	− 0.3570	− 0.2124

注：本表中基尼系数的计算保留四位小数是为了和表5－68的数据相区别，如果只保留两位小数，则本表中的城乡基尼系数会和表5－68完全相同。这说明是否对基础电信业实施增值税低税率对其收入分配效应的影响非常小。

由表5-66可知,第一,城镇居民和农村居民的收入均随增值税税率的变化先下降后上升,当增值税税率下调至方案6(9%+6%)时,增幅最大,分别为1.21%和1.34%。且在所有简并方案下,农村居民收入增幅均大于城镇居民。第二,城镇居民、农村居民以及全国居民的 Gini 系数均随增值税税率变化先上升后下降;当增值税税率下调至方案6(9%+6%)时,降幅最大,分别为0.14%、0.36%和0.21%。可见,税率下调有利于促进城乡收入增长和缩小城乡收入差距。

(2)CFPS2018 数据。与2019年基期相比,用 CFPS2018 数据测算的各税率简并方案的收入分配效应见表5-67。

表5-67 　　　　　　　　两档拆分模式Ⅱ的收入分配效应　　　　　　单位:%

简并方案		城镇居民收入变化率	农村居民收入变化率	城镇 Gini 系数变化率	农村 Gini 系数变化率	全国 Gini 系数变化率
两档拆分模式Ⅱ	方案1	-0.46	-0.54	0.50	0.54	0.47
	方案2	-0.05	-0.09	0.33	0.35	0.31
	方案3	0.36	0.38	0.16	0.17	0.15
	方案4	0.78	0.85	-0.01	-0.01	-0.01
	方案5	0.79	0.85	-0.01	-0.02	-0.01
	方案6	1.21	1.34	-0.18	-0.20	-0.17

由表5-67可知,CFPS2018 的收入分配效应与 CHIP2013 相似。城镇居民、农村居民以及全国居民的 Gini 系数均随增值税税率变化先上升后下降;当增值税税率下调至方案6(9%+6%)时,降幅分别为0.18%、0.20%和0.17%。

5.2.3.6 两档拆分模式Ⅲ的收入分配效应

(1)CHIP2013 数据。与2019年基期相比,用 CHIP2013 数据测算的各税率简并方案的收入分配效应见表5-68。

表5-68 　　　　　　　　两档拆分模式Ⅲ的收入分配效应　　　　　　单位:%

简并方案		城镇居民收入变化率	农村居民收入变化率	城镇 Gini 系数变化率	农村 Gini 系数变化率	全国 Gini 系数变化率
两档拆分模式Ⅲ	方案1	-0.42	-0.49	0.0348	0.0885	0.0462
	方案2	-0.02	-0.04	-0.0077	-0.0192	-0.0166
	方案3	0.39	0.41	-0.0503	-0.1288	-0.0802
	方案4	0.80	0.88	-0.0932	-0.2410	-0.1453
	方案5	0.81	0.89	-0.0931	-0.2408	-0.1452
	方案6	1.23	1.36	-0.1363	-0.3568	-0.2121

注:本表中基尼系数的计算保留四位小数是为了和表5-66　　　　别,如果只保留两位小数,则本表中的城乡基尼系数会和表5-66 完全相同。

由表 5 - 68 可知，第一，城镇居民和农村居民的收入均随增值税税率的变化先下降后上升，当增值税税率下调至方案 6（9% + 6%）时，增幅最大，分别为 1.23% 和 1.36%。且在所有简并方案下，农村居民收入增幅均大于城镇居民。第二，城镇居民、农村居民以及全国居民的 Gini 系数均随增值税税率变化先上升后下降；当增值税税率下调至方案 6（9% + 6%）时，降幅最大，分别为 0.14%、0.36% 和 0.21%。可见，税率下调有利于促进城乡收入增长和缩小城乡收入差距。

（2）CFPS2018 数据。与 2019 年基期相比，用 CFPS2018 数据测算的各税率简并方案的收入分配效应见表 5 - 69。

表 5 - 69　　　　　　　　　两档拆分模式Ⅲ的收入分配效应　　　　　　　　单位:%

简并方案		城镇居民收入变化率	农村居民收入变化率	城镇 Gini 系数变化率	农村 Gini 系数变化率	全国 Gini 系数变化率
两档拆分模式Ⅲ	方案 1	- 0.42	- 0.49	0.48	0.51	0.45
	方案 2	- 0.02	- 0.04	0.31	0.33	0.29
	方案 3	0.39	0.41	0.14	0.15	0.13
	方案 4	0.80	0.88	- 0.03	- 0.03	- 0.03
	方案 5	0.81	0.89	- 0.03	- 0.04	- 0.03
	方案 6	1.23	1.36	- 0.19	- 0.21	- 0.18

由表 5 - 69 可知，CFPS2018 的收入分配效应与 CHIP2013 相似。城镇居民、农村居民以及全国居民的 Gini 系数均随增值税税率变化先上升后下降；当增值税税率下调至方案 6（9% + 6%）时，降幅分别为 0.19%、0.21% 和 0.18%。

城乡比较而言，在绝大部分税率简并模式下，随着增值税税率下调，农村居民收入增幅大于城镇居民，农村居民的基尼系数下降幅度大于城镇居民，说明税率下调对农村居民的利好程度大于城镇居民。

5.3　本章小结

本章基于国家统计局、CHIP2013、CFPS2016、CFPS2018 四种不同来源的微观居民收支调查数据，运用投入产出模型和 CGE 模型，多角度测算各增值税税率简并方案的收入分配效应，具体结果归纳如下。

（1）投入产出模型的收入分配效应。投入产出模型选取 MT 指数及其各项分解指标和 Suits 指数来测算各增值税税率简并的收入分配效应。

第一，由于边际消费倾向递减规律，所有增值税方案下 MT 指数、P 指数和 Suits 指数均为负数，说明增值税是累退的，会扩大居民收入分配差距，这与先前研究者的研究结论一致。

第二，随着增值税税率的下调，MT 指数的绝对值均逐渐变小，说明下调增值税税率可以显著削弱增值税的负向收入调节作用，且下调税率是各简并方案下纵向税收公平改善的主要原因。

第三，所有两档税率简并模式下，在方案 4（10% + 6%）和方案 5（10% + 6%）之间，P 指数和 Suits 指数都会有一个反弹，说明下调基本税率与下调低税率的收入分配效应是相反的。总体上，下调基本税率更有利于缩小收入差距，而下调低税率不利于缩小收入差距。原因是现行 6% 税率的适用范围包括"营改增"之后征收增值税的金融服务、增值电信服务、现代服务（租赁服务除外）、生活服务，相对而言，高收入者消费这类服务更多。

第四，不同消费项目对增值税收入分配效应的贡献率差异很大。综合各种微观数据收入分配效应的分解来看，对于增值税累退性的贡献主要来源于住房类消费、食品消费和车辆消费，其税率设置对于增值税的收入分配效应至关重要。

第五，由于不同微观家庭收支调查数据的消费结构存在差异，所以同一消费项目在不同数据来源下的收入分配效应也存在差异。总体来说，在所有微观数据下，对原增值税项目实施低税率或者取消房地产行业的低税率，均能显著改善增值税的收入分配效应。在大部分微观数据下，对基础电信业实施低税率，对增值税收入分配效应有非常微弱的改善。而对交通运输、建筑业等"营改增"行业实施低税率，则对增值税收入分配效应的影响呈现不确定性。

（2）CGE 模型的收入分配效应。CGE 模型选取城乡居民收入变化率和 Gini 系数变化率两大指标来测算增值税税率简并的收入分配效应。

第一，增值税税率下调可以有效促进城乡居民收入增长，同时，缩小城镇内部、农村内部以及全国的收入差距。

第二，对比分析单一税率模式和两档税率模式下城乡居民收入变化、城乡 Gini 系数变化以及全国 Gini 系数变化，两档税率模式下各方案的收入分配指标均好于单一税率模式。

第三，对比分析两档税率模式下各方案的收入分配效应，两档就低模式由于税负最低，收入分配效果最好。

综上所述，首先，增值税的收入分配效应取决于不同收入群体的消费结构差异，所以选择不同微观数据样本的结论有所不同。其次，由于整体增值税难逃累退性的宿命，故降低税率是改善增值税收入分配效应的不二之选。税率下调可以有效促进城乡居民收入增长和缩小城乡居民收入差距。最后，对不同商品和服务实施低税率的收入分配效应存在显著差异，通过适当选择低税率项目，确实存在改善增值税收入分配效应的空间。

第 6 章 /

各增值税税率简并方案经济效应的测算

公平和效率是现代税收制度的两大基本原则，税收经济效率原则要求税收制度不阻碍经济增长，对经济活动带来的扭曲和超额负担最小化。增值税税率简并不仅直接影响着行业税负和国家税收收入，也对消费、投资、就业、物价等国民经济方方面面产生重要影响，进而改变国民经济增长速度和社会福利水平。本章分别采用投入产出模型和 CGE 模型两种方法，结合家庭收支调查数据，测算各增值税税率简并方案对经济增长和社会福利的政策效应。

6.1 经济效应测算——基于投入产出模型

税收经济效率原则要求税收制度对经济活动带来的扭曲和超额负担最小化。超额负担（excess burden，EB）是指课税带给纳税人的福利损失超过政府得到的税收收入的部分，是社会福利的净损失，一般以消费者剩余的净损失来表示。增值税税率简并改革会带来商品价格变化，导致消费者剩余发生变化，从而改变消费者的福利水平和税收的经济效率。在微观经济学中，通常以补偿性变化（compensating variation，CV）和等价性变化（equivalent variation，EV）来衡量课税引致的商品价格变化带来的消费者福利变化。

6.1.1 测算指标

本节以补偿性变化（CV）和等价性变化（EV）来衡量课税引致的商品价格变化带来的消费者福利变化。

补偿性变化（CV）指为维持原有效用水平不变，因价格变化而导致的消费者支出变化。需要补偿的货币越多，消费者福利损失越大。即 CV 越大，福利损失越大，税收的经济效率越低。根据定义，CV 用公式表示如下：

$$CV = m'[p'_1, p_2, U(p_1, p_2, m)] - m \qquad (6-1)$$

其中，函数 m 表示在一定的价格和效用水平下消费者的最低支出水平，函数 U 表示在既定商品价格和收入水平下所能达到的最大效用。当因征税导致价格由 p_1 上升至 p'_1 时，m' 必然会高于 m，超出的需补偿的部分即为补偿性变化。

等价性变化（EV）指为维持新的效用水平，因价格变动导致的货币损失。价格变化导致支出增加越多，消费者福利损失越大。即计算的 EV 越大，福利损失越大，税收的经济效率越低。根据定义，EV 用公式表示如下：

$$EV = m - m'[p_1, p_2, U'(p'_1, p_2, m)] \qquad (6-2)$$

当因征税导致价格由 p_1 上升至 p'_1 时，$U'(p'_1, p_2, m)$ 小于 $U(p_1, p_2, m)$，即在原有价格水平 p_1、p_2 时，为维持较低水平的效用所需的支出应小于 m，差额部分即为等价性变化。

如图 6-1 所示，课税前预算约束线 DE 与无差异曲线 U_1 相切于点 A，此为税前均衡，此时消费者的效应水平为 U_1。如果对商品 X_1 课税，而对商品 X_2 不课税，就会改变两种商品的相对价格。对商品 X_1 课税后，X_1 的价格上升，预算约束线由 DE 内旋至 DF，与无差异曲线 U_2 相切于点 B，税后消费者的效应水平为 U_2。补偿性变化是为维持原有效用水平不变，因价格变化导致的消费者支出变化。即在新的价格条件下，为保持原有效用水平 U_1，应将预算约束线 DF 平移至 MN，与无差异曲线 U_1 相切，切点为 C。预算约束线 MN 与 DF 之间的差额即是补偿性变化 CV。

在图 6-2 中，同样地，对商品 X_1 课税，导致两种商品相对价格改变，X_1 价格上升，预算约束线由 DE 内旋至 DF，与无差异曲线 U_2 相切于点 B，税后消费者的效应水平为 U_2。税后消费者效用水平下降，由 U_1 降为 U_2。等价性变化是价格上升后，为维持新效用水平 U_2，消费者支出应增加的量。即原预算约束线 DE 应平移至 MN，与无差异曲线 U_2 相切，切点为 C。预算约束线 DE 与 MN 之间的差额即是等价性变化 EV。

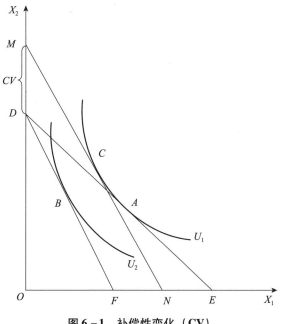

图 6-1　补偿性变化（CV）

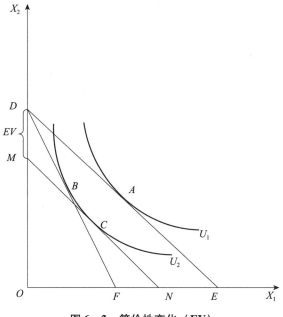

图 6-2　等价性变化（EV）

6.1.2 测算方法

本节具体模型构建同第 4 章，不再赘述，仅对相关经济效率和福利损失的测算方法和指标加以说明。

6.1.2.1 测算原理

借鉴克里迪（Creedy，1998）、平新乔等（2009）的研究，假设代表性消费者效用函数为：

$$U = \prod_{i}^{n} (x_i - \gamma_i)^{\beta_i} \qquad (6-3)$$

根据效用最大化原则，得到消费者的线性支出函数为：

$$p_i x_i = \gamma_i p_i + \beta_i (m - \sum_{i=1}^{n} p_i \gamma_i) \qquad (6-4)$$

其中，x_i 表示代表性消费者对第 i 种商品的消费量；p_i 表示第 i 种商品的价格，γ_i 表示消费者对第 i 种商品的最低消费量，因此，$x_i > \gamma_i$；β_i 为消费者的增量支出中用于消费第 i 种商品的消费支出占比，即 $\sum_{i=1}^{n} \beta_i = 1$；$m$ 为消费者的增量消费支出，则消费者的预算约束条件为 $m = \sum_{i=1}^{n} p_i x_i$，$i = 1, 2, \cdots, n$。

根据理性经济人假设，消费者在预算约束 m 下，通过组合不同消费品的消费支出结构，最大化自己的效用。假设税收使商品价格从 p_{i0} 变化到 p_{i1}，根据补偿性变化（CV）和等价性变化（EV）的定义以及式（6-3）、式（6-4）可以得到：

$$CV = A_0 \Big[\frac{A_1}{A_0} + \frac{B_1}{B_0} \Big(\frac{m}{A_0} - 1 \Big) \Big] - m \qquad (6-5)$$

$$EV = m - A_0 \Big[1 + \frac{B_0}{B_1} \Big(\frac{m}{A_0} - \frac{A_1}{A_0} \Big) \Big] \qquad (6-6)$$

其中：

$$A = \sum_{i=1}^{n} p_i \gamma_i \qquad (6-7)$$

$$B = \prod_{i=1}^{n} \Big(\frac{p_i}{\beta_i} \Big)^{\beta_i} \qquad (6-8)$$

$$\frac{A_1}{A_0} = 1 + \sum_{i=1}^{n} s_i \bar{p}_i \qquad\qquad (6-9)$$

$$\frac{B_1}{B_0} = \prod_{i=1}^{n} (1 + \bar{p}_i)^{\beta_i} \qquad\qquad (6-10)$$

其中，A_0、B_0、A_1、B_1 分别是商品价格为 p_0 和 p_1 时，根据式（6－7）、式（6－8）定义的一组参数。p_{i0} 为征收增值税前商品的价格，按第 4 章的思路，这里同样将其单位化为 1。$p_i \gamma_i$ 为某收入等级家庭对第 i 种商品的最低消费支出，$A_0 = \sum_{i=1}^{n} p_{i0} \gamma_i$，表示未征收增值税前的居民最低消费支出。$p_{i1}$ 为征收增值税后的价格。β_i 为消费者用于第 i 种商品上的开支占总开支的权重。$s_i = \dfrac{p_{i0}}{A_0}$，$\bar{p}_i$ 表示第 i 商品因征税导致的价格变化率，即 $\bar{p}_i = \dfrac{p_{i1} - p_{i0}}{p_{i0}}$。

6.1.2.2　测算步骤

本节测算税率简并经济效应使用的数据来源主要有两个：一是运用投入产出模型得到的各增值税税率简并方案下 149 部门商品缴纳增值税后的价格；二是根据国家统计局数据拟合的 2017 年分收入等级城镇居民家庭的 59 项消费支出。具体测算步骤如下。

第一步，运用投入产出模型得到各增值税税率简并方案下 149 部门商品缴纳增值税后的价格 p_{i1}，通过第 5 章中统计局 59 项消费支出项目与 149 部门的对应关系，即可得到 59 项消费支出项目对应的价格。

第二步，利用第 5 章拟合的国家统计局 2017 年分收入等级城镇居民家庭的 59 项消费支出数据，确定计算 EV、CV 所需的各项参数 A_0、$\dfrac{A_1}{A_0}$、$\dfrac{B_1}{B_0}$。

拟合得到的 2017 年分收入等级城镇居民家庭调查数据，按照收入水平不同，共分为最低收入户（其中包括困难户）、低收入户、中等偏下户、中等收入户、中等偏上户、高收入户和最高收入户七个等级，消费支出项目共分为八大类 59 个细项。

A_0 的计算。$p_i \gamma_i$ 为某收入等级家庭对第 i 种商品的最低消费支出，因为分收入等级城镇居民中"困难户"的收入水平最低，相应的，其在消费支出上的预算也是最低的,我们将"困难户"对第 i 种商品的消费支出作为对 $p_i\gamma_i$ 的估计值, $A_0 = \sum_{i=1}^{n} p_{i0}\gamma_i$ 即为 2017 年拟合消费数据在不征增值税时居民最低消费支出,即困难户消费支出。考虑到住户调查的消费支出数据是含增值税的,将其换算为不含增值税的消费支出,即将含税的消费支出减去其缴纳的增值税,得到不征收增值税时商品的消费支出。

$\dfrac{A_1}{A_0}$ 的计算。在式(6-9)中, $s_i = \dfrac{p_{i0}}{A_0}$,即标准化为 1 的不含税价格 p_{i0} 与"困难户"最低消费总支出的比值。$\bar{p}_i$ 表示第 i 种商品因征税导致的价格变化率,该价格变化率已在第 4 章投入产出模型中利用式(4-6)计算得出。将 s_i 和 $\bar{p}_i$ 的数值带入式(6-9),可以得到 $\dfrac{A_1}{A_0}$ 。

$\dfrac{B_1}{B_0}$ 的计算。在式(6-10)中, p_i 已由前面步骤计算得出,主要是估计 β_i 的值。假设 ω_i 表示总支出中用于消费第 i 种商品的比例,即 $\omega_i = p_i x_i / m$;第 i 种商品需求的收入弹性记为 e_i ,则:

$$e_i = \frac{\beta_i}{\omega_i} = \frac{\bar{p}_i}{\bar{m}} \tag{6-11}$$

由 $\omega_i = p_i x_i / m$,可知 $x_i = \dfrac{\omega_i m}{p_i}$ 。由于假设征税并不引起消费量 x_i 的变化, x_i 是固定的值,那么分子的各项变化率之和应等于分母的变化率,即 $\bar{\omega}_i + \bar{m}_i = \bar{p}_i$ 。此时,第 i 种商品需求的收入弹性 e_i 可以进一步表达为:

$$e_i = 1 + \frac{\bar{\omega}_i}{\bar{m}} \tag{6-12}$$

式(6-12)中的 $\bar{\omega}_i$ 和 $\bar{m}$ 分别表示 ω_i 和 m 的变化率。由于假设征税并不引起消费量 x_i 的变化,此时,第 i 种商品需求的收入弹性 e_i 就仅取决于征税引起的价格变化率比上总支出的变化率。

根据对某种商品的支出比例与总的消费支出之间存在如下经验关系:

$$\omega_i = a_i + b_i \ln m \tag{6-13}$$

对式(6-13)两边求微分,可以得到 $\dfrac{\bar{\omega}_i}{\bar{m}} = \dfrac{b_i}{\omega_i}$,将其代入式(6-12),

得到：

$$e_i = 1 + \frac{b_i}{\omega_i} \qquad (6-14)$$

联系式（6-11），可以得到：

$$\beta_i = \left(1 + \frac{b_i}{\omega_i}\right)\omega_i \qquad (6-15)$$

由此，β_i 值取决于 ω_i 和 b_i。一方面，根据拟合的 2017 年分收入等级城镇居民的 59 项消费支出数据，对不同收入等级的家庭户，我们可以找到总消费支出 m，以及每一项消费支出占家庭总消费支出的比例，即 ω_i 的数据。另一方面，运用拟合的 2017 年分收入等级城镇居民的 59 项消费支出数据和式 6-13 估算 b_i。将 ω_i 和 b_i 代入式（6-15），计算得出 β_i。

第三步，将以上步骤计算得出的 A_0、$\frac{A_1}{A_0}$ 和 $\frac{B_1}{B_0}$ 代入式（6-5）、式（6-6），计算得出各不同增值税税率方案下的 CV 和 EV。

第四步，以 2019 年增值税制度下的 CV 和 EV 为基准，计算各税率简并方案的 CV 和 EV 值与 2019 年增值税方案相比的变化率 ΔCV 和 ΔEV。若 ΔCV（ΔEV）为正数，说明税率简并使增值税的超额负担上升，税收经济效率下降；若 ΔCV（ΔEV）为负数，说明税率简并使增值税的超额负担下降，税收经济效率提升。

6.1.3　实证结果

以下区分各类增值税税率简并方案列示经济效应的实证结果。

6.1.3.1　单一税率模式的经济效应

与 2019 年基期相比，在单一税率模式下，各税率简并方案的经济效应见表 6-1。

表 6-1　　　　　　　　　　　单一税率模式的经济效应

指标	最低收入户	低收入户	中等偏下户	中等收入户	中等偏上户	高收入户	最高收入户	最高/最低
方案1								
ΔCV	29.09	80.84	165.91	268.61	403.83	532.70	883.34	30.36

续表

指标	最低收入户	低收入户	中等偏下户	中等收入户	中等偏上户	高收入户	最高收入户	最高/最低
$\Delta CV/m$	0.00	0.01	0.01	0.01	0.01	0.01	0.02	5.87
ΔEV	26.09	71.73	146.46	236.45	354.18	465.99	768.70	29.46
$\Delta EV/m$	0.00	0.01	0.01	0.01	0.01	0.01	0.02	5.69
方案 2								
ΔCV	19.07	53.93	111.45	180.84	274.56	365.38	611.23	32.05
$\Delta CV/m$	0.00	0.00	0.01	0.01	0.01	0.01	0.01	6.19
ΔEV	17.17	48.08	98.89	160.02	242.11	321.40	534.99	31.16
$\Delta EV/m$	0.00	0.00	0.01	0.01	0.01	0.01	0.01	6.02
方案 3								
ΔCV	9.49	27.44	57.40	93.46	145.66	198.43	339.45	35.78
$\Delta CV/m$	0.00	0.00	0.00	0.00	0.00	0.01	0.01	6.92
ΔEV	8.57	24.58	51.19	83.13	129.14	175.51	298.83	34.86
$\Delta EV/m$	0.00	0.00	0.00	0.00	0.00	0.00	0.01	6.74
方案 4								
ΔCV	0.35	1.38	3.77	6.48	17.15	31.86	68.02	193.06
$\Delta CV/m$	0.00	0.00	0.00	0.00	0.00	0.00	0.00	37.31
ΔEV	0.31	1.23	3.37	5.78	15.27	28.30	60.19	197.10
$\Delta EV/m$	0.00	0.00	0.00	0.00	0.00	0.00	0.00	38.09
方案 5								
ΔCV	−8.32	−24.23	−49.43	−80.08	−110.96	−134.33	−203.07	24.39
$\Delta CV/m$	0.00	0.00	0.00	0.00	0.00	0.00	0.00	4.71
ΔEV	−7.62	−21.95	−44.57	−72.03	−99.52	−120.23	−180.98	23.76
$\Delta EV/m$	0.00	0.00	0.00	0.00	0.00	0.00	0.00	4.59
方案 6								
ΔCV	−16.54	−49.40	−102.20	−166.23	−238.66	−300.13	−473.80	28.65
$\Delta CV/m$	0.00	0.00	−0.01	−0.01	−0.01	−0.01	−0.01	5.54
ΔEV	−15.18	−44.94	−92.61	−150.31	−215.22	−270.12	−424.72	27.98
$\Delta EV/m$	0.00	0.00	−0.01	−0.01	−0.01	−0.01	−0.01	5.41

由表 6 - 1 可知,从方案 1 至方案 6,随着税率的下调,税收的效率损失

CV、EV 不断下降，且高收入户从下调税率中得到的福利改进远大于低收入户。当单一税率下调至方案 5（9%）时，简并方案的 CV、EV 开始小于 2019 年基期。

6.1.3.2 两档就低模式的经济效应

与 2019 年基期相比，在两档就低模式下，各税率简并方案的经济效应见表 6 - 2。

表 6 - 2 两档就低模式的经济效应

指标	最低收入户	低收入户	中等偏下户	中等收入户	中等偏上户	高收入户	最高收入户	最高/最低
方案 1								
ΔCV	- 2. 23	- 5. 51	- 11. 82	- 17. 95	- 30. 97	- 44. 25	- 83. 79	37. 65
ΔCV/m	0. 00	0. 00	0. 00	0. 00	0. 00	0. 00	0. 00	7. 28
ΔEV	- 2. 02	- 4. 97	- 10. 61	- 16. 08	- 27. 67	- 39. 46	- 74. 44	36. 87
ΔEV/m	0. 00	0. 00	0. 00	0. 00	0. 00	0. 00	0. 00	7. 13
方案 2								
ΔCV	- 7. 04	- 19. 80	- 41. 26	- 65. 89	- 100. 11	- 131. 82	- 222. 58	31. 60
ΔCV/m	0. 00	0. 00	0. 00	0. 00	0. 00	0. 00	0. 00	6. 11
ΔEV	- 6. 43	- 17. 91	- 37. 16	- 59. 20	- 89. 72	- 117. 94	- 198. 40	30. 88
ΔEV/m	0. 00	0. 00	0. 00	0. 00	0. 00	0. 00	0. 00	5. 97
方案 3								
ΔCV	- 11. 69	- 33. 86	- 70. 37	- 113. 36	- 168. 64	- 218. 65	- 360. 27	30. 83
ΔCV/m	0. 00	0. 00	0. 00	0. 00	- 0. 01	- 0. 01	- 0. 01	5. 96
ΔEV	- 10. 69	- 30. 71	- 63. 56	- 102. 16	- 151. 59	- 196. 23	- 322. 11	30. 13
ΔEV/m	0. 00	0. 00	0. 00	0. 00	- 0. 01	- 0. 01	- 0. 01	5. 82
方案 4								
ΔCV	- 16. 19	- 47. 79	- 99. 37	- 160. 76	- 237. 13	- 305. 49	- 498. 06	30. 76
ΔCV/m	0. 00	0. 00	- 0. 01	- 0. 01	- 0. 01	- 0. 01	- 0. 01	5. 95
ΔEV	- 14. 85	- 43. 46	- 90. 02	- 145. 31	- 213. 81	- 274. 98	- 446. 68	30. 08
ΔEV/m	0. 00	0. 00	- 0. 01	- 0. 01	- 0. 01	- 0. 01	- 0. 01	5. 81
方案 5								
ΔCV	- 19. 48	- 58. 19	- 121. 64	- 197. 29	- 293. 24	- 380. 64	- 625. 02	32. 09

指标	最低收入户	低收入户	中等偏下户	中等收入户	中等偏上户	高收入户	最高收入户	最高/最低
$\Delta CV/m$	0.00	0.00	−0.01	−0.01	−0.01	−0.01	−0.01	6.20
ΔEV	−17.89	−53.03	−110.43	−178.73	−265.05	−343.52	−562.11	31.42
$\Delta EV/m$	0.00	0.00	−0.01	−0.01	−0.01	−0.01	−0.01	6.07
方案6								
ΔCV	−23.72	−71.87	−150.40	−244.46	−361.50	−467.25	−762.59	32.14
$\Delta CV/m$	0.00	−0.01	−0.01	−0.01	−0.01	−0.01	−0.01	6.21
ΔEV	−21.85	−65.67	−136.94	−222.13	−327.73	−422.96	−687.93	31.49
$\Delta EV/m$	0.00	−0.01	−0.01	−0.01	−0.01	−0.01	−0.01	6.09
方案7								
ΔCV	−27.83	−85.42	−179.05	−291.54	−429.72	−553.86	−900.26	32.35
$\Delta CV/m$	0.00	−0.01	−0.01	−0.01	−0.01	−0.02	−0.02	6.25
ΔEV	−25.68	−78.27	−163.50	−265.71	−390.77	−502.88	−814.64	31.72
$\Delta EV/m$	0.00	−0.01	−0.01	−0.01	−0.01	−0.01	−0.02	6.13

由表6-2可知，从方案1至方案6，随着税率的下调，税收的效率损失CV、EV不断下降，且高收入户从下调税率中得到的福利改进远大于低收入户。在两档就低的所有简并方案下，税收的效率损失CV、EV小于2019年基期，当税率下调至方案7（8%+5%）时，CV、EV降幅最大。

6.1.2.3 两档就高模式的经济效应

与2019年基期相比，在两档就高模式下，各税率简并方案的经济效应见表6-3。

表6-3 两档就高模式的经济效应

指标	最低收入户	低收入户	中等偏下户	中等收入户	中等偏上户	高收入户	最高收入户	最高/最低
方案1								
ΔCV	7.11	18.44	37.77	58.48	91.06	121.68	211.35	29.71
$\Delta CV/m$	0.00	0.00	0.00	0.00	0.00	0.00	0.00	5.74
ΔEV	6.44	16.56	33.76	52.15	80.95	107.94	186.61	28.97
$\Delta EV/m$	0.00	0.00	0.00	0.00	0.00	0.00	0.00	5.60

续表

指标	最低收入户	低收入户	中等偏下户	中等收入户	中等偏上户	高收入户	最高收入户	最高/最低
方案 2								
ΔCV	0.24	−0.96	−2.08	−5.82	−3.54	−0.18	13.52	55.23
$\Delta CV/m$	0.00	0.00	0.00	0.00	0.00	0.00	0.00	10.67
ΔEV	0.22	−0.86	−1.86	−5.20	−3.16	−0.16	11.98	55.38
$\Delta EV/m$	0.00	0.00	0.00	0.00	0.00	0.00	0.00	10.70
方案 3								
ΔCV	−5.97	−18.94	−39.27	−65.93	−92.12	−114.33	−172.11	28.83
$\Delta CV/m$	0.00	0.00	0.00	0.00	0.00	0.00	0.00	5.57
ΔEV	−5.45	−17.12	−35.36	−59.23	−82.53	−102.24	−153.26	28.11
$\Delta EV/m$	0.00	0.00	0.00	0.00	0.00	0.00	0.00	5.43
方案 4								
ΔCV	−11.63	−35.70	−74.16	−122.42	−175.45	−221.73	−346.97	29.83
$\Delta CV/m$	0.00	0.00	0.00	−0.01	−0.01	−0.01	−0.01	5.76
ΔEV	−10.65	−32.39	−67.01	−110.38	−157.77	−199.01	−310.14	29.12
$\Delta EV/m$	0.00	0.00	0.00	0.00	−0.01	−0.01	−0.01	5.63
方案 5								
ΔCV	−13.93	−42.93	−89.38	−147.55	−212.99	−271.06	−428.13	30.74
$\Delta CV/m$	0.00	0.00	−0.01	−0.01	−0.01	−0.01	−0.01	5.94
ΔEV	−12.76	−39.00	−80.88	−133.25	−191.83	−243.70	−383.37	30.04
$\Delta EV/m$	0.00	0.00	0.00	−0.01	−0.01	−0.01	−0.01	5.81
方案 6								
ΔCV	−19.55	−60.24	−125.77	−206.71	−300.42	−383.90	−611.99	31.31
$\Delta CV/m$	0.00	0.00	−0.01	−0.01	−0.01	−0.01	−0.01	6.05
ΔEV	−17.96	−54.92	−114.23	−187.37	−271.63	−346.50	−550.24	30.63
$\Delta EV/m$	0.00	0.00	−0.01	−0.01	−0.01	−0.01	−0.01	5.92
方案 7								
ΔCV	−24.66	−76.46	−160.05	−262.52	−382.98	−490.43	−785.72	31.86
$\Delta CV/m$	0.00	−0.01	−0.01	−0.01	−0.01	−0.01	−0.02	6.16
ΔEV	−22.73	−69.93	−145.88	−238.81	−347.54	−444.30	−709.18	31.20
$\Delta EV/m$	0.00	−0.01	−0.01	−0.01	−0.01	−0.01	−0.01	6.03

由表 6 - 3 可知，从方案 1 至方案 6，随着税率的下调，税收的效率损失 CV、EV 不断下降，且高收入户从下调税率中得到的福利改进远大于低收入户。当税率下调至方案 3（11% + 6%）时，简并方案的 CV、EV 开始小于 2019 年基期。

6.1.3.4 两档拆分模式 I 的经济效应

与 2019 年基期相比，在两档拆分模式 I 下，各税率简并方案的经济效应见表 6 - 4。

表 6 - 4　　　　　　　　　两档拆分模式 I 的经济效应

指标	最低收入户	低收入户	中等偏下户	中等收入户	中等偏上户	高收入户	最高收入户	最高/最低
方案 1								
ΔCV	5.60	17.33	40.28	67.88	112.89	160.65	292.73	52.30
ΔCV/m	0.00	0.00	0.00	0.00	0.00	0.00	0.01	10.11
ΔEV	5.04	15.52	35.93	60.42	100.17	142.21	257.88	51.17
ΔEV/m	0.00	0.00	0.00	0.00	0.00	0.00	0.01	9.89
方案 2								
ΔCV	-0.86	-1.37	1.24	4.28	18.41	37.75	90.96	-105.94
ΔCV/m	0.00	0.00	0.00	0.00	0.00	0.00	0.00	-20.47
ΔEV	-0.81	-1.28	1.07	3.77	16.34	33.50	80.41	-98.89
ΔEV/m	0.00	0.00	0.00	0.00	0.00	0.00	0.00	-19.11
方案 3								
ΔCV	-6.63	-18.48	-34.72	-54.43	-68.98	-76.02	-96.25	14.51
ΔCV/m	0.00	0.00	0.00	0.00	0.00	0.00	0.00	2.81
ΔEV	-6.08	-16.74	-31.29	-48.91	-61.80	-67.96	-85.66	14.09
ΔEV/m	0.00	0.00	0.00	0.00	0.00	0.00	0.00	2.72
方案 4								
ΔCV	-12.20	-35.39	-70.48	-112.94	-156.18	-189.61	-283.32	23.22
ΔCV/m	0.00	0.00	0.00	0.00	-0.01	-0.01	-0.01	4.49
ΔEV	-11.19	-32.13	-63.69	-101.81	-140.37	-170.05	-252.96	22.61
ΔEV/m	0.00	0.00	0.00	0.00	0.00	0.00	0.00	4.37
方案 5								
ΔCV	-14.72	-43.17	-86.51	-139.04	-194.62	-239.40	-363.57	24.70

续表

指标	最低收入户	低收入户	中等偏下户	中等收入户	中等偏上户	高收入户	最高收入户	最高/最低
$\Delta CV/m$	0.00	0.00	0.00	− 0.01	− 0.01	− 0.01	− 0.01	4.77
ΔEV	− 13.51	− 39.24	− 78.29	− 125.54	− 175.19	− 215.05	− 325.16	24.07
$\Delta EV/m$	0.00	0.00	0.00	− 0.01	− 0.01	− 0.01	− 0.01	4.65
方案 6								
ΔCV	− 19.99	− 59.81	− 122.04	− 197.37	− 281.69	− 352.90	− 550.66	27.54
$\Delta CV/m$	0.00	0.00	− 0.01	− 0.01	− 0.01	− 0.01	− 0.01	5.32
ΔEV	− 18.39	− 54.54	− 110.83	− 178.83	− 254.51	− 318.21	− 494.47	26.89
$\Delta EV/m$	0.00	0.00	− 0.01	− 0.01	− 0.01	− 0.01	− 0.01	5.20
方案 7								
ΔCV	− 25.05	− 76.22	− 157.30	− 255.39	− 368.40	− 466.01	− 737.27	29.43
$\Delta CV/m$	0.00	− 0.01	− 0.01	− 0.01	− 0.01	− 0.01	− 0.01	5.69
ΔEV	− 23.10	− 69.72	− 143.34	− 232.24	− 334.11	− 421.84	− 664.76	28.78
$\Delta EV/m$	0.00	− 0.01	− 0.01	− 0.01	− 0.01	− 0.01	− 0.01	5.56

由表 6 - 4 可知，从方案 1 至方案 6，随着税率的下调，税收的效率损失 CV、EV 不断下降，且高收入户从下调税率中得到的福利改进远大于低收入户。当税率下调至方案 3（11% + 6%）时，简并方案的 CV、EV 开始小于 2019 年基期。

6.1.3.5　两档拆分模式Ⅱ的经济效应

与 2019 年基期相比，在两档拆分模式Ⅱ下，各税率简并方案的经济效应见表 6 - 5。

表 6 - 5　　　　　　　　　　两档拆分模式Ⅱ的经济效应

指标	最低收入户	低收入户	中等偏下户	中等收入户	中等偏上户	高收入户	最高收入户	最高/最低
方案 1								
ΔCV	5.30	16.69	38.60	65.53	107.83	152.16	273.03	51.56
$\Delta CV/m$	0.00	0.00	0.00	0.00	0.00	0.00	0.01	9.96
ΔEV	4.77	14.95	34.44	58.34	95.70	134.74	240.63	50.44
$\Delta EV/m$	0.00	0.00	0.00	0.00	0.00	0.00	0.00	9.75

续表

指标	最低收入户	低收入户	中等偏下户	中等收入户	中等偏上户	高收入户	最高收入户	最高/最低
				方案2				
ΔCV	−0.80	−0.98	1.70	5.37	18.51	36.11	82.68	−103.37
ΔCV/m	0.00	0.00	0.00	0.00	0.00	0.00	0.00	−19.98
ΔEV	−0.76	−0.92	1.48	4.75	16.43	32.04	73.11	−96.69
ΔEV/m	0.00	0.00	0.00	0.00	0.00	0.00	0.00	−18.69
				方案3				
ΔCV	−6.65	−18.36	−34.79	−54.25	−70.12	−79.10	−106.41	15.99
ΔCV/m	0.00	0.00	0.00	0.00	0.00	0.00	0.00	3.09
ΔEV	−6.10	−16.63	−31.35	−48.75	−62.82	−70.71	−94.70	15.53
ΔEV/m	0.00	0.00	0.00	0.00	0.00	0.00	0.00	3.00
				方案4				
ΔCV	−12.29	−35.51	−71.03	−113.60	−158.45	−193.99	−295.15	24.01
ΔCV/m	0.00	0.00	0.00	0.00	−0.01	−0.01	−0.01	4.64
ΔEV	−11.27	−32.24	−64.20	−102.41	−142.42	−174.00	−263.58	23.39
ΔEV/m	0.00	0.00	0.00	0.00	0.00	0.00	−0.01	4.52
				方案5				
ΔCV	−14.68	−42.85	−86.14	−138.15	−194.56	−240.80	−370.52	25.25
ΔCV/m	0.00	0.00	0.00	−0.01	−0.01	−0.01	−0.01	4.88
ΔEV	−13.47	−38.95	−77.96	−124.72	−175.13	−216.31	−331.42	24.61
ΔEV/m	0.00	0.00	0.00	−0.01	−0.01	−0.01	−0.01	4.76
				方案6				
ΔCV	−20.02	−59.75	−122.18	−197.36	−282.82	−355.69	−559.42	27.94
ΔCV/m	0.00	0.00	−0.01	−0.01	−0.01	−0.01	−0.01	5.40
ΔEV	−18.42	−54.48	−110.96	−178.82	−255.55	−320.76	−502.43	27.28
ΔEV/m	0.00	0.00	−0.01	−0.01	−0.01	−0.01	−0.01	5.27
				方案7				
ΔCV	−25.15	−76.43	−157.99	−256.32	−370.82	−470.30	−748.02	29.74
ΔCV/m	0.00	−0.01	−0.01	−0.01	−0.01	−0.01	−0.01	5.75
ΔEV	−23.19	−69.91	−143.98	−233.10	−336.35	−425.79	−674.61	29.09
ΔEV/m	0.00	−0.01	−0.01	−0.01	−0.01	−0.01	−0.01	5.62

由表6-5可知，从方案1至方案6，随着税率的下调，税收的效率损失CV、EV不断下降，且高收入户从下调税率中得到的福利改进远大于低收入户。当税率下调至方案3（11% +6%）时，简并方案的 CV、EV 开始小于2019 年基期。

6.1.3.6 两档拆分模式Ⅲ的经济效应

与2019 年基期相比，在两档拆分模式Ⅲ下，各税率简并方案的经济效应见表6-6。

表6-6　　　　　　　两档拆分模式Ⅲ的经济效应

指标	最低收入户	低收入户	中等偏下户	中等收入户	中等偏上户	高收入户	最高收入户	最高/最低
方案1								
ΔCV	5.38	16.94	39.20	66.67	109.81	154.97	278.67	51.78
ΔCV/m	0.00	0.00	0.00	0.00	0.00	0.00	0.01	10.01
ΔEV	4.85	15.17	34.97	59.35	97.44	137.21	245.57	50.65
ΔEV/m	0.00	0.00	0.00	0.00	0.00	0.00	0.00	9.79
方案2								
ΔCV	-0.72	-0.76	2.25	6.40	20.28	38.62	87.70	-121.52
ΔCV/m	0.00	0.00	0.00	0.00	0.00	0.00	0.00	-23.48
ΔEV	-0.69	-0.72	1.97	5.67	18.02	34.27	77.54	-113.11
ΔEV/m	0.00	0.00	0.00	0.00	0.00	0.00	0.00	-21.86
方案3								
ΔCV	-6.59	-18.16	-34.32	-53.36	-68.59	-76.94	-102.14	15.50
ΔCV/m	0.00	0.00	0.00	0.00	0.00	0.00	0.00	3.00
ΔEV	-6.04	-16.45	-30.92	-47.95	-61.45	-68.78	-90.89	15.06
ΔEV/m	0.00	0.00	0.00	0.00	0.00	0.00	0.00	2.91
方案4								
ΔCV	-12.24	-35.35	-70.65	-112.88	-157.23	-192.27	-291.73	23.83
ΔCV/m	0.00	0.00	0.00	0.00	-0.01	-0.01	-0.01	4.61
ΔEV	-11.22	-32.09	-63.85	-101.76	-141.31	-172.44	-260.50	23.21
ΔEV/m	0.00	0.00	0.00	0.00	0.00	0.00	-0.01	4.49

指标	最低收入户	低收入户	中等偏下户	中等收入户	中等偏上户	高收入户	最高收入户	最高/最低
方案 5								
ΔCV	-14.61	-42.66	-85.68	-137.29	-193.07	-238.70	-366.34	25.07
$\Delta CV/m$	0.00	0.00	0.00	-0.01	-0.01	-0.01	-0.01	4.84
ΔEV	-13.41	-38.78	-77.54	-123.94	-173.79	-214.41	-327.65	24.43
$\Delta EV/m$	0.00	0.00	0.00	-0.01	-0.01	-0.01	-0.01	4.72
方案 6								
ΔCV	-19.97	-59.60	-121.80	-196.65	-281.60	-353.96	-556.00	27.84
$\Delta CV/m$	0.00	0.00	-0.01	-0.01	-0.01	-0.01	-0.01	5.38
ΔEV	-18.37	-54.34	-110.61	-178.17	-254.43	-319.18	-499.32	27.18
$\Delta EV/m$	0.00	0.00	-0.01	-0.01	-0.01	-0.01	-0.01	5.25
方案 7								
ΔCV	-25.11	-76.31	-157.70	-255.78	-369.90	-469.00	-745.45	29.68
$\Delta CV/m$	0.00	-0.01	-0.01	-0.01	-0.01	-0.01	-0.01	5.74
ΔEV	-23.16	-69.80	-143.71	-232.60	-335.50	-424.59	-672.25	29.03
$\Delta EV/m$	0.00	-0.01	-0.01	-0.01	-0.01	-0.01	-0.01	5.61

由表 6-6 可知，从方案 1 至方案 6，随着税率的下调，税收的效率损失 CV、EV 不断下降，且高收入户从下调税率中得到的福利改进远大于低收入户。当税率下调至方案 3（11% + 6%）时，简并方案的 CV、EV 开始小于 2019 年基期。

6.2 经济效应测算——基于 CGE 模型

本节运用 CGE 模型，分别从投资、消费、就业等经济指标和城乡居民福利两个角度测算各增值税税率简并方案的经济效应。

6.2.1 测算指标

本节分别选取经济指标和福利指标作为各增值税税率简并方案下经济效应的测算指标。所有指标均直接以 CGE 模型由 GAMS24.7 运行得出。

6.2.1.1　经济指标

常用的经济效率指标包括 GDP、CPI、消费、就业、投资等。各指标直接取自 CGE 模型的运行结果，以相关指标在增值税税率简并前后的变化率来衡量税制改革的政策效应。计算公式如下：

$$各指标变化率 = \frac{不同简并方案下各指标值 - 2019\ 年增值税制度下各指标值}{2019\ 年增值税制度下各指标值} \times 100\%$$

$$(6-16)$$

当上述指标变化率大于零，说明增值税税率简并能促进经济效率提升；反之，则说明税率简并会降低经济效率。

6.2.1.2　福利指标

除上述经济指标外，经济学上也常用福利指标来衡量经济效率，具体包括等价性变化（EV）、补偿性变化（CV）和超额负担（EB）。其中，EV 或 CV 衡量的是相对价格变动对居民福利水平的影响。EV 的具体含义是，在保持现期效用水平不变的情况下，现期价格水平下的居民消费支出会比基期价格水平下的消费支出高出多少。CV 的具体含义是，在保持基期效用水平不变的情况下，基期价格水平下的居民消费支出会比现期价格水平下的支出高出多少。EV、CV 的计算公式如下：

$$EV = e(p_1, u(QH1)) - e(p_0, u(QH1)) \qquad (6-17)$$

$$CV = e(p_1, u(QH0)) - e(p_0, u(QH0)) \qquad (6-18)$$

其中，$e(p, u)$ 表示支出函数，P_0 表示基期价格，$u(QH1)$ 表示各税率简并方案下的居民效用，$u(QH0)$ 表示 2019 年增值税制度下的居民效用。

EB 衡量的是税收变动造成的社会福利净损失。其计算公式如下：

$$EB = EV - (p_i - p) \times h(q, U_q) \qquad (6-19)$$

其中，p_i 表示不同增值税简并方案下的价格，p 表示 2019 年增值税制度下的价格，$h(q, U_q)$ 表示希克斯需求曲线。

由于 EV 和 CV 的值相差不大，因此，本书以 EV、EB 在税率简并前后的变化率来进一步衡量税制改革的经济效应。

EV 变化率是指增值税税率简并前后 EV 的变化率。其计算公式如下：

$$EV\ 变化率 = \frac{不同简并方案下\ EV - 2019\ 年增值税制度下\ EV}{2019\ 年增值税制度下\ EV} \times 100\%$$

$$(6-20)$$

当 EV 变化率为负值，说明增值税税率简并提升了居民福利水平；反之，则说明降低了居民福利水平。

EB 变化率是指增值税税率简并前后 EB 的变化率。其计算公式如下：

$$EB\ 变化率 = \frac{不同简并方案下\ EB - 2019\ 年增值税制度下\ EB}{2019\ 年增值税制度下\ EB} \times 100\%$$

$$(6-21)$$

当 EB 变化率为负值，说明增值税税率简并提升了社会福利水平；反之，则说明降低了社会福利水平。

6.2.2 测算方法

模型具体构建同第 4 章，此处不再赘述，仅就经济效应相关内容进行介绍。

运用 CGE 模型测算不同增值税税率简并方案的经济效应的具体步骤如下。

第一步，运用 CGE 模型测算出 2019 年基期增值税制度下的 GDP、CPI、消费、就业、投资、城乡居民等价性变化（EV）和超额负担（EB）。

第二步，运用 CGE 模型测算出各税率简并方案下的 GDP、CPI、消费、就业、投资、城乡居民等价性变化（EV）和超额负担（EB）。

第三步，以 2019 年增值税制度下各经济变量值作为基期，计算各增值税税率简并方案的经济效应。

6.2.3 实证结果

以下区分不同增值税税率简并方案列示经济效应的实证结果。

6.2.3.1 单一税率模式的经济效应

与 2019 年基期相比，在单一税率模式下，各税率简并方案的经济效应见表 6－7。

表 6 - 7　　　　　　　　　　单一税率模式的经济效应　　　　　　　　单位:%

简并方案		GDP变化率	CPI变化率	消费变化率	就业变化率	投资变化率	城镇居民EV变化率	城镇居民EV变化率	全国居民EB变化率
单一税率	方案1	-1.76	2.96	-3.79	-1.52	-0.70	1.65	1.44	1.48
	方案2	-1.30	2.29	-2.70	-0.89	-0.54	1.20	1.02	1.03
	方案3	-0.83	1.62	-1.57	-0.24	-0.38	0.72	0.56	0.57
	方案4	-0.35	0.96	-0.42	0.42	-0.21	0.18	0.05	0.09
	方案5	0.14	-0.02	0.76	1.10	0.03	-0.44	-0.56	-0.42

由表 6 - 7 可知,从方案 1 到方案 5,第一,GDP、消费、就业和投资随税率变化先下降后上升。当增值税税率下调至方案 5(9%)时,增幅最大,分别达到 0.14%、0.76%、1.1% 和 0.03%。第二,消费价格指数 CPI 随税率变化先上升后下降。当增值税税率下调至方案 5(9%)时,CPI 相比基期,下降 0.02%。第三,城镇居民 EV、农村居民 EV、全国居民超额负担 EB 随增值税税率变化先上升后下降。当增值税税率下调至方案 5(9%)时,降幅最大,分别为 0.44%、0.56% 和 0.42%。第四,只有方案 5 的各项经济指标好于 2019 年基期。可见,增值税税率下调能有效减少税收对经济的扭曲,拉动 GDP、消费、就业和投资增长,同时降低商品价格水平,显著提升社会福利和经济效率。

6.2.3.2　两档就低模式的经济效应

与 2019 年基期相比,在两档就低模式下,各税率简并方案的经济效应见表 6 - 8。

表 6 - 8　　　　　　　　　　两档就低模式的经济效应　　　　　　　　单位:%

简并方案		GDP变化率	CPI变化率	消费变化率	就业变化率	投资变化率	城镇居民EV变化率	农村居民EV变化率	全国居民EB变化率
两档就低	方案1	0.58	-1.31	1.34	0.37	1.25	-0.34	-0.36	-0.32
	方案2	0.72	-1.36	1.75	0.75	1.48	-0.59	-0.61	-0.54
	方案3	0.87	-1.42	2.17	1.15	1.72	-0.88	-0.91	-0.77
	方案4	1.03	-1.47	2.61	1.55	1.96	-1.23	-1.27	-1.03
	方案5	1.05	-1.48	2.63	1.57	1.97	-1.24	-1.29	-1.05
	方案6	1.19	-1.52	3.06	1.96	2.20	-1.76	-1.84	-1.34

由表 6 - 8 可知，与 2019 年基期相比，第一，从方案 1 到方案 6，GDP、消费、就业和投资均随增值税税率下调而稳步上升，CPI 随税率下调而稳步下降，各项经济指标全面好于 2019 年基期。第二，城乡居民 EV 和全国居民 EB 均随增值税税率变化而下降，当增值税税率下调至方案 6（9% + 6%）时，城乡居民和全国居民的福利损失降幅最大，分别达 1.76%、1.84% 和 1.34%。可见，增值税税率下调能有效减少税收对经济的扭曲，显著提升社会福利和经济效率。

6.2.3.3 两档就高模式的经济效应

与 2019 年基期相比，在两档就高模式下，各税率简并方案的经济效应见表 6 - 9。

表 6 - 9 　　　　　　　　　　两档就高模式的经济效应 　　　　　　　　　单位:%

简并方案		GDP 变化率	CPI 变化率	消费 变化率	就业 变化率	投资 变化率	城镇居民 EV 变化率	农村居民 EV 变化率	全国居民 EB 变化率
两档就高	方案 1	- 0.74	1.74	- 1.69	- 0.47	0.33	0.45	0.47	0.42
	方案 2	- 0.41	1.25	- 0.86	0.03	0.36	0.12	0.14	0.11
	方案 3	- 0.07	0.75	- 0.01	0.54	0.39	- 0.25	- 0.24	- 0.22
	方案 4	0.27	0.26	0.85	1.06	0.42	- 0.67	- 0.68	- 0.57
	方案 5	0.28	0.25	0.87	1.07	0.43	- 0.68	- 0.69	- 0.58
	方案 6	0.62	- 0.23	1.73	1.59	0.45	- 1.23	- 1.27	- 0.97

由表 6 - 9 可知，与 2019 年基期相比，从方案 1 到方案 6，第一，随着税率的下调，GDP、消费、就业先下降后上升，CPI 先上升后下降，各项经济指标从方案 4（10% + 6%）开始好于 2019 年基期，在方案 6（9% + 6%）时达到最优。第二，随增值税税率的下调，城乡居民 EV 和全国居民 EB 先上升后下降，各项经济指标均在方案 6（9% + 6%）时达到最优。可见，增值税税率下调能有效减少税收对经济的扭曲，提升社会福利和经济效率。

6.2.3.4 两档拆分模式 I 的经济效应

与 2019 年基期相比，在两档拆分模式 I 下，各税率简并方案的经济效应见表 6 - 10。

表 6-10 两档拆分模式 Ⅰ 的经济效应 单位:%

简并方案		GDP 变化率	CPI 变化率	消费 变化率	就业 变化率	投资 变化率	城镇居民 EV 变化率	农村居民 EV 变化率	全国居民 EB 变化率
两档拆分 Ⅰ	方案 1	-1.18	2.11	-2.82	-1.02	0.04	0.40	0.42	0.38
	方案 2	-0.80	1.57	-1.84	-0.45	0.10	0.07	0.09	0.07
	方案 3	-0.40	1.02	-0.84	0.13	0.17	-0.29	-0.28	-0.25
	方案 4	0.00	0.48	0.17	0.73	0.24	-0.71	-0.71	-0.60
	方案 5	0.02	0.46	0.16	0.75	0.26	-0.72	-0.73	-0.61
	方案 6	0.41	-0.67	1.22	1.34	0.31	-1.27	-1.30	-1.07

由表 6-10 可知,与 2019 年基期相比,从方案 1 到方案 6,第一,随着增值税税率的下调,投资稳步上升,GDP、消费、就业先下降后上升,CPI 先上升后下降,各项经济指标均从方案 4(10% +6%)开始好于 2019 年基期,在方案 6(9% +6%)时达到最优。第二,随增值税税率的下调,城乡居民 EV 和全国居民 EB 先上升后下降,各项经济指标均在方案 6(9% +6%)时达到最优。可见,增值税税率下调能有效减少税收对经济的扭曲,提升社会福利和经济效率。

6.2.3.5 两档拆分模式 Ⅱ 的经济效应

与 2019 年基期相比,在两档拆分模式 Ⅱ 下,各税率简并方案的经济效应见表 6-11。

表 6-11 两档拆分模式 Ⅱ 的经济效应 单位:%

简并方案		GDP 变化率	CPI 变化率	消费 变化率	就业 变化率	投资 变化率	城镇居民 EV 变化率	农村居民 EV 变化率	全国居民 EB 变化率
两档拆分 Ⅱ	方案 1	-0.67	0.08	-1.70	-0.53	0.58	0.28	0.30	0.09
	方案 2	-0.35	-0.17	-0.87	-0.02	0.57	-0.04	-0.02	-0.18
	方案 3	-0.03	-0.42	-0.03	0.49	0.56	-0.39	-0.38	-0.47
	方案 4	0.30	-0.68	0.84	1.02	0.55	-0.80	-0.81	-0.78
	方案 5	0.31	-0.69	0.84	1.03	0.56	-0.81	-0.83	-0.79
	方案 6	0.64	-0.93	1.72	1.56	0.55	-1.36	-1.40	-1.13

由表 6-11 可知,与 2019 年基期相比,从方案 1 到方案 6,第一,随着增

值税税率的下调，投资稳步上升，GDP、消费、就业先下降后上升，CPI 先上升后下降，各项经济指标均从方案 4（10% +6%）开始好于 2019 年基期，在方案 6（9% +6%）时达到最优。第二，随增值税税率的下调，城乡居民 EV 和全国居民 EB 先上升下降，各项经济指标均在方案 6（9% +6%）时达到最优。可见，增值税税率下调能有效减少税收对经济的扭曲，提升社会福利和经济效率。

6.2.3.6 两档拆分模式Ⅲ的经济效应

与 2019 年基期相比，在两档拆分模式Ⅲ下，各税率简并方案的经济效应见表 6 – 12。

表 6 – 12　　　　　　　　　两档拆分模式Ⅲ的经济效应　　　　　　　　单位:%

简并方案		GDP变化率	CPI变化率	消费变化率	就业变化率	投资变化率	城镇居民EV 变化率	农村居民EV 变化率	全国居民EB 变化率
两档拆分Ⅲ	方案 1	− 0.62	− 0.03	− 1.57	− 0.48	0.65	0.27	0.30	0.08
	方案 2	− 0.31	− 0.26	− 0.76	0.02	0.63	− 0.04	− 0.02	− 0.19
	方案 3	0.01	− 0.50	0.07	0.53	0.61	− 0.39	− 0.38	− 0.47
	方案 4	0.33	− 0.74	0.91	1.05	0.59	− 0.81	− 0.81	− 0.78
	方案 5	0.34	− 0.75	0.92	1.07	0.60	− 0.82	− 0.82	− 0.79
	方案 6	0.66	− 0.97	1.78	1.59	0.58	− 1.37	− 1.41	− 1.13

由表 6 – 12 可知，与 2019 年基期相比，从方案 1 到方案 6，第一，随着增值税税率的下调，投资稳步上升，CPI 稳步下降，GDP、消费、就业先下降后上升，各项经济指标从方案 3（11% +6%）开始全面好于 2019 年基期，在方案 6（9% +6%）时达到最优。第二，随增值税税率的下调，城乡居民 EV 和全国居民 EB 先上升后下降，各项经济指标均在方案 6（9% +6%）时达到最优。可见，增值税税率下调能有效减少税收对经济的扭曲，提升社会福利和经济效率。

6.3 本章小结

本章分别采用投入产出模型和 CGE 模型，测算各增值税税率简并方案下消费、就业、投资、物价和经济总量的变化，以及城乡居民福利水平的变化，具体结果归纳如下。

（1）投入产出模型的经济效应。投入产出模型选取补偿性变化（CV）和等价性变化（EV）来衡量课税引致的消费者福利损失，据此测算各增值税税率简并的经济效应。

第一，从 CV、EV 变化的绝对数来看，税收效率损失与税率高低成正比。随着税率的下调，所有收入等级居民家庭的增值税效率损失 CV、EV 均稳步下降，减税可以显著减少居民福利损失，改进税收的经济效率。

第二，从 ΔCV/M 和 ΔEV/M 相对值来看，各方案对居民福利的影响都是累退的，即高收入户从减税改革中获得的福利改善程度更大。

第三，从不同税率简并模式比较来看，单一税率模式由于税负最高，居民福利损失最大；从不同两档税率模式比较来看，两档就低模式的福利损失最小，两档就高方案的福利损失最大。

（2）CGE 模型的经济效应。CGE 模型选取消费、就业、投资、CPI、GDP以及城乡居民税收福利损失 EV、EB 来测算增值税税率简并的经济效应。

第一，随着增值税税率下调，GDP、消费、就业和投资稳步增加，CPI 稳步下降，各项经济指标全面向好；城镇居民 EV、农村居民 EV 和全国居民 EB稳步下降，社会福利水平稳步提升。

第二，对比单一税率模式和两档税率模式，两档税率模式下各方案的经济指标和福利指标均好于单一税率模式。

第三，对比两档税率模式下各简并方案，两档就低模式的经济指标和福利指标最好，经济效率最高。

综上所述，首先，税收经济效率与税率高低成反比，下调增值税税率能有效减少税收对经济的扭曲，提升社会福利和经济效率。其次，高收入户从下调增值税税率中获得的福利改善程度更大。

第 7 章 /

我国增值税税率简并和优化的对策建议

通过对增值税税率设置理论的梳理回顾，在对六大类 42 种增值税税率简并方案的税收负担效应、收入分配效应和经济效率效应进行局部均衡和一般均衡测算比较的基础上，结合增值税税制改革的国际趋势，立足我国增值税制度演变的历史和现状，在财政原则、公平原则和效率原则的框架下，从税负合理、收入公平、经济效率三个维度全方位构建理论体系，对我国增值税税率简并进行顶层设计和方案优选，同时，对低税率范围和水平的设置、小微企业的征税方式和征收率等税率设置相关配套问题提出改革建议，以实现我国税率结构的全面优化。

7.1 增值税税率简并模式选择

增值税税率简并不是现有税率的简单合并，而应该是包含税率模式选择、税率范围划分、税率水平设置等一系列内容的税率结构优化过程。以下分别基于不同增值税税率简并方案政策效应的测算结果和我国增值税改革所处的现实环境两个视角，对我国增值税税率简并模式的选择进行优劣比较。

7.1.1 基于测算结果的分析

基于我国增值税率结构现状和增值税改革的国际趋势，本书设计了单一税率和两档税率共六大类具有代表性的增值税税率简并方案，以 2019 年 4 月 1 日的增值税制度为参照基准，通过投入产出模型和 CGE 模型，模拟测算各税

率简并方案对税收收入、行业税负、居民收入分配以及经济效率、社会福利的
影响。

7.1.1.1　行业税负效应和税收收入效应

首先，从下调税率对行业税负的影响来看，单一税率优于两档税率。只有
在单一税率模式下，才能保证降低增值税税率后所有行业的税负都下降；而在
两档税率模式各方案下，由于进、销项税率变化幅度不一致，均出现部分行业
在降低增值税税率后税负不降反升的情况，而且这种税负不降反升的情况集中
体现在第三产业，呈现较大行业差异。这也从另一个侧面映证了简并增值税税
率的必要性。

其次，从各类简并方案的行业税负比较来看，两档税率优于单一税率。在
单一税率模式下，由于取消了所有低税率，导致整体行业税负相对最高，两档
税率模式下各方案的减税效应均优于单一税率模式。两档税率模式下，两档就
低模式下低税率的适用范围最广、减税效应最好。在单一税率模式下，为保证
不增加整体税负，基本税率设置必须不超过 9%。

最后，从税收收入效应来看，两档税率优于单一税率。在动态 CGE 模型
中，考虑下调增值税税率刺激经济发展的联动效应，单一税率模式虽然总体税
负最重，反而不能保证政府税收收入总额的最大增长。而两档税率模式下，随
着增值税税率的下调，虽然增值税收入有所降低，但其他间接税收入、个人所
得税收入和企业所得税收入均在减税刺激下相应增加，由于其他税种税收收入
增幅大于增值税收入降幅，税收收入总额随着增值税税率下调而持续增长，且
增幅均优于单一税率模式。

7.1.1.2　居民收入分配效应

首先，从调节居民收入分配的效应来看，两档税率优于单一税率。增值税
的收入分配效应主要取决于平均税率和居民消费结构，在居民消费结构既定的
情况下，下调税率是改善增值税收入分配效应的最重要途径。由于单一税率模
式的平均税率最高，所以，在单一税率模式下的居民收入 MT 指数、P 指数的
绝对值均大于所有两档税率模式，说明其增值税的累退性更强，对收入分配的
不利影响更大。两档税率模式通过适当选择低税率项目，在下调平均税率的同
时，也可以降低增值税的累退性，确实存在改善增值税收入分配效应的空间。

其次，从拉动居民收入增长的效应来看，两档税率与单一税率孰优孰劣取决于两档税率模式的具体方案设计。增值税的各种税率简并方案均有利于提高城乡居民收入。其中，两档就低模式由于平均税率最低，拉动居民收入增长的效果最佳；单一税率、两档就高和两档拆分模式Ⅲ拉动居民收入增长的效果旗鼓相当；而两档拆分模式Ⅰ和Ⅱ拉动居民收入增长的效果相对较弱。

7.1.1.3　经济效应和福利效应

首先，从经济增长效应来看，两档税率优于单一税率。在所有增值税税率简并方案下，随着增值税税率的下调，GDP、消费、就业和投资稳步增加，CPI稳步下降，各项经济指标全面向好，且在所有两档税率模式下，各项经济指标的积极变化率都大于单一税率。其中，两档就低模式由于平均税率最低，经济拉动效应更为显著。

其次，从社会福利效应来看，两档税率优于单一税率。从不同增值税方案下的对经济效率的影响（即税收的福利损失EV、CV和EB）与税率高低成正比，单一税率简并模式的平均税率最高，因此福利损失最大；从不同两档税率模式比较来看，两档就低模式的福利损失最小，两档就高方案的福利损失最大。

综合上述行业税负、收入分配、经济效率三方面政策效应的模拟测算结果来看，两档税率模式全面优于单一税率模式。

7.1.2　基于税制现实的分析

税率结构的优化必须兼顾国际趋势、历史传统与现实国情，既注重理论论证的逻辑严密性，又关注其现实可行性。从我国增值税改革所处的现实环境来看，两档税率模式优于单一税率模式。

7.1.2.1　增值税的功能定位

增值税应选择单一税率模式还是两档税率模式，关注的焦点在于效率目标和公平目标之间的权衡取舍，在于增值税调节经济、社会的功能定位。单一税率模式对经济的扭曲程度低，经济效率最高，但公平性较差。两档税率模式则相反，通过设置低税率，有助于促进社会公平，但易于造成经济行为的扭曲，效率性较差。所以，从经济效率原则出发，单一税率模式更优；从社会公平原则出发，两档税率模式更优。两种选择各有利弊，应立足于我国基本国情和税制现实具体分析。

首先，增值税在我国的特殊重要性决定了其制度设计必须兼顾收入分配功能。增值税作为我国第一大税种，占全部税收收入总额的近 40%，其无可比拟的收入重要性决定了增值税的制度设计和改革不可能只考虑筹资功能，而完全不顾收入分配功能。一方面，如果第一大税种增值税完全不考虑税收公平，则整个税收制度的公平效果肯定不佳。另一方面，如果增值税的收入分配效果不好，由于规模效应，其他税种可能也很难逆转。

其次，我国尚缺乏其他直接有效的调节收入分配的税收工具。从国际经验来看，最适合调节个人收入、实现税收公平的税种首推个人所得税，其次是财产税和一些特殊消费税。政府如果对其他再分配工具（如累进个人所得税或社会保障政策）的使用越多，利用间接税结构中的差别税率来追求分配目标的理由就越缺乏说服力。[①] 对低收入者实施直接补贴政策的不足和操作难度决定了我国两档税率存在的必要性。虽然我国自 1980 年就开征了个人所得税，但迄今为止，个人所得税的课税面很窄，不足全部人口的 5%[②]；实际课税力度也很小，只占国民总收入的 1%[③]；个人所得税收入占税收收入总额的比重也很低，只有 7% 左右[④]，调节效果非常有限。消费税当中，虽然对燃油、小汽车等商品的课税具有累进性，但对烟、酒等商品的课税具有累退性，正负相抵，基本相当于税收中性。[⑤] 由于房地产税改革滞后，除车船税外，我国没有直接针对个人征收的财产税；而车船税从量课税，调节效果聊胜于无。所以，在缺乏其他直接有效税收工具的情况下，更不能放弃增值税的收入分配功能。

①　Atkinson, A. B., Stiglitz, J. E. The Design of Tax Structure: Direct Versus Indirect Taxation [J]. Journal of Public Economics, 1976 (6): 55 – 75.

②　关于我国个人所得税的纳税人数官方一直没有公布统计数据，只能根据一些资料间接推算。据财政部数据，2018 年我国个税免征额由 3500 元提高到 5000 元之后，在全国就业的总人数中，个税纳税人的占比从此前的 44% 降到了 15%。按 2017 年末城镇就业人员 4.25 亿人计算，那么个税纳税人从 1.87 亿人减少至 6400 万人左右。换句话说，中国只有 4.57% 的人需要缴纳个人所得税。

③　据国家统计局统计数据，2020 年全国个人所得税收入 11568 亿元，国民总收入 1009151 亿元，个人所得税占国民总收入的 1.15%。

④　据国家财政部公布数据，2020 年全国个人所得税收入 11568 亿元，税收收入总额 154310 亿元，个人所得税占税收收入的 7.50%。

⑤　万莹，等. 我国消费税收入分配效应再研究 [J]. 税务研究，2020 (1): 50 – 56.

短期来看，我国现有税收文化传统还不能接受所得税、财产税为主的税制结构。所得税、财产税成为主体税种的前提条件是纳税人拥有较高的纳税意识和良好的纳税习惯，因为所得税和财产税都需要纳税人自行申报缴纳。日本之所以 1989 年开征增值税，就是希望降低所得税作为直接税给纳税人带来的强烈"税痛感"，在保障政府税收收入的同时优化税制结构。受文化传统、纳税意识、纳税习惯的限制，短期内，我国个人所得税不可能达到发达国家平均 25% 左右的收入份额，财产税要真正成为地方税的主体税种也还困难重重、道阻且长，只要增值税继续作为我国的头号税种而存在，那么，其制度设计就不可能不考虑收入分配效应。长期来看，未来随着直接税体系的完善、直接税比重的提高，特别是个人所得税、社会保障税的长足发展，才有可能将增值税从调节收入分配的职能下解放出来，到那时，增值税可以考虑转向单一税率模式，回归税收中性。

最后，降低增值税的累退性不一定只能局限在征税环节，还可以放宽到用税环节。20 世纪 80 年代以来，一些发达国家增值税与社会保障税联动改革的经验，给了我们一个增值税间接调节收入分配的新思路。有研究发现，如果以增值税代替社会保障税，将增值税收入的一定比例用于社会保障，不仅能够抵消其累退性的负面影响，而且还能增加税制体系的透明度[1]，增值税"累退性"和"印钞机"（这是大家对增值税强大的收入功能的一种嘲讽）的两大弊端将同时消失。为应对人口老龄化带来养老保障等社会福利支出增长的巨大资金压力，一些欧洲国家（如丹麦、德国、匈牙利、法国、瑞士、日本等[2]）开始尝试用增加的增值税收入为养老保险筹资，通过降低社会保障税、提高增值税，将税收负担从劳动转移到消费上来，以促进就业和提高税收制度的再分配效果。[3] 2008 年全球金融危机以来，越来越多的国家在探讨推进此类改革的可

---

① Burman L. E. A Blueprint for Tax Reform and Health Reform [J]. Virginia Tax Review, 2009 (28)：287 – 323.

② 汪德华，等. 社保增值税适用于中国吗_基于国际经验的分析 [J]. 国际税收，2017 (9)：42 – 46.

③ André Decoster, Jason Loughrey, Cathal O'Donoghue, Dirk Verwerft. How Regressive Are Indirect Taxes? A Microsimulation Analysis for Five European Countries [J]. Journal of Policy Analysis and Management, 2010, 29 (2)：326 –350.

能性。典型的如日本，通过税改将新增的增值税收入用于社会保障用途，以缓解增值税的累退性。日本自 1989 年引入消费税以来，最初税率为 3%，1997年提高至 5%。2012 年，为充实社会保障财源、实现财政健全化目标，国会通过社会保障与税制一体化改革法案，将增值税税率自 2014 年 4 月 1 日起上调至 8%，自 2019 年 10 月 1 日起又进一步上调为 10%。日本提高增值税税率的法案之所以能顺利通过而不招致国民的强烈反对，关键原因就在于承诺将上调税率增加的所有增值税收入用于国民社会福利（包括养老金、医疗、护理的社会保障支出）以及应对少子化的设施建设①。所以，上述改革的启示是，对于增值税收入分配功能的考察，可能不应该仅仅局限在征税环节的直接效应，还应该把眼光放宽到用税环节的间接效应。如果能够把增值税的收入更多地和靶向性更精准的扶贫济困支出、社会保障支出相结合，其实单一税率模式也未尝不可。

7.1.2.2　历史和传统

任何一个国家的税制都有其历史传承性，历史传统因素会影响人们的纳税意识和纳税习惯，而纳税意识和纳税习惯决定了税制改革的社会接受程度和成败。例如，美国迄今迟迟不开征增值税的原因，除了对增值税强大收入功能可能引发的政府过度干预的担忧之外，主要就是担心引入增值税会对美国现行税制体系造成巨大冲击，引起复杂的利益调整。一方面，美国自从进步时代以来，一直实行直接税，特别是个人所得税为主的税制结构，有深厚的税收公平文化，如果引入增值税代替个人所得税，不仅大多数美国人心理上难以接受，而且必然引起老年人和青年人之间税收利益的重新分配，因为老年人缴纳过所得税后的多年积累在消费时还要缴纳新的增值税。另一方面，美国销售税已有80 多年的历史，是各州政府最重要的税收收入来源，一旦引入增值税，必然带来重复征税问题，引发联邦政府和州政府之间税收利益的重新分配，侵蚀各州政府的税基，这对州政府来说是难以接受的。故此，美国至今仍未就开征增值税达成共识。而我国增值税税率简并模式的选择当然也必须立足我国增值税的历史和传统。

---

① 褚睿刚. "低调" 转型中的日本增值税 [N]. 中国税务报，2020 – 10 – 28（05）.

首先，实施两档税率模式在我国具有深厚的历史和传统基础。从我国增值税制度的发展和演变来看，我国增值税一直采用的是多档税率，从未实行过单一税率。自1994年税制改革以来，我国增值税一直实施两档税率制，直到2012年"营改增"试点，为了保证"营改增"的顺利过渡、试点行业的税负只减不增，才打破了两档税率的局面。所以，回归两档税率模式具有稳固的社会基础，社会认可度应该会大大高于单一税率。

其次，从增值税税率模式选择的国际经验来看，历史传统因素也有着重要影响。目前，凡是在20世纪80年代之前开征增值税的国家，由于开征增值税之初就实施复合税率模式，即使在此后的实践过程中发现了复合税率模式的诸多弊端，但由于制度惯性和既得利益的阻碍，迄今依然实施复合税率（两档甚至多档税率），如欧洲各国。虽然欧盟多年来一直致力于缩小各成员国增值税的税率差异、实现各成员国增值税的一体化，并对成员国低税率的使用情况加以限制并定期检查，甚至直接建议取消零税率。各国为了躲避限制，则把税率定为1%或2%，变换花样达到相同的目的。为了加速税率的统一，1987年，欧盟委员会曾在欧洲法庭上对英国提起上诉，要求其取消对新建房屋建筑物的零税率，不料竟被看作是对英国议会权利的侵害，引起一场轩然大波，最终不了了之。① 而在20世纪80年代之后开征增值税的新兴国家，由于没有复合税率的历史包袱和羁绊，几乎都选择的是单一税率模式，如亚太和中东国家。

7.1.2.3　现实可行性

首先，从税制改革的现实难度来看，两档税率优于单一税率。虽然单一税率模式具有理论上中性、效率的优点，但考虑到我国现行三档税率的实际情况，如果直接由三档税率简并为单一税率，必然涉及大量的税制衔接问题和征纳调整问题，易于引起微观税负的大幅波动，造成社会不稳定因素。特别是从前面税率简并方案的模拟测算结果来看，若直接简并为单一税率，第三产业的税负势必会显著上升，不利于服务业的战略性转型和我国产业结构优化升级。因此，即使从长期来看，可能存在简并为单一税率的必要性，但从短期来看，

---

① 爱伦·A. 泰特. 增值税——国际实践和问题［M］. 北京：中国财政经济出版社，1992：57.

必须先经由两档税率的过渡，才能实现税制改革的顺利推进。

其次，从税制改革的政治博弈来看，两档税率优于单一税率。如果全面取消所有增值税优惠税率，必然使政府在公共政策辩论上处于不利地位，遭到社会舆论的道义谴责。特别是，如果取消优惠税率带来相关民生商品的价格上涨，可能直接导致改革得不到纳税人的理解和支持，税制改革无法顺利实施。所以，增值税税率简并问题，并不是纯粹的税收学、经济学问题，必须考虑社会各阶层利益的政治博弈。国际货币基金组织著名增值税专家爱伦·A. 泰特（Alan A. Tait）曾指出，若不得不对增值税设置多档税率，税率档次应越简越好，建议除一档基本税率外，再增设一档低税率。① 所以，两档税率可能是实践中兼顾经济效率和社会公平的最优选择。

综上所述，短期内，两档税率模式是我国增值税税率简并的最优选择，这也与 2018 年以来党中央、国务院明确的"按照三档并两档方向调整税率水平"的改革方向相一致。长期来看，未来随着直接税体系的完善、直接税比重的提高，增值税可以考虑转向单一税率模式，回归税收中性。

7.2　增值税税率简并的税率选择

以下基于两档税率模式，按照第 3 章设计我国增值税税率简并方案遵循的两个关键字——"简"和"减"，从税负合理、收入公平、经济效率三个维度来设计我国增值税的具体税率水平。其中，"简"指通过税率简并、简化税制，便捷高效地促进经济增长，"减"指通过进一步降低增值税的税率水平，对内减轻企业税负和家庭税负、改进增值税的收入分配效应，对外提升我国税制的国际竞争力。

7.2.1　基本税率的选择

在应对新冠肺炎疫情冲击和国内经济下行压力增大的背景下，借着简并税率的契机，进一步降低我国增值税基本税率水平，既是提高我国国际税收竞争

---

① 爱伦·A. 泰特. 增值税——国际实践和问题［M］. 北京：中国财政经济出版社，1992：45.

力的大势所趋，也是优化增值税制度和实施供给侧结构性改革、减税降费的内在要求。

7.2.1.1　顺应国内减税降费大环境

基于前面对六大类代表性增值税税率简并方案的税收负担、税收公平和税收效率三大政策效应的测算结果，对我国增值税基本税率的选择分析如下。

首先，从税率简并的税负效应来看，基本税率设定在9%～11%，可以保证所有税率简并方案下的行业税负不会增加，总体税负不同程度下降。根据第4章的测算结果，在两档就低模式下，由于最大限度扩充低税率的适用范围，即使基本税率不下调，总体税负也大大低于2019年基期，少部分由于进项税额抵扣减少而导致税负上升的行业，在基本税率降至10%以后行业税负与2019年持平或略有下降。在两档就高模式下，由于最大限度缩减低税率适用范围，必须将基本税率降至10%，才能保证总体税负低于2019年基期，部分由于进项税额抵扣减少而导致税负上升的行业，在基本税率降至10%以后行业税负与2019年持平或略有下降。在两档拆分模式Ⅰ下，必须将基本税率降至10%，才能保证总体税负低于2019年，所有由于进项税额抵扣减少而导致税负上升的行业，在基本税率降至9%以后行业税负与2019年持平或略有下降。在两档拆分模式Ⅱ和Ⅲ下，必须将基本税率降至11%，才能保证总体税负低于2019年，所有由于进项税额抵扣减少而导致税负上升的行业，在基本税率降至9%以后行业税负与2019年持平或略有下降。因此，依据税率简并模式不同、低税率适用范围大小不同，增值税基本税率宜设定在9%～11%。

其次，从税率简并的收入分配效应来看，由于边际消费倾向递减规律，增值税难逃累退性的宿命。因此，在财政收入可能的承受范围内，尽量降低增值税基本税率水平，是改善增值税收入分配效应的不二之选。根据第5章的测算结果，在所有税率简并模式下，以2019年增值税为参照基准，随着税率的下调，各简并方案下的增值税累退程度不断下降，收入分配效应持续改善，表明下调税率可以有效促进增值税的税收公平。

最后，从税率简并的经济效应来看，课税带来的效率损失和超额负担与税率高低成反比，下调增值税税率是提升税收经济效率的不二之选。根据第6章的测算结果，在所有税率简并模式下，以 2019 年增值税为参照基准，随着基本税率的下调，各简并方案下的 GDP、消费、就业和投资稳步增加，CPI 稳步下降，城镇居民 EV、农村居民 EV 和全国居民 EB 也稳步下降，各项经济指标全面向好，表明下调税率可以有效减少税收对经济的扭曲，提升社会福利和经济效率。

综上所述，顺应减税降费、调节有力、便捷高效的税制改革趋势，从税负合理、收入公平、经济效率三个维度综合考虑，我国增值税的基本税率宜设定在 9% ~11%。

7.2.1.2 提升国际税收竞争力

虽然我国现行增值税 13% 的基本税率与世界平均水平比较处于中等偏下水平，但与周边国家（地区）相比，仍相对偏高。2020 年，世界各国增值税基本税率平均值为 15.57%，但亚太地区国家增值税基本税率平均值为 10.06%[①]，且我国周边国家（地区）的增值税税率普遍较低。一方面，增值税税率偏高会增加我国企业的税收负担（即使增值税可以通过提价转嫁一部分给消费者，但毕竟是要由企业垫付，并且不能抵扣和转嫁的税款还是需要由企业来承担），不利于优化税收营商环境，对吸引外商直接投资（FDI）造成负面影响。另一方面，在国际经济贸易中，我国出口产品与周边国家或地区出口产品具有高度的相似性，而增值税退税率普遍低于增值税征税率，出口产品在一定程度上仍承担部分国内增值税税负，不利于国际竞争。因此，有必要从提升我国税制的国际竞争力出发，进一步下调增值税的基本税率。

我国周边国家（地区）的增值税基本税率见表 7 - 1。由表 7 - 1 可知，第一，基本税率设置为 10% 的国家（地区）最多，占比达 42.86%。第二，基本税率设置最低的有中国台湾地区和缅甸，税率为 5%，占比为 14.29%；基本税率设置最高的为俄罗斯，税率为 20%，占比 7.14%。第三，周边国家（地区）增值税基本税率的平均值为 10.36%。

---

① Worldwide VAT, GST and Sales Tax Guide（2020），https：//www. ey. com/gl/en/services/tax/global - tax - guide - archive.

表7-1	中国周边国家（地区）增值税基本税率	
基本税率	国家（地区）数	国家（地区）
20%	1	俄罗斯
17%	1	巴基斯坦
12%	2	哈萨克斯坦、菲律宾
10%	6	印度尼西亚、韩国、蒙古国、越南、马来西亚、日本
7%	2	新加坡、泰国
5%	2	缅甸、中国台湾

注：日本自2019年10月1日起，标准税率由8%提高到10%。同时，保留对酒类、外带饮食以外的食品，以及每周发行2次以上的报纸实施8%的低税率。印度自2017年7月1日开征全国统一的增值税，但不存在标准税率，而是根据不同产品分别设置0%、5%、12%、18%、28%（黄金和宝石制成的商品适用低税率3%和0.25%）等多档不同税率，因而未考虑印度。

资料来源：Worldwide VAT, GST and Sales Tax Guide (2020)。https://www.ey.com/gl/en/services/tax/global-tax-guide-archive.

7.2.1.3 实现增值税制度的规范统一

"营改增"之后，为了兑现"所有行业税负只减不增"承诺，我国不仅对试点行业充分考虑原营业税税负水平而量身定制了两档低税率，并先后出台了27项按简易办法计税的政策（如公共交通运输服务、仓储服务、装卸搬运服务、清包工建筑服务、劳务派遣等）以及19项差额征税政策，而且在计税依据、纳税地点等制度安排上也移植了原营业税的做法，在增值税计税方式上形成对制造业与服务业的明显分割，客观上造成了增值税的"一税两制"。数量庞大的过渡期政策虽然对平稳推进"营改增"改革发挥了重要作用，是税制转轨期的必要选择，但违背了增值税中性原则，对增值税制度的规范性提出了巨大的挑战，就税制优化的最终目标来说，显然只能是权宜之计。因此，如何创造条件，尽早消化这些"营改增"的过渡政策，尽快实现增值税计税方式的统一化、规范化，是下一步增值税改革不能忽视的重要任务。而通过降低增值税的基本税率，以税率普降换取过渡政策的退出，则有助于最大限度地平衡各方利益，扫除税制规范统一道路上的阻碍。从创造条件实现增值税制度规范统一的角度出发，适度降低增值税基本税率可能是最优的路径选择。

综上所述，结合规范统一税制、减税降费和区域税收竞争优势考量，我国增值税基本税率宜设定在10%左右。尽管进一步下调增值税税率可以更好地提升我国商品的国际竞争力，但一定要结合政府财政承受能力量力而行，在提升其他直接税比重的基础上循序渐进。

7.2.2 低税率的选择

在确定了增值税基本税率水平之后，关于低税率的设置，关键是把握基本税率和低税率的差异度。

首先，从增值税的国际惯例来看，增值税的低税率一般仅占基本税率的40% ~ 50%。第 2 章表 2 - 3 对增值税基本税率和低税率的差异进行了国际比较。由表 2 - 3 可知，2020 年，在实施两档增值税税率的国家中，低税率的设定以5% ~ 9%居多，平均值为7%；基本税率和低税率的绝对落差平均为 11 个百分点，低税率占基本税率的相对比重平均为41%。可见，在实施两档税率的国家，低税率通常大大低于基本税率，平均只占基本税率的40% ~ 50%。且基本税率越高的国家，基本税率和低税率之间的落差越大，如欧盟成员国；而基本税率越低的国家，基本税率和低税率之间的落差越小，如亚太地区。当然，增值税低税率也不是越低越好。长期致力于增值税一体化的欧盟委员会1992 年颁布增值税指令，规定成员国的最低税率不得低于5%，且只适用于社会文化性质的产品和劳动密集型服务。协调统一增值税最低税率的目的，是为了防止税收差异影响欧盟内部贸易流动，避免形成成员国之间贸易投资壁垒和逃避税行为。[①] 按照增值税低税率的国际经验，考虑到我国增值税税率简并后的基本税率若降为 10% 左右，已经相对偏低，低税率的设置以不低于5%为宜。

其次，从我国增值税演变的历史和现状来看，现行 6% 的低税率比较适中。自 1994 年税制改革至 2012 年"营改增"之前，我国增值税一直实行17% 的基本税率和13% 的低税率，那时的低税率相当于基本税率的76%，高低落差较小，低税率相对偏高。而 2012 年"营改增"之后，增值税税率几经调整改为13%、9%、6%，高低落差迅速扩大，6% 的低税率只相当于基本税率的46%，已然不高。从前面增值税税率简并方案政策效应的测算结果来看，

---

① 福建省国税局课题组. 欧盟间接税协调的回顾与启示 [J]. 涉外税务，2006 (3)：38 - 42.

方案5（10% +5%）在税负效应、收入分配效应、经济效应各方面都比方案4（10% +6%）略胜一筹，说明把低税率再降低一个百分点对税收公平和效率都会带来积极影响。但总的来说，两者政策效应相差不太大，降低低税率的政策效应不如降低基本税率明显。

综上所述，在我国增值税三档税率简并为两档税率之后，现行6%的低税率基本适中，即使下调，也不宜低于5%。

7.3 低税率项目的设置

本节在两档税率模式的基础上，进一步考虑低税率项目的范围选择。由于国际社会增值税低税率项目和免税项目高度重合，两者虽然优惠方式不同，但政策目标完全一致，故本节对增值税税率结构优化的探讨将低税率项目与免税项目合并在一起进行分析。① 此外，由于除出口货物和服务适用零税率外，我国和大多数国家一样，并不存在对国内销售货物或服务实施零税率的情况，所以本节不考虑增值税零税率。

增值税优惠税率的设置在实践中一直处于两难困境。一方面，减少优惠或取消优惠显然是保障增值税征收链条完整性的前提条件，也是理想增值税制度所追求的目标。另一方面，考虑到增值税的累退性以及税收征管和宏观调控的需要，大部分国家仍选择对或多或少的商品和服务实行优惠税率。从增值税发展的国际趋势来看，理论界虽然已在简化税率、实现中性方面达成共识，但在实践中，取消优惠税率仍然面临诸多障碍。究其原因，在于增值税的中性筹资目标和经济社会调节目标存在矛盾冲突。

第2章对增值税优惠税率利弊的理论分析表明，增值税低税率虽然存在改进收入分配、促进相关产业发展的作用空间，但也不可避免地会付出扭曲经济行为、破坏抵扣链条和增加税收征纳成本的代价，是一把双刃剑，应该谨慎使用。同时，第5章、第6章的实证分析表明，降低增值税税率水平是改进增值税收入分配效应和经济效率的最有效方式，而简单实施低税率并不能保证利益

---

① 特别是对于实行单一税率的国家来说，由于没有设置低税率，故只能通过免税来达到实行复合税率国家低税率所能实现的政策目标。

为目标群体所获得；与其在增值税优惠税率项目设置上犹豫不决，不如普遍降低增值税基本税率。所以，对待增值税优惠税率的基本原则是：（1）尽量慎重选择和严格控制增值税低税率的优惠范围，以拓宽税基的方式来换取增值税基本税率的更大下调空间。（2）尽量通过完善转移支付、社会保障和社会救济等其他直接收入再分配制度来代替增值税优惠税率。

7.3.1 现行9%低税率项目的调整

国际社会增值税制度常见优惠项目和优惠目标参见第 2 章 2.3 的分析。世界各国增值税低税率（免税）项目通常包括如下类别：（1）高频优惠项目，主要涉及维持人类基本生存以及保障人类生命健康的商品和服务，如农产品、基本食品、医疗和药品、水、电、热力、燃气燃料等。（2）一般优惠项目，主要涉及书刊杂志、文化教育、公共福利、交通通信或征管难度大的项目（如金融保险）等。（3）低频优惠项目，主要涉及具有特定的政策目的或具有一定的国家特色的项目，如儿童产品、住宿餐饮、住房租售、居民日常服务、赌博和彩票等。

我国现行增值税低税率的适用范围参见第 3 章 3.1.2 的介绍。在完成增值税税率简并之后，将只剩下一档低税率 6%，现行适用 9% 低税率的项目都将被拆分，要么提高税率并入基本税率，要么下调税率并入 6% 低税率。通过与国际上低税率（免税）项目适用范围的对比，建议对现行 9% 增值税低税率项目作如下有增有减的税率调整。

7.3.1.1 下调税率项目

首先，保留并下调生活必需品的低税率。将粮食、食用植物油、食用盐、自来水、暖气、冷气、热水、煤气、石油液化气、天然气、沼气、居民用煤炭制品和农业初级产品的税率由由现行 9% 下调至 6%。一方面，国际社会对类似产品税率通常在 5% 左右，对基本食品甚至给予免税待遇，我国对这些生活必需品 9% 的现行税率依然偏高，应该下调。另一方面，第 5 章的实证分析显示，对这类生活必需品降低税率，有利于降低增值税的累退性，改进增值税的收入分配效应。

其次，保留并下调图书、报纸、杂志、音像制品、电子出版物的低税率，将其税率由现行9%下调至6%。理由是，国际社会对此类产品的税率通常在5%左右，我国现行9%的税率依然偏高，应该下调。

再次，保留并下调基础电信业的低税率，将其税率由现行9%的下调至6%。现行电信行业按照业务类别不同，分别实施9%和6%两档税率，其中，基础电信服务适用9%的税率，增值电信适用6%的税率。这种做法本身在实际征管过程中就造成很大税收扭曲和征管漏洞，必须统一两者的税率。建议将基础电信与增值电信税率合并为6%，理由如下：一是随着电信服务产业升级，基础电信的比重越来越低，增值电信的比重越来越高；二是电信服务以居民终端消费为主，正日益成为人们办公生活和社交娱乐的不可或缺的服务，对其实施低税率有利于收入分配；三是电信服务占企业生产成本的比重很低，即使实施低税率对增值税抵扣链条和企业税负的影响也很小。

最后，保留并下调公共交通客运服务的低税率。把城市公共交通纳入增值税6%低税率范围，这既符合国际惯例，又可以惠及城市中低收入者，改进增值税的收入分配效应。但可暂不考虑铁路运输（低收入者消费频次较低）、航空运输（相对票价较高，消费群体收入水平较高）。对于除城市公共交通之外的其他所有交通运输业，增值税税率提高到基本税率。

7.3.1.2 上调税率的项目

首先，可以考虑取消饲料、化肥、农药、农机、农膜等农业生产资料的低税率，将其并入基本税率。因为对这些农业生产资料实施低税率，必然有一部分利益由农资的生产者截留，而且会改变增值税在产业链上下游之间的合理分配。一方面造成农资供应方低征高扣，长期进销项倒挂、大量留抵税款；另一方面，造成农资购买方——农业生产企业高征低扣，反而增加了农业生产企业的税收负担。如果能够将其改为对农业生产者的直接补贴，效果更为直接。

其次，可以考虑取消邮政业、建筑业、房地产业（含不动产租赁服务、销售不动产、转让土地使用权）的低税率，将其并入基本税率。一方面，这些项目本身不属于国际社会低税率的高频项目。另一方面，这些服务大多属于生产性服务，如果对其实施低税率，必然破坏增值税抵扣链条，带来高征低扣等一系列税负不合理问题。此外，第5章实证分析的结果也显示，对房地产行业实施低税率，不利于改善增值税的收入分配效应。值得一提的是，虽然部分国家存在对居民住房租售进行增值税优惠的先例，但我国现行增值税制度已经对居民住房转让基本免税①，且对住房租赁也有大幅税收优惠②，再加上房地产行业本身在我国属于重点宏观调控对象，所以，在我国没有必要也不应该对房地产业再给予低税率优惠。

最后，可以考虑取消除城市公共交通之外的其他交通运输业的低税率，将其并入基本税率。这些交通运输服务（尤其是货物运输）大多属于生产性服务，如果对其实施低税率，必然破坏增值税抵扣链条，带来高征低扣等一系列税负不合理问题。

7.3.2　现行6%低税率项目的调整

"营改增"之前，我国增值税的低税率（免税）范围还是基本符合国际规范的，但"营改增"之后，为保证"营改增"试点行业税负只减不增，新增了一大批适用6%低税率的项目，使得低税率范围迅速扩大（第三产业80%的行业都被不加区分地纳入低税率的范围），其中，很多低税率项目超出了国际惯例的合理范围，从增值税未来长期规范化发展来看，必须大力删减这部分低税率项目。通过与国际上低税率（免税）项目适用范围的对比，建议对现行6%增值税低税率项目的去留作出如下调整（现行增值税6%低税率的适用范围见第3章3.1.2的介绍）。

7.3.2.1　上调税率项目

首先，取消现代服务业的低税率，将其并入基本税率。现行享受低税率的现代服务范围极其广泛，包括研发和技术服务、信息技术服务、文化创意服务、物流辅助服务、租赁服务、鉴证咨询服务、广播影视服务、商务辅助服务等八大类。一方面，这些项目并不属于国际社会增值税的常规优惠对象；另一

---

① 北京市、上海市、广州市和深圳市之外的地区，个人将购买不足2年的住房对外销售的，按照5%的征收率全额缴纳增值税；个人将购买2年以上（含2年）的住房对外销售的，免征增值税。在北京市、上海市、广州市和深圳市，个人将购买2年以上（含2年）的非普通住房对外销售的，以销售收入减去购买住房价款后的差额按照5%的征收率缴纳增值税；个人将购买2年以上（含2年）的普通住房对外销售的，免征增值税。参见《财政部 国家税务总局关于全面推开营业税改征增值税试点的通知》（财税〔2016〕36号）。

② 个人出租住房，应按照5%的征收率减按1.5%计算应纳税额。参见《财政部 国家税务总局关于全面推开营业税改征增值税试点的通知》（财税〔2016〕36号）。

方面，这些服务绝大多数都属于生产性服务，如果对其实施低税率，必然破坏增值税抵扣链条，带来高征低扣等一系列税负不合理问题。

其次，取消生活服务的低税率，将其并入基本税率。现行享受低税率的生活服务分为文化体育服务、教育医疗服务、旅游娱乐服务、餐饮住宿服务、居民日常服务五大类。居民日常服务，是指主要为满足居民个人及其家庭日常生活需求提供的服务，包括市容市政管理、家政、婚庆、养老、殡葬、照料和护理、救助救济、美容美发、按摩、桑拿、氧吧、足疗、沐浴、洗染、摄影扩印等服务。一方面，我国目前对于具有正外部性、非营利性的文化、教育、医疗服务以及养老、殡葬等社会公益服务，基本都已经实施了免征增值税的优惠政策，比低税率更为优惠（详见第3章3.1.2增值税免税项目的介绍）。所以，取消营利性生活服务业的低税率并不会损害居民的基本生活需求。另一方面，对于住宿、餐饮、旅游和其他劳动密集型居民日常服务，国际上虽然也存在少数优惠先例，但多半属于欧洲发达国家的选择，而不是增值税的常规主流优惠项目。并且这类消费的收入弹性和消费标准差异较大，对其实施低税率对高收入者更为有利，不利于改进增值税的收入分配效应，故建议取消其低税率。当然，对于提供这些生活服务的小微企业，我们可以通过下节的增值税起征点和小规模纳税人简易征税办法进行鼓励和扶持。

最后，取消转让各类无形资产的低税率，将其并入基本税率。现行享受低税率的无形资产包括技术、商标、著作权、商誉、自然资源使用权和其他权益性无形资产。其中，其他权益性无形资产包括基础设施资产经营权、公共事业特许权、配额、经营权（包括特许经营权、连锁经营权、其他经营权），经销权、分销权、代理权、会员权、席位权、网络游戏虚拟道具、域名、名称权、肖像权、冠名权、转会费等。一方面，为鼓励技术研发和创新，我国目前已经对纳税人提供技术转让、技术开发和与之相关的技术咨询、技术服务免征增值税。另一方面，这类服务同样属于生产性服务，如果对其实施低税率，必然破坏增值税抵扣链条，带来高征低扣等一系列税负不合理问题。

7.3.2.2　保留低税率项目

首先，保留增值电信服务的低税率不变，并与基础电信服务的增值税税率合并。理由前已述及，不再赘述。

其次，保留对金融保险服务的低税率不变，并适时放开贷款服务的进项税额抵扣，以减轻实体企业的融资成本。金融机构的主营业务收入——贷款利息既包含了服务本身的价格，也包含着风险溢价和通胀补偿等因素，具有部分投资属性，且金融服务提供方式和支付方式多种多样，很难确定其征税的增值额，因而，对金融业"并不存在一个令人完全满意的既课征增值税，又允许客户抵扣税款的方法。要精确地计算金融行业的增值，即使以年度为基础也是很困难的"①。为了避开复杂的管理问题，大部分国家不得不采取一些折衷方案，最为典型的做法就是以欧盟国家为代表的对金融服务免征增值税②，所以，国内也有部分观点认为我国应该效法国际经验，对金融服务免税。本书认为免税做法并不合适。一方面，基于税收公平对金融保险服务理应征税。金融服务创造的增加值与其他经济活动创造的增加值本应同等对待，把金融业完全排除在增值税范围之外既不公平也易对经济造成扭曲。③ 如果对金额服务免税，会造成免税金融服务相应进项税额不能获得抵扣，中断了增值税的抵扣链条，当免税金融服务被缴纳增值税的企业购买作为投入品时，就会导致重复课税。另一方面，近年来，一些国家明显偏离欧盟导向，采取部分免税法、毛利息课税法、加法征税法等方法对金融服务征收增值税，这些做法代表了未来增值税改革的方向和趋势。例如，南非对几乎所有向国内客户提供的显性收费的金融服务课税；新加坡、澳大利亚对提供咨询服务以及提供咨询服务的同时提供的非显性金融服务课税；以色列把金融保险业的工资薪金、利润等增值额相加，然后乘以税率，计算应纳增值税；阿根廷采取对贷款的毛利息按较低税率课征增值税。④ 更为重要的是，金融服务免征增值税的国际惯例并不适合我国国情。我国金融业特别是银行业的主体是大型国有银行，具有鲜明的寡头垄断市场结构特点，具有更高的市场集中度和垄断性，再加上利率非市场化，我国

---

① 爱伦·A. 泰特. 增值税——国际实践和问题［M］. 北京：中国财政经济出版社，1992：102 - 103.

② 严格来说，欧盟国家也并非对所有金融服务免税，只是对涉及贷款、银行账户以及货币、股票、债券交易等大部分金融服务免税，而对少部分显性收费的金融服务（如金融咨询服务、管理服务等），也是要正常课征增值税的。

③ 一些国家为了弥补对金融服务免征增值税而造成的负面影响，选择对金融企业开征其他特别税收，如英国、法国、意大利、德国、丹麦、韩国、阿根廷等，以提高税制的公平性。

④ 杜莉. 金融业流转税制的国际比较［J］. 税务研究，2002（4）：38 - 42.

的金融资本可借此获得超额利润。统计显示，我国金融业的资产回报率和净资产收益率超过国际上绝大部分银行。① 所以，对金融业按照低税率征收增值税，是既兼顾税收公平和金融业行业特性、又适合我国国情的最佳选择。②

再次，保留居民日常服务中的保育、看护、养老等家政服务的低税率，甚至可以直接给予免税优惠。一是这类服务对于鼓励生育、应对人口老龄化具有重要社会价值；二是这些居家服务的税源监控难度很大，即使给予低税率，实际照顾意义也不大；三是现行保育、养老服务的免税范围太小，只限于托儿所、幼儿园提供的保育和教育服务、养老机构提供的养老服务，应该考虑扩大到分散的、社区的、居家的育养和看护服务。四是对这些属于终端消费的家政服务实施低税率或免税，不会破坏增值税的抵扣链条。

综上所述，增值税低税率项目原则上以非生产性终端消费为主，基本理念是尽量收紧优惠范围、凸显增值税税收中性的本质特征。

最后，值得一提的是，由于第三产业资本有机构成高、附加值高的特点，进项税额抵扣较少，在"营改增"之后部分第三产业税收负担确实有所上升，为此，有学者建议允许第三产业职工工资进行进项抵扣，以降低第三产业的增值税负担。这种观点显然是对增值税本质的一种曲解。首先，增值税本质上属于流转税，如果连人工工资都可以扣除，那么就混淆了增值税和企业所得税的区别。按照劳动价值理论，商品价值 W 由 C、V、M 三部分构成，其中，C 表示生产资料的价值，V 表示劳动力的价值（即劳动者报酬），M 表示剩余价值，"V + M"都属于理论增加值的范畴，本应纳入增值税的征税范围。其次，理论上，流转税有两种课征方式：一是多环节征收增值税，二是在零售环节一次性征收销售税，由于各环节增加值之和必然等于最终消费价格，故两者的最终结果应该是等价的。但如果征收增值税时扣除人工工资，则会使增值税的税基缺少一大块，侵蚀增值税的税基。建议按扣除工资的收入征收增值税的观点，完全违背了增值税的基本原理，不是对增值税的改进，而是从根本上否定了增值税。

---

① 杨斌，等. 中国金融业""营改增""路径的现实选择 [J]. 财贸经济，2015 (6)：79 – 81.

② 事实上，我国现行金融保险业的增值税课税范围并没有涵盖所有金融保险业务，而是存在大量免税优惠政策，如人民银行对金融机构的贷款、金融同业往来利息收入、符合条件的担保机构从事中小企业信用担保或者再担保业务取得的收入、合格境外投资者（QFII）委托境内公司在我国从事证券买卖业务、保险公司开办的一年期以上人身保险产品取得的保费收入、再保险服务、个人从事金融商品转让业务等。在对金融保险业普遍课税的同时，这些免税优惠可以继续保留。

7.4 小微企业的税制设置

为了提高税收征管效率、降低小微企业的税收遵从成本，大部分国家都对小微企业和大型企业区别对待、分类管理，实施有别于增值税规范计税方式的简易计税方式。与小微企业的税制设置密切相关的税制要素主要有三项内容：起征点、小规模纳税人认定标准和征收率。从国际经验来看，设置增值税起征点的国家（地区）相对较多，而对增值税小规模纳税人实施简易计税办法的国家（地区）则相对较少。

7.4.1 起征点的设置

理论上，合理设置增值税的起征点，有利于减轻小微企业和个体经营者的税收成本，增加其可支配收入，鼓励创业和改善收入分配。

根据 Worldwide VAT，GST and Sales Tax Guide（2020）[①] 的统计，全部 134 个开征增值税的国家（地区）中，有 90 个国家（地区）设置了增值税起征点，占比 67.16%。由于各国（地区）经济发展水平存在较大差异，不同国家（地区）增值税的起征点不具有直接可比性。因此，本书采用各国（地区）起征点占该国（地区）人均 GDP 的比值进行比较。人均 GDP 数据取自 OECD 和 IMF 数据库，比较结果见表 7-2。

表 7-2　　　　　　　各国（地区）增值税起征点比较

国家（地区）	起征点*	人均 GDP*	起征点/人均 GDP
瑞典	30000	493632.44	0.06
挪威	50000	709597.40	0.07
丹麦	50000	411658.75	0.12
冰岛	2000000	8836752.96	0.23
芬兰	10000	43011.09	0.23
卢森堡	30000	122476.00	0.24

---

① https：//www.ey.com/gl/en/services/tax/global-tax-guide-archive.

续表

国家（地区）	起征点*	人均 GDP*	起征点/人均 GDP
新西兰	60000	169486.47	0.35
荷兰	20000	47120.45	0.42
加拿大	30000	61472.67	0.49
德国	22000	42293.17	0.52
葡萄牙	12500	20846.12	0.60
比利时	25000	40749.44	0.61
希腊	10000	16051.42	0.62
以色列	100491	158990.21	0.63
塞浦路斯	15600	23189.70	0.67
奥地利	35000	45878.96	0.76
韩国	30000000	37412772.44	0.80
澳大利亚	75000	77495.63	0.97
瑞士	100000	87231.06	1.15
捷克	1000000	545749.48	1.83
爱沙尼亚	40000	21780.79	1.84
斯洛文尼亚	50000	23221.13	2.15
日本	10000000	4441143.78	2.25
意大利	65000	28704.16	2.26
法国	85800	36852.25	2.33
阿联酋	375000	158296.94	2.37
匈牙利	12000000	4933208.55	2.43
英国	85000	33392.97	2.55
拉脱维亚	40000	15344.88	2.61
立陶宛	45000	15873.99	2.83
巴哈马群岛	100000	34864.00	2.87
斯洛伐克	49790	17327.90	2.87
保加利亚	50000	16980.71	2.94
克罗地亚	300000	98915.01	3.03
波兰	200000	60400.78	3.31

续表

国家（地区）	起征点*	人均GDP*	起征点/人均GDP
阿尔巴尼亚	2000000	588058.44	3.40
巴林	37500	8837.51	4.24
沙特阿拉伯	375000	86774.24	4.32
蒙古国	50000000	11440525.68	4.37
罗马尼亚	300000	50399.26	5.95
泰国	1800000	242380.62	7.43
埃及	500000	53015.26	7.43
塞尔维亚	8000000	780092.23	10.26
马来西亚	500000	47283.36	10.57
俄罗斯	8000000	745159.52	10.74
南非	1000000	92629.69	10.80
乌克兰	1000000	89547.16	11.17
新加坡	1000000	88991.23	11.24
印度	4000000	149056.63	26.84
菲律宾	3000000	180512.66	16.62
平均值	—	—	3.91

注：＊为避免汇率换算的误差，本书对起征点和人均 GDP 的考察均以各国（地区）本币表示。

资料来源：人均 GDP 依据 2019 年各国（地区）人口和 GDP 计算得出，数据来自 OECD 和 IMF 数据库；起征点数据来自 Worldwide VAT, GST and Sales Tax Guide (2020)。

还有部分国家（地区）不止设置一个增值税起征点，而是根据增值税应税行为的不同，分别对销售货物和提供服务设置不同的起征点，如爱尔兰、马耳他和中国台湾地区，见表 7-3。

表 7-3　　　　　设置多重增值税起征点的国家（地区）

国家（地区）	人均GDP*	起征点*		起征点/人均GDP
中国台湾	820143.00	销售货物：960000		1.17
		提供服务：480000		0.59
爱尔兰	70469.09	销售货物：75000		1.06
		提供服务：37500		0.53

续表

国家（地区）	人均 GDP*	起征点*		起征点/人均 GDP
马耳他	31952.53	销售货物：35000		1.10
		低增值服务：24000		0.75
		其他服务：20000		0.63

注：*为避免汇率换算的误差，本书对起征点和人均 GDP 的考察均以各国（地区）本币表示。

资料来源：2019 年中国台湾的人均地区生产总值来自《中国统计年鉴（2020）》，其他数据来源同表 7-2。

由表 7-2、表 7-3 可知，第一，所有国家（地区）起征点占人均 GDP 比值的平均值为 3.91，绝大多数国家（地区）的起征点占人均 GDP 的比值在 5 以下。第二，在对销售货物和提供服务分开设置起征点的国家（地区），通常销售货物的起征点相对较高，提供服务的起征点相对较低。第三，各国（地区）起征点差异非常大，总体来看，发展中国家（地区）起征点相对偏高，发达国家（地区）起征点相对偏低。此外，个别国家（如英国）还会根据物价和收入变化情况，每年调整增值税的起征点，类似于个人所得税费用扣除标准的指数化调整。

按照《增值税暂行条例实施细则》规定，我国增值税的起征点规定如下：（1）销售货物的，为月销售额 5000～20000 元；（2）销售应税劳务的，为月销售额 5000～20000 元；（3）按次纳税的，为每次（日）销售额 300～500 元，各省、自治区、直辖市财政厅和国家税务局应在规定的幅度内，根据实际情况确定本地区适用的起征点，并报财政部、国家税务总局备案。自 2013 年鼓励"大众创业、万众创新"以来，我国增值税的起征点不断提高。自 2013 年 8 月 1 日起，我国增值税的起征点统一调整为月销售额 2 万元。[1] 自 2014 年 10 月 1 日起，增值税起征点提高至月销售额 3 万元。[2] 自 2019 年 1 月 1 日起，

---

[1] 自 2013 年 8 月 1 日起，对增值税小规模纳税人中月销售额不超过 2 万元的企业或非企业性单位，暂免征收增值税。参见《财政部 国家税务总局关于暂免征收部分小微企业增值税和营业税的通知》（财税〔2013〕52 号）。

[2] 为进一步加大对小微企业税收支持力度，经国务院批准，自 2014 年 10 月 1 日起至 2017 年 12 月 31 日，对月销售额 2 万元（含本数）至 3 万元的增值税小规模纳税人，免征增值税。参见《财政部 国家税务总局关于进一步支持小微企业增值税和营业税政策的通知》和《财政部 国家税务总局关于继续执行小微企业增值税和营业税政策的通知》（财税〔2014〕71 号）。

增值税起征点再次提高至月销售额 10 万元①，换算成年销售额为 120 万元。依据《中国统计年鉴（2020）》的数据，2019 年我国人均 GDP 为 70892 元，2019 年起征点占人均 GDP 的比值约为 16.93，不仅大大高于上述国家（地区）平均值，而且高于上述所有国家（地区）起征点占人均 GDP 的比值，起征点设置显著偏高。我国不断提高起征点的初衷是减轻小微企业的税收负担，鼓励创业，但过高的起征点在实践中存在以下弊端：第一，破坏了增值税的抵扣链条；第二，造成销售额处于起征点附近的纳税人税负不公平②；第三，很多企业利用起征点政策在免税标准内顶格虚开增值税发票，造成国家税款流失。因此，有必要适当降低增值税的起征点。

参照世界各国（地区）增值税起征点占人均 GDP 比值的平均水平，特别是发展中国家及周边国家（地区）增值税起征点的平均水平，建议下调我国增值税的起征点至月销售额 50000 元（年销售额 60 万元）。亚洲国家（地区）起征点平均不超过人均 GDP 的 8 倍，以 2019 年我国人均 GDP 70892 元计算，起征点适宜设置为 567136 元（70892 元×8），平摊至 12 个月，平均每月为 47261 元。所以建议起征点设置在 50000 元左右比较合适。

7.4.2　小规模纳税人认定标准

按照增值税法的规定，我国增值税纳税人按照会计核算健全与否和经营规模大小划分为一般纳税人和小规模纳税人。准确来说，小规模纳税人是指年销售额在起征点以上、规定标准以下，并且会计核算不健全③，不能按规定报送有关税务资料的增值税纳税人，是介于无纳税资格主体和一般纳税人之间的一

---

① 自 2019 年 1 月 1 日至 2021 年 12 月 31 日，对月销售额 10 万元以下（含本数）的增值税小规模纳税人，免征增值税。参见《财政部 国家税务总局关于实施小微企业普惠性税收减免政策的通知》（财税〔2019〕13 号）。

② 例如，如果每月销售额 99999 元，则未达到增值税起征点，不用缴纳增值税；如果月销售额 100001 元，则达到起征点，不仅要缴纳增值税，而且要全额缴纳增值税。按照现行 3% 征收率计算，需缴纳增值税税款 2900 余元，形成税负的突变和不公平。

③ 虽然增值税一般纳税人的认定标准包括会计核算与经营规模两个条件，但事实上，会计核算的条件是次要条件。按照税法规定，只要纳税人的销售额达到了规定标准，就必须登记为增值税的一般纳税人，如未办理一般纳税人认定手续的，应按销售额依照增值税税率计算应纳税额，同时不得抵扣进项税额。反过来，即使纳税人达不到经营规模条件，但如果能够做到会计核算健全，按期向税务机关报送增值税进、销项税额和应纳税额相关资料的，也可以登记为增值税的一般纳税人。

类特殊纳税主体。当小微企业被认定为小规模纳税人时，对其采取简易计税的征税方式（flat-rate scheme for small business），即直接将销售额按简易征收率计算缴纳增值税，同时不允许进项税额抵扣。1994 年分税制改革之初，我国增值税小规模纳税人的认定标准为：从事货物生产或提供应税劳务的纳税人，以及以从事货物生产或提供应税劳务为主，并兼营货物批发或零售的纳税人（以下简称"工业企业"），年应税销售额 100 万元；从事货物批发或零售的纳税人（以下简称"商业企业"），年应税销售额 180 万元。2009 年，按照修订后的《增值税暂行条例实施细则》，增值税小规模纳税人的标准调整为：工业企业年应税销售额 50 万元，商业企业应税销售额 80 万元。2012 年"营改增"之后，对"营改增"试点行业小规模纳税人实行年应税销售额 500 万元的认定标准。2018 年 5 月 1 日开始，将所有行业增值税小规模纳税人的认定标准统一为 500 万元。可以说，我们国家增值税小规模纳税人的认定门槛经历了一个先收紧后放宽的变化过程。

国际社会对增值税起征点和小规模纳税人的设置组合可以分四种情形：情形一，既设置了起征点又设置了小规模纳税人，如英国、比利时、加拿大、印度；情形二，设置了起征点，但未设置小规模纳税人，如法国、澳大利亚、奥地利、印度尼西亚；情形三，设置了小规模纳税人，但未设置起征点，如西班牙；情形四，起征点和小规模纳税人均未设置，如巴西。大多数国家属于第二类情形，少数国家属于第一种、第四种情形，个别国家属于第三种情形。由于有关小规模纳税人的资料较少，本部分仅依据可获取资料进行了小规模纳税人标准的比较分析，见表 7-4。

表 7-4　　　　　　各国（地区）增值税小规模纳税标准比较

国家（地区）	小规模纳税人标准*	人均 GDP*	小规模纳税人标准/人均 GDP
芬兰	30000	98915.01	0.30
韩国	48000000	37412772.44	1.28
瑞典	1000000	493632.44	2.03
葡萄牙	50000	20846.12	2.40
中国台湾	2400000	820143.00	2.93
英国	150000	33392.97	4.49
加拿大	400000	61472.67	6.51

续表

国家（地区）	小规模纳税人标准*	人均 GDP*	小规模纳税人标准/人均 GDP
西班牙	250000	26978.94	9.27
比利时	750000	40749.44	18.41
印度	货物和餐饮 15000000	149056.63	100.63
	其他行业 5000000	149056.63	33.54
瑞士	5005000	87231.06	57.38
平均值	—	—	19.93

注：＊为避免汇率换算的误差，本书对增值税小规模纳税人标准和人均 GDP 的考察均以各国（地区）本币表示。

资料来源：2020 年各国（地区）小规模纳税人认定标准来自 IBFD 数据库，人均 GDP 来自 OECD 数据库。

由表 7–4 可知，第一，各国（地区）增值税小规模纳税人的认定标准差异巨大，认定标准最低的如芬兰，仅占人均 GDP 的 0.3，而认定标准最高的如瑞士，达到人均 GDP 的 57 倍之多。[①] 第二，各国（地区）小规模纳税标准平均约为人均 GDP 的 20 倍，且在同时设置起征点和小规模纳税人的国家（地区）中，小规模纳税人的认定标准显著高于增值税的起征点，约为起征点的 3 倍。总体来说，设置增值税小规模纳税人标准的国家（地区）非常少。

2012 年"营改增"之前，我国增值税小规模纳税人的认定标准呈收紧状态。2009 年，工业企业和商业企业的增值税小规模纳税人认定标准分别由年销售额 100 万元和 180 万元下调至 50 万元和 80 万元，增值税管理趋于规范化。50 万元和 80 万元的认定标准分别占 2019 年我国人均 GDP 70892 元的 7 倍和 11 倍，与世界各国（地区）平均水平基本相当。而 2012 年"营改增"之后，为了帮助试点行业顺利过渡，降低试点行业的增值税税负，我国将增值税小规模纳税人的认定标准陡然提升为年销售额 500 万元，约为 2019 年我国人均 GDP 70892 元的 70.53 倍，不仅大大高于上述国家平均值，而且高于上述所有国家小规模纳税人认定标准占人均 GDP 的比值，认定标准显著偏高。可见，我国增值税小规模纳税人认定标准的设置更多是基于降低小规模纳税人税负的权宜之计，而不是基于增值税规范化发展的长远考虑。

首先，增值税小规模纳税人认定标准偏高带来的最大弊端就是造成我国小

---

① 资料来源：IBFD。瑞士税法规定：年营业额不超过 505 万瑞士法郎或年增值税净负担不超过 103000 瑞士法郎的企业家可以选择简易计算方法。

规模纳税人比重过大。过高的认定标准使得我国许多纳税人被排除在一般纳税人以外，致使小规模纳税人数量远远超过一般纳税人。根据《中国税务年鉴》的统计，在我国所有登记注册的增值税纳税户中，小规模纳税人占比高达80%~90%①，"营改增"后在一些地区甚至高达90%以上，占据了纳税主体的绝大多数。真正适用增值税标准计税方法的只有很少部分纳税人，增值税并没有真正意义上全社会实施。

大量小规模纳税人占据纳税主体的客观事实，把我国增值税撕裂成两个高度分化的版块：一个是环环抵扣的规范增值税版块，另一个则是不能抵扣进项税额的非规范增值税版块②，成为事实上的"一税两制"。由于小规模纳税人被排斥在规范的增值税征税制度之外，因此，其范围的大小直接关乎现实增值税与理想增值税之间的差距。对于不能抵扣进项税额的小规模纳税人而言，这种非规范的增值税不过是披着增值税外衣的营业税，其本质依然属于营业税范畴，违背了增值税税款抵扣、税收中性的原则，与"营改增"的改革初衷背道而驰。正是由于小规模纳税人的大量存在，造成增值税内部的高度分裂，背离了税收中性的理论优势，给了攻击增值税制度者以口实，甚至因此断言增值税并不适合中国国情和中国经济的特性③，因此，基于税收制度的规范化，增值税改革的基本方向应该是降低小规模纳税人的认定门槛、缩小小规模纳税人的范围，力争将大部分企业纳入增值税规范抵扣链条。

其次，增值税小规模纳税人认定标准偏高带来的另一个弊端就是造成税负不公、助长税款流失。在现实生活中，对小规模纳税人而言，虽然其进项税额不能抵扣，但3%的征收率大大降低了其实际税负，使其税收负担相对偏低，造成不同身份纳税人之间的税负不公平。同时，由于小规模纳税人账册不健全，税收监控难度较大，往往采取核定征收方式，在税收征管中具有非常大的弹性空间，偷逃税机会更大。相当部分小微企业从实际税负出发，想方设法通

---

① 刘玉兵，等. 增值税纳税人的分类标准需重新划分 [N]. 中国税务报，2014 - 2 - 12（B02）.

② 事实上，我国不仅对增值税小规模纳税人实施简易计税办法，对一般纳税人发生的某些特殊业务也允许选择简易计税办法征收增值税（如小型水力发电企业、砖、瓦、石灰、混凝土生产企业、生物制品企业等），特别是"营改增"之后，国家税务总局又先后出台了 27 项按简易办法计税的政策，大大弱化了增值税的抵扣机制。

③ 王雍君. 与其改良增值税，不如转型为消费税，新浪财经网，2021 - 1 - 14.

过机构拆分、"注销—登记—再注销"反复登记、"化整为零"冒用他人的姓名到税务部门代开发票等避免成为一般纳税人[1]，加剧了小规模纳税人比重过大的现象，助长了税收收入的流失。

从增值税发展的国际趋势来看，降低增值税小规模纳税人比重正在被部分国家所践行。虽然设定较高的小规模纳税人标准，在一定程度上有利于减轻小微企业的增值税税负，但同时却以牺牲增值税的公平性、规范性、扭曲税收经济效率为代价。有鉴于此，部分国家正在采取措施逐步降低小规模纳税人的比重。例如，日本 1989 年小规模纳税人标准为 5 亿日元，1991 年下调至 4 亿日元，1997 年下调至 2 亿日元，2004 年进一步下调至 5000 万日元，并一直保持到 2020 年。韩国通过保持小规模纳税人认定标准长期不变[2]，使小规模纳税人所占比重从 2000 年的 49.2%，降至 2005 年的 38.9%，降至 2009 年的 36.4%，2013 年又进一步降至 28%。[3] 法国通过设置较低的小规模纳税人标准，使其在所有纳税人中占比为 30% 左右。[4]

参照世界各国（地区）增值税起征点占人均 GDP 比值的平均水平，建议下调我国增值税小规模纳税人的认定标准至年应税销售额 150 万~200 万元。若按世界各国（地区）小规模纳税人认定标准平均约为人均 GDP 的 20 倍，以 2019 年我国人均 GDP 70892 元计算，则小规模纳税人认定标准应设置在 140 万元左右（70892×20=1417840）；若按世界各国（地区）小规模纳税人认定标准约为起征点的 3 倍，如前所述，我国增值税起征点的适宜标准为年销售额 60 万元，则小规模纳税人认定标准应设置在 200 万元以内。故综合来看，建议我国小规模纳税人认定标准至年应税销售额 150 万~200 万元。长期来看，结合缩小小规模纳税人比重的国际趋势，建议将我国小规模纳税人的认定标准与小规模纳税人占比相挂钩，设定将小规模纳税人占比逐步降至 50% 左右的改革目标，并根据经济发展情况循序渐进调整小规模纳税人认定标准，保持政策调整的合理性和可预见性。

---

① 范伟红，刘丹. 增值税纳税人分类管理制度弊端与重构建议 [J]. 会计之友，2015（9）：110－114.

② 韩国增值税小规模纳税人认定标准自 2000 年到 2020 年，一直保持 4800 万韩元不变。资料来源：IBFD 数据库，https：//www.ibfd.org.

③ 庞凤喜. 中韩小型企业纳税人税制安排及效应比较分析 [J]. 税收经济研究，2013（5）：1－6.

④ 杨晓兰，等. 增值税制度国际比较及对我国的经验借鉴 [J]. 金融会计，2010（3）：60－66.

值得注意的是，增值税起征点和小规模纳税人认定标准的调整是密切相关的，必须同步下调。我国现行起征点为年销售额 120 万元，若认定标准下调至 200 万元而起征点不变，则会因两者落差太小而使认定标准适用空间太小而意义不大。因此，在下调增值税纳税人认定标准的同时必须相应下调增值税的起征点。

与此同时，下调增值税小规模纳税人认定标准必须健全全社会的会计核算水平，确保超过认定标准的小微企业具备相应的会计核算和账簿管理能力。一方面，小规模纳税人可以通过聘请中介机构代理建账，以满足增值税申报的会计核算要求；另一方面，随着会计电算化和记账机器人技术的推广发展，账务处理事务也越来越自动化、智能化。健全规范的会计核算不仅是一个社会文明进步的标志，也是税收法治化建设的前提和基础，可以大大提升全社会的纳税意识、提高税收征管效率。

7.4.3 征收率的设置

各国（地区）对增值税小规模纳税人采取的简易征税方法各不相同，有的简化会计核算或延长纳税申报期限（如德国、法国），有的实行流转税和所得税合并申报的方式（如南非、瑞典），有的采取由税务机关根据纳税人的雇员人数、设备数量、经营场所面积等外部生产要素来核定税款的方式（如西班牙、阿根廷），有的直接按照纳税人购进货物进项税额的一定比例来缴纳税款（如葡萄牙）或抵扣税款（如日本），而我国和英国、比利时、印度等国则采取对小规模纳税人的全部销售额按照一个固定征收率来计算税款（flat - rate scheme）的简易征税方式。

由于在这种固定征收率的简易征税方式下，征收率的设置大大低于正常税率，小规模纳税人通常不允许抵扣进项税额，所以税制设计的核心问题就是征收率的确定，它直接决定了小规模纳税人的增值税负担。在 1994 年分税制改革之初，我国对所有行业统一实行 6% 的征收率。从 1998 年 1 月 1 日起，我国将商业企业的征收率下调至 4%①，形成工业企业 6%，商业企业 4% 的两档征收率格局。2009 年 1 月 1 日之后，伴随着《增值税暂行条例》的修订，我国

---

① 《国家税务总局关于贯彻国务院有关完善小规模商业企业增值税政策的决定的通知》（财税字〔1998〕113 号）。

将 6% 和 4% 的增值税征收率统一调整为 3%。"营改增"之后，对"营改增"行业基本上沿用 3% 的征收率，但对销售不动产和不动产租赁等极少数业务采用 5% 的征收率。需要补充说明的是，受新冠肺炎疫情影响，自 2020 年 3 月 1 日以来，我国暂时将小规模纳税人的征收率下调至 1%。2021 年 3 月的政府工作报告进一步明确，这一政策将延续至 2021 年 12 月 31 日。

7.4.3.1　现行征收率是否偏高

在这种固定征收率的简易征税方式下，小规模纳税人和一般纳税人实行的是两套平行的、完全不同的税款计征方式，因而必然形成两类纳税人之间的税负差异。在我国增值税发展的各个阶段，均有观点指责小规模纳税人的税负远远超过一般纳税人（如彭鹏翔，1997[①]；岳树民，2003[②]；王建平，2009[③]；李晖，2019[④]；等等），但其实这种观点是经不起推敲的。

首先，这些研究观点均是将一般纳税人的实际增值税税负和小规模纳税人的名义税负进行比较，得出的结论根本没有可比性。从我国税收征管的实际情况看，小规模纳税人往往通过隐瞒收入的方式使其实际税负远远低于法定征收率。[⑤] 表面上看，小规模纳税人没有进项税额抵扣，其名义征收率即是其实际税负率，其实不然。由于小规模纳税人没有建账，无账可查，往往只能核定征收，使其实际税负大大低于其名义征收率。不然就无法解释以下两大事实：一是现实生活当中，为什么许多小企业更倾向于选择小规模纳税人的身份，为什么有那么多纳税人想方设法逃避一般纳税人身份认定，原因恰恰在于国家对小规模纳税人的税务管理较为宽松，计税方式简单且税负更轻。例如，2014 年 6 月对重庆市垫江县 2013 年超过小规模纳税人标准的 109 个企业的调查显示，109 家企业中，主动申请认定一般纳税人的只有 7 家，比例不到一成。[⑥] 二是

① 彭鹏翔. 对小规模纳税人增值税征收率的探讨 [J]. 上海会计，1996 (5)：31.

② 岳树民，等. 改进增值税小规模纳税人管理制度的探讨 [J]. 当代经济研究，2003 (5)：45 - 48.

③ 王建平. 应继续调整和降低增值税小规模纳税人的征收率 [J]. 税务研究，2009 (8)：40 - 43.

④ 李晖. 增值税纳税人分类制度探讨 [J]. 税务研究，2019 (2)：37 - 40.

⑤ 王建平. 适度降低法定税率是完善增值税制度的关键 [J]. 税务研究，2017 (11)：40 - 45.

⑥ 范伟红，刘丹. 增值税纳税人分类管理制度弊端与重构建议 [J]. 会计之友，2015 (9)：110 - 114.

2012年"营改增"之后，我国将增值税小规模纳税人的标准从50万元和80万元提高至500万元，这项措施的目的显然是为了扩大按征收率简易征税的范围，从而降低"营改增"纳税人的税收负担。如果小规模纳税人的负担更重，那我们应该降低小规模纳税人的认定标准才对。

其次，如果小规模纳税人认为自己税负更重，完全可以通过健全会计核算获得增值税一般纳税人的身份认定。按照我国现行税法的规定，即使小微企业达不到500万元的经营规模，但只要能够做到会计核算健全，按期向税务机关报送增值税进、销项税额和应纳税额相关资料，也可以主动登记为增值税一般纳税人。而且为深入贯彻落实国务院"放管服"改革，自2015年4月1日起，增值税一般纳税人管理制度已经由审批制改为登记制①，即是否登记为增值税一般纳税人的主动权完全掌握在纳税人自己手中，而广大小规模纳税人为什么不去登记，其背后的原因不言自明。事实上，现实税收征管的难点不在于怎样让小规模纳税人获得一般纳税人身份，而是如何督促已经达到一般纳税人标准的小规模纳税人及时去办理一般纳税人的登记手续。为此，国家还专门制定了相关法规，明确对不按规定办理一般纳税人登记的企业的处罚措施②，但结果收效甚微。如果能够严格贯彻落实一般纳税人登记管理办法，不仅能打通两类纳税身份，保障税收公平，而且还可以倒逼企业完善财务管理和会计核算工作，大大地推进全社会的税收法治化进程。

所以，一些学者基于小规模纳税人税负更重提出应降低增值税征收率的观点是不成立的。但是，如果结合我国增值税整体税率结构调整趋势来看，适当下调增值税征收率也不是完全没有理由。2012年"营改增"之前，增值税基本税率为17%，征收率为3%，征收率占基本税率的17.65%。2018年、2019年两次下调增值税基本税率以后，基本税率降至13%，征收率依然是3%不变，占基本税率的比重上升至23.08%。从相对税负来看，小微企业的税负没有和一般纳税人同时下调，存在一定的下调空间，今后应该考虑将征收率与基

---

① 参见《国家税务总局关于调整增值税一般纳税人管理有关事项的公告》（国家税务总局公告2015年第18号）。

② 我国《增值税暂行条例实施细则》第三十四条规定：除本细则第二十九条规定外，纳税人销售额超过小规模纳税人标准，未申请办理一般纳税人认定手续的，应按销售额依照增值税税率计算应纳税额，不得抵扣进项税额，也不得使用增值税专用发票。

本税率同步进行调整。至于部分观点提出日本、韩国和中国台湾的小规模纳税人征收率更低,所以我国应该下调征收率的理由也是不能成立的,因为不同国家(地区)增值税的基本税率不同,这本身并没有任何可比性。例如,中国台湾地区增值税税率为5%,小规模纳税人的征收率为1%,征收率占税率的20%,这一比例与我国的情况其实是差不多的。

最后,判断增值税征收率水平是否适当的标准,不应该看小规模纳税人税负是否显著低于一般纳税人的平均税负,而是应该着眼于保证一般纳税人和小规模纳税人之间的税负大体平衡。简易征税方式的主要目的不是减税,而是简化小规模纳税人的纳税手续、降低小规模纳税人的纳税成本。因此,不应在征收率的设计上人为制造税负差异,形成税负不公,扰乱税收征管秩序。

7.4.3.2 征收率是否需要分行业设置

关于征收率的另一个争议是,征收率应该统一,还是应该区分不同行业进行差异化设置。王建平(2009)根据不同行业增值税一般纳税人的平均税负,建议对采掘业、制造业、商业分别设计征收率,其中,采掘业3%、制造业2%、商业1%。梁季(2014)则认为,多档征收率会增加征管成本和难度,为设租和寻租提供空间,建议适用单一征收率。

首先,在理论上,统一征收率和差异化征收率各有优缺点(类似于增值税单一税率模式和复合税率模式的优缺点比较),核心问题是税负公平和征管效率之间的权衡(详见第2章2.4的分析)。如果有一个合理、清晰的标准对行业进行划分,并且能够杜绝设租和寻租的空间,配合严格、高效的税收征管,实行差异化征收率也未尝不可一试。但以我国现实的税收征管水平和税收环境来看,如果实行差异化征收率将面临现行增值税多档税率并存相似的征管困境。

其次,关于设置差异化征收率的标准。如果要实行差异化征收率,则如何差异化的标准需要合理把握。大部分观点建议,根据各行业利润率的高低设置增值税征收率,即成本利润率高的行业征收率更高,成本利润率低的行业征收率更低。这种观点其实混淆了增值税和所得税的本质区别,是具有误导性的。增值税作为允许抵扣的流转税,其本意是对每一个流通环节的新增价值课税,所以,如果要实行差异化的征收率,其依据只能是各行业的增值率。增值率和成本利润率的区别在于,增值率只考虑可以抵扣进项税额的成本项目的扣减,而成本利润率需要考虑所有成本项目的扣减（包括人工成本及其他不能抵扣进项税额的成本项目），增值税意义上的增值率要大大高于会计上的成本利润率，特别是对于人力成本较高的服务性行业。

按照各行业增值率高低来设置增值税征收率的典型例子是英国，2019～2020财年英国各行业增值税征收率见表7-5。

表7-5 英国小规模纳税人增值税征收率

序号	行业名称	征收率（%）
1	零售食品、糖果、烟草、报纸或儿童服装	4
2	邮政	5
3	畜牧业或农业	6.5
4	酒吧	6.5
5	零售车辆或燃料	6.5
6	其他零售业	7.5
7	批发食品	7.5
8	会员组织	8
9	零售药品、医疗用品、化妆品或洗漱用品	8
10	农产品批发	8
11	印刷	8.5
12	汽车修理	8.5
13	运动或娱乐	8.5
14	其他批发业	8.5
15	制造食品	9
16	制造纱线、纺织品或服装	9
17	包装	9
18	一般建筑或工程服务	9.5
19	货租赁物	9.5
20	图书馆、档案馆、博物馆或其他文化活动	9.5
21	其他制造业	9.5
22	采矿或采石	10
23	修理个人或家庭用品	10
24	运输或储存，包括货运、搬运、快递服务和出租车	10

续表

序号	行业名称	征收率（%）
25	计算机维修服务	10.5
26	处理废物或废料	10.5
27	林业或渔业	10.5
28	酒店或住宿	10.5
29	金属制品制造	10.5
30	旅行社	10.5
31	广告	11
32	农业服务	11
33	摄影	11
34	出版	11
35	社会工作	11
36	兽药	11
37	其他服务	12
38	寄养或照料动物	12
39	其他商业服务	12
40	地产代理或物业管理服务	12
41	调查或安保	12
42	洗衣或干洗服务	12
43	餐饮服务，包括餐厅和外卖	12.5
44	娱乐业或新闻业	12.5
45	电影，广播，电视或视频制作	13
46	美发或其他美容服务	13
47	文秘服务	13
48	金融服务	13.5
49	管理咨询	14
50	其他房地产活动	14
51	会计或簿记	14.5
52	建筑师、土木和结构工程师或监理	14.5
53	计算机和 IT 咨询或数据处理	14.5

续表

序号	行业名称	征收率（%）
54	仅提供劳务的建筑服务	14.5
55	律师或法律服务	14.5
56	有限成本业务	16.5

资料来源：2020 年 IBFD 数据库。

2019～2020 财年，英国增值税的标准税率为 20%，对连续 12 个月内营业额在 15 万英镑以下的小微企业，允许申请使用固定征收率（flat‑rate）计算增值税，同时不能抵扣进项税额。[①] 行业差异化征收率的设计基于各行业购进项目的比例不同，范围从 4%～16.5%（见表 7‑5）。如零售食品、报纸、糖果的购货成本比重较高、可抵扣进项税额较多，所以征收率仅为 4%；而会计或法律服务主要是人力成本，可抵扣进项税额的物耗成本非常少，所以征收率高达 14.5%。自 2017 年 4 月 1 日起，英国还增设了有限成本项目，适用 16.5% 的最高征收率。有限成本业务指可以抵扣进项税额非常少（购进货物的金额低于销售额的 2%）或者几乎没有进项税额抵扣（不超过 1000 英镑/年）的活动，引入这一项目的目的就是作为一项反税收滥用措施，防止纳税人借简易征税来避税。

从英国差异化征收率的设置来看，第一，征收率并没有全部无条件地大大低于正常税率，充分考虑了小规模纳税人与一般纳税人之间的税负平衡，不会对纳税人的身份选择造成扭曲。第二，征收率的高低与行业增值率成正比、与行业可抵扣进项税额多少成反比的做法，与国内一些认为对于购进项目少的服务行业应该适用更低征收率的观点截然相反。事实上，韩国对各行业增值率的设计也体现了相同的原理（见第 2 章 2.4.2 部分）。

基于英国增值税征收率的经验，随着我国税收征管能力的提高，未来可以考虑按照行业可抵扣进项税额的大小（即增值率）来设置行业差异化的增值税征收率。但需要强调的是，一方面，设置行业差异化征收率的首要目的，不

[①] 当然，如果符合条件的纳税人认为申请加入固定征收率项目计算缴纳增值税没有任何好处的话，可以选择按正常规则征税，固定征收率项目只是给小微企业多一个纳税的选择而已。如前所述，我国的情况也非常类似，对于符合小规模纳税人条件的企业，只要会计核算健全，也可以登记为增值税一般纳税人，按正常增值税规则缴纳增值税。

是刻意减轻小规模纳税人的税收负担，而是最大限度地实现小规模纳税人和一般纳税人之间的税负平衡，更好地体现税收公平和征管效率。降低增值税税负的首要途径，永远是降低增值税的基本税率。另一方面，即使设置行业差异化征收率，出于征管效率的考虑，征收率档次也应尽量精简，否则，将使简易征税的税收征管成本大幅度提高，得不偿失。

最后，关于小规模纳税人简易征税方法的一个延伸问题是，在对小规模纳税人按降低的征收率征税之后，是否还应该允许其抵扣进项税额？在韩国的税收实践中，对于取得进项税金凭证（类似我国的增值税专用发票）的购进货物，以及使用信用卡购进的货物，允许小规模纳税人额外抵扣部分进项税额。故小规模纳税人增值税计算公式为：应纳税额＝销售收入×行业平均增值率×10％－取得增值税凭证的进项税额×行业平均增值率×10％－信用卡支付的购货金额×1.3％（或2.6％）。① 韩国允许小规模纳税人抵扣进项税额的目的有两个：一是鼓励其购物索取增值税凭证；二是鼓励其使用信用卡支付。通过进项税额抵扣，既加强了对上游增值税纳税人的税收监控，又减轻了小规模纳税人的税收负担，其思路类似有奖发票。但这种计征方式相对更为复杂，加大了征税成本，降低了征收效率，与小规模纳税人简易征税方式的初衷背道而驰，可借鉴性不大。

---

① 其中，10％是韩国增值税的税率，平均增值率是按照行业增值率计算的一个法定比例，平均增值率×10％的乘积相当于我国增值税的征收率；信用卡支付的购进货物进项税额抵扣比例是1.3％还是2.6％取决于纳税人所处行业，一般为情况下为1.3％，餐饮、住宿行业为2.6％。参见庞凤喜. 中韩小型企业纳税人税制安排及效应比较分析 ［J］. 税收经济研究，2013（5）：1－6.

参考文献

［1］艾伦·申克，维克多·瑟仁伊，崔威．增值税比较研究［M］．北京：商务印书馆，2018．

［2］爱伦·A．泰特．增值税——国际实践和问题［M］．北京：中国财政经济出版社，1992．

［3］爱伦·A．泰特．增值税：管理与政策问题［M］．北京：中国财政经济出版社，1995．

［4］蔡昌．增值税"扩围"的税率设计及课税原则［N］．财会信报，2011－4－4（B06）．

［5］曹燕萍．我国增值税税率设计的优化［J］．会计之友，2000（7）：24－25．

［6］陈波．浅谈我国增值税税率的档次设计［J］．财经问题研究，1995（9）：1．

［7］陈晓光．增值税有效税率差异与效率损失——兼议对"营改增"的启示［J］．中国社会科学，2013（8）：67－84，205－206．

［8］陈烨，张欣，寇恩惠，等．增值税转型对就业负面影响的CGE模拟分析［J］．经济研究，2010（9）：29－42．

［9］重庆市税务学会课题组．增值税税率下降对建筑行业税负的影响分析——以中铁二十一局集团第五工程有限公司为例［J］．税务研究，2019（12）：35－40．

［10］崔军，胡彬．我国增值税改革的路径选择［J］．税务研究，2015（6）：62－65．

［11］董庆铮．增值税的零税率、低税率和免税［J］．税务研究，1994（7）：21－24．

［12］杜莉．金融业流转税制的国际比较［J］．税务研究，2002（4）：38－42．

［13］杜丽娟．多部门研讨制造业增值税税率或降1%［N］．中国经营报，2016－1－18（A02）．

［14］范伟红，刘丹．增值税纳税人分类管理制度弊端与重构建议［J］．会计之友，2015（9）：110－114．

［15］樊勇，等．增值税制度效应的经济学分析［M］．北京：清华大学出版社，2018．

［16］冯秀娟．中国增值税制度深化改革［M］．北京：中国税务出版社，2015．

［17］葛玉御，田志伟，胡怡建．“营改增”的收入分配效应研究——基于收入和消费的双重视角［J］．当代财经，2015（4）：23－33．

［18］龚辉文．增值税标准税率不宜降低的几点考虑［N］．中国税务报，2013－2－20（5）．

［19］何杨，王文静．增值税税率结构的国际比较与优化［J］．税务研究，2016（3）：90－94．

［20］何杨，邓粞元，朱云轩．增值税留抵退税政策对企业价值的影响研究——基于我国上市公司的实证分析［J］．财政研究，2019（5）：104－117．

［21］姜明耀．增值税“扩围”改革对行业税负的影响——基于投入产出表的分析［J］．中央财经大学学报，2011（2）：11－16．

［22］李晖．增值税纳税人分类制度探讨［J］．税务研究，2019（2）：37－40．

［23］李青，方建潮．增值税全面“扩围”的税率设定探讨［J］．经济理论与经济管理，2014（4）：68－75．

［24］李星，刘红艺．增值税“扩围”的税率选择与居民福利变动研究［J］．统计与决策，2012（11）：164－167．

［25］李学林．营业税改征增值税的税率评估——基于可计算一般均衡模

型的研究 [J]．财经理论与实践（双月刊），2013，34（185）：80 - 84.

[26] 梁发芾．增值税税率还有降低和简并的空间 [N]．中国经营报，2014 - 7 - 5（A14）.

[27] 梁季．我国增值税税率简并：与市场资源配置机制的对接、改革设想与路径分析 [J]．财政研究，2014（9）：9 - 14.

[28] 廖锋，庞凤喜．"营改增"对建筑行业税负影响分析——以 W 桥梁加固企业为例 [J]．财政经济评论，2016（12）：69 - 90.

[29] 刘柏惠．增值税优惠税率过多会增加多重成本 [N]．经济参考报，2016 - 11 - 2（08）.

[30] 刘成龙，牛晓艳．增值税税率简并的价格效应与收入分配效应 [J]．税务研究，2018（8）：36 - 42.

[31] 刘建徽，周志波．"营改增"的政策演进、现实困境及政策建议 [J]．经济体制改革，2016（2）：160 - 165.

[32] 刘怡，耿纯．增值税留抵规模、分布及成本估算 [J]．税务研究，2018（3）：28 - 36.

[33] 刘怡，耿纯．增值税跨地区转移与留抵退税负担机制研究 [J]．税务研究，2020（10）：34 - 40.

[34] 卢雄标，童锦治，苏国灿．制造业增值税留抵税额的分布、影响及政策建议——基于 A 省制造业企业调查数据的分析 [J]．税务研究 2018（11）：53 - 59.

[35] 伦玉君，张立球，靳东升．韩国增值税制度及借鉴 [J]．涉外税务，2012（1）：46 - 50.

[36] 聂海峰，刘怡．城镇居民的间接税负担：基于投入产出表的估算 [J]．经济研究，2010（7）：31 - 42.

[37] 庞凤喜．中韩小型企业纳税人税制安排及效应比较分析 [J]．税收经济研究，2013（5）：1 - 6.

[38] 彭鹏翔．增值税税率应如何调整——增值税税率及小规模纳税人征收率优化调整的定量研究 [J]．税务与经济（长春税务学院学报），1997（2）：16 - 19.

［39］彭鹏翔．新增值税两种纳税人税负基本一致的探讨——关于小规模纳税人征收率的调整［J］．税务与经济（长春税务学院学报），1997（4）：15－18．

［40］彭雪，白兰．增值税税率的国际借鉴及改革启示［J］．经济视角，2013（7）：89－90，88．

［41］平新乔，梁爽，郝朝艳，张海洋，毛亮．增值税与营业税的福利效应研究［J］．经济研究，2009（9）：66－80．

［42］平新乔，张海洋，梁爽，郝朝艳，毛亮．增值税与营业税的税负［J］．经济社会体制比较，2010（3）：6－12．

［43］史明霞，王宁．增值税税率简并对产业发展的影响——以北京市为例［J］．地方财政研究，2016（9）：47－60．

［44］谭郁森，朱为群．增值税改革的税率选择［J］．税务研究，2013（1）：51－54．

［45］田志伟，胡怡建．"营改增"对财政经济的动态影响：基于CGE模型的分析［J］．财经研究，2014（2）：4－18．

［46］田志伟，孔庆凯，王再堂．简并优化增值税税率结构对增值税收入影响的测算［J］．税务研究，2018（8）：26－30．

［47］万莹．"营改增"后增值税税率简并方案设计——基于收入分配的视角［J］．税务研究，2018（3）：37－43．

［48］汪冲．增值税"扩围"、单一税率改进与效率得益［J］．税务研究，2011（3）：81－87．

［49］王朝才，许军，汪昊．从对经济效率影响的视角谈我国增值税扩围方案的选择［J］．财政研究，2012（7）：28－33．

［50］汪德华．论中国税制体系中增值税的定位［J］．南京大学学报，2012（5）：13－20．

［51］汪德华、孟红．社保增值税适用于中国吗——基于国际经验的分析［J］．国际税收，2017（9）：42－46．

［52］王根贤．理想的增值税税率分析及政策建议［J］．光华财税年刊，2005（12）：237－240．

［53］王建平．设计合理的增值税税率结构［J］．税务研究，1997（6）：32－35.

［54］王建平．增值税改革中税率问题的探讨［J］．税务研究，2005（9）：36－38.

［55］王建平．应继续调整和降低增值税小规模纳税人的征收率［J］．税务研究，2009（8）：40－43.

［56］王建平．适度降低法定税率是完善增值税制度的关键［J］．税务研究，2017（11）：40－45.

［57］王建平．确定增值税税基的基本思路：宽广、完整与准确［J］．税务研究，2018（8）：21－25.

［58］王建平．继续优化增值税的税率结构［J］．中国税务2018（9）：50－51.

［59］王建平．按照低税负宽税基的理念构建更加公平的增值税制度［J］．税务研究，2020（3）：42－48.

［60］王金霞，彭泽．建筑业改征增值税的税率选择［J］．税务研究，2014（1）：52－54.

［61］王楠．欧盟国家图书、报纸、期刊增值税税率情况与我国之比较［J］．中国出版，2009（4）：31－34.

［62］王其文，李善同．社会核算矩阵：原理、方法和应用［M］．北京：清华大学出版社，2008.

［63］解学智，张智勇．世界税制现状与趋势（2014）［M］．北京：中国税务出版社，2014：174－175.

［64］徐莉．中国税收可计算一般均衡模型研究［M］．北京：中国财政经济出版社，2010.

［65］闫晴．增值税小规模纳税人身份转换的现实困境与制度创新［J］．税务与经济，2018（1）：74－80.

［66］杨斌，等．中国金融业"营改增"路径的现实选择［J］．财贸经济，2015（6）：79－81.

［67］杨抚生，邹昱．对建筑业改征增值税的思考［J］．税务研究，2011

（10）：22 - 26.

［68］杨志勇. 直接降税率可让增值税改革更顺畅［N］. 21 世纪经济报道，2016 - 8 - 16（004）.

［69］禹奎，陈小芳. 我国建筑业"营改增"的税率选择与征管［J］. 税务研究，2014（12）：31 - 35.

［70］郁东敏，朱庆民. 增值税税率的经济学分析［J］. 辽宁税务高等专科学校学报，2001，13（6）：5 - 8.

［71］赵恒. 现行税收负担结构与增值税税率［J］. 税务研究，1994（6）：23 - 26.

［72］朱为群，陆施予. 我国增值税税率简并改革的目标与路径选择［J］. 地方财政研究，2016（9）：9 - 14.

［73］ Alan A. Tait. Value Added Tax-international Practice and Problems［M］. International Monetary Fund，1988.

［74］ Alberts Auziņš, Aleksejs Nipers, Vulfs Kozlinskis. Effect of Value Added Tax Rate Changes on Market Equilibrium，2008：15 - 22.

［75］ Amaresh Bagchi. Towards GST：Choices and Trade-offs［J］. Economic and Political Weekly，2006，41（14）：1314 - 1317.

［76］ André Decoster, Jason Loughrey, Cathal ODonoghue, Dirk Verwerft. How Regressive are Indirect Taxes? A Microsimulation Analysis for Five European Countries［J］. Journal of Policy Analysis and Management，2010，29（2）：326 - 350.

［77］ Atkinson, A. B. , Stiglitz, J. E. . The Structure of Indirect Taxation and Economic Efficiency［J］. Journal of Public Economic，1971：97 - 119.

［78］ Atkinson, A. B. , Stiglitz, J. E. The Design of Tax Structure：Direct Versus Indirect Taxation［J］. Journal of Public Economics，1976（6）：55 - 75.

［79］ Ballard, C. L. , J. K. Scholz and J. B. Shoven. The Value-added Tax：A General Equilibrium Look at Its Efficiency and Incidence. In Martin Feldstein, ed. , The Effects of Taxation on Captial Accumulation, National Bureau of Economic Research，1987：445 - 474.

［80］ Bird, Richard M. and Gendron, Pierre-Pascal. The VAT in Developing and Transitional Countries [M]. Cambridge University Press, 2007.

[81] Browning, Edgar. The Burden of Taxation [J]. Journal of Political E-conomy, 1978: 86.

[82] Browning, Edgar. Tax Incidence, Indirect Taxes and Transfers [J]. National Tax Journal, 1985 (38): 525 – 534.

[83] Burman L E. A Blueprint for Tax Reform and Health Reform [J]. Virginia Tax Review, 2009 (28): 287 – 323.

[84] Bye B. , Strom B. , Avitsland T. . Welfare Effects of VAT Reforms: A General Equilibrium Analysis. Discussion Papers No. 343, March 2003, Statistics Norway, Research Department. http: //www. ssb. no. Accessed 25 March 2017.

[85] Carrera, S. . An Expenditure-based Analysis of the Redistribution of Household Income [J]. Economic and Labour Market Review, 2010, 4 (3): 18 – 27.

[86] Charles L. Ballard, John Karl Scholz, John B. Shoven. The Value-added Tax: A General Equilibrium Look at Its Efficiency and Incidence [M]. Chicago University Press, 1987.

[87] Cnossen, Sijbren. Sales Tax and Excise Systems of the World [J]. Public Finance Analysis, 1975: 177 – 236.

[88] Cnossen, Sijbren. Dutch Experience with the Value-added Tax [J]. Public Finance Analysis, 1981, 39 (2): 223 – 254.

[89] Cnossen, Sijbren. Global Trends and Issues in Value Added Taxation [J]. International Tax and Public Finance, 1998 (5): 399 – 428.

[90] Cnossen, Sijbren. Fundamental Tax Reform in the United States [M]. De Economist, 1999 (147): 229 – 237.

[91] Cnossen, Sijbren. Key Questions in Considering a Value-added Tax for Centraland Eastern European Countries [J]. International Monetary Fund Staff Papers, 1992, 39 (2): 211 – 255.

[92] Copenhagen Economics. Study on Reduced VAT Applied to Goods and Services in the Member States of the European Union [R]. 2007.

[93] Crawford I. , Keen, M. and Smith, S. . Value Added Taxes and Exci-

ses, in: Mirrlees, J. A. et al. (eds.), The Mirrlees Review. Dimensions of Tax Design, ch. 4, Oxford University Press, Oxford, 275 – 422, 2010.

[94] Creedy, J. Measuring Welfare Changes and Tax Burdens [M]. Edward Elgar Publishing Limited, 1998.

[95] Creedy, J. Are Consumption Taxes Regressive? [J]. Australian Economic Review, 1998, 31 (2): 107 – 116.

[96] Crossley, T., D. Phillips, M. Wakefield. Value Added Tax [R]. Chapter 10, Green Budget 2009, Institute for Fiscal Studies, 2009.

[97] Czech Chamber of Commerce. General Remarks to the Green Paper towards a Simpler, more Robust and Efficient VAT [Z]. 2011.

[98] Daniel B. Suits. Measurement of Tax Progressivity [J]. American Economic Review, 1977, 67 (4): 747 – 752.

[99] Daniel R. Feenberg, Andrew W. Mitrusi, James M. Poterba. Distributional Effects of Adopting a National Retail Sales Tax [J]. Tax Policy and the Economy, 1997 (11): 49 – 89.

[100] David Cashin, Unayama Takashi. The Impact of a Permanent Income Shock on Consumption: Evidence from Japan's 2014 VAT Increase [R]. RIETI Discussion Paper Series 16 – E – 052, 2016.

[101] Davies, David G.. Commodity Taxation and Equity [J]. Journal of Finance, 1961 (16): 581 – 590.

[102] Davies, David G.. Measurement of Tax Progressivity: Comment [J]. American Economic Review, 1980 (70): 204 – 208.

[103] Due, John F.. Indirect Taxes and Relative Prices: Comment [J]. The Quarterly Journal of Economics, 1968, 82 (2): 340 – 343.

[104] Due, John F. The Value Added Tax-sense and Nonsense [J]. Nebraska Journal of Economics and Business, 1974, 13 (4): 54 – 65.

[105] Ebrill, L., Keen, M. and Bodin, J. P.. The Modern VAT [R]. Washington, DC: International Monetary Fund, 2001.

[106] Erero J. L. Effects of Increases in Value-added Tax: A Dynamic CGE

Approach [R]. ERSA Working Paper 558, 2015.

[107] Erik Caspersen, Gilbert Metcalf. Is a Value Added Tax Progressive Annual Versus Lifetime Incidence Measures [R]. NBER, 1993.

[108] European Union. A Study on the Economic Effects of the Current VAT Rates Structure [R]. 2013.

[109] European Union. Study on Reduced VAT Applied to Goods and Services in the Member States of the European Union [R]. 2007.

[110] European Commission. Tax Reforms in EU Member States 2012 [R]. European Economy, 2012.

[111] European Commission. Towards a Single EU VAT Area-time to Decide [R], 2016.

[112] Figari, F. and A. Paulus, 2012, The Redistributive Impact of Indirect Taxes and Imputed Rent on Inequality: A Comparison with Cash Transfers and Direct Taxes in Five EU Countries, GINI Discussion [R]. Paper No. 28. 2012.

[113] Francesca Gastaldi, Paolo Liberati, Elena Pisano, Simone Tedeschi. Progressivity-improving VAT Reforms in Italy [J]. SIEP Working Paper No. 672, 2014.

[114] Francis Jones. The Effects of Taxes and Benefits on Household Income [J]. Economic & Labour Market Review, 2008, 2 (7): 37 – 127.

[115] Friedlaender, Ann F. Indirect Taxes and Relative Prices [J]. The Quarterly Journal of Economics, 1967, 81 (1): 125 – 139.

[116] Fullerton Don, Diane Lim Rogers. Lifetime Versus Annual Perspectives on Tax Incidence [J]. National Tax Journal, 1991 (44): 277 – 287.

[117] Fullerton Don, Diane Lim Rogers. Who Bears the Lifetime Tax Burden? [Z]. Washington DC: The Brookings Institution, 1993.

[118] Fullerton Don, Diane Lim Rogers. Lifetime VS. Annual Perspectives on Tax Incidence [R]. NBER, 1991.

[119] Fullerton Don, Diane Lim Rogers. Distributional Effects on a Lifetime Basis [R]. NBER, 1994.

［120］Fullerton Don, Diane Lim Rogers. Neglected Effects on the Uses Side: Even a Uniform Tax Would Change Relative Goods Prices ［R］. NBER, 1997.

［121］Gale, William G.. Building a Better Tax System: Can a Consumption Tax Deliver the Goods? ［J］. The Brookings Review, 1995, 13 (4): 18 – 23.

［122］Gilbert E. Metcalf. Life Cycle Versus Annual Perspectives on the Incidence of a Value Added Tax ［J］. Tax Policy and the Economy, 1994 (8): 45 – 64.

［123］Go D. S., Kearney M., Robinson S., Thierfelder K.. An Analysis of South Africa's Value-added Tax, WPS3671 ［R］. World Bank Policy Research Working Paper 3671, 2005.

［124］Gurumurthi, S.. Towards an Appropriate VAT System for a Federal Economy ［J］. Economic and Political Weekly, 1999, 34 (40): 2875 – 2888.

［125］IFS. Quantitative Analysis of VAT Rate Structures in IFS et al., A Retrospective Evaluation of Elements of the EU VAT System ［R］. 2011.

［126］Ine Lejeune. The EU VAT Experience: What are the Lessons? ［J］. tax analysis, 2011: 257 – 282.

［127］Ingrid Majerová. The Impact of Selected Variables on the VAT Gap in the Member States of the European Union ［R］. Institute of Economic Research Working Papers No. 76, 2015.

［128］Ingvil Gaarder. Incidence and Distributional Effects of Value Added Taxes ［J］. The Economic Journal, 2019 (2): 853 – 876.

［129］James A. Giesecke, Hoang Nhi Tran. Modelling Value-added Tax in the Presence of Multiproduction and Differentiated Exemptions ［J］. Journal of Asian Economics, 2010: 156 – 173.

［130］James Davies, France St-Hilaire, John Whalley. Some Calculations of Lifetime Tax Incidence ［J］. The American Economic, 1984, 74 (4): 633 – 649.

［131］James Lawrence Seale Jr, Anita Regmi. International Evidence on Food Consumption Patterns ［Z］. Economic Research Service / USDA, 2013.

［132］Javier García – Enríquez, Cruz A. Echevarría. Demand for Culture in Spain and the 2012 VAT Rise [J]. Journal of Cultural Economics, 2018 (42): 469 – 506.

[133] Kakwani Nanak C. On the Measurement of Tax Progressivity and Redistribution Effect of Taxes with Applications to Horizontal and Vertical Equity [J]. Advances in Econometrics, 1984: 149 – 168.

[134] Kakwani. Measurement of Tax Progressivity An International Comparison [J]. Economic Journal, 1977 (87): 71 – 80.

[135] Klaus-Dietrich Bedau. Increase in VAT Would Affect Households in Different Income Categories Roughly Equally [Z], 1996: 27 – 32.

[136] Leonard E. Burman. A Blueprint for Tax Reform and Health Reform [J]. Virginia Tax Review, 2009 (28): 287 – 323.

[137] Levin J, Sayeed Y. Welfare Impact of Broadening VAT—The Case of Bangladesh [R]. Working Paper, ISSN 1403 – 0586, Orebro University School of Business, 2014.

[138] Leyaro V., Morrissey O., Owens T.. Food Prices, Tax Reforms and Consumer Welfare in Tanzania 1991 – 2007 [J]. International Tax and Public Finance, 2010 (17): 430 – 450.

[139] Lillard, Lee A.. Inequality: Earnings VS. Human Wealth [J]. American Economic Review, 1977 (67): 42 – 53.

[140] Lindholm, Richard W.. VAT, The Third Way [J]. Journal of Post Keynesian Economics, 1981, 4 (1): 44 – 50.

[141] Malcolm Gillis. Worldwide Experience in Sales Taxation: Lessons for North America [J]. Policy Sciences, 1986 (19): 125 – 142.

[142] Mankiw, N. G., Weinzierl, M. C., Yagan, D. F.. Optimal Taxation in Theory and Practice [J]. Journal of Economic Perspectives, 2009, 23 (4): 147 – 174.

[143] Matti Viren. Does the Value-added Tax Shift to Consumption Prices? [J]. AUCO Czech Economic Review, 2009 (2): 123 – 142.

[144] Mayer, Thomas. The Distribution of the Tax Burden and Permanent Income [J]. National Tax Journal, 1974 (27): 141 – 146.

[145] Merrill P. R.. VAT Treatment of the Financial Sector [J]. Tax Analysis, 2011: 163 – 185.

[146] Messere K., Norregard J.. Consumption Taxes in OECD Countries over the Last Two Decades Bulletin [J]. International Bureau of Fiscal Documentation, 1989, 43 (6): 255 – 268.

[147] Metcalf, G. Lifecycle VS. Annual Perspectives on the Incidence of a Value Added Tax, Tax Policy and the Economy [J]. 1994 (8): 45 – 64.

[148] Musgrave R. A., Tun Thin. Income Tax Progression [J]. Journal of Political Economy, 1948: 498 – 514.

[149] Netherlands Bureau for Economic Policy Analysis. A Study on the Economic Effects of the Current VAT Rates Structure [R]. TAXUD, 2012.

[150] Nikolaos Artavanis. VAT Rates and Tax Evasion: Evidence from the Restaurant Industry in Greece [J]. Ssrn Electronic Journal, 2015: 1 – 36.

[151] OECD. The Distributional Effects of Consumption Taxes in OECD Countries [M]. OECD Publishing, 2014.

[152] O'Donoghue, C., M. Baldini and D. Mantovani. Modelling the Redistributive Impact of Indirect Taxes in Europe: An Application of EUROMOD [R]. Euromod Working Paper No. EM7/01, 2004.

[153] Paolo Liberati. The Distributional Effects of Indirect Tax Changes in Italy [J]. International Tax and Public Finance, 2001 (8): 27 – 51.

[154] Paul Previtera, Brandon Boyle. Japan's Consumption Tax: Lessons for the United States [J]. Tax Analysis, 2011: 312 – 318.

[155] Pechman J. A.. Who Bears the Tax Burden? [Z]. Brookings Institution, Washington DC, 1985.

[156] Poterba J. M.. Lifetime Incidence and the Distributional Burden of Excise Taxes [J]. American Economic Review, 1989, 79 (2): 325 – 330.

[157] Poterba J. M.. Is the Gasoline Tax Regressive? [J]. Tax Policy and the Economy, 1991 (5): 145 – 164.

[158] Ray Barrell, Martin Weale. The Economics of a Reduction in VAT

[J]. National Institute Discussion Paper No. 325, 2009.

[159] Rita de la Feria, Richard Krever. Ending VAT Exemptions: Towards a Post-modern VAT [Z]. 2013.

[160] Saadia Refaqat, Mohsin H. M.. Redistributive Impact of GSTTax Reform: Pakistan, 1990 – 2001 [C]. //The Pakistan Development Review, Vol. 44, No. 4, Papers and Proceedings PART II Twenty-first Annual General Meeting and Conference of the Pakistan Society of Development Economists Islamabad, 2005 (Winter): 841 – 862.

[161] Sonia Carrera. An Expenditure-based Analysis of the Redistribution of Household Income [J]. Economic & Labour Market Review, 2010, 4 (3): 18 – 27.

后　记

本书是我主持的国家社会科学基金重点项目"'营改增'后我国增值税税率简并问题研究"（项目批准号：17AJY026）的最终研究成果。

增值税自 1984 年在我国正式开征，历经 1994 年分税制改革、2004～2009 年的转型改革及 2012～2016 年的扩围改革（即"营改增"），集中反映和见证了我国流转税制基本格局的历史演变。"营改增"之后，为了确保"营改增"相关行业的税负只减不增，增值税由原两档税率（17%、13%）变为四档税率（17%、13%、11%、6%）。增多的税率档次扭曲了税款抵扣链条，导致"高征低扣"、"低征高扣"、税率混淆等现象，既违背了增值税的中性原则，又带来高额的纳税遵从和税收管理成本，具有鲜明的政策过渡特征。因此，逐步简并和优化增值税税率成为后"营改增"时代我国完善增值税立法的重点任务。这是本书选题的由来。当然，增值税税率简并任务并非简单将税率合并，而是涉及税率模式选择，基本税率和非基本税率水平设定，低税率、零税率、免税项目设置以及小微企业征收率设置等一系列税率结构优化问题，是一个内在联系的有机整体。因此，在应对新冠肺炎疫情冲击和经济下行压力增大的背景下，借着简并税率的契机，进一步调整优化我国增值税税率水平和结构，既是提升我国国际税收竞争力的需要，也是深化供给侧结构性改革和实施更大规模减税降费的必然要求。

本书以我国增值税制度的税率结构为研究对象，通过税率简并方案的设计和对不同税率简并方案政策效应的模拟测算，回答我国增值税税率模式选择、各档次税率水平及其适用范围、小规模纳税人征收率选择等一系列问题，探寻我国增值税税率简并和优化的最佳策略。立足税制优化的内在要求和长期视角，在财政原则、公平原则和效率原则的框架下，从税负合理、收入公平、经济效率三个维度，全面分析增值税税率简并对行业税负、经济发展和收入分配的影响机制，有助于丰富我国增值税税制优化的理论基础。特别是结合国际经验对增值税税率结构、税率模式、低税率、免税项目和小规模纳税人设置等基础理论问题的深入、系统研究，改善了以往相关研究比较零散、缺乏完整性等缺陷，丰富了增值税税率结构研究的理论框架和理论体系。而对各种税率简并方案政策效应的模拟测算，有助于全面认识税率简并可能产生的财政效应、经济效应和收入分配效应，为建立科学、规范的增值税制度提供政策参考。

自课题立项以来，我和课题组成员积极、有序地开展课题的各项研究工作，并取得了一些阶段性研究成果，发表《我国增值税税率简并方案设计与政策效应预测》《2019年我国增值税减税改革的政策效应》《"营改增"后增值税税率简并方案设计》《我国消费税收入分配效应再研究》等相关论文，这些研究成果为项目的顺利结项打下了坚实基础。

由于增值税是我国的第一大税种，其对国民经济、社会公平和财政收入的影响十分深远和复杂，对增值税税率简并的政策效应进行模拟测算不可避免会遇到各种困难，本书的研究还存在以下不足：第一，实证分析部分采用的投入产出模型和CGE模型均是建立在一定假设条件之上，因而有关结论不可避免地受到模型前提假设条件和研究方法的限制，使结论的客观性和准确性受到一定的影响。第二，对不同税率简并方案收入分配效应和社会福利效应的分析均是建立在投入产出行业和居民消费支出的一定对应关系基础之上，不同对应关系对税率简并的政策效应具有重要影响，而投入产出表的行业划分和居民消费支出项目之间并不是直接对应的，必须依据经济理论和生活经验加以主观判断，因此，有关结论不可避免受到笔者知识水平和生活阅历的限制。再加上不同微观居民收支调查的口径不尽相同，运用不同微观调查数据得到的收入分配效应和社会福利效应也呈现差异性，这更增加了分析税率简并政策效应的难度。第三，本书增值税税率简并方案的设计不可能穷尽所有可能的税率选择和政策组合，特别是对取消不同低税率项目的政策效应考虑还不够全面，对如何实现取消低税率行业税负的平稳过渡尚未涉及，等等。所有这些问题将有待在今后的研究中进一步深入和完善，也恳请专家、同行和读者们批评指正、不吝赐教。

在本书的写作过程中，我指导的博士研究生熊惠君、陈恒在数据建模和数据分析方面做了许多基础性工作，我指导的硕士研究生王心怡、张秋燕参与了部分资料收集、数据整理工作，在此一并表示诚挚的感谢！

感谢江西财经大学财税与公共管理学院各位领导和同事们长期以来对我的支持和鼓励，并为我的学术成果公开出版提供了经费支持，我将继续努力为院、校的学科建设贡献微薄之力！

感谢书稿写作过程中给我提供理论支持和思想火花的所有认识或不认识的各位参考文献作者们，正是有了他（她）们的指引和启发，才能使我顺利完成书稿的写作。

最后，特别感谢爱人徐崇波和儿子徐子航对我研究工作的理解和全力支持，我相信这本书的顺利出版也是对他们的最好回报！

万　莹

2021 年 2 月